FUNDAMENTOS
DO
DIREITO TRIBUTÁRIO

HUMBERTO ÁVILA
Organizador

FUNDAMENTOS DO DIREITO TRIBUTÁRIO

André Folloni
Andrei Pitten Velloso
Arthur Ferreira Neto
Atílio Dengo
Harrison Ferreira Leite
Henrique Napoleão Alves
Humberto Ávila
Luís Clóvis Machado da Rocha Jr.
Marcel Papadopol
Pedro Adamy
Thomas da Rosa de Bustamante

Marcial Pons

MADRI | BARCELONA | BUENOS AIRES | SÃO PAULO

2012

Fundamentos do direito tributário
André Folloni / Andrei Pitten Velloso / Arthur Ferreira Neto / Atílio Dengo
Harrison Ferreira Leite / Henrique Napoleão Alves / Humberto Ávila / Luís Clóvis Machado da Rocha Jr. / Marcel Papadopol / Pedro Adamy / Thomas da Rosa de Bustamante

Organizador
Humberto Ávila

Capa
Nacho Pons

Preparação e revisão
Ida Gouveia

Editoração eletrônica
Oficina das Letras®

Impressão e acabamento
RR Donnelley

ISBN 978-84-87827-31-0

[2012]
Impresso no Brasil

San Sotero, 6 - 28037 MADRID
☎ 00 xx (34) 913 043 303
www.marcialpons.com

SUMÁRIO

AUTORES 7

APRESENTAÇÃO 9

ANDRÉ FOLLONI

Direitos fundamentais, dignidade e sustentabilidade no constitucionalismo contemporâneo: e o Direito Tributário com isso? 11

ANDREI PITTEN VELLOSO

Justiça tributária 35

ARTHUR FERREIRA NETO

Fundamentos materiais da tributação: comutação, restauração, distribuição, reconhecimento e participação 87

ATÍLIO DENGO

Presunções no Direito Tributário brasileiro: espécies, características e limites ao seu uso 173

HARRISON FERREIRA LEITE

A necessária revisitação da legalidade tributária estrita e a sua contínua proteção dos direitos fundamentais 193

HUMBERTO ÁVILA

A doutrina e o Direito Tributário 221

LUÍS CLÓVIS MACHADO DA ROCHA JR.

A eficácia do devido processo legal e o (des)cabimento de embargos de declaração na modulação dos efeitos temporais da invalidade do ato inconstitucional 247

MARCEL PAPADOPOL

Um passo adiante: contributo para a compreensão do controle das medidas tributárias extrafiscais e do papel desempenhado pela capacidade contributiva neste contexto 273

PEDRO ADAMY

Instrumentalização do Direito Tributário 301

THOMAS DA ROSA DE BUSTAMANTE E HENRIQUE NAPOLEÃO ALVES

A interpretação literal no Direito Tributário brasileiro: uma proposta para o art. 111 do CTN 331

AUTORES

André Folloni

Professor da Faculdade de Direito da Pontifícia Universidade Católica do Paraná – PUC-PR. Advogado. Doutor em Direito pela Universidade Federal do Paraná – UFPR. Mestre em Direito pela Pontifícia Universidade Católica do Paraná – PUC-PR.

Andrei Pitten Velloso

Professor da Escola da Magistratura Federal – ESMAFE. Juiz Federal da 4ª Região. Doutor em Direito pela Universidade de Salamanca, Espanha. Mestre em Direito pela Universidade Federal do Rio Grande do Sul – UFRGS.

Arthur Ferreira Neto

Professor da Faculdade de Direito da Pontifícia Universidade Católica do Rio Grande do Sul – PUC-RS e da Escola Superior da Magistratura Federal – ESMAFE. Advogado. Doutorando em Filosofia pela Pontifícia Universidade Católica do Rio Grande do Sul – PUC-RS e Universidade de Tübingen, Alemanha. Mestre em Direito pela Universidade Federal do Rio Grande do Sul – UFRGS. Mestre em Filosofia pela Pontifícia Universidade Católica do Rio Grande do Sul – PUC-RS.

Atílio Dengo

Professor da Faculdade de Direito da Pontifícia Universidade Católica do Rio Grande do Sul – PUC-RS. Advogado. Doutor em Direito pela Universidade Federal do Rio Grande do Sul – UFRGS. Mestre em Direito pela Universidade Federal do Rio Grande do Sul – UFRGS.

Harrison Ferreira Leite

Professor da Faculdade de Direito da Universidade Federal da Bahia – UFBA e da Universidade Estadual de Santa Cruz – UESC. Advogado. Doutor em Direito pela Universidade Federal do Rio Grande do Sul – UFRGS, com estágio desenvolvido na Universidade de Edimburgo, Escócia.

Henrique Napoleão Alves

Advogado e Consultor em Direito Tributário. Visiting Researcher na Universidade do Texas, Estados Unidos. Mestre em Direito pela Universidade Federal de Minas Gerais – UFMG.

Humberto Ávila

Professor da Faculdade de Direito da Universidade Federal do Rio Grande do Sul – UFRGS. Advogado. Livre-docente pela Universidade de São Paulo – USP. Pós-doutor pela Universidade de Bonn, Alemanha. Pós-doutor pela Universidade de Heidelberg, Alemanha. Pós-doutor pela Universidade de Harvard, EUA. Doutor em Direito pela Universidade de Munique, Alemanha. Mestre em Direito pela Universidade Federal do Rio Grande do Sul – UFRGS.

Luís Clóvis Machado da Rocha Jr.

Professor do Curso de Especialização da Universidade Luterana do Brasil – ULBRA. Juiz de Direito. Mestre em Direito pela Universidade Federal do Rio Grande do Sul – UFRGS.

Marcel Papadopol

Professor da Faculdade de Direito do Centro Universitário Ritter dos Reis – UniRitter. Advogado. Mestre em Direito pela Universidade Federal do Rio Grande do Sul – UFRGS.

Pedro Adamy

Doutorando em Direito na Universidade de Heidelberg, Alemanha. Mestre em Direito pela Universidade Federal do Rio Grande do Sul – UFRGS.

Thomas da Rosa de Bustamante

Professor da Faculdade de Direito da Universidade Federal de Minas Gerais – UFMG. Honorary Lecturer na Universidade de Aberdeen, Escócia. Doutor em Direito pela Pontifícia Universidade Católica do Rio de Janeiro – PUC-RJ. Mestre em Direito pela Universidade Estadual do Rio de Janeiro – UERJ.

APRESENTAÇÃO

Esta obra reúne diversos trabalhos em torno de uma ideia comum: os fundamentos do Direito Tributário. Não apenas princípios fundamentais, como legalidade ou devido processo legal, são enfrentados. Os próprios pressupostos da tributação são também examinados, como a questão da justiça, dos critérios de tributação e do papel da doutrina tributária. O momento da sua publicação não poderia ser melhor.

Vive-se uma época de grandes transformações, em que a própria função do Direito e a Ciência do Direito precisam ser repensadas. Já não bastam trabalhos meramente repetitivos, baseados em pressupostos científicos concebidos para outro momento. É preciso rever os pressupostos de conhecimento do Direito e os critérios para a sua adequada aplicação, especialmente no âmbito do Direito Tributário.

Esta obra, que reúne trabalhos inéditos de vários acadêmicos envolvidos com o Direito Tributário e com a Teoria do Direito, é um grande esforço no sentido de discutir aquilo que precisa ser discutido – o fundamental.

1

DIREITOS FUNDAMENTAIS, DIGNIDADE E SUSTENTABILIDADE NO CONSTITUCIONALISMO CONTEMPORÂNEO: E O DIREITO TRIBUTÁRIO COM ISSO?

André Folloni

1. Introdução. 2. Constitucionalismo tradicional. 3. O direito tributário no constitucionalismo tradicional. 4. Constitucionalismo contemporâneo, dignidade da pessoa humana e desenvolvimento sustentável. 5. E o direito tributário com isso?

1. INTRODUÇÃO

A doutrina brasileira, que se dedica ao direito tributário, tem forte preocupação com os condicionantes constitucionais da tributação. Aliás, já é próprio da tradição tributária brasileira uma grande concentração dos aspectos jurídicos tributários no texto constitucional. Registra-se como as constituições brasileiras costumam apresentar grande densidade normativa em questões tributárias, com princípios e, notadamente, profusão de regras.[1] Se, de um lado, isso parece louvável e importante, porque constitucionaliza e torna mais rígidas as normas protetivas do contribuinte, de outro lado, o direito tributário acaba sofrendo de certo imobilismo, por uma maior dificuldade na eventual

---

[1] Por exemplo, cf. Baleeiro, Aliomar. *Direito tributário brasileiro,* atual. Misabel Abreu Machado Derzi. 11. ed. Rio de Janeiro: Forense, 2008: 1.

mudança de pontos importantes, como a distribuição das competências tributárias. O permanente estado de reforma que envolve o ICMS é um bom exemplo: posta em um texto constitucional que tem a forma federativa de estado como cláusula pétrea, a competência relativa ao ICMS costuma ser afirmada como irrevogável e inalterável. Advoga-se a impossibilidade de uma reforma que substitua IPI, ICMS e ISS por um IVA nacional, por uma interpretação do art. 60, § 4.º, I, que considera imutáveis os termos da autonomia orçamentária dos estados adotados na redação original da Constituição brasileira – ainda que essa interpretação dificulte, ou até inviabilize, por exemplo, a plena integração comunitária do Brasil no Mercosul, outra determinação constitucional.[2]

Não obstante essa importante preocupação constitucional, a doutrina tributarista parece entender a constituição num sentido mais próximo ao da tradição de um constitucionalismo anterior ao movimento contemporâneo do que se tem chamado «neoconstitucionalismo», que implicaria uma metodologia de interpretação e de aplicação do direito que se poderia chamar pós-positivista. Este texto tem por objetivo compreender essa inserção doutrinária em um constitucionalismo anterior, e projetar que preocupações deveriam ser integradas a um direito tributário mais aproximado do constitucionalismo do século XXI. Que recepcione contribuições importantes do «neoconstitucionalismo», mas mantenha a inserção no direito brasileiro, e na Constituição Federal de 1988, como horizonte de sentido necessário para o intérprete e para o teórico.[3]

2. CONSTITUCIONALISMO TRADICIONAL

Não é exagero falar-se em um constitucionalismo tradicional. O constitucionalismo que brota no início da época moderna se incorporou à tradição cultural de muitos dos povos do mundo, principalmente do assim chamado «mundo ocidental».

Uma boa chave de compreensão desse constitucionalismo tradicional pode ser encontrada no art. 16 da Declaração Francesa dos Direitos do Homem e do Cidadão, de 26 de agosto de 1789. O preceito tem a seguinte redação: «A sociedade em que não esteja assegurada a garantia dos direitos, nem estabelecida a separação dos poderes, não tem Constituição».[4] A constituição serviria,

---

[2] Cf. BORGES, José Souto Maior. *Curso de direito comunitário*. 2. ed. São Paulo: Saraiva, 2009: 482-483; *Teoria geral da isenção tributária*. 3. ed. São Paulo: Malheiros, 2001: 298.

[3] Uma necessidade, como destaca Humberto Ávila – cf. «"Neoconstitucionalismo": entre a "ciência do direito" e o «direito da ciência». *Revista Eletrônica de Direito do Estado*. Salvador, n. 17, jan.-mar. 2009, disponível em (www.direitodoestado.com.br/rede.asp), acesso em 1.º de novembro de 2011.

[4] Na redação original: «*Article 16 – Toute société dans laquelle la garantie des droits n'est pas assurée ni la séparation des pouvoirs déterminée, n'a point de Constitution*» – disponível em www.textes.justice.gouv.fr/textes-fondamentaux-10086/droits-de-lhomme-et-libertes-fonda

então, para garantir certos direitos aos indivíduos e, dentro do aparelho estatal, impor a separação de poderes. Ambos os aspectos denotam claramente o intento que preside a concepção do constitucionalismo moderno: proteger o cidadão daqueles que exercem o poder estatal, de modo que esse poder não seja nem exercido sem limitações internas, nem sem limitações externas. As limitações internas ao próprio poder exercido seriam estabelecidas pela separação de poderes, que envolve um importante sistema de limitação e de fiscalização recíproca entre os órgãos estatais – o conhecido «sistema de freios e contrapesos» (*checks and balances system*).[5] Assim, dentro do próprio poder estatal, a pessoa que cria a norma abstrata não a aplica aos casos concretos; a pessoa que aplica o direito aos casos concretos não cria as normas abstratas. Se o aplicador extrapola sua competência, criando normas gerais, um terceiro órgão julgará essa conduta como ilícita; se, também, o legislador afastar-se de suas funções para tratar de casos concretos, a ilicitude desse comportamento será aferida e declarada pelo terceiro. Esse sistema separa as funções estatais de legislar, de administrar e de julgar, e as entrega a órgãos que devem ser tanto independentes quanto harmônicos. Sendo um sistema inerente ao próprio poder, e que funciona em seu interior, pode ser entendido como um sistema de limitações internas. Já a garantia dos direitos é um sistema de limitaçoes externas: diz respeito às relações entre o poder e os cidadãos que suportam o exercício desse poder. O poder pode ser exercido até certo ponto, a partir do qual se torna ilícito. Esse ponto de limitação ao poder é encontrado nos direitos que a constituição consagra e protege. Por exemplo: o poder estatal não pode, sem mais, confiscar a propriedade de um cidadão ou encarcerá-lo por mero capricho ou por perseguição. Propriedade e liberdade são direitos consagrados na constituição, e podem ser opostos ao exercício do poder, limitando-o e conformando-o. Esses direitos só podem ser superados nas situações nas quais a própria constituição prevê essa superação: por exemplo, em caso de desapropriação por interesse público, assegurada a indenização justa e em dinheiro, ou em caso de cometimento de um crime, assim definido pelos representantes do povo, e provado em um processo no qual são asseguradas garantias mínimas de defesa.

Uma hermenêutica histórica desse sistema de limitações internas e externas ao exercício do poder destacaria a situação europeia, com a ascensão – social, política e econômica – de uma nova classe burguesa de comerciantes. Esse grupo social não mais permitiria, à nobreza, um poder ilimitado e absoluto, que pudesse reprimir e por em risco seus negócios e sua projeção de crescimento de riqueza.

---

mentales-10087/declaration-des-droits-de-lhomme-et-du-citoyen-de-1789-10116.html. Acesso em 2 out. 2011.

[5] Cf. Garvey, John; Aleintkoff, Alexander. *Modern constitutional theory: a reader*. St. Paul: West Publishing, 1991: 238.

Esse sistema de limitações seria, então, visto filosoficamente como prévio ao poder e, juridicamente, como a ele superior e, dele, condicionante. É a constituição que passa a permitir e a regular o exercício do poder. O poder deixa de ser absoluto e autorreferente, para ser relativo, condicionado, limitado pela constituição e nela fundado, embora ainda bastante amplo e com larga presença de discricionariedade na produção normativa. Esse é o conceito clássico de «estado de direito»: um estado que não apenas cria e aplica o direito, condicionando a conduta alheia, mas que, ele próprio, sujeita-se à limitação jurídica do exercício do poder. Daí que os direitos garantidos pela constituição são vistos e tratados como «liberdades públicas», ou direitos negativos, que impõem abstenções estatais. A constituição serve para dizer o que os detentores do poder não podem fazer. Fora disso, tudo lhes é permitido, em qualquer direção. Mas a violação daqueles direitos constitucionais, os clássicos «direitos civis», é impedida. O constitucionalismo *protege* o cidadão do estado: a ideia de direitos fundamentais, nesse período, é uma ideia eminentemente protetiva.[6] Os direitos fundamentais, que se confundem com os direitos individuais, são direitos de proteção do cidadão contra o estado, que não pode cometer certos excessos. A constituição é o *locus* de definição do que são excessos estatais e o que não são. Fundamentalmente, cabe à constituição estabelecer um espaço de liberdade individual dentro do qual os detentores do poder estatal não podem interferir, sob pena de ilicitude. É a consagração do que ficou, depois, conhecido como «direitos fundamentais de primeira geração».

Além disso, esses detentores do poder, no constitucionalismo moderno, passam a ser eleitos como representantes do povo a quem a normatização se voltará. Isso significa o declínio do poder legitimado em forças transcendentais ou em ascendência familiar. Perde-se a tolerância com um poder estatal exercido com fundamento religioso ou hereditário. É a era da democracia, que vence a monarquia, e do estado laico, que suplanta o clero enquanto instância de produção legítima de normas jurídicas.

Eleitos pelo povo com a qualidade de seus representantes, os detentores do poder de legislar integram aquele que se torna o único centro legítimo de produção normativa, desde que exercida, essa produção, dentro dos limites constitucionais. Esses limites consagram a proteção mínima aos direitos fundamentais de liberdade e de propriedade, limites formais. A legitimidade decorre da noção de competência: os membros do poder legislativo podem criar normas, porque essa competência lhes é outorgada pela constituição, mas não podem aplicar ou julgar, pois essa já é atribuição alheia.

---

6 Cf. Carrazza, Roque Antonio. *Curso de direito constitucional tributário*. 17. ed. São Paulo: Malheiros, 2002: 177.

No constitucionalismo tradicional, pode-se dizer que vinga a ideia de constituição formal. É norma constitucional tudo o que estiver posto no texto constitucional, e só o é o que ali estiver, de forma expressa. Apenas tardiamente reconhece-se a possibilidade de normas constitucionais implícitas. Sendo constitucional tudo o que estiver expresso na constituição, também não há hierarquia axiológica ou normativa entre os vários conteúdos constitucionais: todos têm a mesma dignidade de norma constitucional, sem prevalência de uma sobre a outra. E, também por isso, não se admite a possibilidade de normas constitucionais inconstitucionais: se tudo o que está escrito na constituição é constituição, então não pode ser inconstitucional.

O poder judiciário, no constitucionalismo tradicional, tem uma função reduzida e mais voltada às lides privadas, se comparado ao que ocorre no constitucionalismo contemporâneo. Sendo a constituição equiparada ao texto constitucional formal; e estando o texto constitucional reduzido à conformação interna das funções estatais e à proteção de direitos fundamentais mínimos, de primeira geração; então caberia ao poder judiciário dar a solução para as lides privadas de acordo com as normas criadas pelo poder legislativo, sem questioná-las – desde que o legislativo, ao legislar, não violasse a separação dos poderes ou os direitos individuais. O judiciário deveria ser neutro e imparcial: ele verificaria a existência da lei, criada pelo poder competente e respeitando os direitos individuais, e a aplicaria às lides privadas, sem pender para nenhuma das partes, já que seria um terceiro equidistante. Dois vizinhos entram em conflito por questões de propriedade imóvel: o judiciário aplicará a lei criada pelo poder legislativo, se ela, ao disciplinar essas relações privadas, não tiver violado a separação de poderes nem os direitos individuais. E, presumivelmente, não o terá, porque as normas criadas pelo poder legislativo adquirem uma presunção de adequação constitucional, embora *iuris tantum*. O judiciário aplicará essa lei, adequada à constituição, com isenção, porque não pode pender por uma das partes em conflito.

A função dos juristas, com tudo isso, sofre mutação drástica. Esse ponto é de fundamental importância. No período anterior ao constitucionalismo, a doutrina jurídica era a ciência da elaboração normativa, que era ditada pela excelência teórica e a capacidade racional dos juristas. O direito medieval era um direito essencialmente doutrinário, sob o influxo tanto da doutrina universitária quanto religiosa. Criar a norma era muito mais uma atividade de compreender racionalmente qual seria a melhor normatização possível, ou de obter a revelação transcendental dessas possibilidades normativas. A doutrina tinha a autoridade universitária e intelectual para criar as normas que regeriam a vida social. Com o constitucionalismo, essa legitimidade escapa das mãos da doutrina jurídica, e é entregue ao poder legislativo, formado por pessoas não necessariamente versadas em direito. O direito não é mais doutrina, é lei. A razão não mais podia criar normas invencíveis e insuperáveis pela liberdade dos representantes do povo, legitimamente eleitos e dotados de competência também legitimada pela constituição. A doutrina perde sua legitimidade criativa, e assume uma função, por assim dizer, secundária e derivada: ela exerceria seu trabalho *depois* da criação da lei, não antes. De criação, passa a ser doutrina de compreensão e explicação da regra posta pelo órgão juridicamente competente. E se, ao exercer seu trabalho de explicação do direito posto, a doutrina arvorar-se a criar direito então inexistente, estará atuando sem legitimidade constitucional e, portanto, na ilicitude. Tentar maquiar uma produção normativa, que ela pretenderia ilegitimamente, como se fosse uma compreensão científica, é conduta denunciada pelo constitucionalismo moderno como uma subversão das possibilidades do trabalho doutrinário e, mesmo, uma extrapolação dos limites republicanos e democráticos que a constituição impõe. Doutrina não é eleita, não é legítima para criar norma. Se, sob o manto da ciência, pretender fazê-lo, atuará tanto com desonestidade quanto com ilegitimidade. KELSEN insistiu nesse ponto, em lição memorável e, à época, irrefutável: não existe uma razão que possa impor determinados condicionamentos de conduta como racionalmente necessários e que possam superar a liberdade humana de autoconformação.[7] Estando restrita a um trabalho de descrição do ordenamento jurídico, é adequada, ao trabalho doutrinário, uma racionalidade lógica, analítica, instrumental, que ponha ênfase nos aspectos sintáticos e semânticos da linguagem normativa.

Em linhas gerais, nos limites que este estudo comporta, esses são alguns elementos relevantes que caracterizam o constitucionalismo tradicional. Embora uma realidade complexa e multiforme, é adequado dizer que o constitucionalismo moderno, de um modo geral, com maiores ou menores temperamentos, abarca muitos dos elementos que foram expostos.

3. O DIREITO TRIBUTÁRIO NO CONSTITUCIONALISMO TRADICIONAL

Inserido nesse panorama amplo, o direito tributário brasileiro aparece influenciado pela concepção moderna de constitucionalismo. Trata-se, sobretudo, de um direito tributário de *proteção* do contribuinte contra excessos do estado que permanece, sempre, como uma potencialidade ameaçadora. Essa noção fica consagrada na ideia de *limitações constitucionais ao poder de tributar*: a constituição, em matéria tributária, tem, sobretudo, a função de limitar o poder estatal, impedindo que a tributação seja excessiva. E, em substituição ao «poder» de tributar e à «submissão à tributação», passa-se a conceber a «competência tributária» e a «obrigação tributária». Trata-se de avanço dos mais relevantes, que insere o direito tributário em um nível supe-

---

[7] Cf. o famoso Capítulo VIII da *Teoria pura do direito*, intitulado «A interpretação».

rior de cidadania – ainda que, no Brasil, de difícil realização prática, para além da mera previsão abstrata no texto constitucional.

Um exame da Constituição brasileira de 1988 demonstra a permanência e a importância dessa ideia protetiva. O Título IV, *Da tributação e do orçamento*, tem, em seu capítulo I, *Sistema tributário nacional*, a Seção II, intitulada *Das limitações ao poder de tributar*. O direito tributário, na sua matéria específica, auxilia a proteger os direitos de liberdade, propriedade e segurança que a constituição, em regulação mais ampla e contra o avanço do Estado, garante aos cidadãos. A tradição de escrever «Estado» com inicial maiúscula revela a concepção filosófica que a subjaz: nessa época moderna, o Estado era um Leviatã, uma entidade com vida própria e independente, com nome próprio, distinta da sociedade e dos cidadãos. Não só distinto, como contraposto: os cidadãos precisam de proteção contra o Estado – que, sem o direito constitucional e, especificamente, o tributário, exerceria seu poder de forma ilimitada, aniquilando a liberdade, a segurança e a propriedade privadas. É para garantir esses direitos individuais que o constitucionalismo moderno se impõe e adquire prevalência na cultura ocidental.

A primeira das limitações daquela Seção II é a legalidade tributária: é proibido exigir ou aumentar tributo sem lei que o estabeleça. Além da consagração da república e da democracia, o que se tem, aqui, é um importante reflexo da separação dos poderes – ou das funções estatais – em matéria tributária.[8] Quem cobra o tributo e administrará sua receita é, em regra, o poder executivo. Mas esse poder não tem competência para definir que tributo cobrará e que valores administrará: a função de definição dos contornos materiais, espaciais, temporais, pessoais e quantitativos da tributação está a cargo do poder legislativo – limitado, também ele, por uma constituição bastante detalhista. As normas emanadas do poder executivo, em matéria de relação jurídica tributária, só condicionam a atuação desse próprio poder, sem possibilidade de impor condutas aos cidadãos. Assim que, ao chefe do poder executivo, cabe expedir decretos e regulamentos para a fiel *execução* das leis (CF, art. 84, IV). Quem *executa* as leis é o poder executivo: o regulamento, do chefe do executivo, dirige-se aos demais integrantes desse poder, a ele subordinados, e a mais ninguém. E, se o poder executivo insistir em usurpar a competência do poder legislativo, a constituição reserva, ao poder judiciário, a tarefa de anular essa ilegalidade e restabelecer o respeito à separação de funções (CF, art. 5.º, XXXV). A dificuldade de realização desse princípio, no Brasil, é visível pelas insistentes tentativas de delegação de atividade de definição dos contornos da tributação para o poder executivo; ou pelo constante intento, do poder executivo, de legislar, mesmo à míngua de delegação

---

8 Cf. VIEIRA, José Roberto. Legalidade tributária e medida provisória: mel e veneno. In: FISCHER, Octavio Campos. *Tributos e direitos fundamentais*. São Paulo: Dialética, 2004: 179-184.

de atividade normativa. Um bom exemplo do primeiro é o Fator Acidentário de Prevenção, FAP, previsto na Lei 10.666/2003 e no Decreto 6.957/2009. Trata-se de um fator matemático que, de fato, define o montante do tributo, aumenta ou diminui a exação, e é estabelecido pelo poder executivo, muitas vezes com a lamentável e inconstitucional complacência do poder judiciário. Um bom exemplo do segundo são as numerosas instruções normativas da Receita Federal do Brasil, que aumentam tributo mesmo sem previsão legal para tanto, como no caso das Instruções Normativas 419/2004, 313/2003 e 23/1997. Elas estabelecem restrições ao uso do crédito presumido de IPI na exportação, aumentando o tributo a pagar, sem fundamento legal. Foram, corretamente, consideradas ilícitas pelo Superior Tribunal de Justiça. Não cabe ao poder executivo, no Brasil, definir sua própria competência. Mas os decretos e as instruções normativas, comumente, o fazem, numa atitude própria de um estado autoritário que ainda não assimilou, sequer, o constitucionalismo tradicional.

Em muitos pontos, as demais limitações ao poder de tributar deixam transparente o objetivo de proteção dos direitos individuais fundamentais, aqueles direitos constitucionais de primeira geração: liberdade, propriedade e segurança. A irretroatividade tributária impede que se tribute a propriedade que foi adquirida, produzida ou alienada, por exação que, depois, venha a ser instituída ou majorada. A anterioridade tributária, em suas diversas matizes, impede que o planejamento necessário para que o cidadão desenvolva, livremente, sua atividade, e suporte o peso dos tributos, seja interrompido sem um tempo necessário para sua reorganização: salvo exceções constitucionais, o novo tributo deve ser *anterior* ao fato gerador em um prazo razoável – noventa dias, no mínimo. Proíbe-se que a tributação gere, como efeito desejado ou indesejado, direto ou indireto, confisco da propriedade. Não se permite que a tributação impeça ou dificulte o livre tráfego de bens e pessoas. Não se admite que a tributação possa influenciar nas liberdades política e religiosa, ou limitar a disseminação da informação e da cultura.

O caráter de vinculação *jurídica* que reveste essas limitações tem paralelo na teoria jurídica voltada ao direito tributário. Se a tributação é atividade limitada juridicamente, é como jurídica que a relação entre contribuinte e estado deve ser vista. A ideia de poder cede força à ideia de relação jurídica: o estado, ao instituir e cobrar tributos, não exerce um poder político, mas uma competência que lhe é atribuída pelo direito estabelecido na constituição. Se, doravante, é de direito que se trata, então a teoria jurídico-tributária precisa buscar categorias de trabalho na ciência do direito e na teoria geral do direito, que já estavam estabelecidas e bem desenvolvidas.[9] Sua fonte inicial foi o

---

9 Cf. BECKER, Alfredo Augusto. *Teoria geral do direito tributário*. 2. ed. São Paulo: Saraiva, 1972: 28.

direito privado, porque era nesse âmbito de estudos jurídicos que os institutos da teoria geral do direito foram concebidos. Pontes de Miranda torna-se um autor fundamental para o direito tributário brasileiro, por exemplo. As noções de fato jurídico, de incidência da regra jurídica, e de irradiação da relação jurídica aparecem como categorias aptas e suficientes para a compreensão do fenômeno jurídico tributário: o fato gerador tributário é um fato jurídico; a incidência do tributo é a incidência de uma regra jurídica; a obrigação tributária é uma relação jurídica irradiada pela incidência da regra jurídica sobre seu suporte fático, o que o tornou um fato jurídico, gerador daquela obrigação. A causalidade responsável pelo surgimento da obrigação de pagar tributos é vista como genuína e exclusivamente jurídica.[10]

Assim, por influxo de um expediente metodológico redutor, o estudo da relação entre contribuinte e estado tende a negligenciar o aspecto próprio de relação de exercício de poder político, que nela está, claramente, envolvido, para ser compreendida exclusivamente como uma relação obrigacional de crédito e débito, nos moldes das relações de direito privado. As diferenças estariam, apenas, na origem jurídica da obrigação e nas partes envolvidas. Quanto à origem: no direito privado, a ênfase está na autonomia da vontade; no direito tributário, está na competência tributária e no seu exercício legítimo pelo poder legislativo. Quanto aos sujeitos: o credor seria o ente estatal, detentor de certas prerrogativas de direito – como a presunção relativa de legitimidade de seus atos, o que lhe confere certa supremacia, não em virtude do poder que, de fato, exerce, mas em virtude do direito que a consagra. O estado não é mais alguém que exerce poder, mas um credor – cujo crédito, se possui privilégios em face dos créditos de direito privado, nem por isso deixa de ser um crédito jurídico, integrante de uma relação jurídica obrigacional de natureza patrimonial.

Essa importante concepção teórica tem dois efeitos colaterais nitidamente perceptíveis: se a relação tributária é uma relação de crédito e débito, causada por um fato gerador, impõe-se que o estudo do direito tributário volte-se, detidamente, para a análise desse fato e para o exame dessa relação. É o estudo da «norma tributária de incidência» – que no Brasil, ganhou outro nome: «regra-matriz de incidência tributária».[11] Dela, ficam excluídas preocupações externas a esses institutos, como o destino do montante de tributo arrecadado. Onde esses recursos serão aplicados é algo absolutamente irrelevante: sua destinação não tem qualquer interferência, nem na realização do fato gerador, nem no surgimento, automático e infalível, da obrigação tributária, que a ele sucede enquanto efeito necessário. A cisão entre o direito tributário e o direito financeiro manifesta-se com força. Além disso, se a relação tributária é uma

---

[10] Cf. CARVALHO, Paulo de Barros. *Teoria da norma tributária*. São Paulo: Lael, 1974, *passim*.

[11] *Idem*. *Curso de direito tributário*. 18. ed. São Paulo: Saraiva, 2007: 252.

relação exclusivamente jurídica, tornam-se absolutamente insignificantes quaisquer estudos de fenômenos não jurídico-normativos, que não digam respeito ao binômio «fato jurídico – obrigação jurídica» – ou, como prefere a doutrina, no plano normativo, «hipótese de incidência tributária – relação jurídica tributária». Aspectos políticos, econômicos, sociológicos, psicológicos ou éticos, ou quaisquer outros, que escapem do esquema hipótese-consequência na norma jurídica, ficam descartados. A cisão entre o direito tributário e as demais ciências também se manifesta com intensidade.

Não aparece, com isso, o estudo das finalidades, dos objetivos para cujo alcance a legislação tributária pode e deve contribuir. É que, nesse constitucionalismo tradicional, o objetivo será definido pelo poder legislativo. Se a constituição não traz a obrigatoriedade do alcance de um determinado estado de coisas, em um projeto de progresso constitucionalmente vinculante, mas apenas separa o exercício do poder em funções diversas para órgãos distintos, e protege apenas direitos individuais de liberdade, segurança e propriedade, qualquer norma que respeite esses direitos e aquela separação será constitucionalmente legítima. Essa situação muda no constitucionalismo contemporâneo, que se caracteriza, em oposição ao momento anterior, pela consagração de um importante aspecto prospectivo: a constituição, se ainda limita o exercício do poder político, agora também o dirige em determinados sentidos pré-definidos; se continua a proteger liberdades formais, passa a também impor a realização de liberdades materiais; se mantém a proteção à propriedade, determina que a propriedade seja democratizada. Nota-se que novas funções são agregadas ao aparelho estatal, que não perde as antigas. A complexidade aumenta. Isso implica que o político perca boa parte de sua discricionariedade, pois a constituição projeta fins para cuja consecução a legislação deve contribuir. Boa parte desses fins já está definida na constituição, vinculando, com normas jurídicas, a atuação do poder legislativo. Essa é uma das notas características daquilo que se vem denominando «constitucionalismo contemporâneo» ou «neoconstitucionalismo», que, segundo muitos, imporia uma nova visão teórica, o «pós-positivismo».

4. CONSTITUCIONALISMO CONTEMPORÂNEO, DIGNIDADE DA PESSOA HUMANA E DESENVOLVIMENTO SUSTENTÁVEL

Na visão moderna, já tradicional, de direito tributário, o foco está na legalidade: é o poder legislativo quem decide, materialmente, os destinos da tributação – desde que, ao fazê-lo, não viole os direitos individuais de liberdade, propriedade e segurança. Se interpretada mais estritamente, a lição de Ricardo Lobo Torres iria nesse sentido: «O tributo nasce no espaço aberto pela autolimitação da liberdade e constitui o *preço da liberdade,* mas por ela se *limita* e pode chegar a oprimi-la, se não o contiver a legalidade».[12] O «Estado», com maiúsculas, é um ser de vida própria, distinto e separado da sociedade, voraz, e vocacionado à supressão da liberdade individual, pelo que a constituição precisa limitar sua atuação, contê-la, por meio do império da lei. Cabe à lei conter o excesso de tributação, que é a preocupação central do direito constitucional tributário tradicional. A contenção constitucional é mínima: foca na separação dos poderes e nos direitos individuais. A partir daí, a contenção passa a ser legislativa: são os representantes do povo, democraticamente eleitos, que decidirão, em seu nome, com amplíssima margem de discricionariedade, a intensidade e a finalidade da tributação, desde que atendidas aquelas normas constitucionais de proteção mínima.

O constitucionalismo contemporâneo não perde esse caráter protetivo do cidadão e limitador da atuação estatal. Mantém-no, com força renovada. Aí está a Constituição de 1988, tida, em muitos meios, como exemplo empírico do neoconstitucionalismo, que não nos deixa perder o rumo: em matéria tributária, ela contém uma série de normas – princípios e, em maior número, regras – limitadoras da ação estatal e, ao mesmo tempo, protetoras do cidadão contribuinte: legalidade, anterioridade, irretroatividade, isonomia, proibição de confisco, respeito à capacidade contributiva. Mas essa proteção do cidadão e esse limite à ação estatal ganham novos contornos no constitucionalismo contemporâneo. As constituições em geral, e também a brasileira, passam não só a proteger a liberdade já previamente existente, e a propriedade já então conquistada, para *impor* que a liberdade seja plenamente *realizada*, para todos, indistintamente, e que todos possam ter acesso à propriedade. E não apenas isso: tudo aquilo que se considera o mínimo necessário para que a pessoa humana possa se desenvolver em sua potencialidade, na busca da vida digna e da felicidade pessoal e comunitária, passa a ser de busca obrigatória por todos os membros dessa comunidade, indistintamente. Uma nota fundamental do constitucionalismo do pós-guerra é a existência de objetivos materiais, cuja busca pela realização é obrigação constitucional de todos. Essa obrigatoriedade de comunhão de esforços para a busca de uma situação, tida constitucionalmente por melhor que a atual e a ela preferível, atinge a todos os cidadãos, que adquirem novos deveres de cidadania. Esses deveres conformam aquele «projeto de progresso» juridicizado pela constituição, e se tornam determinantes jurídicos das condutas dos cidadãos, indiscriminadamente.[13]

---

[12] Torres, Ricardo Lobo. *Os direitos humanos e a tributação: imunidade e isonomia.* Rio de Janeiro: Renovar, 1995: 3.

[13] A expressão é de Massimo Luciani, na tradução de Sérgio Resende de Barros. Cf. O antisoberano, a crise das constituições e o futuro dos direitos humanos. In: Barros, Sérgio Resende de; Zilveti, Fernando Aurelio. *Direito constitucional: estudos em homenagem a Manoel Gonçalves Ferreira Filho.* São Paulo: Dialética, 1999: 221.

Dentre esses cidadãos que têm deveres de observância do projeto constitucional de progresso econômico e social sustentável, há os que exercem atividade na iniciativa privada, e há aqueles que se dedicam a trabalhar no espaço público estatal. Tanto uns quanto os outros têm os mesmos deveres de construir um estado democrático de direito – noção nova, na medida em que a democratização é, agora, também das condições materiais de vida digna e feliz, de acordo com os anseios individuais e comunitários, e não apenas das condições formais de votantes e votáveis, num conceito tradicional e restrito de democracia. O cidadão que atua no estado, e o cidadão que atua fora dele, estão, todos, sujeitos aos delineamentos constitucionais gerais – embora, aos primeiros, haja deveres específicos, dotados, em certo sentido, de maior grau de normatividade material. Desaparece o «Estado» com maiúsculas, um ente separado e oposto à sociedade. Sociedade e estado, agora, são o mesmo: conjuntos de cidadãos com deveres comuns na democratização plena das condições gerais mínimas para a vida digna e para o alcance da felicidade possível de todos. Esses deveres são constitucionais. A lei, que nada mais é do que o produto da atividade de alguns cidadãos, e não um ente de vida própria, é um mecanismo importante na consecução desse estado de coisas projetado pela constituição. A lei – assim como os legisladores – é um instrumento privilegiado na busca pela democratização dessas condições mínimas de vida digna. Privilegiado, entenda-se, por seu extraordinário caráter normativo, que lhe traz uma força diferenciada para produzir as condições projetadas pela constituição. Mas as condições projetadas *pela constituição*, e não pela própria lei. O império, agora, é da constituição, que, ao mesmo tempo, determina as possibilidades democráticas do poder legislativo e estabelece seus limites constitucionais.

Surge, então, tensão importante entre constitucionalismo e democracia. Até que ponto a constituição pode impedir a formação de novos consensos, em face de novos problemas e de novas conjunturas, cristalizando a sociedade e impedindo sua evolução? Até que ponto, por outro lado, a legislação pode impor novos consensos, contra núcleos mínimos de direcionamento da vida social aceitos e prescritos pelo poder constituinte originário, descaracterizando o estado em que vivemos em virtude da ascensão de uma maioria eventual? A teoria jurídica já não pode, mais, olvidar esse debate.[14] Tanto é verdade que a constituição não pode tudo, a ponto de eliminar a tarefa do poder legislativo e alçar a jurisdição constitucional a foco único de poder político, quanto é verdade que o legislativo não pode tudo, o que incrementa a jurisdição constitucional como foco relevante de direcionamento da atividade legislativa.

---

[14] Cf. uma explicação teórica do debate e um caso concreto de sua aplicação, perante o direito constitucional brasileiro, em BARROSO, Luis Roberto. Constitucionalidade e legitimidade da criação do Conselho Nacional de Justiça. *Revista Interesse Público.* Belo Horizonte, vol. 6, n. 30, mar. 2005.

Entre as características que passam a ser encontradas – ou supostas – nas constituições contemporâneas, há algumas que merecem destaque. A constitucionalização de valores morais é uma delas. A Constituição brasileira, de 1988, juridiciza, por exemplo, a dignidade da pessoa humana (CF, art. 1.º, IV). A importância desse preceito não será relativizada pela banalização do discurso que a ele se refere. Mesmo antes da segunda guerra, já se tinha, constitucionalizado, o direito à vida enquanto direito fundamental. Esse é, claramente, um direito formal: não se esclarece a que tipo de vida, com que qualidades. O escravo que não é morto tem direito à vida, assim como o prisioneiro do campo de concentração que não é assassinado, ou a mulher sexualmente mutilada da Somália, mas a nenhum deles está garantido o direito à vida *digna*. A dignidade é a incorporação, ao texto constitucional, de conteúdos *materiais* e éticos não relativizáveis: aquilo que deve ser defendido e promovido como uma vida aceitável, boa de se viver, que traga satisfação e plenitude ao ser humano.[15] Não, mais, qualquer vida. E como, na situação atual de «Terra Pátria», vive-se uma solidariedade social sem precedentes, os deveres de buscar um desenvolvimento econômico sustentável estão afetos, também, a todos os cidadãos, no aparato estatal ou fora dele: a livre iniciativa econômica é garantida, mas em consonância com a proteção do meio-ambiente. Esses deveres existem e estão constitucionalizados (CF, 170, VI) – não obstante seja preciso ainda evoluir, em termos de pensamento, para se superar completamente a ainda presente noção antropocêntrica, e presente em certas religiões, de que toda natureza está à disposição do ser humano, o único privilegiado pela transcendência, e que só o ser humano tem direitos, e mais ninguém.[16] Até mesmo o meio-ambiente sustentável seria um direito exclusivo do ser humano, e apenas porque ele depende desse ambiente para sua sobrevivência. E, aí, todos os recursos naturais, inclusive os seres vivos não humanos, seriam apenas instrumentos destinados para a satisfação das necessidades, biológicas e psicológicas, de seres humanos egoístas e autocentrados. Rodeios, touradas e a «farra do boi» catarinense ainda são bons exemplos de como permanece havendo espaço para evolução.[17]

A conscientização filosófica e científica da humanidade leva à incorporação de conteúdos mínimos e materiais aos ordenamentos jurídicos contemporâneos, inclusive direitos de segunda geração. Os direitos dos trabalhadores

---

15 Cf. Sarlet, Ingo Wolfgang. *Dignidade da pessoa humana e direitos fundamentais na Constituição Federal de 1988*. Porto Alegre: Livraria do Advogado, 2001: 60; Barcellos, Ana Paula de. *A eficácia jurídica dos princípios constitucionais*: o princípio da dignidade da pessoa humana. Rio de Janeiro: Renovar, 2002: 248.

16 Cf. Altamirano, Alexandro. El derecho constitucional a un ambiente sano, derechos humanos y su vinculación con el derecho tributario. In: Marins, James (Coord.). *Tributação e meio ambiente*. Curitiba: Juruá, 2002: 17-18 (Col. Tributação em Debate).

17 Um bom exemplo é a aplicação do art. 225, VII, da Constituição, feita pelo Supremo Tribunal Federal para a «farra do boi» (RE 153.531), e para a briga de galo (ADIn 1856).

decorrem, historicamente, da súbita tomada de consciência da situação de exploração a que se submete a classe proletária. É só quando essa condição é percebida e denunciada que se passa a compreender que a vida em condições de trabalhos degradantes e exploradoras pode ser vida, mas não vida digna. O direito à educação pode ser relacionado à compreensão da enorme força exercida pela dominação ideológica, religiosa, simbólica e linguística: só alguém educacionalmente bem formado terá o aparato intelectual necessário para compreender como a linguagem, a religião, a simbologia e a ideologia dominam o ser humano e fazem-no objeto, e, a partir dessa compreensão, superando ou convivendo conscientemente com a dominação, tentar viver mantendo-se sujeito de sua própria condição. O direito à livre informação e à livre produção cultural pode ser explicado pela compreensão, historicamente também recente, de que a indústria cultural e a monopolização do poder de filtrar e conceder informação levam à dominação e à alienação, em uma vida que, embora permaneça em seu sentido meramente biológico, perde em dignidade humana. O direito ao livre exercício de ocupação profissional, uma vez atendidas as exigências impostas pela sociedade por meio das regras legislativas, decorre da compreensão de que a inserção do ser humano em uma ou outra classe social não é uma condição transcendente, necessária e imutável, mas algo inserido no devir; algo que deve estar, materialmente, no âmbito pessoal de escolha e determinação de cada sujeito, cuja autonomia e independência devem ser, na medida do possível e do desejável, mantidas. O direito ao meio-ambiente equilibrado, e o dever de busca de um desenvolvimento econômico socioambientalmente sustentável, que a ele se conecta enquanto contraface necessária, decorrem da súbita consciência ecológica de que vivemos em um planeta cujo destino, a manter-se o rumo atual do desenvolvimento, está fadado ao colapso ambiental e social em curto espaço de tempo. Como ter vida digna sem boa saúde, alimentação suficiente e equilibrada, moradia com boas condições de higiene e de individualidade, segurança para a realização dos projetos pessoais, trabalho e lazer equilibrados, e sem o dever cívico e cidadão de buscar desenvolvimento econômico sustentável? Sem que seja perseguida a realização de uma sociedade livre, justa e solidária? E assim por diante: a constituição passa a juridicizar padrões materiais de vida digna, cujo trabalho para a realização é obrigação indiscriminada e dever cívico de todo cidadão, tanto daquele que ocupa cargos públicos, quanto do que escolhe se manter na iniciativa privada. E as populações que, em função da globalização e popularização dos meios de comunicação e de informação, começam a ter consciência apenas agora dessa realidade, passam a reivindicar direito à vida digna num ambiente sustentável *também para elas*, como se percebe do que se convencionou chamar de «primavera árabe», por exemplo. Pode-se supor a tendência de que, com o tempo, as constituições desses países, então fechados às conquistas da modernidade ocidental, mas não imunes às mazelas dessa mesma modernidade, incorporem esses valores. Seria a constitucionalização, formal ou material, de princípios destinados a proteger e a promover a vida digna, em um ambiente de desenvolvimento sustentável, onde todos possam ter os meios materiais para sua elevação pessoal e social, material e espiritual, e para a livre construção da sua própria subjetividade.

Assim, não basta mais proteger o que já existe. Se é certo que a constituição ainda se destina a limitar o aparato estatal, para proteger o cidadão contra o confisco de sua vida, liberdade e propriedade, também não há dúvida de que assume a função de obrigar a todo e qualquer cidadão a trabalhar no sentido de promover a democratização das condições materiais mínimas de vida digna e de realização da felicidade pessoal para os que já existem, e para as gerações futuras – daí Ingo Wolfgang SARLET, por exemplo, mencionar os direitos fundamentais de «defesa» e os direitos fundamentais a «prestações».[18] Ao ser humano não basta sobreviver, mas *viver*, com plenitude e dignidade, essa vida aqui-e-agora, e não qualquer outra; e, para os que ainda estão por nascer, compete aos viventes manter um desenvolvimento sustentável que lhes garanta as condições materiais para a construção de sua própria vida futura. O que leva à paradoxal situação em que a constituição é obrigada a limitar a liberdade contratual para proteger o hipossuficiente, por exemplo, visando a garantir, tanto ao hipossuficiente, quanto ao hipersuficiente, condições mínimas para que construam sua vida de acordo com critérios de dignidade pessoais e comunitários. E que seja obrigada a limitar a liberdade de exercício de atividade econômica, para, ao mesmo tempo, garantir o desenvolvimento econômico e social, e determinar a manutenção das condições ambientais necessárias à manutenção de um desenvolvimento possível e constante, permitindo a plena realização humana e cultural, para quem já existe, e para os que ainda virão, no que se convencionou chamar de «desenvolvimento sustentável».

Estando, esses valores, agora constitucionalizados, inclusive na forma de princípios e regras constitucionais, eles adquirem uma normatividade jurídica então inexistente. Não mais apenas prescrições morais, os direitos sociais e difusos mínimos passam à condição de direitos jurídicos, cuja garantia deve ser assegurada pelo aparato jurídico-estatal: poderes legislativo, executivo e judiciário. Mas não só: direitos cuja realização deve ser preocupação de todo cidadão, indistintamente. Já não se pode mais discordar, impunemente, de certos conteúdos materiais mínimos. Aquele que, no Brasil, não concordar que todos os seres humanos devam ter vida digna, e que todos têm deveres na busca por um meio-ambiente equilibrado, em consonância com o desenvolvimento econômico sustentável, estará vivendo em um país cujo direito constitucional é incompatível com suas convicções. Com isso, não apenas se

[18] Cf. SARLET, Ingo Wolfgang. *A eficácia dos direitos fundamentais*. Porto Alegre: Livraria do Advogado, 2001: 170-171.

garantem os direitos individuais já conquistados, mas projeta-se a conquista material de novos direitos. O direito constitucional ainda limita, mas, agora, também promove. A superação do constitucionalismo tradicional não pode ser vista, por isso, como um abandono: é, na linha da *Aufheben* soutiana, uma incorporação de novos aspectos, sem necessário abandono dos anteriores.[19] Incorporam-se os princípios, por exemplo, mas não somem as regras. Incorpora-se a argumentação, mas não desaparece a subsunção. Incorporam-se novas funções ao judiciário, mas em razão das novas funções do legislativo, que não se atrofia, mas cresce em importância.

Essa situação de incremento de complexidade cria novos pesos sobre os aparatos estatais de produção jurídica. O poder legislativo nunca foi tão importante e, ao mesmo tempo, nunca esteve tão limitado. Se a constituição obriga à consecução de determinados conteúdos materiais de vida digna para todos, nem sempre fornece, ela própria, os meios normativos para tanto. A constituição nem sempre fixa as condutas que deverão ser realizadas na busca daquele estado de coisas que projeta. Embora, muitas vezes, o faça: a Constituição brasileira, por exemplo, estabeleceu regras mínimas necessárias para a consecução do ideal de previsibilidade da tributação: anterioridade e irretroatividade, a primeira com suas exceções. Não é necessário que o poder legislativo crie os regulamentos temporais em sua própria produção normativa, preocupando-se em estabelecer um prazo mínimo de *vacacio legis*; nesse campo, a Constituição já o fez. Logicamente, pode o legislativo ir além, estabelecendo, por exemplo, períodos maiores de adaptação. Mas não poderá trabalhar aquém, e, em seu silêncio, as regras já estarão estabelecidas. Em outros casos, contudo, nossa Constituição apenas estabelece o ideal: os tributos terão caráter pessoal, serão graduados segundo a capacidade econômica do contribuinte, e não poderão ter efeito de confisco. Que condutas deverão ser adotadas para que os tributos sejam pessoais, respeitem a capacidade contributiva, e não tenham efeito confiscatório, porém, é algo que o poder legislativo terá que elaborar. Ou seja: nossa constituição regula, por meio de regras e de princípios.

Repare-se na importância e, simultaneamente, na limitação que pesam sobre o poder legislativo. Cabe a ele definir os meios para o respeito à capacidade contributiva, à pessoalidade e à impossibilidade de confisco tributário. Antes que esses direitos fossem, historicamente, compreendidos como de estatura constitucional, ou antes que esses direitos fossem constitucionalizados, o poder legislativo não precisaria promover essa definição: era livre para decidir se o faria, ou se não o faria. E, se não o fizesse, esses direitos jamais poderiam ser invocados em uma argumentação jurídica que se pretendesse fortemente

---

19 Cf. Borges, José Souto Maior. *O contraditório no processo judicial: uma visão dialética.* São Paulo: Malheiros, 1996: 13; *Curso de direito comunitário: instituições de direito comunitário comparado: União Europeia e Mercosul.* 2. ed. São Paulo: Saraiva, 2009: 265.

fundada. Estariam, talvez, no plano de uma moral tributária não jurídica. Agora, a importância do poder legislativo é destacada, e sua responsabilidade constitucional está incrementada: cabe a ele, obrigatoriamente, eleger os meios para que esse estado ideal de coisas seja atingido. Por outro lado, está limitado: não pode, senão, fazê-lo. Se não o fizer, ou se fizer em desacordo com a constituição, abre espaço para a atuação de outro poder: o judiciário.

No constitucionalismo contemporâneo, assim como o poder legislativo, o poder judiciário também cresce em relevância. Ambos detêm, agora, novas funções, na busca da concretização dos deveres materiais, inerentes à cidadania, postos pela constituição. Ao poder judiciário incumbe não apenas aplicar a lei ao caso concreto. Mantém, sem dúvida, essa relevante função. Mas passa, também, a julgar a própria lei, ou a ser obrigado a decidir mesmo em sua ausência. Veja-se: integrando direitos fundamentais de segunda geração, nossa constituição estabelece impedimentos relevantes, como a proibição do tratamento desigual entre contribuintes que se encontrem em situação equivalente, vedando distinções em razão da ocupação profissional ou da função exercida pelos contribuintes. Aqui, a dificuldade de realização fica patente, quando se recordam, por exemplo, as vedações ao ingresso no Simples Nacional, fundadas na profissão exercida pelo contribuinte, ou a não tributação dos templos de qualquer culto, onde atividades autointituladas religiosas mercantilizam-se e tornam-se ocupações profissionais altamente rentáveis, gerando notória fortuna àqueles que se vendem como autoridades legitimadas para falar e agir em nome da transcendência.[20] Quando o poder legislativo erra ou se omite, abre espaço para que o cidadão prejudicado recorra ao poder judiciário, com demandas impensáveis no constitucionalismo tradicional. Assim, se falta lei para a concretização de um direito constitucionalmente garantido, passa-se a recorrer ao poder judiciário para que aplique e concretize a constituição, não obstante a reserva de espaço do poder legislativo e, mesmo, por causa dela, e de sua inatuação. Se há lei que impede a concretização de um direito constitucionalmente garantido, passa-se a recorrer ao poder judiciário para que anule a lei e permita a concretização da constituição, não obstante o espaço reservado ao poder legislativo e, inclusive, por causa dele, de sua atuação incorreta. Tanto a má atuação, como a inatuação, são agora inconstitucionalidades, mesmo que os direitos à vida, à segurança, à liberdade e à propriedade, sob o ponto de vista formal, estejam protegidos por essa inatuação ou atuação insuficiente.

Por isso, nesses casos de falta, insuficiência, invalidade, desnecessidade ou inconveniência da norma legal, comparados às exigências dos princípios e regras constitucionais, materiais e formais, o poder judiciário será chamado a

---

20 Sobre o Simples Nacional e a vedação, cf. ÁVILA, Humberto, *Teoria da igualdade tributária*. 2. ed. São Paulo: Malheiros, 2009, *passim*.

aplicar, direta e concretamente, a constituição. E deverá fazê-lo, apesar e por causa da importância do espaço do poder legislativo. E, em casos de ausência de regra constitucional – decerto raras, na Constituição brasileira –, o poder judiciário será obrigado a aplicar, diretamente, um princípio constitucional, ou mais de um, ou a ponderar a aplicação simultânea de princípios constitucionais em eventual situação de desacordo prático. Os princípios tornam-se, em alguns casos, razões diretas de decisão jurídica, e não apenas diretrizes políticas que poderiam, ou não, serem seguidas pelo legislativo, e que não diziam respeito ao judiciário.

Surge, daí, a necessidade de uma nova racionalidade, que leve em consideração, exatamente, esse elemento novo no ordenamento jurídico: o princípio. Os autores tradicionais do positivismo jurídico não se referiam a princípios: não eram, essas normas, realidade empírica sobre a qual sua ciência se poderia voltar. Agora passam a ser referência obrigatória para os estudos de teoria jurídica, inclusive – e, talvez, principalmente – os estudos metodologicamente positivistas. Como é possível aplicar diretamente um princípio, em conjunto com outros, ou em detrimento de outros, ou ao mesmo tempo em conjunto e em detrimento de outros, sem que isso implique arbitrariedade, subjetividade, descontrole, autoritarismo e, em última análise, inconstitucionalidade?

A teoria jurídica contemporânea vem encontrando resposta a esses questionamentos, dentre outras fontes, no controle da argumentação jurídica, que se torna presente, inclusive, no estudo do direito constitucional.[21] Toda decisão precisa ser racionalmente fundamentada, e a racionalidade dos fundamentos terá papel crucial na aceitação da racionalidade e da licitude da decisão tomada. Assim, aquele que toma a decisão precisará eleger critérios, que serão postos em debate, e, com base neles, tomar uma decisão também suscetível de controle intersubjetivo argumentativo. Se ainda é relevante a tradicional justificação jurídica em termos de subsunção, ela já não é a única, e nem adequada a todos os casos.[22] O direito, então, complexifica-se: o raciocínio jurídico já não pode mais seguir um único modelo, mas precisa estar aberto a múltiplas possibilidades, que serão determinadas pelos rumos que o próprio direito vier a seguir.

5. E O DIREITO TRIBUTÁRIO COM ISSO?

Esse ganho em complexidade não ocorre sem consequências para o direito tributário. Como se viu, o direito tributário nasceu e cresceu em um

---

[21] Cf. Clève, Clèmerson Merlin. Direito constitucional, novos paradigmas, constituição global e processos de integração. *Crítica Jurídica – Revista Latinoamericana de Política, Filosofía y Derecho*. n. 25, jul. 2006: 310.

[22] Cf. Ávila, Humberto. *Teoria dos princípios*. 12. ed. São Paulo: Malheiros, 2011, especialmente p. 71-84; Barroso, Luis Roberto. Novos paradigmas e categorias da interpretação constitucional. *Revista da Ordem dos Advogados do Brasil, seccional do Rio de Janeiro*. Rio de Janeiro, n. 1, 2008: 213.

ambiente constitucional de limitações negativas a uma atuação estatal que pudesse expor a perigo a segurança, a propriedade e a liberdade da classe economicamente ativa, empresários e trabalhadores em geral, na iniciativa pública ou privada. As limitações a que a doutrina tributarista tradicional volta seus olhos são penas as negativas, que implicam abstenção legislativa.[23] Com isso, evoluiu para a compreensão das relações, entre o antigo «Estado» e os contribuintes, como relações jurídicas, de crédito e débito, que só surgiriam quando ocorresse um fato gerador, subsumido a uma hipótese legal, editada em acordo com os limites de competência constitucional. A ciência do direito tributário, então, empenha-se na construção de um esquema hipótese-consequência, dentro da norma, e de derivação normativa, no ordenamento, baseado nas construções de teoria geral do direito – principalmente do positivismo jurídico dos primeiros dois terços do século XX. Um esquema que seria capaz de suprir as necessidades de segurança jurídica em matéria tributária, criando uma forma pré-empírica e *a priori* válida, verdadeira, exclusiva e insuperável de compreensão do fenômeno tributário.

Esse modelo redutor mostra-se, muitas vezes, adequado para o estudo parcial das relações de arrecadação financeira de tributos: permite definir em que casos, quando e quanto deverá ser pago de tributo, e por quem, sem permitir, ao «Estado», cobrar mais do que o constitucional e legalmente autorizado – e, como que em um efeito colateral, sem permitir, ao contribuinte, conseguir pagar menos. Mas, como costuma acontecer com os modelos epistemológicos redutores, acaba por ceder quando a complexidade da realidade a ser estudada incrementa-se de tal forma que não aceita mais certas esquematizações artificiais, sem grave distorção de compreensão.

Quando incorpora princípios, a constituição demanda que sejam acrescentados, à hermenêutica e à dogmática tributária, novos métodos de descrição ou prescrição científicas e de construção e controle argumentativo de decisões constitucionalmente corretas. A tendência doutrinária, porém, é de enxergar, nos princípios, nada além de regras com uma carga axiológica superior. A tendência é de adaptar a realidade aos esquemas cognitivos previamente conquistados e encastelados, mesmo que a realidade, agora, seja diferente. Essa tendência imobilista supera aquela que seria epistemologicamente desejável: compreender a realidade em sua complexidade e individualidade, deixando aberta a possibilidade – ou a necessidade – de rever, ampliar, adequar ou abandonar eventuais esquemas de compreensão já estabelecidos.

Esse fechamento doutrinário no esquema metodológico, criado num ambiente constitucional ultrapassado, impede o adequado tratamento da complexidade, que aparece no constitucionalismo contemporâneo. Essa

---

[23] Cf. Ávila, Humberto. *Sistema constitucional tributário*. 4. ed. São Paulo: Saraiva, 2010: 22.

complexidade, por exemplo, impõe a consideração do direito tributário em conjunto com o direito financeiro, numa unidade que jamais será bem compreendida pela simples soma da compreensão isolada de suas partes. Está posto, para todos os cidadãos, o dever de buscar o estado de coisas prescrito na constituição. Esse estado de coisas demanda, no Brasil, investimento público, porque a Constituição de 1988 impôs deveres de criação de condições materiais mínimas para o desenvolvimento pessoal e para a concretização da vida digna e feliz para todos. Por exemplo: está determinado que o aparato estatal, nas três esferas de competência – federal, estadual e municipal –, trabalhe para proporcionar, aos cidadãos, uma vida saudável (CF, art. 23, II; 24, XII; 30, VII; 34, VII, *e*; 35, III; 167, IV; 194; 196; 197; 198; 208, VII; 227 etc.). Para tanto, precisa de recursos financeiros, inclusive de receitas derivadas e, dentre elas, as tributárias. Especificamente, as contribuições sociais, que instrumentalizam a atuação da União na área social e, mais especificamente ainda, as contribuições para a seguridade social (CF, arts. 149 e 195). Mas não apenas elas: toda a tributação deve estar orientada para a promoção daquele estado de coisas cuja promoção é determinada constitucionalmente, aí incluída a saúde, enquanto mínimo existencial integrante daquele projeto constitucional de progresso, juridicamente vinculante. O estudo que se restringe ao fato gerador e à obrigação tributária não tem condições de contribuir para a compreensão das funções que a receita tributária deve auxiliar a cumprir, e nem do efetivo cumprimento desses desideratos.

Mas não é só pela boa utilização do dinheiro arrecadado que o aparato estatal pode trabalhar no sentido de promover a vida digna e o desenvolvimento sustentável. É, também, pela própria tributação, que tem a potencialidade de dirigir condutas para que se alinhem com as direções estabelecidas constitucionalmente. É o clássico tema da extrafiscalidade, cuja qualificação como «clássico» é, ao mesmo tempo, adequada e inadequada: embora seja um tema antigo e presente nos cursos de direito tributário, é um tema tão pouco trabalhado em profundidade que muito do que se disser sobre ele estará no campo do novo. A tributação ambiental, por exemplo, que pode contribuir para o desenvolvimento sustentável, é tema incipiente no Brasil, ausente da maioria das preocupações doutrinárias – e, na mesma medida, ausente do ambiente normativo tributário brasileiro.[24] Uma atividade empresarial sustentável é aquela que não contribui para a deterioração do meio em que se insere, numa visão mais alargada para o entorno, mas, também, é aquela que não é excessivamente tributada, o que lhe impediria o desenvolvimento adequado de suas potencialidades. Há, então, uma tensão entre a tributação direcionada a determinar condutas, que arrecada com maior ou menor intensidade, e a atividade econômica, que precisa de liberdade para se desenvolver e gerar

---

[24] Cf. Marins, James; Teodorovicz, Jeferson. Extrafiscalidade socioambiental. *Revista Tributária e de Finanças Públicas*. São Paulo, vol. 18, n. 90, jan.-fev. 2010: 73-123.

riqueza e qualidade de vida – mas que, se totalmente livre, pode enveredar pelo perigoso caminho da ganância e do lucro a todo custo, gerador de inconvenientes notórios – vide a crise do crédito, nos Estados Unidos, em 2008. Assim, o estado não pode tributar demais, mas não pode tributar de menos. Se tributar demais, na tentativa de suprir todo e qualquer direito para toda e qualquer pessoa, e inviabilizar a empresa; procurando suprir todas as necessidades infinitas como se os recursos não fossem escassos; estará a agir de forma social e politicamente temerária mas, também, inconstitucionalmente (CF, art. 150, IV). Se tributar de menos, e permitir liberdade para que a empresa direcione suas atividades sem preocupações com sustentabilidade, estará agindo de forma inconstitucional (CF, art. 170, VI). Se tributar de menos, e ficar sem recursos para dar conta das múltiplas atribuições que a constituição lhe confere, o estado também estará agindo de forma inconstitucional. Daí a destacada importância da atuação do poder legislativo e do poder executivo, a quem cabe, originariamente, a difícil tarefa de buscar o equilíbrio orçamentário e a satisfação das necessidades, na medida do possível. Numa constituição que não abarrotasse o estado e os cidadãos de deveres com a busca por um ideal de convivência digna e de desenvolvimento sustentável, erros crassos desses poderes, na realização dessa tarefa, não implicariam, necessariamente, inconstitucionalidade. No constitucionalismo contemporâneo, porém, essas inconstitucionalidades podem ocorrer, e são preocupações que a comunidade jurídica já não pode mais abandonar, sob o pretexto de que seriam temas pré-jurídicos ou extrajurídicos. No passado, talvez tenham sido; hoje, não são mais. Certas constituições, como a portuguesa, inclusive, determinam, de forma expressa e direta, que a política tributária seja compatibilizada com a proteção do meio-ambiente e da qualidade de vida; que contribua para a justiça social, a igualdade de oportunidades e a correção das desigualdades na distribuição da renda.[25] A brasileira, se não o faz diretamente, ainda assim o faz, com idêntica eficácia.

Se, hoje, a preocupaçao com a eficácia da tributação em colaborar na busca pelo implemento das condições de vida digna e de desenvolvimento sustentável são constitucionalizadas, a ciência jurídico-tributária precisa incorporar um novo aspecto teórico, que, até então, recebe pouca atenção: a pragmática. Para um ordenamento jurídico que prescreve o alcance de efeitos sócio-econômico-ambientais concretos, uma teoria exclusivamente sintático-semântica tem pouco a oferecer. Porque o efeito gerado pelas condutas, tanto do estado, quanto dos demais cidadãos, é preocupação que transcende o estudo das normas entre si e das normas com as situações fáticas em que podem ser aplicadas. É preciso incorporar, ao estudo da norma e dos fatos que podem sofrer sua aplicação ou incidência, os efeitos que a incidência ou

---

25 Cf. Nabais: José Casalta. *Por um estado fiscal suportável*: estudos de direito fiscal. Coimbra: Almedina, 2005: 135.

a aplicação podem gerar no ambiente sócio-econômico-ambiental, inclusive para avaliar se esses efeitos contribuem adequadamente para o caminhar no sentido prescrito pela constituição. E se esses efeitos são, ao mesmo tempo, sociais, econômicos e ambientais, além de políticos, psicológicos, éticos e outros, então o estudo, além de interdisciplinar, precisa ser complexo. Uma epistemologia jurídico-tributária da complexidade precisa ser ensaiada, tentada, testada.[26]

Essas considerações já permitem compreender como a ciência do direito tributário deve incorporar, além da mera descrição, também a orientação concreta para a tomada de decisões que se pretendam constitucional e juridicamente acertadas. Não basta mais, ao jurista, descrever as possibilidades de interpretação da norma, deixando a escolha pela melhor delas à discricionariedade do órgão competente. A discricionariedade desse órgão decresce na medida em que cresce o grau de normatização constitucional, cuja compreensão e explicação são tarefa da doutrina, de forma a que possa, efetivamente, orientar a escolha pela melhor decisão – ou pelas melhores decisões. A construção dos critérios e parâmetros, para avaliar a superioridade jurídica de uma decisão sobre outra, também é função doutrinária da qual, doravante, o jurista não se pode escusar. E, para isso, precisa superar a imobilização teórica que a hermenêutica kelseniana, fundada para proteger a democracia e a liberdade, impõe ao cientista, como efeito colateral tanto indesejado quanto incontornável. Sob pena de não conseguir atender às necessidades impostas por um direito constitucional – e constitucional tributário – complexificado pelo constitucionalismo contemporâneo.

BIBLIOGRAFIA

ALTAMIRANO, Alexandro, 2002: «El derecho constitucional a un ambiente sano, derechos humanos y su vinculación con el derecho tributario». In: MARINS, James (coord.). *Tributação e meio ambiente*. Curitiba: Juruá (Col. Tributação em Debate).

ÁVILA, Humberto, 2011: *Teoria dos princípios*. 12. ed. São Paulo: Malheiros.

___, 2010: *Sistema constitucional tributário*. 4. ed. São Paulo: Saraiva.

___,2009: *Teoria da igualdade tributária*. 2. ed. São Paulo: Malheiros.

___, 2009: «"Neoconstitucionalismo": entre a "ciência do direito" e o "direito da ciência"». *Revista Eletrônica de Direito do Estado*. Salvador, n. 17, jan.-mar. 2009, disponível em (www.direitodoestado.com.br/rede.asp), acesso em 1.º de novembro de 2011.

---

[26] Cf. FOLLONI, André. *Clareiras e caminhos do direito tributário*: crítica da ciência do direito tributário a partir da obra de José Souto Maior Borges. Tese (doutorado em Direito). Universidade Federal do Paraná, Curitiba, 2011: 256 e seguintes, e p. 418 e seguintes.

BALEEIRO, Aliomar, 2008: *Direito tributário brasileiro,* atual. Misabel Abreu Machado Derzi. 11. ed. Rio de Janeiro: Forense.

BARCELLOS, Ana Paula de, 2002: *A eficácia jurídica dos princípios constitucionais: o princípio da dignidade da pessoa humana.* Rio de Janeiro: Renovar.

BARROSO, Luís Roberto, 2008: «Novos paradigmas e categorias da interpretação constitucional». *Revista da Ordem dos Advogados do Brasil*, seccional do Rio de Janeiro. Rio de Janeiro, n. 1.

___, 2005: «Constitucionalidade e legitimidade da criação do Conselho Nacional de Justiça». *Revista Interesse Público.* vol. 6, n. 30, Belo Horizonte, mar. 2005.

BECKER, Alfredo Augusto, 1972: *Teoria geral do direito tributário.* 2. ed. São Paulo: Saraiva.

CARRAZZA, Roque Antônio, 2002: *Curso de direito constitucional tributário.* 17. ed. São Paulo: Malheiros.

CARVALHO, Paulo de Barros, 2007: *Curso de direito tributário.* 18. ed. São Paulo: Saraiva.

___, 1974: *Teoria da norma tributária.* São Paulo: Lael.

CLÈVE, Clémerson Merlin, 2006: «Direito constitucional, novos paradigmas, constituição global e processos de integração». *Crítica Jurídica – Revista Latinoamericana de Política, Filosofía y Derecho.* n. 25, jul. 2006.

FOLLONI, André, 2011: *Clareiras e caminhos do direito tributário: crítica da ciência do direito tributário a partir da obra de José Souto Maior Borges.* Tese de doutoramento em Direito. Universidade Federal do Paraná, Curitiba.

GARVEY, John; ALEINTKOFF, Alexander, 1991: *Modern constitutional theory: a reader.* St. Paul: West Publishing.

KELSEN, Hans, 2000: *Teoria pura do direito.* São Paulo: Martins Fontes.

LUCIANI, Massimo, 1999: «O anti-soberano, a crise das constituições e o futuro dos direitos humanos». In: BARROS, Sérgio Resende de; ZILVETI, Fernando Aurelio. *Direito constitucional: estudos em homenagem a Manoel Gonçalves Ferreira Filho.* São Paulo: Dialética.

MAIOR BORGES, José Souto, 2009: *Curso de direito comunitário: instituições de direito comunitário comparado: União Europeia e Mercosul.* 2. ed. São Paulo: Saraiva.

___, 2001: *Teoria geral da isenção tributária.* 3. ed. São Paulo: Malheiros.

___, 1996: *O contraditório no processo judicial: uma visão dialética.* São Paulo: Malheiros.

MARINS, James; TEODOROVICZ, Jeferson, 2010: «Extrafiscalidade socioambiental». *Revista Tributária e de Finanças Públicas.* São Paulo, vol. 18, n. 90, jan.-fev. 2010, p. 73-123.

NABAIS, José Casalta, 2005: *Por um estado fiscal suportável: estudos de direito fiscal.* Coimbra: Almedina.

SARLET, Ingo Wolfgang, 2001: *A eficácia dos direitos fundamentais*. Porto Alegre: Livraria do Advogado.

___, 2001: *Dignidade da pessoa humana e direitos fundamentais na Constituição Federal de 1988*. Porto Alegre: Livraria do Advogado.

TORRES, Ricardo Lobo, 1995: *Os direitos humanos e a tributação: imunidade e isonomia*. Rio de Janeiro: Renovar.

VIEIRA, José Roberto, 2004: «Legalidade tributária e medida provisória: mel e veneno». In: FISCHER, Octavio Campos. *Tributos e direitos fundamentais*. São Paulo: Dialética.

2

JUSTIÇA TRIBUTÁRIA

ANDREI PITTEN VELLOSO

1. Introdução. 2. Accepções da justiça tributária: 2.1 Justiça material e formal; 2.2 Justiça distributiva e comutativa. 3. Projeções normativas da justiça tributária. 4. Justiça e Igualdade Tributária: 4.1 Inter-relação; 4.2 O princípio da igualdade enquanto um mandado de justiça; 4.3 Vinculação do princípio da igualdade à noção constitucional de justiça; 4.4 A justiça relacional; 4.5 Exigências fundamentais da igualdade tributária: 4.5.1 Na estruturação dos tributos: igualdade tributária horizontal e vertical; 4.5.2 Na implementação fática das leis impositivas; 4.6 Igualdade e praticabilidade tributária; 4.7 Equidade: 4.7.1 Cláusulas gerais de equidade no sistema alemão; 4.7.2 A equidade no sistema jurídico brasileiro. 5. Justiça e Proporcionalidade. 6. Justiça e Razoabilidade: 6.1 Racionalidade, bom senso e equivalência; 6.2 Congruência material. 7. Critérios específicos de Justiça Tributária: 7.1 Capacidade contributiva; 7.2 Benefício e equivalência. 8. Conclusão.

1. INTRODUÇÃO

Tratar do tema da justiça tributária aparenta ser um delírio de utópicos, de sonhadores que desconhecem ou não compreendem a realidade política e econômica, em cujo seio não há lugar para o problema da justiça na tributação, mas apenas para decisões políticas, econômicas e financeiras das autoridades públicas.[1]

Segundo essa visão cética, o Direito Tributário é o reino das decisões parlamentares e governamentais, coarctadas de fato apenas por garantias formais e procedimentais, jamais por direitos e garantias materiais que efetivamente se imponham à conformação e à aplicação do sistema tributário. Os princípios materiais estabelecidos pela Constituição da República são diretrizes meramente retóricas, que não têm o condão de subjugar o legislador e orientar a aplicação das leis tributárias pelos Poderes Executivo e Judiciário. Por consequência, o Poder Judiciário é visto como um mero guardião da forma e do procedimento, um escravo da exegese literal e do *self-restraint*, completamente impotente para realizar a justiça. Tudo em prol da governabilidade, da eficiência econômica e da segurança jurídica.

Esse pragmatismo exacerbado pode corresponder, em certa medida, à realidade política e econômica da tributação, mas é flagrantemente incompatível com os inúmeros direitos e garantias substanciais que foram acolhidos pela Constituição da República de 1988. Dentre esses direitos e garantias fundamentais sobressaem os princípios da isonomia tributária, da capacidade contributiva, do não-confisco, da tutela ao mínimo existencial, da razoabilidade e, em especial, o princípio da justiça tributária, ainda pouco explorado pela doutrina brasileira.

Neste artigo, abordamos o mais problemático desses princípios, o da justiça tributária, almejando fornecer ao leitor uma visão panorâmica do seu conteúdo e das suas exigências, a fim de contribuir para aproximar a realidade impositiva de uma verdadeira utopia, a efetivação plena da justiça no domínio tributário.

Para tanto, reiteramos e desenvolvemos certas ponderações já tecidas em nossa tese de doutorado, na qual examinamos a questão sob o viés do princípio da isonomia,[2] e avançamos para enfrentar as indagações específicas que o tema da justiça tributária suscita.

Não trataremos da justiça tributária à luz de concepções jusnaturalistas, econômicas ou financeiras. Iremos examiná-la em vista dos sistemas jurídicos contemporâneos e, mais especificamente, do nosso sistema jurídico, que já está permeado pelo núcleo central das teorias jusnaturalistas, mediante a positivação dos direitos humanos, traduzidos, assim, em direitos fundamentais, consagrados de forma expressa ou implícita pela Constituição da República.

---

[1] V. Uckmar. «La giusta imposta», p. 10-14, que dá parcial razão ao ceticismo frente à justiça tributária.

[2] Cfr. Velloso, Andrei Pitten. *O princípio da isonomia tributária:* da teoria da igualdade ao controle das desigualdades impositivas. Porto Alegre: Livraria do Advogado, 2010.

Seguimos, portanto, o caminho trilhado por Rudolf Stammler e por Karl Larenz ao versar sobre o tema do «Direito Justo» (*richtiges Recht*), que não é concebido como um direito ideal, metajurídico, teorizado em abstrato, mas como um direito jurídico-positivo qualificado, revestido de uma característica fundamental: a justiça. Isso supõe que haja sistemas jurídicos justos e injustos, no todo ou em parte, suscitando a questão atinente à justiça de cada uma das suas normas.[3]

2. ACEPÇÕES DA JUSTIÇA TRIBUTÁRIA

2.1 Justiça material e formal

A justiça apresenta duas dimensões fundamentais, complementares, mas nem sempre compatíveis entre si.

A *justiça formal* diz respeito à conformidade com regras e princípios pré-estabelecidos, imprescindíveis à convivência pacífica em sociedade.[4] Está ligada à cláusula do Estado de Direito e ao princípio da legalidade. Na concepção aristotélica, corresponde ao «justo legal».[5] Em sentido amplo, também abrange o princípio da segurança jurídica e os seus subprincípios. É uma condição necessária, mas não suficiente para a realização da justiça, globalmente considerada.

A *justiça material* demanda mais que a formal. Exige mais que a aplicação uniforme de um sistema harmônico de normas jurídicas coerentes entre si. Requer que elas tenham uma qualidade específica: que sejam *substancialmente justas*. Está indissociavelmente ligada ao princípio da igualdade e a critérios de justiça, que se impõem ao legislador e aos aplicadores do direito. Também compreende a razoabilidade e, num sentido mais amplo, até mesmo a proporcionalidade.

---

[3] V. LARENZ. *Derecho justo. Fundamentos de ética jurídica,* p. 21.

[4] Sobre a distinção entre justiça formal e material, v. TIPKE. *Die Steuerrechtsordnung*. 2. ed., vol. 1, p. 256-260. Como assevera Klaus Tipke, a falta de princípios corresponde ao arbítrio, e o arbítrio é o oposto da justiça. Sem princípios, a justiça carece de fundamento. Sem princípios, o Direito sequer é digno de se qualificar como tal (*Die Steuerrechtsordnung*. 2. ed., vol. 1, p. 257: «Prinzipienlosigkeit ist Willkür. Willkür ist das Gegenteil von Gerechtigkeit. Ohne Prinzipien fehlt der Gerechtigkeit die Grundlage ... Prinzipienloses Recht ist primitives Recht»).

[5] Nas palavras do estagirita: «... como o homem sem lei é injusto e o cumpridor da lei é justo, evidentemente todos os atos conforme à lei são atos justos em certo sentido, pois os atos prescritos pela arte do legislador são conforme à lei, e dizemos que cada um deles é justo» (*Ética a Nicômaco,* p. 104, 1129).

Dimensões fundamentais da noção de justiça
Justiça formal: vinculada à cláusula do Estado de Direito, à legalidade e à segurança jurídica
Justiça material: vinculada à isonomia, à razoabilidade e à proporcionalidade

Projeções fundamentais da justiça formal são os princípios constitucionais da legalidade e da segurança jurídica, dos quais derivam outros, de elevada importância prática:

Justiça formal Subprincípios da segurança jurídica e da legalidade	
Princípios fundantes	**Projeções específicas**
Segurança jurídica e legalidade	- Irretroatividade - Tipicidade fechada - Vedação de analogia
Segurança jurídica	- Anterioridade - Não-surpresa - Proteção da confiança

A despeito da relevância desses princípios formais, centraremos nossa atenção na justiça material, que constitui o elemento nuclear da noção de justiça.

2.2 Justiça distributiva e comutativa

A distinção estabelecida por Aristóteles entre justiça comutativa (*iustitia commutativa*) e distributiva (*iustitia distributiva*) é clássica e de grande valia, quando bem compreendida.

Na concepção aristotélica, ambas são espécies da justiça em sentido específico (ou justiça particular, que se diferencia da geral, caracterizada pelo justo legal), manifestando-se como proporção. A *justiça distributiva* diz respeito à *repartição* de honras, dinheiro, ônus etc. Em seu âmbito, «o justo é o proporcional, e o injusto é o que viola a proporção», tendo-se em conta uma proporção semelhante à geométrica.[6] Já a *justiça comutativa* concerne ao trato

[6] Aristóteles. *Ética a Nicômaco*, p. 105-110, 1130-1131.

dos indivíduos, nas relações estabelecidas entre si. É a justiça *reparadora*, em cujo âmbito o justo é similar ao aritmeticamente proporcional e a tarefa é restabelecer a anterior situação de isonomia.[7]

A justiça distributiva constitui fundamentalmente igualdade entre pessoas; e a comutativa, igualdade entre coisas ou situações. Naquela são consideradas características ligadas diretamente aos cidadãos (como méritos, riqueza, virtudes), enquanto nesta são consideradas relações entre particulares (empréstimos, aluguéis, roubo etc.).[8] Por isso se afirma que a justiça distributiva concerne às relações entre os cidadãos e o Estado (relações de distribuição); e a justiça comutativa, às relações dos cidadãos entre si (relações de troca).[9]

Sem embargo, essa clássica concepção, frequentemente repetida por tributaristas,[10] não se adapta integralmente ao Estado moderno. No âmbito impositivo não se aplica (e tampouco se deve aplicar) exclusivamente a concepção da justiça distributiva, expressa pelo critério da capacidade contributiva («de cada um segundo a sua capacidade»),[11] mas também a da justiça comutativa, o que se evidencia com especial clareza nas taxas, regidas fundamentalmente pelo critério da equivalência, que não poderia ser aplicado caso se seguisse a clássica concepção aristotélica.[12]

É de se destacar, outrossim, que a justiça comutativa atua em matéria tributária da mesma forma que a distributiva, como uma justiça de *repartição*. As atividades estatais remuneradas mediante taxas (e demais tributos comutativos) implicam gastos *públicos*, que devem ser suportados por quem delas se beneficia diretamente, e não por toda a coletividade. Destarte, a justiça comutativa é plenamente apta para orientar a concretização do princípio da isonomia tributária e, assim, a noção de justiça tributária, a fim de nortear a distribuição da carga impositiva no âmbito dos tributos estruturados em vista de critérios comutativos.

---

7 *Idem, ibidem*, p. 110, 1131-1132.

8 Como observa Tomás de Aquino, na justiça distributiva não se determina «o meio segundo a igualdade de coisa a coisa, mas segundo a proporção das coisas às pessoas». Contudo, acrescenta, «nas trocas se dá algo a uma pessoa específica pela coisa que se recebe dela, como se manifesta sobretudo na compra e venda, em que se encontra primeiramente a razão da troca, e por isso mesmo é preciso igualar coisa a coisa» (*Tratado de la justicia y el derecho*, p. 104).

9 AQUINO. *Tratado de la justicia y el derecho*, p. 100-108.

10 V., por todos, KLEIN. *Gleichheitssatz und Steuerrecht*, p. 20, que, após expor a concepção aristotélica, sustenta que a justiça distributiva é a justiça do Direito Público, enquanto a comutativa é a justiça do Direito Privado.

11 Sobre essa regra, v. TIPKE. *Steuergerechtigkeit in Theorie und Praxis*, p. 11 ss. É perfeitamente possível afirmar que a «justiça dos impostos *(Steuergerechtigkeit) é "justicia distributiva" (austeilende Gerechtigkeit)* no sentido de Aristóteles» (VOGEL. «Steuergerechtigkeit und soziale Gestaltung», p. 410), mas não que a justiça tributária seja exclusivamente distributiva, como sugere Vogel (ob. cit., p. 410, n. 8).

12 SCHMEHL. *Das Äquivalenzprinzip im Recht der Staatsfinanzierung*, p. 39.

A justiça distributiva aplica-se aos impostos, às contribuições especiais e aos empréstimos compulsórios. A comutativa aplica-se às taxas e às contribuições de melhoria.[13]

Dimensões da justiça tributária material	
Justiça distributiva	- Impostos - Empréstimos compulsórios - Contribuições especiais
Justiça comutativa	- Taxas - Contribuições de melhoria

Esse quadro traça um panorama geral da questão, que não exclui certas peculiaridades. É o que ocorre, por exemplo, com as contribuições previdenciárias, às quais também se aplica a noção de justiça comutativa, haja vista serem pagas com vista à obtenção de benefícios previdenciários, graduados em função das contribuições vertidas ao sistema. Por outro lado, a noção de justiça distributiva também se aplica às taxas e às contribuições de melhoria, enquanto um pressuposto subjetivo, que impede a tributação dos indivíduos absolutamente carentes de meios econômicos para suportar o ônus impositivo.

3. PROJEÇÕES NORMATIVAS DA JUSTIÇA TRIBUTÁRIA

A justiça tributária manifesta-se como um princípio estruturante e hermenêutico do sistema impositivo,[14] possuindo inúmeras projeções normativas, princípios que expressam exigências imprescindíveis à sua realização.

Três princípios atuam como pilares da justiça tributária material. São eles os princípios da igualdade, da proporcionalidade e da razoabilidade.

O princípio da isonomia tributária é o elemento-chave da justiça tributária, que há de permear todo o sistema impositivo. Esse fundamental princípio também se projeta sob a forma de princípios parciais, com exigências e âmbitos de aplicação específicos. Deles, sobressaem os princípios da capacidade contributiva, equivalência, benefício, universalidade, generalidade, equidade e praticabilidade. Do princípio da capacidade contributiva, por sua vez, decorrem os postulados da desoneração do mínimo existencial, do não-confisco, da pessoalidade, da progressividade e da seletividade.

---

[13] Nesse sentido, cfr. Torres. «Ética e Justiça Tributária», p. 188; Ferreira Neto. *Classificação constitucional dos tributos: pela perspectiva da justiça*, p. 82 ss. e 128.

[14] Caliendo. «Da Justiça Fiscal: conceito e aplicação», p. 195-196.

A proporcionalidade, com as suas três regras parciais, estabelece critérios lógicos para propiciar uma solução justa e coerente dos conflitos de princípios jurídicos com idêntico *status* normativo.

A razoabilidade, por sua vez, constitui um requisito de todos os atos estatais, fundamentando a interdição de arbitrariedade, o último escudo dos cidadãos contra as injustiças provenientes do Poder Público.

Projeções normativas da justiça tributária material		
Princípios gerais	Princípios específicos	Exigências específicas da capacidade contributiva
Igualdade	- Universalidade - Generalidade - Equivalência/benefício - Capacidade contributiva - Equidade - Praticabilidade	- Desoneração do mínimo existencial - Não-confisco - Pessoalidade e progressividade - Seletividade
Proporcionalidade	- Adequação - Necessidade - Proporcionalidade *stricto sensu*	
Razoabilidade	- Racionalidade - Bom senso - Equivalência - Congruência	

Sem pretensão de abarcar todas as nuances do tema, enfocaremos a seguir as principais questões relativas aos três pilares da justiça tributária material.

4. JUSTIÇA E IGUALDADE TRIBUTÁRIA

4.1 Inter-relação

A igualdade constitui um conceito fundamental das teorias filosóficas e jurídicas sobre a justiça. Mais concretamente, representa o núcleo central e necessário de qualquer concepção séria de justiça, por ser uma condição de sua realização: sem igualdade, não há justiça.[15]

[15] V. WEINBERGER. *Logische Analyse in der Jurisprudenz*, p. 36 e 146 ss. Weinberger vincula a justiça à igualdade formal, ao expressar esta regra da justiça formal: «É justo julgar e tratar

Essa concepção, de que a igualdade representa a essência da justiça, é antiga. Já se encontrava na filosofia pitagórica e adquiriu um significado fundamental na teoria aristotélica da justiça.[16] Em conhecida passagem, Aristóteles chega a identificar a justiça à igualdade: se o injusto é desigual, o justo é igual, coisa que, sem necessidade de argumentação, todos admitem.[17] Tomás de Aquino, seguindo e desenvolvendo o pensamento do estagirita, afirma que «a forma geral da justiça é a igualdade».[18] Essa ideia permeia amplamente as concepções modernas de justiça, como as de Radbruch, Hart, Perelman, Tammelo, Bobbio etc.[19]

Contudo, para chegar a essa ilação é prescindível estudar lógica, ética ou meditar longamente. Trata-se de uma dedução intuitiva ou, melhor dito, de uma noção inata, o que foi magistralmente ilustrado por L. V. Berliri no seu clássico *La giusta imposta*: «Dê um chocolate de presente a um garoto e o fará sorrir de alegria; mas para fazê-lo chorar de dor basta dar em seguida dois ao seu irmãozinho. Aquele garoto, que nada sabe de códigos, nem de justiça distributiva, nem de atos normativos, gritará em prantos que: "não é justo"».[20]

Isso também se identifica com clareza no Direito Tributário. A primeira indagação que o contribuinte costuma fazer acerca da justiça do sistema impositivo concerne à igualdade. Se é obrigado a pagar mais que seus iguais e não há uma razão suficientemente forte para tanto, afirmará sem vacilar que o sistema «não é justo».[21]

Portanto, pode-se afirmar com absoluta tranquilidade que a justiça tributária está assentada no princípio da igualdade tributária.[22]

---

juridicamente iguais de forma igual e desiguais de forma desigual» (*idem, ibidem*, p. 36). Nesse sentido, v. Kloepfer. «Gleichheit als Verfassungsproblem», p. 34-36.

16 V. Tammelo. *Zur Philosophie der Gerechtigkeit*, p. 65.

17 Aristóteles. *Ética a Nicômaco,* p. 108, 1131.

18 Aquino. *Tratado de la justicia y el derecho*, p. 104.

19 Radbruch assevera que a «essência da justiça» consiste justamente no tratamento igual dos iguais e desigual dos desiguais (*Rechtsphilosophie*, 3. ed., p. 70). Hart também ressalta que os mandados de tratamento igual e desigual constituem o elemento central da ideia de justiça (*The concept of law,* p. 155). Perelman pondera que a justiça formal consiste na «igualdade *(égalité)* de tratamento» de «todos os membros de uma mesma categoria essencial» e representa a «parte comum às diversas concepções de justiça» (*Justice et raison*, p. 79). Tammelo nota que a igualdade é «uma das ideias fundamentais da justiça» (*Theorie der Gerechtigkeit*, p. 87). E Bobbio giza que o princípio de justiça *suum cuique tribuere* constitui a «máxima expressão da justiça como igualdade» (*Igualdad y libertad*, p. 58).

20 Berliri. *La giusta imposta*, p. 3. V., nessa linha, Kloepfer. *Gleichheit als Verfassungsfrage*, p. 11, que, após referir o sentimento de injustiça resultante da desigualdade, acrescenta: «Que, em circunstâncias iguais, tem de se tratar os iguais de modo igual, isso poderia pertencer às mais profundas vivências dos sentimentos humanos de justiça».

21 Berliri. *La giusta imposta*, p. 3.

22 Com respeito à inter-relação entre igualdade e justiça tributária, a literatura jurídica é abundante, sobretudo na Alemanha e na Espanha. Na Alemanha, o BVerfG chega a extrair o

A Declaração dos Direitos do Homem e do Cidadão de 1789 já estabelecia que a «contribuição comum» (*contribution commune*), considerada indispensável para manter a força pública e os gastos administrativos, deveria ser «repartida igualmente» (*également répartie*) entre todos os cidadãos, segundo a sua capacidade (art. 13).[23] Na atualidade, chega-se a estampar em textos constitucionais, como o espanhol, que a igualdade constitui um dos princípios inspiradores do almejado «sistema tributário justo» (art. 31.1).[24]

O princípio da igualdade, no entanto, não proporciona critérios materiais para concretizar a justiça. Pelo contrário, é a ideia de justiça que há de orientar a concretização da igualdade jurídica – e, assim, de parte fundamental do seu significado.

4.2 O princípio da igualdade enquanto um mandado de justiça

O princípio da igualdade constitui, em essência, um «mandado de justiça» (*Gerechtigkeitsgebot*).[25] Determina que se estabeleçam tratamentos jurídicos

---

mandado de justiça tributária (*Gebot der Steuergerechtigkeit*) do princípio geral da igualdade (BVerfGE 6, 55, 70 ss.). Tipke sublinha que «a igualdade material, ou igual tratamento material, é seguramente o elemento essencial da justiça» (*Die Steuerrechtsordnung*, 1. ed., vol. 1, p. 342), afirmação que estende especificamente à igualdade tributária («Von der formalen zur materialen Tatbestandslehre», p. 107). Para Kruse, a «justiça é sempre igualdade» («Über die Gleichmäßigkeit der Besteuerung», p. 329) ou, em outros termos, «a essência da justiça é a ideia de igualdade» («Grundfragen der Liebhaberei», p. 231). De acordo com Birk e Barth, o princípio da igualdade é um «elemento fundamental da justiça e, em particular, da justiça tributária» («§ 4 AO», mrg. 411, p. 187). Na Espanha, Ernesto Lejeune leciona que o princípio da isonomia tributária é o «*principio rector de la justicia tributaria*» e, portanto, um sistema tributário será «*justo cuando esté inspirado en criterios de igualdad*» («Aproximación al principio constitucional de igualdad tributaria», p. 121 e 158). Para E. González García e T. González, o princípio da igualdade «é a expressão técnica da justiça tributária» (*Derecho Tributario*, vol. I, p. 56, nota 3). E Pérez de Ayala considera ser a igualdade tributária um princípio de justiça fiscal, derivado da conjugação da justiça distributiva com a capacidade econômica («Las cargas públicas: principios constitucionales para su distribución», p. 90 ss.).

23 Esse foi, segundo nota Delvolve, o primeiro texto oficial em que se afirmou a necessidade de todos os cidadãos contribuírem de modo igual para os gastos públicos (DELVOLVE. *Le principe d'égalité devant les charges publiques*, p. 10).

24 Como destacou o Tribunal Constitucional espanhol ao analisar esse preceito: «*El legislador constituyente ha dejado bien claro que el sistema justo que se proclama no puede separarse, en ningún caso, del principio de progresividad ni del principio de igualdad*» (STC 27/1981, de 20 de julho, FJ 4).

25 HUSTER. *Rechte und Ziele. Zur Dogmatik des allgemeinen Gleichheitssatzes*, p. 35. Nesse sentido, Weinberger refere-se à igualdade material como «igualdade segundo critérios de justiça» (*Gleichheit nach Gerechtigkeitsgesichtspunkten*) (*Logische Analyse in der Jurisprudenz*, p. 156). P. Kirchhof afirma claramente que o princípio da igualdade estabelece exigências expressas para a atividade estatal como um «mandado geral de justiça» (*allgemeines Gerechtigkeitsgebot*) ou, de acordo com o pensamento do BVerfG, um «mandado de justiça orientado pela decisão valorativa da Lei Fundamental» (*an der Wertentscheidung des Grundgesetzes orientiertes Gerechtigkeitsgebot*) («Der allgemeine Gleichheitssatz», pp. 923 e 949). Osterloh nota que dito princípio não é um mandado de tratamento formal e cego e tampouco

justos ou, mais precisamente, que se efetuem juízos de igualdade à luz de critérios de justiça e, com base neles, se estabeleçam tratamentos jurídicos.

A tarefa de determinar tais critérios mediante a atividade exegética suscita uma questão fundamental de justiça (*Gerechtigkeitsfrage*),[26] pois ela há de orientar-se pelos fins (ou pela ideia) de justiça.

O BVerfG é especialmente claro nesse sentido, insistindo na necessidade de se adotar uma «análise orientada pela ideia de justiça» (*Gerechtigkeitsgedanke orientierte Betrachtungsweise*) para concretizar o princípio da igualdade.[27] Utiliza o *Gerechtigkeitsgedanke* para determinar a «essencialidade» (*Wesentlichkeit*) da igualdade ou desigualdade, reputando que a justiça não exige propriamente a igualdade, senão que é a sua «medida». Em algumas decisões, chega a identificar o «mandado de justiça» (*Gerechtigkeitsgebot*) com o princípio da igualdade.[28]

Em matéria tributária, há um consenso expressivo no que concerne à imperatividade de se concretizar o princípio da isonomia à luz do critério da capacidade contributiva. Por consequência, refere-se à capacidade contributiva como uma «concretização do postulado geral de justiça» (*Konkretisie-*

---

uma mera imposição de trato conforme à lei; pelo contrário, expressa o seu efetivo conteúdo normativo na exigência de que se estabeleçam tratos iguais ou desiguais mediante a construção e consequente aplicação de critérios justos de comparação (*gerechten Vergleichsmaßstäbe*) («Art. 3. Gleichheit vor dem Gesetz», p. 213). Nessa linha, Kloepfer giza que o princípio da igualdade sujeita o legislador a estabelecer tratos paritários ou díspares à luz de «pontos de vista de justiça» (*Gerechtigkeitsgesichtspunkten*) ou, mais precisamente, de pontos de vista de justiça material («Gleichheit als Verfassungsproblem», p. 41). Rüfner, na linha dos ensinamentos de Zippelius e Böckenförde, destaca que o princípio analisado contém em si uma «obrigação para com a justiça» (*Verpflichtung zur Gerechtigkeit*), constituindo um «conceito-chave (*Schlüsselbegriff*), que torna possível e estrutura a pergunta sobre a justiça» (*Gerechtigkeitsfrage*)» («Artikel 3. Gleichheitssatz», p. 10). Em matéria tributária, Paulick ressalta o significado prático da recondução do princípio da igualdade à ideia de justiça (*Gerechtigkeitsidee*), pois somente se pode compreender o seu conteúdo à luz de tal ideia («Der Grundsatz der Gleichmässigkeit der Besteuerung – Sein Inhalt und seine Grenzen», p. 126). E Birk, após examinar a jurisprudência do BVerfG, refere-se à «ideia de justiça contida no princípio da igualdade» (*im Gleichheitssatz enthaltenen Gerechtigkeitsgedankens*) (*Das Leistungsfähigkeitsprinzip als Maßstab der Steuernormen*, p. 139).

[26] Zippelius. «Der Gleichheitssatz», p. 23.

[27] BVerfGE 1, 264 [276]. Kruse nota que o princípio da tributação segundo a capacidade contributiva é justamente uma parte dessa ideia de justiça («Grundfragen der Liebhaberei», p. 232). Cfr. também Tipke. «Anwendung des Gleichheitssatzes im Steuerrecht – Methode oder irrationale Spekulation», p. 158; Rüfner. «Artikel 3. Gleichheitssatz», p. 11.

[28] Robbers. *Gerechtigkeit als Rechtsprinzip*, p. 61 e 88-90. Acrescenta que, com a obrigação de o legislador efetuar uma *Gerechtigkeitsgedanke orientierte Betrachtungsweise*, o princípio da isonomia converte-se num princípio de justiça (*Gerechtigkeitssatz*), que não exige propriamente tratos iguais, senão justos (ob. cit., p. 90). A mesma constatação é expressa por Klaus Stern após expor a jurisprudência do BVerfG sobre a matéria («Das Gebot zur Ungleichbehandlung», p. 210).

rung des allgemeinen Gerechtigkeitspostulat),[29] como um «critério de justiça» (*Gerechtigkeitsmaßstab*)[30] e, mais especificamente, ao princípio da capacidade contributiva como o «princípio fundamental da justiça dos impostos» (*Fundamentalprinzip der Steuergerechtigkeit*).[31]

A propósito, é de se recordar que o BVerfG extrai o «mandado de justiça tributária» (*Gebot der Steuergerechtigkeit*) justamente do princípio geral da igualdade constante no art. 3.1 GG;[32] e daquele, o «mandado fundamental da justiça dos impostos», de que a «tributação esteja orientada pela capacidade contributivo-econômica».[33]

A derivação de princípios de justiça a partir da cláusula de igualdade não se restringe ao «Direito dos Impostos»: o Tribunal de Karlsruhe também identifica, como derivações do princípio geral da isonomia, mandados de «justiça das taxas» (*Gebührengerechtigkeit*), de «justiça das subvenções» (*Subventionsgerechtigkeit*), de «justiça das remunerações» (*Besoldungsgerechtigkeit*) etc.[34]

---

29 Vogel. «Steuergerechtigkeit und soziale Gestaltung», p. 412. Albert Hensel já qualificava os princípios da generalidade tributária (*Allgemeinheit der Besteuerung*) e da tributação segundo a capacidade contributiva (*Besteuerung nach der Leistungsfähigkeit*) como «postulados da justiça» (*Postulate der Gerechtigkeit*), que somente se revestem de significado à luz de valores éticos. Por consequência, identificava no art. 134 da Constituição de Weimar um «mandado material de justiça tributária» (*materielle Gebot steuerlicher Gerechtigkeit*) («Verfassungsrechtliche Bindungen des Steuergesetzgebers. Besteuerung nach der Leistungsfähigkeit – Gleichheit vor dem Gesetz», p. 443-444).

30 Birk. «Steuergerechtigkeit und Transfergerechtigkeit», p. 227.

31 Lang. *Die Bemessungsgrundlage der Einkommensteuer*, p. 97.

32 A primeira decisão nesse sentido foi proferida em 1976 e tratava da isenção estabelecida no âmbito do Imposto de Renda para os gastos com os filhos (BVerfGE 43, 108, 118). V. Vogel. *Verfassungsrechtsprechung zum Steuerrecht*, p. 15-17.

33 BVerfGE 43, 108 [120]; 61, 319 [343]; 66, 214 [223]. Ante essa vinculação à ideia de justiça, não há como esposar a crítica de Vogel e Waldhoff à concretização do princípio da igualdade «a partir de si mesmo» que identificam na jurisprudência do BVerfG, quando se deriva, do princípio geral da igualdade, o princípio da justiça tributária e, deste, o da capacidade contributiva. Sustentam não se tratar de efetiva concretização do princípio, senão de mera dedução de conceitos que são vazios e equivalentes entre si (Vogel. «Grundzüge des Finanzrechts des Grundgesetzes», p. 65 ss.; Vogel; Waldhoff. *Grundlagen des Finanzverfassungsrechts: Sonderausgabe des Bonner Kommentars zum Grundgesetz*, p. 345). No entanto, a simples vinculação do princípio da igualdade à noção de justiça já impede falar de uma mera dedução de conceitos equivalentes, pois acrescenta importante especificação, ao indicar a noção valorativa essencial que há de orientar a identificação dos critérios de diferenciação e, por conseguinte, a sua concretização. A crítica seria correta caso se restringisse à falta de indicação dos elementos valorativos utilizados para a derivação, ou seja, para a dedução do princípio da capacidade contributiva a partir do da igualdade. De fato, é nítida a existência de elementos valorativos implícitos, que o *Bundesverfassungsgericht* não costuma expressar. Uma dedução coerente e completa do «princípio da imposição segundo a capacidade contributiva» pressuporia o recurso à interpretação constitucional sistemática, realizada sobretudo à luz do princípio da solidariedade (ou do Estado Social).

34 V. Guzy. «Der Gleichheitsschutz des Grundgesetzes», p. 35; Stettner. «Der Gleichheitssatz», p. 548.

4.3 Vinculação do princípio da igualdade à noção constitucional de justiça

Por qualificarmos o princípio da igualdade como um «mandado de justiça», a ser concretizado à luz de «critérios de justiça», incumbe-nos esclarecer o significado do termo «justiça», acentuadamente vago e polissêmico.

A vagueza e a imprecisão semântica do termo «justiça» aparentam tornar extremamente perigosas as tentativas de se reconhecer, com apoio nele, um significado específico ao princípio da igualdade e de efetivamente atribuir-lhe força normativa. Isso porque a noção de justiça poderia ser concretizada em vista de concepções particulares, subjetivas, mutáveis e arbitrárias, que vinculariam o legislador e os aplicadores das leis em razão do *status* constitucional do princípio da isonomia.[35]

Mas a solução oposta é ainda mais perigosa – e, sob um ponto de vista normativo, flagrantemente ilegítima. Consiste na renúncia à concretização do princípio da igualdade, negando-lhe todo e qualquer significado autônomo no ordenamento jurídico. Ante as dificuldades advindas da tentativa de determinar os conteúdos específicos da justiça e da igualdade jurídica, o operador do Direito simplesmente se abstém da sua obrigação jurídica de identificar e respeitar as exigências do princípio constitucional da isonomia e passa a admitir os mais débeis argumentos como fundamentos bastantes para justificar tratamentos desiguais. Deixa de concretizá-lo e, por consequência, torna-o inócuo, inoperante, vão. Todas as desigualdades e injustiças passam a ser permitidas, sempre que não se contraponham a *outros* preceitos constitucionais. Tal fenômeno está presente com especial intensidade no Direito Tributário, em cujo âmbito costumam ser aceitos os mais frágeis argumentos para legitimar a extrafiscalidade, mesmo que ela implique sérias violações à igualdade e à justiça tributária.

A ilegitimidade dessa postura indolente justifica, ou melhor, impõe que efetivamente se concretize o princípio da igualdade à luz da noção de justiça. Mas de que justiça?

A respeito, há inúmeras propostas doutrinárias, preconizando o recurso a conceitos jusnaturais de justiça, a concepções de justiça dominantes na sociedade ou a valores jurídico-constitucionais. Examinemo-las atentamente.

A tentativa de utilizar um *conceito jusnatural de justiça* para concretizar o princípio jurídico da igualdade[36] teria de superar toda a problemática susci-

---

[35] V. STARCK. «Die Anwendung des Gleichheitssatzes», p. 63.

[36] Na Alemanha, o *Bundesverfassungsgericht* aparenta utilizar uma concepção jusnaturalista para concretizar o princípio da igualdade, primordialmente quando se refere à necessidade de uma «análise orientada pela ideia de justiça» (*Gerechtigkeitsgedanke orientierte Betrachtungsweise*) sem nunca ter explicitado o conceito de justiça que utiliza. Sem embargo, tampouco

tada há muitos séculos pelo jusnaturalismo, cuja relevância prática se reduziu drasticamente após o amplo reconhecimento constitucional dos direitos fundamentais, que constituem positivações das suas conclusões essenciais. Essa tentativa poderia levar, outrossim, a um raciocínio circular, haja vista que, como observa Podlech, a justiça é definida, desde Platão e Aristóteles, com a ajuda do conceito de igualdade (utilizado, com frequência, como elemento central) e, portanto, a construção do conteúdo da igualdade jurídica com base num conceito jusnaturalista de justiça poderia caracterizar uma inferência circular, resultante da formulação de construções teóricas vazias e inadequadas.[37] E não há como olvidar que os estudos de filosofia do Direito evidenciam a inviabilidade de se determinar de forma completamente racional o conteúdo específico da justiça[38] ou, mais exatamente, a inviabilidade de, no âmbito de teorias racionais da justiça, conferir-lhe conteúdos específicos que vão além do que já está positivado nas constituições contemporâneas.

Por outro lado, parte expressiva da doutrina defende que se deve determinar o significado do princípio da igualdade à luz das *convenções de justiça predominantes no contexto social*. Para expressar os parâmetros de justiça que determinarão o conteúdo da igualdade jurídica, utiliza noções como «convicções da sociedade com validade geral» (*allgemein geltenden Anschauungen der Gesellschaft*)[39] ou «concepções valorativas dominantes na sociedade» (*gesselchaftlich-herrschende Wertvorstellungen*).[40]

Tal posição foi exteriorizada em certos precedentes do BVerfG, nos quais se afirmou que o princípio da igualdade impõe ao legislador o respeito às «concepções consolidadas e gerais de justiça da sociedade» (*fundierten*

---

tentou extrair consequências concretas de um conceito jusnaturalista de justiça; pelo contrário, sempre buscou apoio no texto constitucional para concretizá-lo, o que evidencia a incorreção dessa primeira impressão. V. ECKHOFF. *Rechtsanwendungsgleichheit im Steuerrecht*, p. 142, que considera (a nosso juízo de forma incorreta) constituir uma exceção a essa busca arvorada na Constituição a derivação do «princípio geral de justiça tributária» (*Grundsatz der allgemeinen Steuergerechtigkeit*) a partir do princípio da igualdade e a consequente dedução, daquele, do princípio constitucional da tributação segundo a capacidade contributiva.

37 PODLECH. *Gehalt und Funktion des allgemeinen verfassungsrechtlichen Gleichheitssatzes*, p. 82-83. V. ECKHOFF. *Rechtsanwendungsgleichheit im Steuerrecht*, p. 145, n. 51.

38 A respeito, Perelman chega a afimar que todas as concepções de justiça estão necessariamente fundadas em valores, estipulados de forma arbitrária. Por conseguinte, «não há justiça absoluta, totalmente fundada na razão» (*Justice et raison*, p. 76). Palao Taboada defende expressamente a posição de Perelman no âmbito tributário («Apogeo y crisis del principio de capacidad contributiva», p. 420, n. 131).

39 ALDAG. *Die Gleichheit vor dem Gesetze in der Reichsverfassungs*, p. 42.

40 A expressão foi empregada por H. Paulick a fim de determinar o conteúdo da proibição de arbitrariedade, que para ele deveria substituir o princípio da igualdade. Tipke expõe e critica tal concepção (*Die Steuerrechtsordnung*, 1.ª ed., vol. 1, p. 331-332), mas utiliza as noções de aceitação geral na sociedade e convenção de justiça para justificar os critérios de concretização do princípio da igualdade (*Die Steuerrechtsordnung*, 2.ª ed., vol. 1, p. 277 ss.).

allgemeinen Gerechtigkeitsvorstellungen der Gemeinschaft).[41] Tipke também compartilha dessa posição ao sustentar a impossibilidade de se concretizar o princípio analisado só com base nas valorações da Constituição.[42] Não seria possível se centrar e tampouco se limitar a ela, pela imperatividade do recurso à ética «extraconstitucional» (*extra constitutionem*). O conteúdo do princípio da igualdade deveria ser especificado com base nos princípios justos para a matéria regulada (*Sachgerechte Prinzipien*),[43] determinados fundamentalmente à luz da «aceitação», ou seja, do «reconhecimento geral pela sociedade» ou de «convenções de justiça» (*Gerechtigkeitskonventionen*).[44]

Embora essa concepção goze de expressiva aceitação, não pode ser esposada. Nos Estados Constitucionais contemporâneos, a concretização do princípio da igualdade não pode se fundar em teorias desvinculadas do sistema constitucional, e sim na própria axiologia da Constituição. Os valores constitucionais são expressões jurídicas do núcleo essencial das teorias da justiça e, via de consequência, servem perfeitamente para nortear a concretização da igualdade.

Destarte, o princípio constitucional da igualdade há de ser concretizado a partir do próprio ordenamento jurídico, ou mais exatamente, da noção de justiça que permeia os sistemas jurídicos contemporâneos, plasmada essencialmente nos valores constitucionais e, sobretudo, nos direitos fundamentais,[45] com a consciência de que, como destaca Müller, tal princípio «*vive da inter-relação (Zusammenspiel) com outras normas constitucionais*» e o potencial da interpretação sistemática para concretizá-lo ainda não foi plenamente explorado.[46]

---

[41] BVerfGE 9, 338 [349]. Assim, Huster sustenta que se deve concretizar o princípio da igualdade a partir dos critérios constitucionais e da consciência jurídica geral (*allgemeine Rechtsbewußtsein*) (*Rechte und Ziele. Zur Dogmatik des allgemeinen Gleichheitssatzes*, p. 227).

[42] Tipke. *Die Steuerrechtsordnung*, 2.ª ed., vol. 1, p. 484. A afirmação é uma crítica à posição de Vogel e Waldhoff, que indicam quatro fundamentos constitucionais para o princípio da tributação conforme à capacidade contributiva.

[43] O termo *Sachgerecht* é polissêmico. Costuma ser utilizado para denotar a adequação à matéria regulada ou a objetividade da regulação. O sentido utilizado por Tipke, sem embargo, pode ser definido com maior precisão, pois ele esclarece que: «O que é justo (*gerecht*) depende da matéria a ser regulada de modo justo; justiça (*Gerechtigkeit*) é sempre justiça com respeito à coisa (*Sachgerechtigkeit*)» (*Die Steuerrechtsordnung*, 2.ª ed., vol. 1, p. 471).

[44] Tipke. *Die Steuerrechtsordnung*, 2.ª ed., vol. 1, p. 277 ss. e 315 ss. Acrescenta que, assim como a comparação com outros sistemas jurídicos, os direitos fundamentais *podem* orientar e limitar a determinação dos princípios objetivamente justos (ob. cit., p. 278).

[45] A propósito, Rüfner observa que a Lei Fundamental de Bonn positivou os «elementos essenciais da justiça» («Artikel 3. Gleichheitssatz», p. 9).

[46] Müller. «Der Gleichheitssatz», p. 60-61. Nesse sentido, Zippelius preconiza a concretização do princípio da igualdade mediante a interpretação constitucional sistemática («Der Gleichheitssatz», p. 29). O Tribunal de Karlsruhe também atua nessa linha, pois embora repute que o princípio da igualdade deve ser especificado à luz da ideia de justiça não recorre a concepções de justiça desvinculadas da Lei Fundamental, senão às valorações da Constituição. Exemplo

A construção de teorias da justiça pode contribuir para racionalizar e sistematizar essa tarefa, desde que se apoie nos valores constitucionais e se harmonize com o sistema jurídico-constitucional. Isso é perfeitamente factível já que nas constituições contemporâneas «se utiliza muita filosofia jurídica, para não falar em Direito Natural: dignidade humana, direitos de liberdade, compromisso social».[47]

Não se pode olvidar, contudo, que o fundamento da concretização do princípio da igualdade não são as teorias da justiça, senão os valores constitucionais. As teorias da justiça têm de contribuir para a sistematização e compreensão de tais valores, sem se contrapor a eles.

4.4 A justiça relacional

Consoante se explanou anteriormente, a igualdade e a justiça estão estreitamente inter-relacionadas, pois a igualdade constitui o elemento nuclear da justiça e deve ser concretizada à luz desta. Os critérios utilizados para orientar a especificação de tais noções são fundamentalmente os mesmos, o que leva a uma saudável identidade parcial de conteúdos. Saudável porque a imposição de uma «igualdade» de trato desvinculada da noção de justiça legitimaria o estabelecimento de tratamentos «iguais» e injustos,[48] o que soaria paradoxal.

Sem embargo, a ideia de igualdade possui algo de específico, particular, perante a de justiça.[49] Essa especificidade resulta da inerente vinculação da isonomia a pares e critérios de comparação e torna viável que ocorram situações de tensão entre a justiça e a igualdade. Por exemplo, mesmo que a segurança jurídica constitua um dos elementos da ideia de justiça (compreendida em sentido amplo) e seja um valor relevante para a especificação do princípio da igualdade, é possível que ocorram conflitos entre esses dois elementos da noção de justiça, sempre que a segurança jurídica expresse as exigências da justiça no caso concreto e a similitude juridicamente relevante não decorra dela, mas de elemento diverso.

---

ilustrativo de concretização do princípio da isonomia em vista dos princípios e valores constitucionais é fornecido pelas fortes vinculações que o BVerfG, no domínio do Direito Eleitoral, extrai do princípio referido, especificado à luz do princípio democrático (v. RÜFNER. «Artikel 3. Gleichheitssatz», mrg. 4, p. 11 e mrg. 69, p. 45). Ditas vinculações são muito similares às exigências que o BVerfG extrai, no âmbito impositivo, do princípio da igualdade concretizado à luz da capacidade contributiva.

[47] STARCK. «Die Anwendung des Gleichheitssatzes», p. 110. Por isso, deve ser rechaçada a conhecida contraposição entre justiça e Constituição sustentada pelo próprio Starck, ao afirmar que decidiu não «dançar» no «fino gelo das teorias da justiça» e escolheu a «densa camada de gelo da Constituição» para a sua dança (ob. cit., p. 100). O sistema axiológico das constituições contemporâneas não costuma se contrapor à justiça; pelo contrário, positiva-a, conferindo-lhe uma dimensão jurídico-constitucional.

[48] TAMMELO. *Zur Philosophie der Gerechtigkeit*, p. 66.

[49] *Idem, ibidem*, p. 66.

Visto que a noção geral de justiça não é hábil a nortear a especificação da igualdade em todos os âmbitos e situações, torna-se necessário delimitá-la, o que somente se pode fazer à luz da peculiaridade da noção de isonomia, isto é, da sua forçosa união a pares de comparação. A igualdade somente pode ser concretizada à luz da dimensão da justiça que concerne especificamente a tratamentos entre cidadãos, a qual pode ser denominada *justiça relacional*, pois supõe e se limita a relações, à correspondência, à proporcionalidade de algo com algo e, no Direito, fundamentalmente às relações entre cidadãos.

A justiça relacional expressa um conteúdo parcial da justiça, inconfundível com a noção de justiça absoluta. Aquela diz respeito à justiça da paridade ou disparidade de trato entre pessoas ou situações diversas; esta, à justiça do ato em si, isoladamente considerado. Adaptando o exemplo de Lerche,[50] poderíamos dizer que Robinson Crusoé jamais poderia ser tratado de forma anti-isonômica, mas tão-somente de forma arbitrária. A medida arbitrária violaria a noção de justiça absoluta (que se opõe invariavelmente à arbitrariedade), mas não a de justiça relacional (que veda os tratos anti-isonômicos).

Tal qual a noção geral de justiça, a de justiça relacional deve ser construída à luz dos valores constitucionais fundamentais, que por tal razão se revelam como a fonte última de concretização do princípio da igualdade.[51]

Fontes axiológicas de suma importância são as garantias da dignidade da pessoa e do livre desenvolvimento da personalidade, previstas no art. 10.1 da Constituição espanhola e nos arts. 1.1 e 2.1 da Lei Fundamental de Bonn.[52]

---

[50] LERCHE. *Übermaß und Verfassungsrecht*, p. 30. O exemplo concerne às diferenças entre a igualdade e a proporcionalidade.

[51] O BVerfG fala de «decisões valorativas jurídico-constitucionais» (*verfassungsrechtlichen Wertentscheidungen*) que não podem deixar de ser consideradas «dentro do contexto do princípio geral da igualdade» (BVerfGE 22, 163, 172). O precedente tratava da garantia de igual tratamento ao filho ilegítimo, prevista no art. 6.5 da GG. Especificamente com respeito ao Direito Tributário, o Tribunal alemão, ao considerar a alegada imposição constitucional de estabelecer um trato díspar, no âmbito do Imposto de Renda, entre cônjuges com e sem filhos que tenham rendas idênticas, afirmou que se deveria resolver tal questão com base no «mandado de justiça tributária» (extraído do preceito constitucional de igualdade), considerando as «decisões valorativas da Lei Fundamental a favor do matrimônio e da família, assim como o princípio do Estado Social de Direito» (BVerfGE 43, 108, 118). Isto é, há de se utilizar tais elementos para concretizar o mandado de justiça tributária ou, mais precisamente, o princípio da isonomia tributária. No que concerne ao princípio geral de igualdade, v. LEIBHOLZ; RINCK. *Grundgesetz für die Bundesrepublik Deutschland: Kommentar an Hand der Rechtsprechung des Bundesverfassungsgerichts*, p. 64-65.

[52] Dürig, que objetiva concretizar o princípio da igualdade com base na Constituição – e, essencialmente, nos direitos fundamentais consagrados constitucionalmente – expõe que o critério fundamental de todas as equiparações e diferenciações é a «dignidade humana» (*Menschenwürde*), prevista no artigo 1.1 da GG (MAUNZ; DÜRIG. *Grundgesetz Kommentar*, artigos 3, I, mrgs. 3 e 28, p. 10 e 23; DÜRIG, «Gleichheit», p. 1068). Nessa linha, Lindner identifica uma «dimensão de igualdade jurídica» (*gleichheitsrechtliche Dimension*) na garantia da dignidade da pessoa (art. 1.1 da GG), que proíbe todas as diferenciações entre «formas de

Nas liberdades fundamentais também se verifica uma «dimensão de igualdade jurídica», sobretudo quando estão garantidas de forma paritária para todos.[53] Os valores inerentes ao princípio do Estado Social[54] expressam, outrossim, a noção de justiça constitucional e ostentam um significado de extrema relevância para determinar o conteúdo jurídico-constitucional do princípio da igualdade, sempre que se refiram à justiça de trato, a tratamentos justos entre cidadãos distintos.

No entanto, há de se ter consciência de um aspecto de suma relevância: nem todos os preceitos constitucionais podem ser utilizados para concretizar o princípio da igualdade. Somente são aptos para tanto aqueles que expressam o conteúdo axiológico fundamental da Lei Maior e concernem à justiça relacional. Normas que conferem competências tributárias, por exemplo, não costumam expressar a noção de justiça positivada constitucionalmente (ou, para dizê-lo em outros termos, a «moral imanente» à Constituição)[55] e, por consequência, são inaptas para nortear a especificação do princípio analisado.

4.5 Exigências fundamentais da igualdade tributária

4.5.1 Na estruturação dos tributos: igualdade tributária horizontal e vertical

Para identificar e especificar as exigências fundamentais do princípio da igualdade em matéria tributária, mostra-se útil a distinção acolhida pela doutrina[56] e pela jurisprudência[57] alemãs entre «justiça tributária horizontal» e «vertical», cujo conteúdo é expresso com maior precisão mediante as expres

existência humana», ou seja, todas as diferenciações que estejam apoiadas nas características da «existência como criatura biológica» (*Theorie der Grundrechtsdogmatik*, p. 189) e, seguindo Dürig, anota a possibilidade de atribuir-se ao preceito de igualdade um caráter meramente declaratório perante a garantia da dignidade humana (ob. cit., p. 202). Nesse sentido, cfr. ZIPPELIUS. «Der Gleichheitssatz», p. 29.

53 V. LINDNER. *Theorie der Grundrechtsdogmatik*, p. 197.

54 ZIPPELIUS. «Der Gleichheitssatz», p. 29.

55 Sobre a questão, v. ALEXY. «Die immanente Moral des Grundgesetzes», p. 100, que reconhece a existência de uma «moral imanente» a todos os sistemas jurídico-constitucionais.

56 A distinção, já estabelecida no âmbito da Ciência das Finanças, foi transposta ao Direito Tributário por VOGEL. «Steuergerechtigkeit und soziale Gestaltung», p. 411 ss. e recebeu ampla acolhida doutrinária. V., entre muitos outros, KIRCHHOF. «Rechtsmaßstäbe finanzstaatlichen Handelns», p. 156; BIRK. *Das Leistungsfähigkeitsprinzip als Maßstab der Steuernormen*, p. 165 ss.; HUSTER. *Rechte und Ziele. Zur Dogmatik des allgemeinen Gleichheitssatzes*, p. 358-359; OSTERLOH. «Art. 3. Gleichheit vor dem Gesetz», p. 214-215; J. BECKER. *Transfergerechtigkeit und Verfassung*, p. 79.

57 V., por todos, BVerfGE 82, 60 [89].

sões «*igualdade* tributária horizontal» e «vertical»,[58] já que nesse contexto a igualdade é a forma de expressão da justiça.

O mandado de trato paritário concerne à igualdade tributária horizontal. Não exige uma mesma imposição a todos os contribuintes (com a instituição de um «imposto por cabeça»), senão que os contribuintes iguais sob um determinado ponto de vista (critério de diferenciação) sejam tributados de modo uniforme. No âmbito dos impostos, onde o critério fundamental de diferenciação é a capacidade contributiva, a igualdade horizontal impõe que contribuintes com capacidades contributivas iguais contribuam com a mesma quantia para os gastos públicos *uti universi*.

A outra dimensão da igualdade tributária é qualificada como «vertical» por constituir uma expressão específica do mandado de trato díspar. Singulariza-se por impor, em geral, tratos diferenciados entre os destinatários normativos sujeitos à tributação (os contribuintes, substitutos etc.), a serem estabelecidos à luz da intensidade da presença de características fáticas juridicamente relevantes.

Note-se não ser a presença de tais características que justifica os tratos tributários díspares, senão a sua *intensidade*, que funda uma *nova* distinção entre iguais e desiguais. Noutros termos, na igualdade vertical é a graduação (e não a presença) da característica juridicamente relevante que atua como critério de *discrimen*. Quando se trata de impostos, os possuidores de capacidade contributiva (iguais com respeito à existência de tal característica) serão juridicamente desiguais sempre que houver disparidades na intensidade da capacidade contributiva – e, por consequência, terão de se sujeitar a cargas tributárias diferenciadas. A igualdade vertical representa, pois, a exigência de se tratarem os desiguais de modo desigual, *na exata medida da desigualdade* existente.

Exigências do princípio da isonomia quanto à estruturação e à graduação dos tributos
Igualdade horizontal: Tratamento paritário dos contribuintes em situação análoga
Igualdade vertical: Tratamento díspar dos contribuintes em situações diferentes

Por último, cabe enfatizar ser a igualdade vertical uma autêntica expressão da isonomia tributária, tal qual a horizontal. Não se trata de exigência distinta,

---

[58] BVerfGE 99, 216 [234]. V. Tipke. *Die Steuerrechtsordnung*, 2.ª ed., vol. 1, p. 324-325; Vogel; Waldhoff. *Grundlagen des Finanzverfassungsrechts: Sonderausgabe des Bonner Kommentars zum Grundgesetz*, p. 350.

que, segundo defende Pont Mestres, extrapolaria o alcance da igualdade para ingressar no âmbito de uma equidade que lhe é alheia.[59]

4.5.2 Na implementação fática das leis impositivas

A projeção plena de leis tributárias iguais na realidade social constitui o ideal da justiça tributária. Para que se realize tal ideal, há de haver leis que introduzam normas isonômicas, levando ao surgimento de obrigações jurídico-tributárias iguais.

A igualdade nas leis não basta: é mister garanti-la por mecanismos que levem à projeção dos seus comandos na realidade, mediante a identificação e a punição das condutas que deles se desviam.

Assim como o Direito, do qual é um elemento fundamental, o princípio da isonomia não é mera recomendação, cuja observância fique à mercê da vontade dos destinatários normativos. É um mandado imperativo, cujas exigências não podem se confinar ao mundo jurídico: têm de se impor coercitivamente no mundo real, a fim de que se logre a igualdade na execução das leis.

O *Bundesverfassungsgericht* pôs em evidência o postulado de igualdade na aplicação fática das leis tributárias ao proferir a sentença sobre a tributação dos juros, em 1991 (*Urteil zur Zinsbesteuerung*), quando expôs que o princípio da isonomia impõe a tributação igual dos sujeitos passivos, tanto no âmbito normativo quanto no fático.[60]

A relevância desse precedente não reside, obviamente, na afirmação da imperatividade de se promover a igualdade normativa, senão na exigência jurídica de igualdade nos resultados fáticos da imposição. Consiste no reconhecimento de que a isonomia das cargas tributárias depende essencialmente do Direito vivo (*gelebten Recht*), dos efeitos da tributação real (*Besteuerungswirklichkeit*), e não só de leis de papel.[61]

A igualdade nos resultados fáticos da tributação constitui exigência derivada de um princípio *constitucional*, que vincula todos os órgãos estatais. Sujeita não só o Executivo e o Judiciário, mas também o Legislativo.

---

[59] Pont Mestres. «La justicia tributaria y su formulación constitucional», p. 385 ss. Nessa linha, Neumark restringe o alcance da igualdade à justiça horizontal: afirma ser a igualdade vertical pertinente tão-só ao princípio da redistribuição (*Principios de la imposición*, p. 107). Não reputamos correta essa restrição, que mutila o alcance do princípio da igualdade, restringindo-o a uma mera exigência de trato paritário.

[60] BVerfGE 84, 239 [268]. Dada a importância do precedente, cabe referir a fórmula do Tribunal alemão na sua expressão original: «*Der Gleichheitssatz verlangt für das Steuerrecht, daß die Steuerpflichtigen durch ein Steuergesetz rechtlich und tatsächlich gleich belastet werden*». Cfr. Kirchhof. *Besteuerung im Verfassungsstaat*, p. 37-38.

[61] Tipke. *Die Steuerrechtsordnung*, 2.ª ed., vol. 1, p. 362.

De fato, o legislador tributário está obrigado a editar leis que, por seus próprios conteúdos, propiciem condições para que sejam aplicadas de forma isonômica, sob pena de violar a Constituição.

O BVerfG destacou esse dever na referida sentença da tributação dos juros,[62] ao asseverar que o «art. 3.1 GG [princípio da igualdade] proíbe uma regulação da arrecadação tributária que não conduza, de antemão, à igualdade nos resultados da imposição» (*Gleichheit des Belastungserfolgs*) e acrescentar em seguida que a «igualdade da imposição exige, por isso, que dentro do possível a lei tributária material traga, em si mesma, a garantia da sua regular aplicação».[63]

Se a legislação não cria condições adequadas de controle e acarreta um déficit estrutural de execução que era previsível pelo legislador, a própria norma jurídica material será inconstitucional.

É o que ocorre quando a execução da norma tributária depende fundamentalmente da honestidade dos contribuintes, sem que seja garantida a igualdade na sua implementação por medidas efetivas de controle, ou seja, quando não se complementa devidamente o «princípio da declaração» (*Deklarationsprinzip*) pelo «princípio da verificação» (*Verifikationsprinzip*).[64] Nessa situação, a determinação da obrigação tributária dependerá, na prática, da vontade e da boa-fé dos contribuintes, o que conduz à desigualdade na carga tributária suportada pelos contribuintes leais com o Fisco e por aqueles outros que não o são. É a própria lei que propicia a configuração de uma situação fática de acentuada desigualdade, prejudicando os contribuintes honestos, que honram plenamente as suas obrigações tributárias – e podem vê-las até mesmo agravadas, para compensar a perda de arrecadação resultante da sonegação dos demais.

Esse julgado do BVerfG suscita a indagação concernente às hipóteses em que a validade da lei tributária é afetada por dificuldades aplicativas[65] que ela própria criou.

Deve-se exigir do legislador uma apropriada formulação do Direito procedimental ou formal, a fim de viabilizar a igualdade na aplicação fática das leis tributárias.[66]

Destarte, o legislador está obrigado a editar preceitos materiais compatíveis com o princípio da isonomia e também disposições formais e proce-

---

[62] BVerfGE 84, 239 [271]. Cfr. Eckhoff. *Rechtsanwendungsgleichheit im Steuerrecht*, p. 2 ss.; Kirchhof. *Besteuerung im Verfassungsstaat*, p. 37-38.

[63] BVerfGE 84, 239 [271].

[64] BVerfGE 84, 239 [271 ss.]. Cfr. BVerfG, 2 BvL 17/02, 9.3.2004, 1. Leitsatz; Tipke; Lang. *Steuerrecht. Ein systematischer Grundriß*, 18.ª ed., p. 78-79.

[65] Eckhoff. *Rechtsanwendungsgleichheit im Steuerrecht*, p. 2.

[66] Cfr. Tipke. *Moral tributaria del Estado y de los contribuyentes*, p. 78.

dimentais que propiciem condições adequadas para se lograr uma aplicação igual do Direito material, sob pena de invalidade do tributo inadequadamente estruturado.

Exigências do princípio da isonomia perante o legislador	
Igualdade na lei (no estabelecimento de obrigações jurídico-tributárias)	Deve estabelecer preceitos isonômicos, que tratem os iguais de forma igual e os desiguais de forma díspar
Igualdade na aplicação da lei (na implementação fática das obrigações tributárias)	Deve estabelecer preceitos praticáveis, que possam ser aplicados de forma eficaz e isonômica na realidade social

Com essas ponderações, ingressamos no tema da praticabilidade tributária.

4.6 Igualdade e praticabilidade tributária

A praticabilidade do Direito Tributário é condição imprescindível para que a igualdade tributária se projete sobre a realidade fática. Um sistema tributário excessivamente complexo implicaria a ineficiência administrativa, contribuiria para o incremento da evasão e, via de consequência, para a desigualdade impositiva.[67]

Há, portanto, evidente relação de apoio recíproco entre a praticabilidade tributária e o princípio constitucional da isonomia. A igualdade na aplicação tributária requer a criação de leis praticáveis e concretiza-se mediante as condições que elas propiciam.

Destarte, poder-se-ia pensar que o princípio constitucional da igualdade requer a máxima simplificação tributária. Mas é fácil constatar a falsidade dessa irrefletida ilação. Seguindo esta via, concretizar-se-ia uma simplificação extrema do sistema tributário mediante a redução de todos os tributos a um único «imposto por cabeças» (*Kopfsteuer*), que representa o grau máximo da generalização normativo-tributária: cada cidadão deve pagar exatamente a mesma soma, sem distinção de espécie alguma. Porém, uma das poucas

---

[67] Friauf chega a afirmar que a «simplificação tributária tende fundamentalmente ao incremento da igualdade tributária» («Steuervereinfachung *versus* Lenkungsnormen», p. 86). Nessa linha, P. Kirchhof vislumbra na tipificação legislativa o principal instrumento de garantia da igualdade («Der allgemeine Gleichheitssatz», p. 967). V. TIPKE; LANG. *Steuerrecht. Ein systematischer Grundriß*, p. 101.

questões sobre as quais há unanimidade na dogmática da igualdade tributária concerne precisamente ao fato de que essa sistemática a viola flagrantemente.[68] Seria também altamente praticável orientar toda a tributação aos contribuintes mais abastados, reduzindo radicalmente o universo dos contribuintes e, por consequência, o trabalho da Administração tributária. Contudo, também essa escolha confiscatória é hialinamente ilegítima, violando tanto o princípio da generalidade tributária (que é projeção da igualdade horizontal) quanto a igualdade tributária vertical, concretizada à luz do critério da capacidade contributiva.

Portanto, não se pode conceber que o princípio da isonomia represente tão-somente uma «expressão do mandado constitucional de generalização e tipificação».[69] A impossibilidade de serem identificados apenas pontos de apoio recíproco nas inter-relações entre a simplificação e a igualdade é indubitável. Existem situações de conflito manifesto, nas quais os direitos dos contribuintes são afetados pelas medidas de simplificação impositiva.

Deveras, a simplificação tributária pode gerar desigualdades e, assim, contrapor-se ao princípio da isonomia.[70] Por vezes, afeta o direito a um tratamento díspar, ao deixar de estabelecer diferenciação exigida pelo princípio da igualdade, tratando os desiguais de forma paritária.[71] Mas também pode se contrapor ao direito a um tratamento paritário, tratando os iguais de modo díspar, o que ocorre, *v.g.*, quando a regulação tipificadora não compreende fatos que deveria alcançar.[72]

O *Bundesverfassungsgericht* evidencia o conflito entre a igualdade e a principal forma de simplificação tributária na Alemanha, ao referir-se à «desigualdade da carga tributária vinculada necessariamente à tipificação» (*der*

---

[68] Até P. Kirchhof, que defende vigorosamente a «igualdade através da simplificação» e sustenta a incompatibilidade da legislação individualizadora e especificadora com a igualdade, adverte a clara ilegitimidade do «imposto por cabeças» («Steuergleichheit durch Steuervereinfachung», p. 11).

[69] Essa posição é sustentada por Eckhoff, que preconiza a «igualdade através da tipificação» (*Gleichheit durch Typisierung*) e considera, por conseguinte, que a tipificação não afeta o princípio da isonomia, senão a «justiça individual» (*Individualgerechtigkeit*, caracterizada pela consideração da desigualdade no caso concreto) e o princípio fundamental da tributação segundo a capacidade contributiva individual (*Rechtsanwendungsgleichheit im Steuerrecht*, p. 82 e 88).

[70] Cfr. Costa. *Praticabilidade e Justiça Tributária: exeqüibilidade da Lei Tributária e Direitos do Contribuinte*, p. 119 ss.

[71] Segundo Birk, a tipificação é vinculada conceitualmente a desigualdades, justificando-se constitucionalmente somente quando promove, de modo proporcional, a finalidade de simplificação tributária (*Steuerrecht*, p. 58). Pohmer fala de um conflito de fins (*Zielkonflikt*) entre os princípios técnico-tributários (*steuertechnischen Prinzipien*) e aqueles concernentes à justa repartição dos impostos (*Grundsätze gerechter Steuerverlastung*) («Steuervereinfachung und "gerechte" Steuerlastverteilung», p. 22).

[72] V. Birk. «Gleichheit und Gesetzmä*ß*igkeit der Besteuerung», p. 217; Ruppe. «Steuergleichheit als Grenze der Steuervereinfachung», p. 41-42.

mit der Typisierung notwendig verbundenen Ungleichheit der steuerlichen Belastung)[73] e à «violação do princípio da igualdade que dela deriva» (*in ihr liegende Vertoß gegen den Gleichheitssatz*).[74]

Esse conflito representa projeção específica da tensão existente entre a «justiça do caso» (*Einzelfallgerechtigkeit*) e a denominada «justiça dos tipos» (*Typengerechtigkeit*),[75] ou em outros termos, entre as tendências de generalização e individualização jurídica,[76] cujas radicalizações conduziriam à absoluta falta de diferenciações (com a instituição do referido imposto por cabeças)[77] ou a distinções excessivas, que obstaculizariam a realização da isonomia na aplicação legislativa. No âmbito do Imposto de Renda, por exemplo, a tendência individualizante (que conduz à persecução da igualdade individual) conduz a uma tributação baseada rigorosamente na capacidade contributiva subjetiva, com a consideração de todas as singularidades da vida (especificidades) do contribuinte que influenciam a sua capacidade contributiva,[78] enquanto a tendência generalizante (a persecução do fim de simplificação tributária) exige que inúmeras de tais singularidades sejam desconsideradas.

Dessas reflexões se infere que a simplificação tributária promove a igualdade, mas ao mesmo tempo a afeta; é um instrumento para realizá-la e impede a sua plena realização; e nela encontra tanto um fundamento quanto um limite.[79]

Esse *paradoxo aparente* pode ser superado à luz de duas importantes dicotomias, estabelecidas entre a igualdade geral e individual e entre a isonomia na criação («na lei») e na aplicação legislativa («ante a lei»).[80]

---

73 BVerfGE 21, 12 [27].

74 BVerfGE 26, 265 [276]; 45, 376 [390]. Há, contudo, decisões da Segunda Turma do *Bundesverfassungsgericht* segundo as quais débeis disparidades de tratamento não são idôneas nem mesmo a criar uma situação de tensão entre a simplificação tributária e a igualdade, visto que o princípio da isonomia não exigiria uma legislação sempre mais individualizadora e especificadora, que ameaça a igualdade na aplicação legislativa (*Gleichmäßigkeit des Gesetzesvollzugs*), mas apenas uma regulação amplamente compreensível e coerente com o fundamento tributário adotado (BVerfGE 96, 1, 6-7; 101, 297, 309). Essa posição é facilmente atribuível a P. Kirchhof, que não só a defende em artigos doutrinários, mas também integrava a referida Turma e participou de ambos os julgamentos. Cfr. KIRCHHOF. «Steuergleichheit durch Steuervereinfachung», p. 20 e «Der allgemeine Gleichheitssatz», p. 971, onde afirma que ponderações de praticabilidade não se contrapõem à igualdade, em virtude de serem destinadas à sua realização.

75 Cfr. HUSTER. *Rechte und Ziele. Zur Dogmatik des allgemeinen Gleichheitssatzes*, p. 266 ss.

76 V. JACHMANN. «Grundthesen zu einer Verbesserung der Akzeptanz der Besteuerung, insbesondere durch Vereinfachung des Einkommensteuerrechts», p. 204.

77 POHMER. «Steuervereinfachung und "gerechte" Steuerlastverteilung», p. 22.

78 Cfr. JACHMANN. «Grundlagen einer Steuervereinfachung», p. 1084.

79 V. JACHMANN. «Grundlagen einer Steuervereinfachung», p. 1084, que ressalta o fato de o princípio da tributação conforme à capacidade contributiva atuar concomitantemente como fundamento (*Grund*) e limite (*Grenze*) da tipificação legislativa.

80 Cfr. ÁVILA. *Teoria da igualdade tributária*, p. 73 ss.

Isso porque a praticabilidade tributária propicia condições imprescindíveis para alcançar a igualdade geral e a isonomia na aplicação legislativa, mas costuma se contrapor à igualdade individual[81] e à isonomia na lei (como ocorre na tipificação legislativa).

Praticabilidade tributária	
Está inserida na tendência de generalização jurídica, a serviço da «justiça dos tipos»	Contrapõe-se à tendência de individualização jurídica e, portanto, à justiça do caso
Favorece a igualdade geral e a isonomia na aplicação legislativa	Prejudica a igualdade individual e a isonomia na lei

A distinção entre igualdade geral (*generelle Gleichmäßigkeit*) e individual (*individuelle Gleichmäßigkeit*) é de extrema relevância para a análise da simplificação tributária. Já em 1958 o BVerfG reconheceu tal fato, ao afirmar, com base no pensamento de Wacke, que a estimativa geral no Direito Tributário caracteriza forma de tipificação legislativa na qual se confere prevalência à igualdade geral em detrimento da individual.[82]

A igualdade individual apoia-se na perspectiva de um contribuinte determinado perante os demais e, por isso, implica a formação de direitos subjetivos. Já a igualdade geral decorre do ponto de vista da globalidade dos contribuintes, constituindo fundamentalmente um bem coletivo, que, a despeito de ser assegurado mediante o respeito e a realização dos direitos subjetivos à igualdade de trato, não se confunde com a mera soma de tais direitos.

Pode-se concluir, portanto, que a relação de tensão entre tais dimensões da igualdade caracteriza essencialmente um conflito entre *direitos* e *bens coletivos* e que a persecução da igualdade geral com danos à individual consubstancia restrição de *direitos subjetivos* baseada fundamentalmente num bem coletivo.[83]

Por outro lado, a igualdade na criação legislativa não se confunde, à evidência, com a isonomia na aplicação das leis. Pode-se desrespeitar escanca-

---

[81] Arndt expõe que toda tipificação legislativa se contrapõe necessariamente à justiça individual («Gleichheit im Steuerrecht», p. 790), porém adverte que a tipificação se destina justamente a estabelecer uma relação adequada entre a justiça individual e os princípios da legalidade e igualdade tributária (*Praktikabilität und Effizienz*, p. 19). Cfr. também Ruppe. «Steuergleichheit als Grenze der Steuervereinfachung», p. 31.

[82] BVerfGE 9, 3 [13].

[83] V. Huster. *Rechte und Ziele. Zur Dogmatik des allgemeinen Gleichheitssatzes*, p. 266 ss.

radamente a exigência de igualdade na lei e concretizar uma isonomia perfeita na sua aplicação, sem que se identifique qualquer paradoxo de igualdade. Por exemplo, o nefasto tributo sobre o patrimônio judeu (*Judenvermögensabgabe*) criado na Alemanha nacional-socialista em 1938 ofendia manifestamente a igualdade na criação da lei tributária, mas a sua aplicação a todos os casos que abarcava concretizaria perfeitamente a isonomia na implementação fática da odiosa lei.

Há uma contraposição similar na tipificação legislativa. A lei compreende fatos que não deveria alcançar e não abarca outros aos quais deveria aplicar-se, *contrapondo-se* à exigência de igualdade na criação legislativa e afetando, consequentemente, os direitos subjetivos correlatos; mas a sua aplicação a todos os fatos que compreende *promove* a igualdade perante a lei. A tensão entre a igualdade na lei e na sua aplicação é cristalina.

Se o princípio da igualdade, *considerado globalmente*, pesa a favor ou contra a simplificação, somente poderá ser afirmado à luz da situação específica, considerando o grau de afetação da igualdade individual e de realização da igualdade geral na aplicação fática da lei tributária.

A solução *ideal* seria concretizar amplamente a *isonomia através da simplificação*, realizando não só a igualdade geral, mas também a isonomia individual na criação e na aplicação legislativa.

Com efeito, há de se perseguir o ideal da «justiça tributária mediante a simplificação»,[84] para se chegar à «igualdade na aplicação jurídica edificada sobre a igualdade na criação jurídica».[85] Deve-se buscar sempre esse ideal, aproximando a realidade tributária o máximo possível de tal igualdade global, mas sem jamais se olvidar a impossibilidade de alcançá-la plenamente e a consequente subsistência de conflitos entre a igualdade geral e a individual.

4.7 Equidade

A «equidade» (*Billigkeit*) constitui a «justiça do caso particular» (*Gerechtigkeit des Einzelfalles*), ou em outros termos, a «justiça projetada sobre o caso particular» (*auf den Einzelfall projizierte Gerechtigkeit*).[86]

Decorre da necessidade de se adequar a generalidade da lei ao caso concreto, a fim de evitar a ocorrência de iniquidades, segundo a clássica lição de Aristóteles.

---

[84] Cfr. LANG. «Steuergerechtigkeit durch Steuervereinfachung», p. 33 ss.; KIRCHHOF. «Steuergleichheit durch Steuervereinfachung», p. 9 ss.

[85] KIRCHHOF. «Der allgemeine Gleichheitssatz», p. 971.

[86] KRUSE. «Über Billigkeit und Richtlinien», p. 482.

> «O que origina o problema é o fato de o equitativo ser justo, porém não o legalmente justo, e sim uma correção da justiça legal. A razão disto é que toda lei é universal, mas não é possível fazer uma afirmação universal que seja correta em relação a certos casos particulares. Nos casos, portanto, em que é necessário falar de modo universal, mas não é possível fazê-lo corretamente, a lei leva em consideração o caso mais frequente, embora não ignore a possibilidade de erro em consequência dessa circunstância. E nem por isso esse procedimento deixa de ser correto, pois o erro não está na lei nem no legislador, e sim na natureza do caso particular, já que os assuntos práticos são, por natureza, dessa espécie.
>
> Por conseguinte, quando a lei estabelece uma lei geral e surge um caso que não é abarcado por essa regra, então é correto (visto que o legislador falhou e errou por excesso de simplicidade), corrigir a omissão, dizendo o que o próprio legislador teria dito se estivesse presente, e que teria incluído na lei se tivesse previsto o caso em pauta.
>
> Por isso o equitativo é justo e superior a uma espécie de justiça, embora não seja superior à justiça absoluta, e sim ao erro decorrente do caráter absoluto da disposição legal. Desse modo, a natureza do equitativo é uma correção da lei quando esta é deficiente em razão da sua universalidade.»[87]

Embora a equidade costume ser tratada separadamente da isonomia,[88] o fato é que ela não consiste senão numa manifestação específica de um dos postulados fundamentais do princípio da igualdade: tratar os desiguais de forma diferenciada. A peculiaridade é que, quando se trata de equidade, os desiguais estão abrangidos pela mesma norma geral e há particularidades que tornariam iníqua a sua aplicação para todos. Nessa situação, o princípio da isonomia impõe uma solução diferenciada ou, mais precisamente, uma decisão por equidade.

No Direito Tributário, que é um «direito de massa», as decisões de equidade pressupõem um gravame *especialmente severo* à esfera subjetiva dos contribuintes e, portanto, não constituem meios hábeis a fazer com que a justiça particular *sempre* prevaleça perante as medidas de simplificação tributária (tipificações, estimativas genéricas ou presunções jurídicas).[89]

---

87 Aristóteles. *Ética a Nicômaco,* p. 125, 1137.

88 Conferir, por exemplo, Zippelius. *Rechtsphilosophie*, p. 109 ss e 174 ss.

89 Cabe sublinhar ser inerente às cláusulas de equidade o caráter *excepcional* da sua aplicação. Quando as regulações violam direitos fundamentais (ou outros preceitos constitucionais) na generalidade dos casos, há de se declarar a sua inconstitucionalidade, e não buscar uma harmonização por meio de tais cláusulas. V. Bopp. «Steuerliche Billigkeitsmaβnahmen aus Verfassungsgründen», p. 216-217 (que analisa criticamente a jurisprudência do BVerfG nesse sentido); Lohmeyer. «Die abweichende Festsetzung von Steuern aus Billigkeitsgründen», p. 258; v. Groll, in Hübschmann/Hepp/Spitaler. AO, § 163, mrg. 21, p. 4 e § 227, mrg. 286, pp. 82-84; Frotscher, in SCHWARZ. *AO,* § 163, mrg. 49, p. 30; e Loose, in Tipke/Kruse. *AO,* § 227, mrg. 77, p. 62 (com referência a decisões do BVerfG segundo as quais a remissão por equidade é imperativa nos casos *atípicos* para os quais a regulação seja injusta).

Conforme a intensidade do gravame imposto aos contribuintes, podem ser concebidas, em tese, três soluções diversas com respeito às decisões de equidade:

i) a sua *interdição*, no caso de um ônus de grau leve;

ii) a sua *autorização*, se verificado um ônus moderado; ou

iii) a sua *imposição*, na hipótese de um ônus severo à esfera subjetiva dos contribuintes.[90]

4.7.1 Cláusulas gerais de equidade no sistema alemão

Na Alemanha, a possibilidade de se recorrer a decisões por equidade é consagrada pelas cláusulas gerais inscritas nos §§ 163 e 227 da *Abgabenordnung* de 1977 (AO), que facultam às autoridades administrativo-tributárias remitir total ou parcialmente o débito tributário quando a sua exigência for iníqua (*unbillig*).[91] Essas cláusulas gerais autorizam a denominada «remissão de equidade» (*Billigkeitserlaß*),[92] seguindo a tradição iniciada pelo § 131 da *Reichsabgabenordnung* (RAO).[93]

Ditas cláusulas constituem elemento tradicional e importantíssimo do sistema tributário alemão. A sua relevância é tal que, já nos comentários de Enno Becker e Riewald ao § 131 da RAO, se expõe não ser mais concebível a abolição do parágrafo destinado a mitigar os casos de injustiça (*Härteparagraph*).[94] E, com respeito ao significado constitucional dos preceitos previstos na AO, a doutrina assinala que o «corretivo» dos §§ 163 e 227 é imprescindível para realizar a justiça tributária[95] e evitar situações de inconstitucionalidade, caracterizadas, por exemplo, pelo efeito «estrangulador» do tributo em situações específicas.[96]

---

[90] V. Becker; Riewald; Koch. *Reichsabgabenordnung*, vol. I, p. 428, que se referem a «injustiças de graus diversos» (*Unbilligkeiten verschiedenen Grades*).

[91] Nesses preceitos, o pressuposto da remissão é idêntico: a iniquidade em uma situação específica. A existência de dois dispositivos somente se justifica pela divisão que a AO estabeleceu entre o procedimento de lançamento (*Festsetzungsverfahren*) e o de cobrança (*Erhebungsverfahren*). A remissão é autorizada no primeiro procedimento pelo § 163 e no segundo pelo § 227 da AO.

[92] Cfr. BVerfGE 27, 375 [385], decisão em que o Tribunal se refere à «possibilidade geral de uma remissão por equidade».

[93] O preceito foi consagrado originalmente pelo § 108 da RAO.

[94] Becker; Riewald; Koch. *Reichsabgabenordnung*, vol. I, p. 425.

[95] V. Groll, in Hübschmann/Hepp/Spitaler. *AO*, § 163, mrg. 35, p. 22. V. Isensee. «Das Billigkeitskorrektiv des Steuergesetzes», p. 130 ss.

[96] Cfr. Frotscher, in Schwarz. *AO,* § 163, mrg. 48, p. 30; Kirchhof. «Gesetz und Billigkeit im Abgabenrecht», p. 782.

As cláusulas de equidade fundamentam-se, pois, em diversos preceitos constitucionais,[97] sobretudo no princípio da igualdade (art. 3.1 GG)[98] e na cláusula do império da lei e *do Direito* perante os poderes estatais (art. 20.3 GG).[99]

O BVerfG destaca constantemente que tais autorizações de remissão servem ao escopo de tutelar os direitos subjetivos dos contribuintes à igualdade tributária contra generalizações legislativas, administrativas ou judiciais que, em dada situação, contrapõem-se expressivamente à isonomia e à justiça impositiva. Destaca-o em hipóteses nas quais as desigualdades resultantes da tipificação atingem determinados contribuintes de modo especialmente severo, a fim de que possa reconhecer a sua *constitucionalidade*. Por exemplo, ao averiguar a legitimidade constitucional da interdição de as pessoas com obrigações tributárias limitadas (*beschränkt steuerpflichtige Personen*) com respeito ao Imposto sobre o Patrimônio (*Vermögensteuer*) deduzirem, no âmbito do Imposto de Renda (*Einkommensteuer*), o valor daquele tributo, o Tribunal de Karlsruhe, após sublinhar que a tipificação legislativa poderia conduzir a iniquidades (*Härten*) em determinados casos, afirmou expressamente que isso «não implica a inconstitucionalidade» do preceito impugnado, haja vista que para tais situações há a possibilidade de remitir, com base no § 131 da RAO, o débito tributário, ou mais precisamente, o «dever constitucional» (*verfassungsmäßige Pflicht*) de fazê-lo.[100] Ao controlar a constitucionalidade do Imposto sobre Remunerações (*Lohnsummensteuer*), a Corte identificou, outrossim, a possibilidade de resultar configurada uma violação do princípio da igualdade quando houvesse «cargas extremamente diferenciadas», mas indicou que um «ônus extraordinário» (*außerordentliche Belastung*) poderia ocorrer somente em casos específicos e, assim, tal possibilidade não implicava a inconstitucionalidade do imposto, mas tão-somente a inevitabilidade de recorrer à cláusula de equidade do § 131 da RAO.[101]

---

[97] Frotscher, por exemplo, refere a interdição de excesso (art. 2 GG), o princípio da igualdade (art. 3 GG), a proteção constitucional ao matrimônio e à família (art. 6 GG), a garantia da propriedade (art. 14 GG) etc., in SCHWARZ. *AO*, § 163, rz. 48, p. 30. Cfr. também BOPP. «Steuerliche Billigkeitsma*ß*nahmen aus Verfassungsgründen», p. 217; v. GROLL, in HÜBSCHMANN/HEPP/SPITALER. *AO*, § 227, rz. 287, p. 84-85.

[98] ISENSEE. «Das Billigkeitskorrektiv des Steuergesetzes», p. 143 ss.; BOPP. «Steuerliche Billigkeitsmaβnahmen aus Verfassungsgründen», p. 217 ss.

[99] KIRCHHOF. «Gesetz und Billigkeit im Abgabenrecht», p. 795; v. GROLL, in HÜBSCHMANN/HEPP/SPITALER. *AO*, § 227, mrg. 35, p. 22.

[100] BVerfGE 43, 1 [12]. A respeito, cabe aclarar que a desigualdade de tratamento foi estabelecida entre os contribuintes tributados limitadamente no âmbito do Imposto sobre o Patrimônio e aqueles tributados de forma ampla, fundando outra disparidade, no contexto do Imposto de Renda. Tais disparidades eram relativamente equivalentes em determinadas circunstâncias, mas significativamente diversas em outras e, portanto, tornava-se possível ocorrer desigualdades. Sobre a questão da cláusula de equidade, v. BVerfGE 16, 147 [177]; 21, 54 [71]; 31, 8 [26], 32, 78 [86] e 38, 61 [95], citados no precedente.

[101] BVerfGE 21, 54 [71].

Dessas reflexões se infere que as cláusulas de equidade são instrumentos teoricamente idôneos a tutelar os direitos subjetivos dos contribuintes afetados severamente por generalizações tributárias, permitindo, por consequência, instituir uma legislação mais abstrata e um sistema em cujo âmbito desigualdades particulares de intensidade débil (ou moderada) são justificadas pela persecução da praticabilidade tributária, enquanto as disparidades mais severas são superadas mediante a tutela no caso concreto.[102]

Sem embargo, não se pode olvidar a possibilidade de que, pela sua dificuldade aplicativa, ditas cláusulas reduzam ou até mesmo anulem as vantagens das medidas de simplificação[103] e, como já advertia Hensel, ocasionem mais danos que benefícios à igualdade tributária.

O recurso à técnica de cláusulas gerais de equidade deve, pois, ser considerado com cautela e prudência, levando-se em conta não só as peculiaridades do sistema jurídico, mas também a realidade social e institucional, dado que a solução alemã pode não ser adequada para outros países, sobretudo para aqueles cujas Administrações tributárias não gozam da idoneidade necessária para dispor do expressivo poder de não aplicar preceitos legislativos gravosos aos contribuintes. Em tais situações, as decisões de equidade deverão pautar-se por critérios legislativos rigorosamente pré-determinados ou restringir-se ao âmbito judicial.

4.7.2 A equidade no sistema jurídico brasileiro

No Brasil, o Código Tributário Nacional trata da equidade no capítulo atinente à «Interpretação e Integração da Legislação Tributária», dispondo que:

> «Art. 108. Na ausência de disposição expressa, a autoridade competente para aplicar a legislação tributária utilizará sucessivamente, na ordem indicada:
>
> I – a analogia;
>
> II – os princípios gerais de direito tributário;
>
> III – os princípios gerais de direito público;
>
> IV – a equidade.
>
> § 1.º O emprego da analogia não poderá resultar na exigência de tributo não previsto em lei.

---

[102] Cfr. Meyding. «Vereinfachender Gesetzesvollzug durch die Verwaltung», p. 227, o qual nota que a ampliação das possibilidades de recorrer a soluções de equidade permite uma maior distância legislativa do caso particular.

[103] V. Huster. *Rechte und Ziele. Zur Dogmatik des allgemeinen Gleichheitssatzes*, p. 289-290.

§ 2.º O emprego da equidade não poderá resultar na dispensa do pagamento de tributo devido.»

Percebe-se que o CTN não veicula uma cláusula geral que permita a remissão, total ou parcial, do débito tributário por razões de equidade. Pelo contrário, estabelece expressamente que o «emprego da equidade não poderá resultar na dispensa do pagamento do tributo devido» (art. 108, § 2.º), aparentando reservar à equidade um papel secundário, centrado no âmbito do Direito Tributário Sancionador.

Sem embargo, o art. 172 da codificação tributária faculta que a lei autorize o Fisco a conceder remissão por equidade, *in verbis*:

«Art. 172. A lei pode autorizar a autoridade administrativa a conceder, por despacho fundamentado, remissão total ou parcial do crédito tributário, atendendo:

I – à situação econômica do sujeito passivo;

II – ao erro ou ignorância excusáveis do sujeito passivo, quanto a matéria de fato;

III – à diminuta importância do crédito tributário;

IV – a considerações de equidade, em relação com as características pessoais ou materiais do caso;

V – a condições peculiares a determinada região do território da entidade tributante.

Parágrafo único. O despacho referido neste artigo não gera direito adquirido, aplicando-se, quando cabível, o disposto no artigo 155.»

À primeira vista, esse preceito viabiliza a delegação legislativa do poder de remitir o débito tributário, facultando que o legislador autorize os agentes fazendários a tomar decisões discricionárias, concedendo ou negando a remissão por equidade.

Tal interpretação é viável à luz da letra do dispositivo, mas não do sistema jurídico-tributário vigente e, sobretudo, em vista do art. 150, § 6.º, da Constituição da República, que somente autoriza a concessão de remissão «mediante lei específica», que regule exclusivamente a matéria ou o correspondente tributo.[104]

De acordo com o sistema constitucional tributário vigente, *o Fisco jamais poderá ter a discricionariedade de conceder remissão por equidade*,

---

[104] Eis a redação integral do art. 150, § 6.º, da CF, dada pela EC 3/1993: «Qualquer subsídio ou isenção, redução de base de cálculo, concessão de crédito presumido, anistia ou remissão, relativos a impostos, taxas ou contribuições, só poderá ser concedido mediante lei específica, federal, estadual ou municipal, que regule exclusivamente as matérias acima enumeradas ou o correspondente tributo ou contribuição, sem prejuízo do disposto no art. 155, § 2.º, XII, *g*».

mas deverá concedê-la sempre que preenchidos os requisitos estipulados por lei específica, que outorgue um direito público subjetivo aos contribuintes.

Por outro lado, *o Poder Judiciário sempre poderá tomar decisões por equidade*, haja vista que:

i) o art. 150, § 6.º, da Constituição da República não se impõe à esfera judicial;

ii) o art. 108 do CTN, corretamente interpretado, não se dirige aos Magistrados e aos Tribunais;

iii) nenhum preceito legal poderia vedar a realização da justiça no âmbito do Poder Judiciário, última instância de salvaguarda aos direitos e garantias dos cidadãos, sob pena de flagrante inconstitucionalidade.

Aliás, a Lei 9.099/1995, que rege os Juizados Especiais, estabelece expressamente a obrigação de os Magistrados adotarem a solução que reputarem «mais justa e equânime, atendendo aos fins sociais da lei e às exigências do bem comum» (art. 6.º).

E não nos parece que o império da Justiça se restrinja às causas cíveis de menor complexidade: estende-se a todos os domínios do Direito, ainda que com matizes variados.

Foi precisamente com base nas noções de justiça e equidade que o Superior Tribunal de Justiça construiu a sua firme jurisprudência no sentido de que o «regime de caixa» não deve ser aplicado aos rendimentos recebidos acumuladamente no âmbito de ações judiciais. A regra geral não foi afastada para a generalidade dos casos (o regime de caixa continua regendo o IRPF), mas apenas para situações específicas, nas quais se aplica o «regime de competência» a fim de não gerar resultados flagrantemente injustos, como a tributação de cidadãos isentos, advinda do mero fato de o pagamento ter sido efetuado em atraso.

Este precedente apresenta certas nuances, mas externa com clareza as premissas da referida orientação jurisprudencial:

> «(...) 1. O pagamento decorrente de ato ilegal da Administração não constitui fato gerador de tributo. 2. O imposto de renda não incide sobre os valores pagos de uma só vez pela autarquia previdenciária, quando o reajuste do benefício determinado na sentença condenatória não resultar em valor mensal maior que o limite legal fixado para isenção do referido imposto. 3. A hipótese *in foco* versa proventos de aposentadoria recebidos incorretamente e não rendimentos acumulados, por isso que, à luz da tipicidade estrita, inerente ao direito tributário, impõe-se o acolhimento da pretensão autoral. 4. O Direito Tributário admite, na aplicação da lei, o recurso à equidade, que é a justiça no caso concreto. Ora, se os proventos, mesmos revistos, não são tributáveis no mês em que implementados, também não devem sê-lo quando acumulados pelo pagamento a menor pela entidade pública. Ocorrendo o equívoco da Adminis-

tração, o resultado judicial da ação não pode servir de base à incidência, sob pena de sancionar-se o contribuinte por ato do fisco, violando os princípios da Legalidade e da Isonomia, mercê de chancelar o enriquecimento sem causa da Administração (...).»[105]

A flagrante iniquidade que a regra geral implicaria em tais situações levou o Poder Judiciário a afastá-la, deixando de aplicá-la ao caso concreto e a todos os casos análogos.

Isso evidencia que o âmbito de aplicação da equidade não está limitado a situações atípicas e muito menos a cidadãos determinados. Pelo contrário, a equidade é apta a fundamentar a inclusão de verdadeiras cláusulas de exceção na regra geral.

Com isso, realiza-se a justiça e evita-se a pronúncia de inconstitucionalidade da regra que apenas se revela iníqua em hipóteses específicas.

5. JUSTIÇA E PROPORCIONALIDADE

Apesar de a igualdade constituir uma condição necessária da justiça, não é uma condição suficiente. Não basta para realizá-la.

A justiça tributária, por exemplo, depende do respeito às demais exigências do sistema jurídico-tributário, sobretudo dos direitos fundamentais e dos princípios constitucionais aplicáveis à matéria impositiva.[106]

Nesse aspecto, sobreleva o mandado de proporcionalidade, metanorma vocacionada a solucionar conflitos de princípios jurídicos de idêntico *status* normativo, sempre com vistas à otimização dos direitos fundamentais e, assim, à realização da justiça. Ostenta caráter formal, mas está a serviço da justiça material.

Trata-se de uma norma jurídica implícita de qualquer sistema jurídico contemporâneo,[107] que resulta tanto do princípio do Estado de Direito e da própria essência dos direitos fundamentais (conforme reconhece o BVerfG),[108] quanto do caráter dos princípios como mandados de otimização (na linha do que defende Alexy).[109]

Três regras específicas unem-se para formar o mandado de proporcionalidade: as regras da adequação (*Geeignetheit*), necessidade (*Erforderlichkeit*) e proporcionalidade *stricto sensu* (*Verhältnismäßigkeits im engeren Sinne*).[110]

---

105 STJ, 1ª Turma, AgREsp 1.069.718, rel. Min. Luiz Fux, julgado em 23.04.2009.

106 V. Tipke. *Die Steuerrechtsordnung*, vol. 1, p. 314; Sainz de Bujanda. *Lecciones de Derecho Financiero*, p. 102 ss.

107 V. Jäckel. *Grundrechtsgeltung und Grundrechtssicherung*, p. 73.

108 BVerfGE 19, 342 [348 ss.]; 43, 242 [288], *apud* Hirschberg. *Der Grundsatz der Verhältnismässigkeit*, p. 1.

109 Alexy. *Theorie der Grundrechte*, p. 100-104.

110 V., por todos, Alexy. *Theorie der Grundrechte*, p. 100 ss.

A regra da adequação exige que a medida restritiva seja empiricamente apta a alcançar o fim almejado. Na seara tributária, obstaculiza a flagrante injustiça que decorreria da restrição injustificada de direitos fundamentais dos contribuintes, por medidas que sequer se prestam para alcançar os seus objetivos.

Após se superar o exame de adequação, torna-se imperativo averiguar se a medida restritiva é efetivamente iniludível, mediante a aplicação da regra da necessidade. Esta regra, também denominada «mandado do meio mais ameno» (*Gebot des mildesten Mittels*),[111] impõe a eleição da medida menos restritiva aos direitos fundamentais, sempre que ela seja tão ou mais eficaz na promoção do fim que a acolhida pelo legislador.[112]

Vencido o exame de necessidade, mister averiguar a proporcionalidade *stricto sensu* da medida tributária, com o escopo de estabelecer relações de prevalência *in concreto*, condicionadas a situações específicas. Relações que devem resultar da ponderação dos princípios em conflito, imposta pelo mandado da proporcionalidade *stricto sensu* – o qual constitui um «mandado de ponderação» (*Abwägungsgebot*).[113]

O controle de proporcionalidade, consubstanciado por esses três controles parciais, é imprescindível para afastar iniquidades decorrentes da restrição desnecessária ou desproporcional de direitos fundamentais.

No Direito Tributário, o Supremo Tribunal Federal realiza o controle formal de proporcionalidade sobretudo na seara das «sanções políticas», que são instrumentos de coerção indireta com vistas à cobrança de tributos.

Tais sanções são rechaçadas por três súmulas da Corte:

Súmula 70: «É inadmissível a interdição de estabelecimento como meio coercitivo para cobrança de tributo».

Súmula 323: «É inadmissível a apreensão de mercadorias como meio coercitivo para pagamento de tributos».

Súmula 547: «Não é lícito à autoridade proibir que o contribuinte em débito adquira estampilhas, despache mercadorias nas alfândegas e exerça suas atividades profissionais».

A jurisprudência cristalizada por essas súmulas visa a tutelar as liberdades fundamentais, mediante o emprego do postulado de proporcionalidade. Não se aplica a todas as restrições de natureza tributária, mas apenas àquelas que se afigurem desproporcionais e desarrazoadas.

---

[111] Cfr. ALEXY. *Theorie der Grundrechte*, p. 100.
[112] Cfr. JACOBS. «Der Grundsatz der Verhältnismäßigkeit», p. 99.
[113] V. ALEXY. *Theorie der Grundrechte*, p. 100.

Este precedente, de relatoria do Ministro Joaquim Barbosa, é elucidativo, ao justificar a exigência de regularidade fiscal como pressuposto à contratação com o Poder Público, que era prevista no art. 1.º, II, da Lei 7.713/1988 e atualmente consta nos arts. 27, IV, e 29, III, da Lei 8.666/1993:

> «(...) 3. Esta Corte tem historicamente confirmado e garantido a proibição constitucional às sanções políticas, invocando, para tanto, o direito ao exercício de atividades econômicas e profissionais lícitas (art. 170, par. ún., da Constituição), a violação do devido processo legal substantivo (falta de proporcionalidade e razoabilidade de medidas gravosas que se predispõem a substituir os mecanismos de cobrança de créditos tributários) e a violação do devido processo legal manifestado no direito de acesso aos órgãos do Executivo ou do Judiciário tanto para controle da validade dos créditos tributários, cuja inadimplência pretensamente justifica a nefasta penalidade, quanto para controle do próprio ato que culmina na restrição. É inequívoco, contudo, que a orientação firmada pelo Supremo Tribunal Federal não serve de escusa ao deliberado e temerário desrespeito à legislação tributária. Não há que se falar em sanção política se as restrições à prática de atividade econômica objetivam combater estruturas empresariais que têm na inadimplência tributária sistemática e consciente sua maior vantagem concorrencial. Para ser tida como inconstitucional, a restrição ao exercício de atividade econômica deve ser desproporcional e não-razoável. (...).»[114]

Nesse caso, o postulado da proporcionalidade permitiu ao STF chancelar uma restrição à atividade econômica em razão de débitos tributários, desqualificando-a como uma «sanção política» sem contrariar a jurisprudência cristalizada nas Súmulas 70, 323 e 547.

Em outro importante julgamento, a Corte reconheceu a legitimidade de uma autêntica sanção política. Assentado nos fundamentos supra expostos, o STF ratificou o cancelamento do registro especial exigido para a fabricação de cigarros, haja vista o comportamento ofensivo à livre concorrência que era adotado pela empresa:

> «(...) Carece de razoabilidade jurídica, para efeito de emprestar efeito suspensivo a recurso extraordinário, a pretensão de indústria de cigarros que, deixando sistemática e isoladamente de recolher o Imposto sobre Produtos Industrializados, com consequente redução do preço de venda da mercadoria e ofensa à livre concorrência, viu cancelado o registro especial e interditados os estabelecimentos.»[115]

Esses exemplos evidenciam a finalidade prática da proporcionalidade: propiciar a construção racional de relações de prevalência *in concreto* entre princípios de idêntico *status* normativo. Desse modo, os conflitos entre princípios são resolvidos na sua aplicação aos casos práticos, sem que se tenha

---

[114] STF, Pleno, ADIn 173, rel. Min. Joaquim Barbosa, julgada em 25.09.2008.

[115] STF, Pleno, AC 1.657 MC, rel. p/ o ac. Min. Cezar Peluso, julgado em 27.06.2007, trecho da ementa.

de repelir a vigência de qualquer um deles. Um dos princípios prevalece, e o outro cede numa situação específica, sem que o princípio preterido deixe de vigorar em abstrato.

Tal operação pode ser facilmente identificada na AC 1.657-MC. Verificou-se um conflito entre, de um lado, a liberdade de iniciativa da empresa sonegadora e, de outro, a finalidade fiscal (arrecadatória) e duas finalidades extrafiscais de extrema importância, a defesa da livre concorrência e a tutela da saúde pública. Daí a conclusão do Min. Cezar Peluso: «parece-me de todo compatível com o ordenamento limitar a liberdade de iniciativa a bem de outras finalidades jurídicas tão ou mais relevantes, como a defesa da livre concorrência e o exercício da vigilância estatal sobre setor particularmente crítico para a saúde pública». Prevaleceram estas finalidades, sem que o Tribunal tivesse de negar vigência à garantia fundamental da liberdade de iniciativa.

Essa é a principal contribuição que a proporcionalidade aporta à realização da justiça tributária: estabelece um método que permite ao aplicador encontrar a solução justa em cada caso, sem negar vigência a princípios de suma relevância, evitando, assim, a negação e a mutilação de direitos fundamentais dos contribuintes.

6. JUSTIÇA E RAZOABILIDADE

A noção de razoabilidade tem assumido importância crescente nas decisões judiciais, dadas as divergências quanto ao conteúdo e às exigências específicas da justiça. A exigência de razoabilidade garante *um mínimo de justiça* em todo e qualquer ato estatal, mediante a proibição da sua antítese, a arbitrariedade. Daí falar-se em «interdição de arbitrariedade», como uma inafastável exigência de justiça dos atos estatais.

Por arbitrariedade, entende-se, segundo os vernáculos, a decisão motivada apenas pela vontade e, na precisa definição do Dicionário da Real Academia Espanhola, o «*acto o proceder contrario a la justicia, la razón o las leyes, dictado solo por la voluntad o el capricho*». Trata-se, portanto, de noção fundamentalmente subjetiva.[116]

Contudo, é possível identificar no termo «arbitrariedade» um sentido jurídico específico, de caráter *objetivo*. Como bem ressaltou Leibholz, a arbitrariedade jurídica *tem de ser* valorada de modo essencialmente objetivo.[117]

---

[116] Também na Alemanha o conceito comum de arbitrariedade tem nítido conteúdo subjetivo, designando a «escolha segundo a vontade (*Wahl nach Wollen*), decisão e ação de acordo com a própria vontade», como ressalta Kirchhof ao tratar do «mandado de objetividade» («Der allgemeine Gleichheitssatz», p. 948).

[117] Leibholz afirmava com clareza que se deveria eliminar o elemento «culpa» da noção de arbitrariedade (*Die Gleichheit vor dem Gesetz*, p. 95).

De fato, o controle da arbitrariedade não pode se limitar aos atos voluntariamente arbitrários. Tem de compreender todas as medidas arbitrárias, inclusive os equívocos involuntários (*schuldlose Irrtum*) dos operadores jurídicos.[118]

Tais ponderações suscitam a indagação atinente ao real conteúdo da interdição de arbitrariedade e, mais precisamente, ao significado da noção de «arbitrariedade objetiva».

Embora as respostas a essa questão sejam expressivamente variadas, elas orientam-se no sentido de se tratar de uma *incorreção evidente*, manifesta, inquestionável. Por consequência, o controle de arbitrariedade resta qualificado qual um *controle de evidência*, que gravita em torno do denominado «problema da evidência»[119] e só conduz a declarações de inconstitucionalidade quando a ilegitimidade do tratamento estabelecido esteja escancarada.[120]

A arbitrariedade constitui uma manifestação de incorreção, de injustiça. Porém, não se confunde com ela, dado ser qualificada pela sua gravidade: trata-se de injustiça manifesta, flagrante, ululante. Nas palavras de Leibholz, seria uma «violação tão forte contra a exigência de justiça» que deveria haver consenso, entre todos os homens razoáveis, acerca da injustiça da regulação legislativa.[121]

O conceito de arbitrariedade ostenta, assim, a conotação de vício extremo, e não de mera incorreção ou de solução distinta da ideal.[122]

Representa, em suma, negação insofismável da justiça.[123]

---

[118] V. Leibholz; Rinck. *Grundgesetz für die Bundesrepublik Deutschland: Kommentar an Hand der Rechtsprechung des Bundesverfassungsgerichts*, p. 63; Maunz; Dürig. *Grundgesetz Kommentar*, art. 3, I, mrg. 334, p. 156.

[119] V. Kokott. «Gleichheitssatz und Diskriminierungsverbote in der Rechtsprechung des Bundesverfassungsgerichts», p. 130-131; Osterloh. «Art. 3. Gleichheit vor dem Gesetz», p. 187.

[120] O *Bundesverfassungsgericht* externou com clareza que: «ao se adotar unicamente a interdição de arbitrariedade como parâmetro, somente se pode declarar uma violação do art. 3.1 GG [princípio geral da igualdade] quando a inadequação (*Unsachlichkeit*) da diferenciação seja manifesta» (BVerfGE 88, 87, 97).

[121] Leibholz. *Die Gleichheit vor dem Gesetz und das Bonner Grundgesetz*, p. 196.

[122] Leibholz. *Die Gleichheit vor dem Gesetz*, p. 73. Essa posição de Leibholz exerceu forte influência. Alexy, por exemplo, cita-o para definir a arbitrariedade como «uma forma acentuada de incorreção» (*eine gesteigerte Form der Unrichtigkeit*) (*Theorie der Grundrechte*, p. 375). E na dicção de Kirchhof, a arbitrariedade representa um «grau especial da incorreção», que ao qualificar as regulações jurídicas denota uma «regulação que não só é incorreta, senão que não pode ser justificada de forma alguma» («Der allgemeine Gleichheitssatz», p. 944). V. também Tammelo. *Zur Philosophie der Gerechtigkeit*, p. 68; Eckhoff. *Rechtsanwendungsgleichheit im Steuerrecht*, p. 136.

[123] A correlação entre justiça e arbitrariedade na jurisprudência do BVerfG restou evidenciada neste precedente, em que a Corte afirma que «os espaços do legislador só terminam onde o trato desigual dos fatos regulados não seja mais compatível com uma consideração orientada pela

6.1 Racionalidade, bom senso e equivalência

A *irracionalidade*, compreendida como contradição ou incoerência, representa um caso central de arbitrariedade.

Irracional é a lei que apresenta rupturas na sua coerência interna, por veicular preceitos contraditórios entre si.[124] Irracionais são os atos aplicativos incoerentes e/ou que visivelmente contrastam com o bom senso.

As meras contradições normativas podem ser superadas sem a pronúncia de inconstitucionalidade, mediante os critérios tradicionais de solução das antinomias normativas.

No entanto, as incoerências propriamente ditas devem ser solucionadas à luz do princípio da razoabilidade, seja para orientar a exegese da legislação, seja para fundamentar a sua inconstitucionalidade. Como exposto pelo Ministro Luiz Fux, num voto exarado no Superior Tribunal de Justiça:

> «O Princípio da razoabilidade tem preceito na obediência a critérios aceitáveis do ponto de vista racional, que estejam em reciprocidade com o senso comum, de forma a proibir os excessos para que não haja prejuízo aos diretos fundamentais.»[125]

No Direito Tributário, a razoabilidade como coerência e *bom senso* fundamenta a dispensa de tributos em situações evidentemente injustas, seja pelo recurso à equidade propriamente dita, seja pela via interpretativa.

Um bom exemplo é a cobrança do Imposto Territorial Rural de proprietários injustamente desapossados de suas terras. O Superior Tribunal de Justiça afastou-a com base no princípio da razoabilidade, pois dele extraiu um pressuposto material para que reste configurada a hipótese de incidência do ITR: a efetiva disponibilidade da propriedade. A ementa do julgado é esclarecedora:

> «(...) 3. O Fato Gerador do ITR é a propriedade, o domínio útil, ou a posse, consoante disposição do art. 29 do Código Tributário Nacional. 4. Sem a presença dos elementos objetivos e subjetivos que a lei, expressa ou implicitamente, exige ao qualificar a hipótese de incidência, não se constitui a relação jurídico-tributária. 5. A questão jurídica de fundo cinge-se à legitimidade passiva do proprietário de imóvel rural, invadido por 80 famílias de sem-terra, para responder pelo ITR. 6. Com a invasão, sobre cuja legitimidade

---

ideia de justiça, onde, portanto, falte um fundamento plausível (*einleuchtender Grund*) para a diferenciação legislativa (BVerfGE 8, 334, 337). Todavia, consoante remansosa jurisprudência tal arbitrariedade só pode ser imputada a uma regulação legislativa quando a sua inadequação seja evidente (BVerfGE 12, 326, 333; 23, 135, 143)» (BVerfGE 55, 72, 90).

[124] Nessa linha, Zagrebelsky concebe a irracionalidade como a «ruptura da coerência interna do ordenamento jurídico» (*La giustizia costituzionale*, p. 149), mas distingue entre irracionalidade (*irrazionalità*) e irrazoabilidade (*irragionevolezza*) (ob. cit., p. 128).

[125] STJ, 1ª Turma, REsp 422.254, rel. Min. Luiz Fux, julgado em 06.06.2002, excerto da ementa.

não se faz qualquer juízo de valor, o direito de propriedade ficou desprovido de praticamente todos os elementos a ele inerentes: não há mais posse, nem possibilidade de uso ou fruição do bem. 7. Direito de propriedade sem posse, uso, fruição e incapaz de gerar qualquer tipo de renda ao seu titular deixa de ser, na essência, direito de propriedade, pois não passa de uma casca vazia à procura de seu conteúdo e sentido, uma formalidade legal negada pela realidade dos fatos. 8. Por mais legítimas e humanitárias que sejam as razões do Poder Público para não cumprir, por 14 anos, decisão judicial que determinou a reintegração do imóvel ao legítimo proprietário, inclusive com pedido de Intervenção Federal deferido pelo TJPR, há de se convir que o mínimo que do Estado se espera é que reconheça que aquele que – diante da omissão estatal e da dramaticidade dos conflitos agrários deste Brasil de grandes desigualdades sociais – não tem mais direito algum não pode ser tributado por algo que só por ficção ainda é de seu domínio. 9. Ofende o Princípio da Razoabilidade, o Princípio da Boa-Fé Objetiva e o bom senso que o próprio Estado, omisso na salvaguarda de direito dos cidadãos, venha a utilizar a aparência desse mesmo direito, ou o resquício que dele restou, para cobrar tributos que pressupõem a sua incolumidade e existência nos planos jurídico (formal) e fático (material). 10. Irrelevante que a cobrança do tributo e a omissão estatal se encaixem em esferas diferentes da Administração Pública. União, Estados e Municípios, não obstante o perfil e personalidade próprios que lhes conferiu a Constituição de 1988, são parte de um todo maior, que é o Estado brasileiro. Ao final das contas, é este que responde pela garantia dos direitos individuais e sociais, bem como pela razoabilidade da conduta dos vários entes públicos em que se divide e organiza, aí se incluindo a autoridade tributária. 11. Na peculiar situação dos autos, considerando a privação antecipada da posse e o esvaziamento dos elementos da propriedade sem o devido processo de Desapropriação, é inexigível o ITR ante o desaparecimento da base material do fato gerador e a violação dos Princípios da Razoabilidade e da Boa-Fé Objetiva. (...).»[126]

Em outro importante precedente, o Superior Tribunal de Justiça recorreu à razoabilidade para diferenciar as hipóteses de preenchimento equivocado e não-entrega de declaração, de modo a afastar a aplicação da multa prevista para contribuintes omissos, naqueles casos em que a declaração foi entregue e há equívocos meramente formais, sem repercussão no montante do tributo a pagar:

«(...) 1. A sanção tributária, à semelhança das demais sanções impostas pelo Estado, é informada pelos princípios congruentes da legalidade e da razoabilidade. 2. A atuação da Administração Pública deve seguir os parâmetros da razoabilidade e da proporcionalidade, que censuram o ato administrativo que não guarde uma proporção adequada entre os meios que emprega e o fim que a lei almeja alcançar. 3. A razoabilidade encontra ressonância na ajustabilidade da providência administrativa consoante o consenso social acerca do que é usual e sensato. Razoável é conceito que se infere a *contrario sensu*; vale dizer, escapa à razoabilidade "aquilo que não pode ser". A proporcionalidade, como

---

[126] STJ, 2ª Turma, REsp 963.499, rel. Min. Herman Benjamin, julgado em 19.03.2009.

uma das facetas da razoabilidade revela que nem todos os meios justificam os fins. Os meios conducentes à consecução das finalidades, quando exorbitantes, superam a proporcionalidade, porquanto medidas imoderadas em confronto com o resultado almejado. 4. À luz dessa premissa, é lícito afirmar-se que a declaração efetuada de forma incorreta não equivale à ausência de informação, restando incontroverso, na instância ordinária, que o contribuinte olvidou-se em discriminar os pagamentos efetuados às pessoas físicas e às pessoas jurídicas, sem, contudo, deixar de declarar as despesas efetuadas com os aludidos pagamentos. 5. Deveras, não obstante a irritualidade, não sobejou qualquer prejuízo para o Fisco, consoante reconhecido pelo mesmo, porquanto implementada a exação devida no seu *quantum* adequado. (...) 7. Desta sorte, assente na instância ordinária que o erro no preenchimento da declaração não implicou na alteração da base de cálculo do imposto de renda devido pelo contribuinte, nem resultou em prejuízos aos cofres públicos, depreende-se a ausência de razoabilidade na cobrança da multa de 20%, prevista no § 2.º, do Decreto-lei 2.396/1987. (...).»[127]

A razoabilidade como bom senso também se aplica para estabelecer limites à instituição de hipóteses de responsabilidade tributária *lato sensu*, consoante exposto com maestria pela Ministra Ellen Gracie num julgado relativo à legitimidade do sistema de retenção e repasse instituído pela Lei 9.711/1998:

«(...) A validade do regime de substituição tributária depende da atenção a certos limites no que diz respeito a cada uma dessas relações jurídicas. Não se pode admitir que a substituição tributária resulte em transgressão às normas de competência tributária e ao princípio da capacidade contributiva, ofendendo os direitos do contribuinte, porquanto o contribuinte não é substituído no seu dever fundamental de pagar tributos. A par disso, há os limites à própria instituição do dever de colaboração que asseguram o terceiro substituto contra o arbítrio do legislador. A colaboração dele exigida deve guardar respeito aos princípios da razoabilidade e da proporcionalidade, não se lhe podendo impor deveres inviáveis, excessivamente onerosos, desnecessários ou ineficazes. (...).»[128]

Além disso, a coerência e o bom senso orientam a determinação de montantes que não podem ser apurados por simples critérios matemáticos, como os danos morais.[129]

Com isso, deparamo-nos com a noção de razoabilidade como *equivalência*, identificada com precisão por Humberto Ávila, que leciona: «*A razoabilidade também exige uma relação de equivalência entre a medida adotada e o critério que a dimensiona*».[130]

---

[127] STJ, 1ª Turma, REsp 728.999, rel. Min. Luiz Fux, julgado em 12.09.2006.

[128] STF, Pleno, RE 603.191, rel. Min. Ellen Gracie, julgado em 01.08.2011, excerto da ementa. Advertimos o leitor que se trata de um mero *obter dictum*, pois a conclusão foi pela legitimidade do sistema instituído pela Lei 9.711/98.

[129] Cfr. STJ, 3ª Turma, AgA 1.269.418, rel. Min. Nancy Andrighi, julgado em 07.10.2010.

[130] Ávila. *Teoria dos princípios*, p. 158, que elenca três acepções da razoabilidade: razoabilidade como equidade, como congruência e como equivalência (*idem, ibidem*, p. 152 ss.). Aqui,

Daí falar-se na exigência de uma «razoável equivalência» entre duas grandezas.[131]

Em matéria tributária, esta noção é utilizada sobretudo para controlar a razoabilidade do valor das taxas[132] e das multas tributárias,[133] no contexto do princípio do não-confisco.

6.2 Congruência material

Além da inexistência de arbitrariedade, o princípio da razoabilidade impõe que haja congruência entre a regulação jurídica e a realidade fática.

Essa é a lição de Humberto Ávila, que, ao versar sobre a razoabilidade como congruência, assevera: «Desvincular-se da realidade é violar os princípios do Estado de Direito e do devido processo legal».[134]

No Direito Tributário, o princípio da razoabilidade impõe que o legislador estabeleça regras consentâneas com a realidade jurídica e econômica, sobretudo quando se trata de normas atinentes à quantificação da obrigação tributária. As estimativas e presunções do valor da base imponível, por exemplo, devem ser condizentes com a base real. Discrepâncias significativas podem implicar a sua inconstitucionalidade (se forem gerais) ou abrir ensejo a decisões de equidade (se restritas a casos atípicos).

Mas nem todas as regras dissonantes da realidade são inconstitucionais, por violação à razoabilidade.

Muitas vezes, a discrepância serve para evidenciar a verdadeira natureza jurídica da regra estabelecida, propiciando, assim, um adequado controle da sua legitimidade. É o que ocorre com as ficções ou presunções jurídicas, denunciadas por divergências expressivas entre a regulação e a realidade econômica: elas não são invariavelmente inconstitucionais por ofenderem o princípio da razoabilidade, mas podem lesar algum outro princípio ou regra estabelecidos pela Carta Política.

Essa situação se verifica no arbitramento de «pauta fiscal» em valores muito inferiores aos usualmente praticados. Dita pauta equivale a um benefício fiscal, concedido mediante o emprego de bases imponíveis fictas, e deve ser submetida ao controle de constitucionalidade como tal. A sua eventual

---

acolhemos as duas últimas manifestações da razoabilidade. Da primeira, já tratamos ao versar sobre o princípio da isonomia, por entendermos ser a equidade uma exigência específica da igualdade.

131 Cfr. STF, Pleno, ADIn 2.551 MC-QO, rel. Min. Celso de Mello, julgado em 02.04.2003.

132 STF, Pleno, ADIn 2.551 MC-QO, rel. Min. Celso de Mello, julgado em 02.04.2003.

133 Conferir, por todos, STF, Pleno, RE 582.461, rel. Min. Gilmar Mendes, julgado em 18.05.2011.

134 Ávila. *Teoria dos princípios*, p. 156.

inconstitucionalidade não decorrerá da violação à razoabilidade, mas da lesão de algum preceito constitucional específico, como o art. 155, § 2.º, XII, *g*, da Constituição da República, que veda a concessão de benefícios unilaterais no âmbito do ICMS.[135]

7. CRITÉRIOS ESPECÍFICOS DE JUSTIÇA TRIBUTÁRIA

7.1 Capacidade contributiva

A capacidade contributiva é o critério fundamental de concretização da isonomia tributária e, assim, da justiça tributária no âmbito dos impostos, empréstimos compulsórios e contribuições especiais.

Isso se explica, nas palavras de Villegas, por «*razones del más elemental sentido común*»:

> «*Dentro de la familia, es habitual que cada uno contribuya a los fines comunes de acuerdo con sus posibilidades. La Iglesia solicita fondos de sus feligreses con la idea de que cada cual debe dar en proporción a lo que Dios le ha dado a él. En centenares de empresas colectivas de bien público (entes de beneficencia, instituciones de salud o educación gratuita, Cruz Roja, etc.) se supone que las personas contribuirán según sus medios. Los gobiernos constituyen una de esas empresas colectivas o comunes, que están obligadas a servir a los ciudadanos como un conjunto, a protegerlos y a aumentar el bienestar general. ¿Qué más natural y justo que repartir las cargas del Estado de acuerdo con la capacidad de pago de cada uno?.*»[136]

Há vários fundamentos para essa concepção, de ordem ético-social, ético-filosófica, ético-jurídica e também de ordem estritamente jurídico-positiva.

Sob uma perspectiva ético-social, a exigência de uma tributação conforme à capacidade contributiva justifica-se por princípios éticos fundamentais que seriam vilipendiados caso se exigissem dos pobres as mesmas prestações tributárias impostas aos economicamente privilegiados. A propósito, Neumark indaga: se os pobres não têm capacidade contributiva e, por consequência, não podem pagar tributos, por que não dar um passo além e admitir a razoabilidade e a justiça da conclusão de que os detentores de uma maior capacidade contributiva também devem pagar *mais* impostos?[137]

Sob um viés ético-filosófico, a graduação dos impostos segundo a capacidade econômica dos contribuintes constitui manifestação específica da *justiça*

---

[135] Aplicando esse entendimento a uma questão prática, de guerra fiscal no âmbito do ICMS, conferir o bem lançado Parecer n. 15.246, da lavra de Ricardo Antônio Lucas Camargo, Procurador do Estado de Santa Catarina, cuja ementa foi publicada no *DOE* de 23.08.2010.

[136] Villegas. *Manual de finanzas públicas*, p. 202-203.

[137] Neumark. *Principios de la imposición*, p. 140.

distributiva, teorizada já na antiguidade por Aristóteles.[138] Representa, mais precisamente, uma projeção da antiga fórmula «a cada um o seu» concretizada à luz do critério da capacidade (ou possibilidade), a qual impõe que o ônus financeiro dos serviços públicos seja suportado por todos os cidadãos, conforme as suas possibilidades (*Jedem nach seinen Fähigkeiten*).[139]

De um ponto de vista ético-jurídico, a justificação da tributação orientada pela capacidade contributiva deriva diretamente dos direitos humanos. A Declaração dos Direitos do Homem e do Cidadão de 1789 já a previa, ao estabelecer que a contribuição comum para os gastos públicos deve ser repartida de modo igual (*également*) entre os cidadãos, «segundo as suas possibilidades» (*en raison de leurs facultés*, art. 13). Dita exigência deriva, outrossim, dos direitos humanos à igualdade e à liberdade, bem como da garantia da propriedade.

Sob uma perspectiva estritamente jurídico-constitucional, a imposição de uma tributação conforme à capacidade contributiva possui fundamento expresso ou implícito em todas as constituições contemporâneas. Algumas a preveem expressamente, como ocorre na Espanha,[140] na Itália[141] e no Brasil.[142] Outras a consagram de modo implícito, ao positivar a garantia da dignidade humana (fundamento da garantia do mínimo existencial, que indica o parâmetro inicial da tributação), o princípio da isonomia tributária (critério de graduação dos tributos) e a garantia da propriedade privada (que atua como pressuposto objetivo e limite máximo da imposição), elementos basilares a todos os Estados Constitucionais de Direito. É o que ocorre na Alemanha,

---

[138] Cfr. Aristóteles. *Ética a Nicômaco*, p. 109, 1131. A tributação conforme à capacidade contributiva constitui, como ressalta Radbruch, uma exigência essencial da justiça distributiva na teoria aristotélica e, portanto, uma imposição da justiça do Direito Público (*Rechtsphilosophie*, 3. ed., p. 31).

[139] Tipke. *Steuergerechtigkeit in Theorie und Praxis*, p. 11 e 19, que com essa regra complementa as seis conhecidas regras da justiça distributiva expressas por Perelman. A sétima regra já fora mencionada por Karl Marx, conjuntamente com a da necessidade (*idem, ibidem*, p. 17, n. 29).

[140] A Constituição espanhola de 1978 preconiza que: «*Todos contribuirán al sostenimiento de los gastos públicos de acuerdo con su capacidad económica* mediante un sistema tributario justo inspirado en los principios de igualdad y progresividad que, en ningún caso, tendrá alcance confiscatorio» (art. 31.1).

[141] Na Itália, a Constituição republicana de 1947 dispõe: «Todos são obrigados a concorrer às despesas públicas em razão da sua capacidade contributiva» («*Tutti sono tenuti a concorrere alle spese pubbliche in ragione della loro capacità contributiva*», art. 53).

[142] A Constituição de 1988 consagra o princípio da capacidade contributiva num enunciado confuso, que leva a expressivas controvérsias doutrinárias com respeito ao seu âmbito de aplicação: «Sempre que possível, os impostos terão caráter pessoal e serão graduados segundo a capacidade econômica do contribuinte, facultado à administração tributária, especialmente para conferir efetividade a esses objetivos, identificar, respeitados os direitos individuais e nos termos da lei, o patrimônio, os rendimentos e as atividades econômicas do contribuinte» (art. 145, § 1.º).

onde se deriva o princípio da capacidade contributiva da garantia constitucional da igualdade de todos perante a lei.[143]

A fundamentação dessa exigência no princípio da igualdade é especialmente clara, haja vista que, ao atuar como critério de graduação da carga tributária, o princípio da capacidade contributiva é somente uma projeção específica da isonomia tributária. Por tal razão, as constituições contemporâneas consagram-no invariavelmente, haja vista que preveem o princípio da igualdade no contexto de Estados Sociais de Direito.

É *intuitivo* que o princípio da igualdade seria violado pela exigência da mesma contribuição a cada um dos cidadãos. Um imposto único e igual para todos, que gravasse de forma paritária os milionários e os pobres, seria clara e acentuadamente injusto.[144] Não se pode admitir um imposto por cabeça (*Kopfsteuer*),[145] baseado numa igualdade meramente formal, matemática e desvinculada da capacidade contributiva. Nos impostos, há de se buscar a igualdade proporcional, relativa à justiça distributiva e baseada na capacidade contributiva.[146]

Não obstante, a justificação da capacidade contributiva como critério de concretização do princípio da igualdade há de ir além da simples intuição. Deve ter um fundamento jurídico-positivo claro. Considerando que os impostos não representam contraprestações por benefícios e tampouco correspondem à medida dos interesses individuais, e que é impossível valorar juridicamente os sacrifícios individuais, só se revela adequado fundamentar a imposição orientada pela capacidade contributiva na finalidade de se lograr uma repartição justa das despesas públicas indivisíveis, norteada pelo *princípio da solidariedade*. Como ressalta Moschetti, a solidariedade no plano tributário demanda que o critério de repartição seja a capacidade contributiva, o que conjuga o interesse geral de que todos contribuam às cargas públicas com o interesse individual dos contribuintes de não se sujeitarem à tributação além da sua efetiva capacidade contributiva. O dever tributário é um «dever de solidariedade de todos que têm capacidade contributiva e em razão de tal capacidade».[147] O princípio da solidariedade proporciona, pois, um conteúdo

---

[143] V., por todos, BVerfGE 61, 319 [343-344].

[144] Como leciona Einaudi: «O pobre não pode pagar tanto quanto o abastado, nem este tanto quanto o rico, o trabalhador tanto quanto o dono da empresa, o filho tanto quanto o adulto. Igualdade de coisas distintas não é igualdade verdadeira» (EINAUDI. *Principii di Scienza della Finanza*, p. 90). V. KIRCHHOF. *Besteuerung im Verfassungsstaat*, p. 32.

[145] EINAUDI. *Principii di Scienza della Finanza*, p. 90; ALEXY. *Theorie der Grundrechte*, p. 360; KIRCHHOF. *Besteuerung im Verfassungsstaat*, p. 33; GOMES CANOTILHO. *Direito Constitucional e Teoria da Constituição*, p. 400.

[146] Para BIRK, «Igualdade no Direito dos Impostos significa cargas diferenciadas conforme à capacidade econômico-contributiva individual» (*Steuerrecht*, p. 48).

[147] MOSCHETTI (org.). *La capacità contributiva*, p. 6 e 19-20. Manzoni também vincula o princípio da capacidade contributiva ao dever de solidariedade econômica e social, que está

ético-jurídico mais específico à justiça impositiva e justifica (*rectius:* impõe) a consagração da capacidade contributiva como o critério central de diferenciação no domínio dos impostos.

Isso se constata com especial nitidez no Imposto de Renda, caracterizado por ser um tributo eminentemente social. A propósito, Birk ressalta que a renda como base imponível é fundamentalmente um «conceito social» e, com a introdução do referido imposto, tomou-se uma decisão social, concretizando-se a legítima concepção segundo a qual há de se gravar mais intensamente os ricos e desonerar os pobres.[148]

7.2 Benefício e equivalência

No âmbito das taxas e das contribuições de melhoria, a justiça tributária não tem caráter distributivo, mas fundamentalmente comutativo.

Orienta-se por uma lógica sinalagmática, assentada nos critérios do benefício e da equivalência, exigindo que os serviços públicos *uti singuli* e as obras públicas que geram benefícios especiais aos particulares sejam custeados por aqueles que deram causa ou se beneficiaram economicamente da atividade pública e, por consequência, assumiram uma «especial responsabilidade de financiamento» (*besondere Finanzierungsverantwortung*).[149]

Nessa senda, A. Berliri já assinalava o fundamento ético e social da contribuição de melhoria, estabelecida para financiar a construção de obra pública que beneficia especialmente os proprietários das áreas contíguas: «Nesses casos, se o custo daquela obra fosse suportado integralmente pela coletividade, os indivíduos que obtiveram uma vantagem particular (os proprietários fronteiriços, no caso da estrada), iriam enriquecer, sem uma adequada justificação, em prejuízo da própria coletividade».[150]

---

previsto no art. 2.º da Constituição italiana (*Il principio della capacità contributiva nell'ordinamento costituzionale italiano*, p. 20). Acolhendo essa posição na Espanha, v., por todos, Herrera Molina. *Capacidad económica y sistema fiscal,* p. 92-93. Tal posicionamento também é amplamente aceito na Alemanha. Klein considera constituir a tributação segundo a capacidade contributiva uma expressão do princípio do Estado Social (*Gleichheitssatz und Steuerrecht*, p. 191). Jachmann fundamenta o princípio da capacidade contributiva precisamente no da igualdade concretizado à luz do princípio do Estado Social de Direito (*Steuergesetzgebung zwischen Gleichheit und wirtschaftlicher Freiheit*, p. 11). Vogel e Waldhoff afirmam que o princípio da capacidade contributiva é mera concretização da igualdade no domínio dos impostos e identificam na Lei Fundamental quatro fundamentos específicos para tal princípio, entre os quais se inclui o princípio do Estado Social (*Grundlagen des Finanzverfassungsrechts: Sonderausgabe des Bonner Kommentars zum Grundgesetz,* p. 344).

[148] Birk. *Das Leistungsfähigkeitsprinzip als Maßstab der Steuernormen*, p. 140-141.

[149] Sobre a especial responsabilidade de financiamento (*besondere Finanzierungsverantwortung*), conferir Reimer; Waldhoff. *Verfassungsrechtliche Vorgaben Fur Sonderabgaben Des Banken- Und Versicherungssektors*, p. 84 ss.

[150] A. Berliri. *Corso istituzionale di Diritto Tributario*, vol. I, p. 66.

De fato, pelo seu caráter sinalagmático, a contribuição de melhoria deve ser cobrada dos proprietários de imóveis que se valorizaram em virtude de obras públicas e, além disso, tem de ater-se a limites quantitativos decorrentes da ideia de justiça comutativa, devidamente especificados no art. 81 do Código Tributário Nacional:

> «Art. 81. A contribuição de melhoria cobrada pela União, pelos Estados, pelo Distrito Federal ou pelos Municípios, no âmbito de suas respectivas atribuições, é instituída para fazer face ao custo de obras públicas de que decorra valorização imobiliária, *tendo como limite total a despesa realizada e como limite individual o acréscimo de valor que da obra resultar para cada imóvel beneficiado*.» (Grifamos.)

Embora o CTN não o diga, esses patamares também se aplicam às taxas, com a peculiaridade de que nelas o limite individual diz respeito ao custo específico da atividade estatal dirigida ao sujeito passivo.

No Direito Comparado, a doutrina e a jurisprudência coincidem ao assinalar os traços comutativos das taxas, contribuições de melhoria e tributos análogos.

Na Alemanha, o *Bundesverfassungsgericht* assevera que «*quem obtém, de uma instituição pública, utilidades econômicas especiais também deve cobrir os seus custos*». Por isso, «o fundamento legitimador das contribuições (*Beiträge*) é o equilíbrio (*Ausgleich*) entre benefícios e cargas» e «o ponto de vista da contraprestação» é essencial para o próprio conceito de contribuição.[151] Estendendo essa concepção aos tributos especiais (*Sonderabgaben*), o Tribunal alude a uma especial responsabilidade do grupo (*besondere Gruppenverantwortung*) constituído pelos seus sujeitos passivos, imprescindível à justificação da sua cobrança.[152]

Na Itália, Del Federico expõe que, nos tributos «paracomutativos» (*paracommutativi*), o equânime e razoável critério de repartição somente pode consistir «*na responsabilidade individual pelo gasto público, seja pela necessidade de compensar a situação de vantagem que o contribuinte obtém pela execução de um serviço público, seja pelo gozo de um bem público (ou pela realização de uma obra pública)*».[153]

Na Espanha, a *Ley General Tributaria* evidencia o caráter comutativo das taxas e contribuições especiais, ao definir estas como os tributos que têm por hipótese de incidência a obtenção de um benefício pelo particular em decorrência de atividade pública (art. 2, *b*) e vincular aquelas à utilização especial do domínio público e à pertinência direta da atividade pública aos obrigados tributários (art. 2, *a*).

---

[151] BVerfGE 42, 223 [228].
[152] BVerfGE 55, 274 [306].
[153] DEL FEDERICO. *Tasse, tributi paracomutativi e prezzi pubblici*, p. 303.

Atentos a esses preceitos, consagrados originalmente na LGT de 1963, Pérez de Ayala e Eusebio González ressaltam as exigências do princípio da isonomia no âmbito dos tributos regidos pelo critério do benefício:

> «(...) *la carga fiscal de cada contribuyente debe ser: a) igual, a igualdad de beneficio recibido; b) desigual y adecuada al desigual beneficio recibido; c) general para todos los que reciben el beneficio de la prestación pública* (...).»[154]

Deveras, auferidos benefícios especiais advindos da atuação estatal, exsurge uma desigualdade significativa e juridicamente relevante entre esses e os demais cidadãos. Tal desigualdade não só justifica, antes impõe tratos jurídico-tributários díspares, fundados no critério da equivalência ou do benefício.

Os critérios do benefício e da equivalência são, enfim, derivações necessárias do princípio constitucional da igualdade, que desempenha uma função central em todos os Estados de Direito da atualidade. Constituem pilares da justiça impositiva, de relevância equiparável à do princípio da capacidade contributiva.[155]

8. CONCLUSÃO

O ceticismo frente à justiça tributária deve ser refutado com veemência, haja vista significar a renúncia à concretização de direitos e garantias fundamentais, consagrados com peculiar esmero pela Constituição da República de 1988.

Todos os agentes estatais devem reconhecer, concretizar e efetivar os ditames da justiça tributária, entendida no seu sentido mais forte, de justiça material, contanto que isso não implique extravasar as suas atribuições e/ou violar algum mandamento constitucional que eventualmente tenha primazia na situação concreta, como a reserva absoluta de lei tributária, o primado da lei, a vinculação à jurisprudência consolidada etc.

À doutrina incumbe orientá-los para bem desempenhar essa nobre e árdua tarefa, fornecendo-lhes critérios jurídicos claros que lhes permitam reconhecer as imposições advindas do princípio da justiça tributária e os óbices legítimos à sua realização, de modo que possam realizar a justiça material em consonância com os postulados formais do Estado Democrático de Direito.

Somente assim, refletindo, debatendo e lutando pela justiça no âmbito impositivo, avançaremos rumo à construção de um sistema tributário que, mesmo distando da perfeição, revele-se digno do nome: «Direito Justo».

---

[154] Pérez de Ayala; González García. *Curso de derecho tributario,* t. I, p. 183.

[155] Lang. *Die Bemessungsgrundlage der Einkommensteuer*, p. 100.

BIBLIOGRAFIA

ALDAG, Heinrich, 1925: *Die Gleichheit vor dem Gesetze in der Reichsverfassungs. Eine öffentlich-rechtliche Abhandlung auf rechtsvergleichender Grundlage.* Berlin: Carl Heymanns.

ALEXY, Robert, 1986: *Theorie der Grundrechte.* Frankfurt am Main: Suhrkamp.

___, 1990: «Die immanente Moral des Grundgesetzes», *Rechtsethik und Rechtspraxis*, p. 97-117.

AQUINO, Tomás de, 1942: *Tratado de la justicia y el derecho.* Tomo I. Madrid: Victoriano Suarez.

ARISTÓTELES, 2002: *Ética a Nicômaco.* São Paulo: Martin Claret.

ARNDT, Hanz-Wolfgang, 1983: *Praktikabilität und Effizienz,* Köln: Peter Deubner.

___, 1988: «Gleichheit im Steuerrecht», *Neue Zeitschrift für Verwaltungsrecht*, p. 787-794.

ÁVILA, Humberto, 2008: *Teoria da igualdade tributária.* São Paulo: Malheiros.

___, 2009: *Teoria dos princípios: da definição à aplicação dos princípios jurídicos.* 9. ed. São Paulo: Malheiros.

BECKER, E.; RIEWALD, A.; KOCH, C., 1963: *Reichsabgabenordnung.* Berlin.

BECKER, Joachim, 2001: *Transfergerechtigkeit und Verfassung.* Tübingen: Mohr Siebeck.

BERLIRI, António, 1980: *Corso istituzionale di Diritto Tributario.* Milano: Giuffrè, vol. I.

BERLIRI, Luigi Vittorio, 1975: *La giusta imposta.* Milano: Giuffrè.

BIRK, Dieter, 1983: *Das Leistungsfähigkeitsprinzip als Maßstab der Steuernormen. Ein Beitrag zu den Grundfragen des Verhältnisses Steuerrecht und Verfassungsrechts.* Köln: Peter Deubner.

___, *Steuerrecht.* 6. ed. Heidelberg: C. F. Müller [s.d.].

___.«Steuergerechtigkeit und Transfergerechtigkeit», *Zeitschrift für Rechtspolitik,* 1979, p. 221-227.

___, 1989: «Gleichheit und Gesetzmäβigkeit der Besteuerung», *Steuer und Wirtschaft*, p. 212-218.

___; BARTH, Rainer, 2006: «§ 4 AO», in: HÜBSCHMANN; HEPP; SPITALER, *Abgabenordnung/Finanzgerichtsordnung Kommentar.* Köln: Otto Schmidt.

BOBBIO, Norberto, 1993: *Igualdad y libertad.* Barcelona: Paidós.

BOPP, Gerhard, 1979: «Steuerliche Billigkeitsmaβnahmen aus Verfassungsgründen», *Deutsches Steuerrecht*, p. 215-220.

CALIENDO, Paulo, 2005: «Da Justiça Fiscal: Conceito e Aplicação», *Interesse Público,* ano 6, n. 29, p. 159-196, jan.-fev. 2005.

COSTA, Regina Helena, 2007: *Praticabilidade e Justiça Tributária: Exequibilidade da Lei Tributária e Direitos do Contribuinte*. São Paulo: Malheiros.

DEL FEDERICO, Lorenzo, 2000: *Tasse, tributi paracomutativi e prezzi pubblici*. Torino: G. Giappichelli.

DELVOLVE, Pierre, 1969: *Le principe d'égalité devant les charges publiques*. Paris: Librarie Generale de Droit et de Jurisprudence.

DÜRIG, Günter. «Gleichheit», in: *Staatslexikon*, 7. ed., Freiburg: Herder [s.d.].

ECKHOFF, Rolf, 1999: *Rechtsanwendungsgleichheit im Steuerrecht. Die Verantwortung des Gesetzgebers für einen gleichmäßigen Vollzug des Einkommensteuerrechts*. Köln: Otto Schmidt.

EINAUDI, Luigi, 1932: *Principii di Scienza della Finanza*. Torino: La riforma Sociale.

FERREIRA NETO, Arthur M., 2006: *Classificação constitucional dos tributos: pela perspectiva da justiça*. Porto Alegre: Livraria do Advogado.

FRIAUF, Karl Heinrich, 1998: «Steuervereinfachung versus Lenkungsnormen», in: FISCHER, Peter (coord.), *Steuervereinfachung*. Köln: Otto Schmidt, p. 85-105.

GOMES CANOTILHO, José Joaquim, 1999: *Direito constitucional e teoria da Constituição*. 3. ed. Coimbra: Almedina.

GONZÁLEZ GARCÍA, Eusebio; GONZÁLEZ, Teresa, 2004: *Derecho Tributario*. Salamanca: Plaza Universitaria, vol. I.

GUZY, Christoph, 1982: «Der Gleichheitsschutz des Grundgesetzes», *Juristische Schulung*, p. 30-36.

HART, H. L. A., 1961: *The concept of law*. Oxford: Clarendon.

HENSEL, Albert, 1927: *Steuerrecht*. 2. ed. Berlin: Julius Sprinter.

___, 1931: «Verfassungsrechtliche Bindungen des Steuergesetzgebers. Besteuerung nach der Leistungsfähigkeit – Gleichheit vor dem Gesetz», *Vierteljahresschrift für Steuer- und Finanzrecht*, p. 441-493.

HERRERA MOLINA, Pedro M., 1998: *Capacidad económica y sistema fiscal. Análisis del ordenamiento español a la luz del Derecho Alemán*. Madrid: Marcial Pons.

HIRSCHBERG, Lothar, 1981: *Der Grundsatz der Verhältnismässigkeit*. Göttingen: Otto Schwartz & Co.

HÜBSCHMANN, HEPP, SPITALER (coords.), 2006: *Abgabenordnung/ Finanzgerichtsordnung. Kommentar*. Köln: Otto Schmidt.

HUSTER, Stefan, 1993: *Rechte und Ziele. Zur Dogmatik des allgemeinen Gleichheitssatzes*. Berlin: Dunker und Humblot.

ISENSEE, Josef. «Das Billigkeitskorrektiv des Steuergesetzes. Rechtfertigung und Reichtweite des Steuererlasses im Rechtssystem des Grundgesetzes», in: *Festschrift für Werner Flume zum 70. Geburtstag*. Köln: Otto Schmidt, vol. II, pp. 129-147.

JACHMANN, Monika, 2000: *Steuergesetzgebung zwischen Gleichheit und wirtschaftlicher Freiheit*. Stuttgart: Boorberg.

___, 1998: «Grundthesen zu einer Verbesserung der Akzeptanz der Besteuerung, insbesondere durch Vereinfachung des Einkommensteuerrechts», *Steuer und Wirtschaft*, p. 193-207.

___, 1999: «Grundlagen einer Steuervereinfachung», in: *Steuerrechtsprechung, Steuergesetz, Steuerreform, Festschrift für Klaus Offerhaus zum 65 Geburstag*. Köln: Otto Schmidt, p. 1071-1090.

JÄCKEL, Harmut, 1967: *Grundrechtsgeltung und Grundrechtssicherung*. Berlin: Duncker & Humblot.

JACOBS, Michael Ch., 1985: «Der Grundsatz der Verhältnismäβigkeit», *Deutsches Verwaltungsblatt*, 2/1985, p. 97-102.

KIRCHHOF, Paul, 2000: *Besteuerung im Verfassungsstaat.* Tübingen: Mohr Siebeck.

___, 1979: «Rechtsmaβstäbe finanzstaatlichen Handelns», *Juristenzeitung*, p. 153-159.

___, 1983: «Gesetz und Billigkeit im Abgabenrecht», in: *Recht und Staat im sozialen Wandel. Festschrift für Hans Ulrich Scupin zum 80. Geburstag*. Berlin: Dunker & Humblot, p. 775-795.

___, 1992: «Der allgemeine Gleichheitssatz», in: ISENSEE, Josef; KIRCHHOF, Paul. *Handbuch des Staatsrechts*. Heidelberg: C. F. Müller, vol. V, p. 837-972.

___, 1998: «Steuergleichheit durch Steuervereinfachung», in: FISCHER, Peter (coord.), *Steuervereinfachung*. Köln: Otto Schmidt, p. 9-28.

KLEIN, Franz, 1966: *Gleichheitssatz und Steuerrecht*. Köln: Otto Schmidt.

KLOEPFER, Michael, 1980: *Gleichheit als Verfassungsfrage*. Berlin: Duncker & Humblot.

___, 1982: «Gleichheit als Verfassungsproblem», in: HINSKE, Norbert; MANFRED, J. Müller (orgs.), *Gleichheit als Problem.* Trier: Universität Trier, p. 34-53.

KOKOTT, Juliane, 2001: «Gleichheitssatz und Diskriminierungsverbote in der Rechtsprechung des Bundesverfassungsgerichts», in: BADURA, Peter, DREIER, Horst (orgs.), *Festschrift 50 Jahre Bundesverfassungsgericht.* Tübingen: Mohr Siebeck, vol. 2, p. 127-162.

KRUSE, Heinrich Wilhelm, 1960: «Über Billigkeit und Richtlinien», *Steuer und Wirtschaft*, p. 478-494.

___, 1990: «Grundfragen der Liebhaberei», *Steuer und Wirtschaft*, p. 226-234.

___, 1990: «Über die Gleichmäβigkeit der Besteuerung», *Steuer und Wirtschaft*, p. 322-330.

LANG, Joachim, 1988: *Die Bemessungsgrundlage der Einkommensteuer*. Köln: O. Schmidt.

___, 1994: «Steuergerechtigkeit durch Steuervereinfachung», *Steuervereinfachung, Festschrift für Dietrich Meyding zum 65. Geburstag*. Heidelber: C. F. Müller, p. 33-48.

LARENZ, Karl, 1985: *Derecho justo. Fundamentos de ética jurídica.* Tradução e apresentação de Luis Díez-Picazo. Madrid: Civitas.

LEIBHOLZ, Gerhard. *Die Gleichheit vor dem Gesetz.* 2. ed. München/Berlin: C. H. Beck, 1959.

___, 1951: «Die Gleichheit vor dem Gesetz und das Bonner Grundgesetz», *Deutsches Verwaltungsblatt*, p. 192-200.

LEIBHOLZ, Gerhard; RINCK, Hans J., 1968: *Grundgesetz für die Bundesrepublik Deutschland: Kommentar an Hand der Rechtsprechung des Bundesverfassungsgerichts.* 3. ed. Köln: Otto Schmidt.

LEJEUNE VALCÁRCEL, Ernesto, 1980: «Aproximación al principio constitucional de igualdad tributaria», in: *Seis estudios sobre derecho constitucional e internacional tributario.* Madrid: Edersa, p. 113-180.

LERCHE, Peter, 1999: *Übermaß und Verfassungsrecht.* 2. ed. Goldbach: Keip.

LINDNER, Josef Franz, 2005: *Theorie der Grundrechtsdogmatik.* Tübingen: Mohr Siebeck.

LOHMEYER, Heinz, 1982: «Die abweichende Festsetzung von Steuern aus Billigkeitsgründen», *Deutsche Steuer-Zeitung*, p. 257-260.

MANZONI, Ignazio, 1965: *Il principio della capacità contributiva nell'ordinamento costituzionale italiano.* Torino: Giappichelli.

MAUNZ, Theodor; DÜRIG, Günther, 2003: *Grundgesetz Kommentar.* München: C. H. Beck.

MEYDING, Dietrich, 1998: «Vereinfachender Gesetzesvollzug durch die Verwaltung», in: FISCHER, Peter (coord.), *Steuervereinfachung.* Köln: Otto Schmidt, p. 219-231.

MOSCHETTI, Francesco (org.), 1993: *La capacità contributiva.* Milano: Cedam, 1993.

MÜLLER, Georg, 1989: «Der Gleichheitssatz», *Veröffentlichungen der Vereinigung der Deutschen Staatsrechtslehrer.* Berlin: Gruyter, n. 47, p. 37-62.

NEUMARK, Fritz, 1994: *Principios de la imposición,* 2. ed. española, trad. por Luis Gutiérrez Andrés. Madrid: Instituto de Estudios Fiscales.

OSTERLOH, Lerke, 1999: «Art. 3. Gleichheit vor dem Gesetz», in: SACHS, M. (org.), *Grundgesetz-Kommentar.* 2. ed., Beck.

PALAO TABOADA, Carlos, 1976: «Apogeo y crisis del principio de capacidad contributiva», in: *Estudios jurídicos en homenaje al Professor Federico de Castro.* Madrid: Tecnos, p. 374-426.

PAULICK, Heinz. «Der Grundsatz der Gleichmässigkeit der Besteuerung – Sein Inhalt und seine Grenzen», *Probleme des Finanz-und Steuerrechts, Festschrift für Ottmar Bühler.* Köln: Otto Schmidt, p. 121-184.

PERELMAN, Chaïm, 1972: *Justice et raison.* 2. ed. Bruxelles: Université de Bruxelles.

PÉREZ DE AYALA, José Luis, 1979: «Las cargas públicas: principios constitucionales para su distribución», *Hacienda Pública Española*, n. 59, p. 87-112.

PÉREZ DE AYALA, José Luis; GONZÁLEZ GARCÍA, Eusebio, 1991: *Curso de derecho tributario,* t. I, 6. ed., Madrid: Edersa.

PODLECH, Adalbert, 1971: *Gehalt und Funktion des allgemeinen verfassungsrechtlichen Gleichheitssatzes*. Berlin: Duncker & Humblot.

POHMER, Dieter, 1994: «Steuervereinfachung und „gerechte" Steuerlastverteilung», *Steuervereinfachung, Festschrift für Dietrich Meyding zum 65. Geburstag*. Heidelber: C. F. Müller, p. 21-31.

PONT MESTRES, Magín, 1981: «La justicia tributaria y su formulación constitucional», *Civitas, Revista Española de Derecho Financiero*, n. 31, p. 365-403.

RADBRUCH, Gustav, 1932: *Rechtsphilosophie*. 3. ed. Leipzig: Von Quelle & Meyer, in: *Rechtsphilosophie, Studienausgabe,* 2. ed. Heidelberg: C. F. Müller, 2003.

REIMER, Ekkehart; WALDHOFF, Christian, 2011: *Verfassungsrechtliche Vorgaben Fur Sonderabgaben Des Banken- Und Versicherungssektors*. Heidelberg: Springer.

ROBBERS, Gerhard, 1980: *Gerechtigkeit als Rechtsprinzip*. Baden-Baden: Nomos.

RÜFNER, Wolfgang, 2006: «Artikel 3 – Gleichheitssatz», *Bonner Kommentar zum Grundgesetz*. Heidelberg: C. F. Müller.

RUPPE, Hans Georg, 1998: «Steuergleichheit als Grenze der Steuervereinfachung», in: FISCHER, Peter (coord.), *Steuervereinfachung*. Köln: Otto Schmidt, p. 29-65.

SAINZ DE BUJANDA, Fernando, 1982: *Lecciones de derecho financiero*. 2. ed. Madrid: Universidad Complutense.

SCHMEHL, Arndt, 2004: *Das Äquivalenzprinzip im Recht der Staatsfinanzierung*. Tübingen: Mohr Siebeck.

SCHWARZ, Bernhard, 2006: *Kommentar zur Abgabenordnung*: Haufe.

STARCK, Christian, 1982: «Die Anwendung des Gleichheitssatzes», in: LINK, Christoph (org.), *Der Gleichheitssatz im modernen Verfassungsstaat, Symposion zum 80. Geburstag Gerhard Leibholz*. Baden-Baden: Nomos, p. 51-73.

STERN, Klaus, 1990: «Das Gebot zur Ungleichbehandlung», in: *Das akzeptierte Grundgesetz, Feschrift für Günther Dürig zum 70. Geburstag*. Beck, p. 207-219.

STETTNER, Rupert, 1988: «Der Gleichheitssatz», *Bayerische Verwaltungsblätter*, p. 545-552.

TAMMELO, Ilmar, 1977: *Theorie der Gerechtigkeit*. Freiburg: Alber.

___, 1982: *Zur Philosophie der Gerechtigkeit*. Frankfurt am Main: Lang.

TIPKE, Klaus, 2000: *Die Steuerrechtsordnung*. 2. ed. Köln: O. Schmidt, vol. 1.

___, 1981: *Steuergerechtigkeit in Theorie und Praxis*. Köln: O. Schmidt.

___, 1973: «Anwendung des Gleichheitssatzes im Steuerrecht – Methode oder irrationale Spekulation», *Der Betriebes-Berater*, p. 157-160.

___, 1993: «Von der formalen zur materialen Tatbestandslehre», *Steuer und Wirtschaft,* p. 105-113.

___, 2002: *Moral tributaria del Estado y de los contribuyentes,* Trad. do original alemão *Besteuerungsmoral und Steuermoral* por P. M. Herrera Molina. Madrid: Marcial Pons.

TIPKE, Klaus; KRUSE, Heinrich Wilhelm. *Kommentar zur Abgabenordnung und Finanzgerichtsordnung*. Köln: Otto Schmidt, [s.d.].

TIPKE, Klaus; LANG, Joachim, 2005: *Steuerrecht. Ein systematischer Grundriß.* 18. ed. Köln: O. Schmidt.

TORRES, Ricardo Lobo, 1998: «Ética e Justiça Tributária», in: SCHOUERI, Luís Eduardo; ZILVETI, Fernando Aurélio (coords.), *Direito tributário: estudos em homenagem a Brandão Machado.* São Paulo: Dialética, p. 173-196.

UCKMAR, Victor, 2005: «La giusta imposta», in: TÔRRES, Heleno Taveira (coord.). *Tratado de direito constitucional tributário: estudos em homenagem a Paulo de Barros Carvalho.* São Paulo: Saraiva, p. 3-14.

VILLEGAS, Héctor B., 2000: *Manual de finanzas públicas.* Buenos Aires: De Palma.

VOGEL, Klaus, 1999: *Verfassungsrechtsprechung zum Steuerrecht.* Berlin: Walter de Gruyter.

___, 1975: «Steuergerechtigkeit und soziale Gestaltung», in *Deutsche Steuer-Zeitung/ Ausgabe A*, p. 409-415.

VOGEL, Klaus; WALDHOFF, Christian, 1999: *Grundlagen des Finanzverfassungsrechts: Sonderausgabe des Bonner Kommentars zum Grundgesetz (Vorbemerkungen zu Art. 104a bis 115 GG).* Heidelberg: Müller.

WEINBERGER, Ota, 1979: *Logische Analyse in der Jurisprudenz.* Berlin: Duncker & Humblot.

ZAGREBELSKY, Gustavo, 1988: *La giustizia costituzionale*. Bologna: Il Mulino.

ZIPPELIUS, Reinhold, 2003: *Rechtsphilosophie*. 4. ed. München: C. H. Beck.

___, 1989: «Der Gleichheitssatz», *Veröffentlichungen der Vereinigung der Deutschen Staatsrechtslehrer*, Berlin: Gruyter, n. 47, p. 7-36.

3

FUNDAMENTOS MATERIAIS DA TRIBUTAÇÃO: COMUTAÇÃO, RESTAURAÇÃO, DISTRIBUIÇÃO, RECONHECIMENTO E PARTICIPAÇÃO

ARTHUR FERREIRA NETO

«O jurista deve cuidar para não confundir o problema da justiça da regra jurídica (sua conformidade com a moral ou o direito natural) com o problema da validade da regra jurídica, isto é, sua juridicidade e o consequente incidir infalivelmente sobre a hipótese de incidência, juridicizando-a e a consequente irradiação dos efeitos jurídicos. E o jurista deve estar sempre consciente desta distinção, porque o problema que lhe cabe investigar e analisar é o da validade. Nada tem o jurista (Teoria Geral do Direito) com o problema da justiça; esta é uma questão que diz respeito ao filósofo (Filosofia do Direito).» ALFREDO AUGUSTO BECKER

«No basta, pues, con que el tributo sea legal; es además, necesario que sea justo. Por ella, junto al principio da legalidad, es necesario indagar, en qualquier sistema, los principios inspiradores del justo reparto de la carga tributaria.» – FERNANDO SAINZ DE BUJANDA

«Se a Filosofia tem a pretensão de explicar o mundo, compondo teorias, estas para serem legitimamente filosóficas, haverão de romper os limites do estrito campo objetal das ciências particulares, para nelas passarem, em atitude crítica, analisando a natureza do trabalho cognoscitivo e as técnicas aplicadas à elaboração do material levantado. O passo subsequente é estabelecer a complementariedade daquele segmento do saber, no contexto da teoria geral com que o filósofo se propõe expressar a totalidade do real.» – PAULO DE BARROS CARVALHO

1. Introdução. 2. A Tradição do formalismo normativo no Direito Tributário: 2.1 A influência do positivismo científico e jurídico; 2.2 A virada linguística e a segunda revolução científica no Direito Tributário; 2.3 Análise crítica dos pressupostos teóricos adotados. 3. A busca por elementos substanciais que fundamentam e justificam as normas tributárias: 3.1 É possível falar-se em lei natural que regula o Direito Tributário?; 3.2 Conceito de lei e tipos de lei; 3.3 A ideia de lei natural; 3.4 Níveis de especificação da lei natural: princípio primeiro e preceitos da lei natural; 3.5 A necessidade de positivação: a lei humana como derivação e determinação da lei natural. 4. Fundamentos da tributação: 4.1 Causas do tributo segundo a tradição tomista; 4.2 Fundamentos materiais da tributação: 4.2.1 Considerações iniciais; 4.2.2 Comutação; 4.2.3 Restauração; 4.2.4 Distribuição; 4.2.5 Reconhecimento; 4.2.6 Participação. 5. Conclusão.

1. INTRODUÇÃO

Assumindo-se o risco de ser simplista, pode-se afirmar que a história do direito tributário nacional pode ser descrita por meio da menção a dois grandes tributaristas que se dedicaram, com profundidade, ao estudo desta área do direito. São eles Alfredo Augusto Becker e Paulo de Barros Carvalho. Evidentemente, outros nomes expressivos necessitariam ser mencionados por aquele que desejasse realizar uma exposição completa da genealogia do nosso direito tributário. Mesmo que assim seja, nenhuma exposição desse ramo jurídico, em parâmetros nacionais, poderia sequer ser levada em consideração sem que esses dois autores fossem mencionados. Os dois representam pensadores que fixaram marcos inegáveis na evolução do nosso Direito tributário. E isso se deu por causa de dois traços comuns que os aproximam, quais sejam: uma atitude teórica bastante crítica diante do pensamento tributário vigente nos seus respectivos períodos de estudo e a pretensão de repensar o direito tributário por meio da adoção de uma postura científica rigorosa diante do seu objeto de análise, a qual deveria ser promovida, segundo os dois, por meio de uma espécie de propedêutica teórica, que pressupõe a identificação e, posterior, exclusão daqueles elementos que não pertenceriam propriamente à pura ciência jurídica (para Becker, isso exigiria a «*reeducação da nossa atitude mental*» e, para Carvalho, um determinado «*corte epistemológico*»). Esses elementos comuns mostram-se evidentes em ambos os autores por causa de uma clara inspiração filosófica que sempre esteve presente no desenvolvimento das ideias desses dois pensadores. Becker e Carvalho, de modo consciente ou não,[1] manifestam em seus escritos uma abertura à reflexão filosófica, a qual é

---

[1] CARVALHO faz questão de não se qualificar como filósofo do direito (CARVALHO. *Direito tributário, linguagem, método*. São Paulo: Noeses, 1. ed. 2008: 3), atitude essa que,

empenhada, com rigor e precisão, na tentativa de se resgatarem os fundamentos do direito tributário, os quais seriam, na visão desses autores, a única forma de se compreender, cientificamente, o direito tributário. Obviamente, a dedicação a um prévio esforço especulativo não é característica exclusiva daquele que se debruça sobre o direito tributário, mas é interessante notar como, aparentemente, o estudo deste ramo específico do direito, cada vez mais, pressupõe a apresentação de um prólogo filosófico para que determinada análise teórica seja levada a sério e seja considerada cientificamente relevante. Nada de errado há nessa postura, evidentemente! Muito pelo contrário, já que isso é um forte indício do sério engajamento daqueles dedicados ao estudo do direito tributário e um sinal concreto de maturação dessa área de conhecimento.[2] Se isso é verdade, mais uma vez, surgem os nomes de Becker e Carvalho como os precursores nacionais na adoção de uma perspectiva filosófica na análise dos fundamentos do direito tributário.

As lições desses dois Autores firmaram os pilares de uma ciência do direito tributário, construindo, desse modo, o que podemos reconhecer, hoje, como sendo um paradigma para o pensamento científico que influenciou a formação de, praticamente, toda a mais recente geração de profissionais e acadêmicos dedicados ao estudo dessa área do direito. Seguindo Macintyre,[3] a formação de um paradigma de pensamento ou de uma tradição pressupõe, entre outros elementos, *(i)* uma linguagem particular, *(ii)* um modo próprio de raciocínio, *(iii)* uma forma específica de institucionalização das suas ideias, bem como *(iv)* um conjunto de crenças contingentes aceitas como verdadeiras. Todos esses elementos podem ser identificados no vocabulário e no estilo de raciocínio que foram por Becker – difusamente – e por Carvalho – mais diretamente – inaugurados e, progressivamente, institucionalizados. Com efeito, se podemos identificar um paradigma científico que perdura no nosso direito tributário, ele é, em grande medida, graças a esses dois autores. E esse

possivelmente, também seria compartilhada por Becker, o qual mantinha visão restritiva da Filosofia do Direito, como algo apartado da Teoria do Direito, tendo a primeira um objeto de análise relativo e contingente (*e.g.* o conceito de justiça), aproximando a filosofia da mera ideologia, enquanto que a segunda teria a pretensão de objetividade científica, a ser garantida por meio da análise empírica e estrutural das normas jurídicas. Aliás, Becker equipara o filósofo àquele que ele denomina de «*moralista*» (v. Becker. *Teoria geral do direito tributário.* 3. ed. Lejus, 1998: 19, 89-91 e 113).

2 Cabe citar um exemplo na doutrina estrangeira em que esse engajamento filosófico é utilizado na fundamentação da tributação – partindo de pressupostos construtivistas e liberais – sugere-se a leitura de Mendez, Augustin José. *Justifying Taxes: Some Elements for a General Theory of Democratic Tax Law*. Reino Unido, Springer, 2010. Para mencionarmos outro autor nacional que adota postura, em que a profunda reflexão filosófica, é propedêutica ao estudo do Direito tributário propriamente dito, merecem ser referidos os escritos de Humberto Ávila, principalmente o seu *Sistema constitucional tributário* (São Paulo: Malheiros, 2010).

3 Macintyre, Alasdair. *Three Rival Versions of Moral Enquiry: Encyclopaedia, Genealogy and Tradition.* EUA: University of Notre Dame, 1990: 116.

paradigma acaba por se refletir em um esquema conceitual que é tomado, rotineiramente, como o pano de fundo pré-epistêmico ou como senso comum da nossa prática tributária,[4] ou seja, algo que é considerado quase-intuitivo pela maior parte dos operadores do direito. O forjar desse paradigma científico fica bastante claro quando percebemos que fora dessa moldura teórica, aparentemente, um argumento jurídico soa, para muitos, como, automaticamente, falso ou, simplesmente, ininteligível. Não obstante os méritos que estão por trás do compromisso científico assumido por eles, há mais um elemento comum que une esses dois autores, mais especificamente em relação à tradição filosófica que vieram a adotar. Nesse ponto, duas observações paralelas devem ser apresentadas.

Mesmo que se reconheça a reflexão filosófica como indispensável para se compreender com profundidade e se definir com precisão os fundamentos que justificam e orientam determinado objeto de estudo, não se pode perder de vista que essa atitude exige que aquele engajado nesse empreendimento reflexivo venha a identificar, com clareza, a tradição filosófica específica com a qual estará assumindo filiação. E essa abertura à reflexão filosófica traz a reboque, invariavelmente, um compromisso e um ônus argumentativo. O compromisso diz respeito à intenção de, minimamente, observar e respeitar os pressupostos que dão forma à corrente filosófica sendo adotada, sob pena de acusação de incoerência ou de uso retórico de argumento de autoridade. Já o ônus argumentativo mencionado diz respeito à atenção que se deve ter à crítica que a tradição filosófica escolhida recebe por parte das demais tradições rivais, as quais, muitas vezes, já vieram a desconstruir e invalidar completamente a linha de pensamento filosófico sendo invocada na teorização do direito. Aliás, é espantoso ver como se invoca, com máxima tranquilidade, uma determinada tradição filosófica que já foi, no passado, submetida à ampla e corrosiva crítica, a ponto de lhe retirar todo o sustentáculo, mas que continua sendo apresentada e desenvolvida no seu formato original, como se nada tivesse ocorrido, como se houvesse uma cegueira e uma surdez coletiva em relação aos defeitos irreparáveis já apontados pela crítica filosófica. Com frequência, portanto, compra-se e expõe-se o peixe no balcão do mercado, mas se omite em informar que o rio no qual esse foi pescado estava completamente poluído.

Feito esse curto parênteses, cabe destacar mais um ponto comum que pode ser identificado no esforço teórico, permeado de reflexões filosóficas, de Becker e Carvalho, qual seja, a inspiração ou a expressa filiação ao positivismo (lógico e jurídico), como sendo a tradição da filosofia do Direito que dá base e fundamento às teses defendidas por esses Autores. Tanto Becker, quanto Carvalho, em maior ou menor extensão, fazem inúmeras referências ao positi-

---

[4] Utiliza-se, neste artigo, a noção de *prática tributária* em sentido amplo, ou seja, como indicando qualquer tipo de relação jurídica que seja diretamente pertinente ao direito tributário e não apenas as relações referentes à imposição e à cobrança de tributos.

vismo jurídico, mais especificamente à corrente capitaneada por Hans Kelsen. Mesmo que ambos os autores façam referências expressas e recorrentes ao pensamento kelseniano nos seus respectivos textos, não se poderia sustentar que o positivismo jurídico exerça, para Becker e para Carvalho, papel idêntico na fundamentação do direito. Isso porque, enquanto o positivismo jurídico e suas decorrências possam ser vistas como o fio condutor que costura todo o projeto teórico de Becker,[5] o mesmo não se dá no esforço filosófico desenvolvido por Carvalho, o qual pretende sofisticar e aprofundar a justificação filosófica do direito tributário por meio do recurso às correntes filosóficas pós-modernas, principalmente aos movimentos da filosofia analítica e da filosofia da linguagem.[6]

A primeira pretensão deste estudo, portanto, envolve a identificação dos pressupostos formadores das tradições filosóficas adotadas pelos dois grandes nomes do direito tributário nacional, de modo a avaliar em que medida tais pressupostos colocam em risco a fundamentação objetiva e científica por eles almejada. Pois bem, se é verdade que a reflexão filosófica é a forma correta de se compreender com profundidade e se definir com precisão os fundamentos da tributação, dois correlatos inevitáveis surgem a partir do momento em que a pessoa se compromete, seriamente, com essa abertura à filosofia. Primeiramente, a crítica filosófica aplicada ao direito tributário deve ela própria ser submetida à crítica filosófica, de modo a averiguar a higidez e a solidez interna dos argumentos que estão sendo utilizados. Diante disso, pretende-se, neste estudo, analisar quatro pressupostos teóricos que podem ser reconduzidos ou ao ideário positivista ou à tradição analítica da filosofia (ou, ainda, a ambos), e que são, expressa ou implicitamente, adotados pelos dois grandes estudiosos do nosso direito tributário antes mencionados. São eles: o *ceticismo ontológico*, o *formalismo epistemológico*, o *não-cognitivismo moral* e o *normativismo*. Nos tópicos que seguem, pretende-se submeter cada um desses pressupostos à crítica, de modo a averiguar a sua validade e retidão.

---

5 V., mais especificamente, o Capítulo II da obra *Teoria geral do direito tributário* (3. ed. Lejus, 1998: 53 e ss.).

6 Conforme se pretende explorar neste trabalho, a análise das duas obras mais maduras de fundamentação do direito tributário de CARVALHO (*Direito tributário – Fundamentos jurídicos da Incidência* e *Direito tributário, linguagem e método*, 2008) indica que o positivismo jurídico influencia o seu pensamento de forma oscilante de um texto para outro, ora apresentando-o como recurso teórico para a justificação da forma adequada de se analisar e interpretar o Direito, por meio da invocação dos pressupostos deontológicos tipicamente kelsenianos (*Direito tributário – Fundamentos jurídicos da incidência*, p. 35, 37 e 64; *Direito tributário, linguagem, método*, p. 124), ora utilizando-o como o fundamento último da normatividade no direito e como o elemento garantidor do fechamento do sistema jurídico, o que se dá por meio da insistência na postulação hipotética da norma fundamental (*Direito tributário – Fundamentos jurídicos da incidência*, p. 54-6). Nas duas situações, porém, não fica claro como se dá a conjugação do positivismo kelseniano com os elementos mais avançados da filosofia analítica e da filosofia da linguagem.

O segundo correlato que se impõe àquele que reconhece como legítimo o esforço filosófico para fins de justificação dos fundamentos do direito tributário é que, uma vez que são abertas as portas à reflexão crítica da filosofia, outras tradições alternativas apresentam-se, prontamente, como formas rivais de se compreender o mundo e, por consequência, o direito. Assim, para que a crítica filosófica seja completa, rigorosa e dotada de alguma pretensão de veracidade, essas tradições rivais devem ser analisadas, testadas nos seus argumentos e contrapostas à postura teórica prevalecente em determinado momento histórico, a qual, como visto, forma o substrato pré-epistêmico de determinada prática e o senso comum compartilhado pelos operadores daquela área de conhecimento. Ora, não há nenhum motivo plausível para se pressupor que uma linha específica do desenvolvimento filosófico deva ser vista como a única com autoridade para explicar o fenômeno jurídico, como se apenas ela pudesse reinar, integralmente, sobre o Direito ou sobre um dos seus ramos. Dessa constatação, porém, não se está de nenhum modo pretendendo afirmar que as mais variadas tradições filosóficas estejam todas em situação de completa igualdade, em termos especulativos, como se todas possuíssem a mesma profundidade teórica e idêntica retidão argumentativa. Na verdade, as tradições filosóficas desenvolvidas até a presente data devem ser compreendidas, entre si, como melhores ou piores, como mais ou menos completas, como mais ou menos precisas na explicação da realidade, o que somente é possível de ser identificado após a crítica interna das tradições filosóficas disponíveis, seguida da comparação dos méritos e defeitos que são identificados em cada uma delas. Por essa razão, rejeita-se a atitude que pressupõe que a corrente filosófica que será adotada possa ser, simplesmente, escolhidas, a livre gosto, do teórico.[7] Compreender desse modo a filosofia é tratá-la como fosse uma espécie de arte culinária, em que cada um poderia escolher, a seu gosto, os seus ingredientes preferidos, combinando-os da forma que lhe for mais prazerosa.

É, portanto, com base nessas considerações, que chegamos à segunda pretensão deste trabalho, qual seja, a de justificar os fundamentos jurídicos da tributação partindo-se de elementos extraídos de outra tradição filosófica, a qual assume pressupostos bastante distintos daqueles adotados pelo positivismo jurídico e pela filosofia analítica contemporânea. E a tradição filosófica que aqui se pretende adotar é aquela de inspiração clássica, ou seja, a bem-fundada tradição aristotélico-tomista, focando-se, mais especificamente, nas suas considerações sobre a lei natural e a relação desta com a lei positiva.

---

7 Tal postura causa a grave segmentação epistêmica que é muito comum nos dias de hoje, nos termos diagnosticados por Alasdair MACINTYRE, já que «*there is and can be no independent standard or measure by appeal to which their rival claims can be adjudicated, since each has internal to itself its own fundamental standards of judgment.*» (*Three Rival Versions of Moral Enquiry: Encyclopaedia, Genealogy and Tradition*. EUA: University of Notre Dame, 1990: 128).

Como se sabe, essa tradição filosófica sempre forneceu a moldura teórica para a elaboração das teorias jurídicas qualificadas como jusnaturalistas, as quais quase sempre são caracterizadas por meio de preconceitos infundados ou de críticas que não podem sequer ser reconduzidas ao texto daquele que defendem tal visão. Tais críticas apressadas deverão, pois, ser aqui esclarecidas e superadas. De pronto, a combinação entre Direito tributário e considerações sobre a lei natural poderá soar para o leitor como indigesta. No entanto, não há qualquer motivo razoável para que o formalismo normativo seja visto como sistema teórico de fundamentação do direito tributário a ser aceito «*by default*», ou seja, como se, na ausência de outras possibilidades teóricas, deveria a justificação formal e analítica da tributação ser tomada como a única alternativa teórica disponível, mesmo que se esteja ciente dos seus defeitos internos. Talvez, por alguns, sejam identificados méritos teóricos neste trabalho em razão do só-esforço de se justificar o Direito tributário a partir de uma perspectiva diferente e incomum. No entanto, não se deseja aqui propor uma visão alternativa só em razão da sua novidade (aliás, é irônico pensar que a reintrodução de uma tradição filosófica milenar possa ser vista como novidade). O presente trabalho é desenvolvido a partir do espírito sincero de que a tradição aristotélico-tomista possui forte coerência interna, firme escoro na realidade e melhor capacidade explicativa que as tradições rivais a ela, de modo que não deve, assim, ser visto com embaraço o tratamento do direito tributário a partir dos fundamentos substanciais, necessários e objetivos que nos são fornecidos por meio de uma teoria da lei natural. Espera-se, pois, que o espírito sincero que anima este trabalho seja bem compreendido e acolhido com esse mesmo ânimo.

2. A TRADIÇÃO DO FORMALISMO NORMATIVO NO DIREITO TRIBUTÁRIO

2.1 A influência do positivismo científico e jurídico

Alfredo Augusto Becker sempre assumiu o projeto de estruturar as bases sólidas para a construção de uma ciência do direito tributário, já que, para ele, estaríamos sofrendo de uma espécie de patologia intelectual que necessitaria ser curada, para que pudéssemos superar o suposto caos teórico que estaria marcando o nosso direito tributário, o qual havia ele diagnosticado como sendo um tipo de «manicômio jurídico tributário».[8] A cura dessa patologia, segundo Becker, exigiria uma «terapêutica» que fosse capaz de provocar uma mudança na nossa «atitude mental»,[9] mudança essa que exigiria a adoção de uma perspectiva puramente «científica» diante do fenômeno jurídico. Somente assim,

---

[8] BECKER, Alfredo Augusto. *Teoria geral do direito tributário.* 3. ed. São Paulo: Lejus, 1998: 6.

[9] Op. cit., p. 53.

seria viável superarmos o caos de uma suposta irracionalidade que marcaria a nossa prática tributária.

Por essa razão, a fundação de uma ciência do direito tributário iria exigir a identificação daqueles elementos que pudessem ser qualificados como puramente jurídicos.[10] Somente a estruturação de argumentos que partissem da análise rigorosa da linguagem puramente científica estaria autorizada a garantir a certeza e a objetividade na aplicação do Direito. E aquilo que é compreendido por «jurídico» é definido por Becker como sendo o que está adstrito a uma norma jurídica produzida com consistência (*rectius*, validade). Como se vê, a ciência do Direito tributário somente pode ser elaborada a partir do momento em que ocorre a edição válida de uma norma tributária,[11] inexistindo qualquer objetividade ou racionalidade que pudesse ser pré-normativa, sendo evidente para Becker que juridicidade é mero sinônimo de normatividade.[12] Interessante notar que, para Becker, a atividade criativa de normas tributárias seria uma espécie de «*arte*», enquanto que a atividade interpretativa e aplicativa do Direito tributário poderia, essa sim, ser vista como uma ciência.[13] Assim, para que fosse praticada a verdadeira Ciência do Direito tributário, o jurista deveria dedicar-se, exclusivamente, ao «estudo da estrutura lógica e da atuação dinâmica da regra jurídica»,[14] atividade essa que poderia ser resumida em duas etapas, quais sejam «a) em analisar o fenômeno da criação do instrumento (regra jurídica)...;» e «b) em analisar a consistência do instrumento (regra jurídica) e o fenômeno de sua atuação».[15]

Em contrapartida, esse mesmo processo de purificação exigiria a exclusão, do campo de análise do «*jurista*», daqueles elementos que não se revestissem de um puro *pedigree* jurídico, ou seja, tudo aquilo que não pudesse ser reconduzido, formalmente, à estrutura de uma norma jurídica. Isso exigiria, primeiramente, que fossem desconsiderados pelo teórico do Direito todos os conceitos elaborados pelas doutrinas qualificadas, por Becker, de pré-jurídicas (*e.g.* Ciência das Finanças), as quais, por trabalharem com noções oscilantes e contingentes da realidade, somente poderiam adentrar de modo ilegítimo no mundo jurídico.[16] Por meio desse processo de purificação que levaria a

---

[10] «... o crítico deve, antes de tudo, compreender a obra e depois livrá-las dos erros a fim de purificá-la e, com isso, a tarefa de purificação da ciência jurídica.» (op. cit., p. 20).

[11] «O Direito converte-se em ciência somente depois de elaborado...» (op. cit., p. 53).

[12] «A experiência jurídica é uma experiência normativa» (op. cit., p. 60).

[13] «O construir este instrumento (a norma jurídica) é atividade artística. (...) A atividade jurídica que estuda a consistência e a atuação deste instrumento é atividade científica» (op. cit., p. 66).

[14] Op. cit., p. 66.

[15] Op. cit., p. 21.

[16] «O maior equívoco no Direito tributário é a contaminação entre princípios e conceitos jurídicos e conceitos pré-jurídicos (econômicos, financeiros, políticos, sociais etc.)». (op. cit., p. 40).

uma ciência do direito tributário, também deveriam ser excluídos os eventuais fundamentos políticos, morais ou sociais que se refletem – para bem ou para mal – no conteúdo eventual das regras jurídicas criadas pelo legislador. Isso ocorre porque qualquer justificação apoiada nesses elementos refletiria tão-somente um juízo de valor, o qual, na visão de Becker, refletiria uma mera preferência ou uma concepção subjetiva do mundo.[17] Essa tarefa valorativa, portanto, não seria função do «*jurista*», mas do «*filósofo*» ou do «*moralista*»,[18] sendo que a «*Filosofia*», segundo Becker, seria uma atividade ideológica que não poderia almejar qualquer objetividade, refletindo apenas compromissos coletivos aleatórios ou visões pessoais sobre o mundo. A participação desses elementos empíricos e axiológicos no universo jurídico impediria a produção de uma ciência pura do Direito tributário, já que tais elementos, em si considerados, jamais seriam portadores da normatividade que se encontra atrelada à «estrutura lógica... da regra jurídica», estando, pois, carentes daquela objetividade necessária à realização de um verdadeiro esforço científico. Assim, especulações teóricas que se escorem em tais considerações levariam, invariavelmente, o aplicador do Direito a desenvolver tão-somente raciocínios pseudojurídicos, os quais acabariam por gerar uma «conclusão invertebrada e de borracha que se molda e adapta ao caso concreto segundo o critério pessoal (arbítrio) do intérprete do direito positivo (regra jurídica)».[19]

Esse curto resumo dos fundamentos que estruturam o projeto científico de Becker deixam transparecer as escolas de pensamento que o influenciaram, quais sejam, o positivismo científico de Auguste Comte (1798-1857) e o positivismo jurídico, principalmente a versão proposta por Hans Kelsen (1881-1973). O primeiro influenciou-o, de forma difusa e indireta, possivelmente, em relação às suas considerações ontológicas e epistemológicas, fornecendo-lhe a base para suas definições de realidade, ciência e filosofia. Já o segundo, influenciou-o em relação às suas considerações sobre o fenômeno jurídico, garantindo-lhe as bases para o seu projeto científico diante do direito tributário.

Comte, em seu *Curso de filosofia positiva*,[20] fixou os princípios básicos do pensamento positivista (influenciando, inclusive, o próprio positivismo jurídico) nos seguintes termos: *a)* Não existe outro conhecimento senão o empírico, ou seja, o que se funda nos fatos e se baseia nas leis de coexistência e sucessão dos fenômenos; *b)* Somente é possível conhecer os fenômenos, *i.e.*,

---

[17] «As valorações dos interesses em conflito num problema prático e o critério de preferência que inspiram a solução legislativa (...) participam da objetividade desta (da regra jurídica) e não podem ser reexaminados pelo intérprete sob o pretexto de uma melhor adequação à realidade histórica». (op. cit., p. 80).

[18] Op. cit., p. 95.

[19] Op. cit., p. 40.

[20] COMTE, Auguste. *Curso de filosofia positiva*. Ed. Magisterio Casals, 1987.

a aparência física das coisas; *c)* O único método válido é aquele adotado por ciências experimentais; e *d)* Toda pretensão metafísica é inútil e estéril, sendo inviável buscarem-se as causas – primeiras ou últimas – de alguma coisa.

Aplicado ao fenômeno jurídico, esses princípios positivistas tratam o direito a partir do enfoque empírico e sem referência a qualquer princípio ou valor que possa ser compreendido como dotado de objetividade e existente na realidade. O direito, com isso, limita-se apenas àquilo que está, de fato, positivado e que pode ser submetido ao escrutínio empírico do operador do Direito, seguindo-se, assim, método semelhante ao utilizado nas Ciências. Vemos pelo menos algumas dessas noções no pensamento de Becker, principalmente quando restringe a noção de realidade àquilo que pode ser fisicamente conhecido,[21] quando define ciência como sendo apenas o que pode ser conhecido experimentalmente[22] e quando considera a filosofia como sendo mera atividade avaliativa ou ideológica, sem que possa ter qualquer pretensão de objetividade.[23]

Quanto ao positivismo jurídico de Kelsen, a sua influência no projeto beckeriano é mais clara e se apresenta com maior contundência. Conforme sabido por quase todos que se dedicaram ao estudo do Direito desde o século passado, o projeto de purificação aventado por Kelsen, na sua obra seminal, a *Teoria Pura do Direito*,[24] tem a pretensão de conhecer, cientificamente, o fenômeno jurídico por meio da compreensão dinâmica e estática da norma jurídica, o que somente seria viável por meio da eliminação de quaisquer considerações de ordem valorativa. Assim, por opção metodológica, exclui-se da ciência do Direito tudo que não seja o estudo da norma jurídica. O sistema jurídico – conhecido pela sua forma, ou seja, pelo seu esquema formal de produção e não pelo seu conteúdo –, representa, assim, um agrupamento fechado de normas que não necessitaria receber, para sua compreensão científica, a influência de qualquer elemento a ele externo, o qual acaba por formar uma unidade (Ordem) que é constituída em razão de todas as suas partes integrantes receberem o mesmo fundamento de validade, qual seja a possibilidade de serem reconduzidas a uma norma fundamental. Dentro deste contexto, somente teríamos verdadeira ciência do direito quando esta fosse compreendida como «purificada de toda a ideologia política e de todos os elementos da

---

[21] «O fim do Direito não é atingir a verdade (a realidade); a busca da verdade (a realidade) é objeto das Ciências. A Ciência faz a colheita e a análise dos fatos (a realidade) físicos, biológicos, psicológicos, econômicos, financeiros, sociais e morais.» (op. cit., p. 20).

[22] V. nota 13.

[23] Essa noção é pressuposta quando afirma que «Cada Estado professa uma diferente Filosofia do Direito...» (op. cit., p. 19) ou ainda quando diz que «Nada tem o jurista (Teoria Geral do Direito) com o problema da justiça; esta é uma questão que diz respeito ao filósofo (Filosofia do Direito).» (op. cit., p. 88).

[24] KELSEN, Hans. *Teoria pura do direito.* São Paulo: Martins Fontes, 2000.

ciência natural».[25] O Direito, portanto, deveria ser objeto de estudo de uma ciência própria e específica, absolutamente separada daqueles outros campos do conhecimento que se voltam à apreensão da moral ou da política. Para que os critérios objetivos possam ser determinados, é necessário que o fenômeno jurídico passe a ser compreendido e identificado primordialmente com base na sua fonte produtora (a qual permite verificação empírica) e não de acordo com o seu conteúdo.[26] Assim, para que fosse atribuído o qualificador jurídico a determinado fenômeno, seria imperativo saber apenas se foi ou não observado o procedimento estabelecido pelo próprio ordenamento como critério suficiente e necessário para garantir a sua validade, sendo de todo irrelevante a retidão ou a correção do seu conteúdo.[27] Tanto é verdade que o direito se apresentaria como um sistema absolutamente compreensivo, estando apto a apreender e a trazer para dentro de seu mundo todo e qualquer fenômeno manifestado na realidade.[28] De acordo com a visão positivista, o fim que deveria ser almejado pela ciência do Direito seria a exatidão e a certeza na aplicação das normas válidas aos casos concretos (objetividade como previsibilidade) e a vantagem que se resguardaria à prática jurídica seria é a segurança e a estabilidade nas relações de mando e obediência.

Diante dessas considerações, não seria exagero afirmar que as ideias de Becker seriam uma espécie de concretização, no campo tributário, da concepção kelseniana de Direito. Aliás, as referências diretas e reflexas à obra de Kelsen perfazem todo o seu *Teoria geral do direito tributário.*[29] E não é por outro motivo que inúmeros dos pressupostos que foram por ele adotados buscam a sua conceituação em um ideário positivista (isso pode ser percebido na visão que Becker assume ao definir os conceitos de causalidade, juridicidade e valoração etc., os quais, em seguida, serão submetidos à análise crítica). Verifica-se, pois, que o Direito tributário pátrio, em um momento fundamental de sua maturação, foi sistematizado a partir de fortes padrões positivistas, os quais ainda se encontram, reflexamente, arraigados na dogmática atual. Não há dúvida de que a adoção dos pressupostos formais e metodológicos do positivismo jurídico gerou inúmeras vantagens práticas e didáticas aos operadores do direito tributário (estando aí, provavelmente, o grande motivo da enorme proliferação dessa linha de pensamento). Uma clara demonstração disso pode ser vista na importante evolução teórica que foi produzida a partir do

---

[25] KELSEN, Hans. Op. cit., p. XI.

[26] BARZOTTO, Luis Fernando. *O positivismo jurídico contemporâneo: uma introdução a Kelsen, Ross e Hart*. Unisinos, 1999: 14.

[27] «Uma determinada norma jurídica não vale porque tem determinado conteúdo (...), mas porque é criada por uma forma determinada». (*Teoria pura do direito*, p. 221).

[28] «(...) todo e qualquer conteúdo pode ser Direito. Não há qualquer conduta humana que, como tal, por força do seu conteúdo, esteja excluída de ser conteúdo de uma norma jurídica.» (op. cit. p. 221).

[29] Op. cit., p. 33, 57, 58, 60, 61, 62,63, 71,72, 73, 76, 115, 222, entre outras.

momento em que autores posteriores (sendo Paulo de Barros Carvalho um dos mais representativos) promoveram uma descrição detalhada dos elementos internos que compõem a estrutura da norma tributária impositiva, o que, sem dúvida alguma, trouxe segurança e precisão na resolução de alguns problemas práticos do direito tributário. No entanto, mesmo diante dessas vantagens, a construção efetiva de uma teoria explicativa mais ampla do direto tributário – com pretensão de veracidade e objetividade – exigirá que os pressupostos teóricos adotados Becker sejam avaliados na sua higidez e na sua consistência interna, tendo em vista as noções de realidade, ciência, filosofia, juridicidade e valoração que ele adota.

2.2 A virada linguística e a segunda revolução científica no Direito Tributário

Conforme já destacado, Carvalho – assim como Becker – é responsável pela construção da arquitetura teórica que, em grande parte, fornece o pano de fundo pré-epistêmico e o esquema conceitual que é, consensualmente, compartilhado pela maior parte dos operadores do nosso direito tributário. Carvalho, que em um sentido importante dá continuidade ao trabalho de Becker, promove impressionantes avanços e aprofundamentos na explicação da estrutura interna da norma tributária, ao apresentar uma proposta clara de especificação dos limites formais dentro dos quais a normatividade poderá ser introduzida no mundo jurídico. Por um lado, é possível ver a continuidade em relação ao projeto beckeriano na medida em que Carvalho compartilha vários elementos epistemológicos e metodológicos fornecidos pela corrente positivista, principalmente a segunda geração dessa linha de pensamento, surgida no início do século XX, quando da fundação, pelo Círculo de Viena, do chamado *Neopositivismo lógico.*[30] Essa influência positivista, que inspirou, inclusive, Kelsen,[31] continua presente, principalmente, nos conceitos de realidade, ciência, conhecimento e método científico que são pressupostos por Carvalho[32] e que são, posteriormente, aplicados para se justificar a forma como se deve compreender o fenômeno tributário.

As premissas teóricas defendidas pelo *Neopositivismo* foram apresentadas ao mundo e sintetizadas por meio de um *manifesto positivista* editado por Otto

---

[30] AYER, A.J. *Logical Positivism.* EUA: The Free Press, 1959.

[31] «*Kelsen entstammte dem Wiener Kreis des Neupositivismus oder logischen Positivismus um Rudolf Carnap. Nach dieser philosophischen Richtung ist sinnvoll und verstehbar nur das, was logisch "verifiziert" werden kann. Aussagen metaphysicher Art, insbesondere solche über Inhalte von Werten und Normen, sind daher sinnlos, Bewertungen warden nur als Ausdruck von Gefühlen angesehen.*» (KAUFMANN, Arthur; HASSEMER, Winfried; NEUMANN, Ulfrid. *Einfürung in Rechtsphilosophie und Rechtstheorie der Gegenwart.* Alemanha: C.F. Müller, 2011: 124)

[32] V., em especial, o Capítulo 2 de *Direito tributário, linguagem e método.* 1. ed. São Paulo: Noeses, 2008: 19-30.

Neurath, Hans Hanh, Rudolf Carnap, tendo recebido o título de «*A concepção científica do mundo*»,[33] cujos pressupostos fundamentais – que reproduzem, em grande medida, o positivismo de Comte – podem ser resumidos por meio das seguintes ideias: (1) a concepção científica do mundo tem como objetivo a construção de uma «ciência unificada», com um método de investigação idêntico para todos os objetos; (2) pretende-se elaborar *(2.1)* «um sistema de fórmulas neutro, de um simbolismo livre das impurezas, das linguagens históricas» e *(2.2)* um «sistema global de conceitos»; (3) possui ela duas propriedades: *(3.1)* «ela é empirista e positivista: há apenas conhecimento empírico, que repousa sobre o dado imediato», sendo essa «a fronteira do conteúdo da ciência legítima»; e *(3.2)* a ela aplica-se «um método de análise lógica», de modo que, na «descrição científica, considera-se apenas a estrutura (forma de ordem) dos objetos, não a sua "essência"»; e (4) em nome de uma clareza descritiva, recusa-se valor às «complexidades obscuras e profundidades impenetráveis», já que na «ciência, nada é "*profundo*", tudo é superfície», de modo que todos os «problemas filosóficos tradicionais» devem ser livrados das considerações «*metafísicas*», inexistindo qualquer dimensão ontológica que possa exercer influência objetiva no conhecimento da realidade,[34] sendo que tais questões deverão ser «*desmascaradas*» como «pseudoproblemas» ou transformadas «em questões empíricas, sobre as quais cabe um juízo por parte das ciências da experiência». Pode-se perceber – sem ter-se a intenção de se cometer qualquer injustiça – que os fundamentos neopositivistas acabam por incorrer em um reducionismo cognitivo (*i.e.*, só se pode conhecer aquilo que é empiricamente verificável), um formalismo epistemológico (*i.e.*, a teoria do conhecimento adotada formaliza o ato de conhecer, pressupondo que somente se conhece a estrutura dos objetos) e um ceticismo ontológico (*i.e.*, não se acredita na existência de uma dimensão essencial ou existencial que as coisas possam manifestar na realidade).

Considerando-se o expresso reconhecimento da influência dessa linha de pensamento no projeto teórico que Carvalho denomina de «construtivismo lógico semântico»,[35] não há como se deixar de reconhecer que, pelo menos, alguns desses pressupostos podem ser reconduzidos às estruturas conceituais que, segundo ele, dariam base científica ao direito tributário.[36] E, antes de se

---

33 NEURATH, Otto; HANH, Hans; CARNAP, Rudolf; GOMES, Nelson (tradutor). *A concepção científica do mundo*. Inédito. Os excertos que seguem e as transcrições que constam das notas 35-38 são extraídos da referida tradução.

34 «As qualidades subjetivamente vivenciadas – o vermelho, a alegria – enquanto tal, são apenas vivências, não conhecimentos. Na óptica, leva-se em conta apenas aquilo que, em princípio, pode ser também entendido por um cego.»

35 *Direito tributário – Fundamentos jurídicos da incidência*, p. 41; *Direito tributário, linguagem e método*, p. 157.

36 O ideário do positivismo lógico foi descrito, em detalhes, por CARVALHO, no Capítulo 2 do seu mais recente livro de justificação teórica do Direito tributário. (*Direito tributário, linguagem*

propor uma fundamentação substancial para o direito tributário que parta de pressupostos teóricos distintos, será necessário submeter tais premissas positivistas à análise crítica (item 1.3). No entanto, a revolução científica instaurada por Carvalho não se restringe à simples aplicação ao campo tributário do ideário extraído do positivismo lógico, até porque as limitações explicativas que essa corrente filosófica manifesta são, por ele próprio, identificadas.[37] Carvalho promove um relevante aprofundamento teórico na fundamentação do direito tributário ao aplicar, a esse ramo jurídico, os avanços alcançados pela filosofia analítica contemporânea, levando, às últimas consequências, as reformulações propostas pelo movimento filosófico responsável pela chamada «virada linguística». Esse movimento filosófico, que, em parte, também surgiu junto ao Círculo de Viena, teve como objetivo rever e romper com alguns dos exageros da Modernidade (principalmente a ênfase na subjetividade como padrão racional), passando a pressupor que a configuração epistêmica do mundo (e, inclusive, para alguns, a sua própria constituição física) somente pode dar-se dentro dos limites demarcados pelas regras da linguagem, motivo pelo qual a autocompreensão e a definição do espaço social em que vivemos deveriam, necessariamente, passar pelos parâmetros já fixados por vínculos linguísticos. Com isso, passa a predominar, na pós-modernidade, um padrão de racionalidade que pressupõe uma perspectiva intersubjetiva, assumindo-se como evidente que só haverá exercício de racionalidade quando houver a instauração de um processo discursivo – mesmo que formal e idealizado – travado por dois ou mais seres comunicantes.[38]

Para Carvalho, esse paradigma filosófico pós-moderno seria capaz de garantir uma fundamentação científica ao direito tributário, o qual somente poderia ser compreendido e construído com objetividade por meio da análise das estruturas linguísticas que dão sentido e delimitam as nossas práticas tributárias. Esse ponto de partida traz, como consequência, um impacto relevante nos conceitos primários que seriam tomados como verdadeiros – mesmo que inconscientemente – pelos operadores do direito tributário. Com efeito, assume-se uma *concepção de realidade* (*i.e.*, o espaço no qual as coisas apresentam-se fenomenicamente, nesse incluído o fenômeno jurídico), na qual a linguagem exerce um papel *constitutivo*, *limitador* e *totalizante*. Isso significa dizer que as estruturas linguísticas são formadoras da realidade, ou

---

e método, p. 20-30). No entanto, ele não chega a explicitar quais dos pressupostos positivistas (se todos ou só alguns) seriam verdadeiros e legítimos para serem adotados na fundamentação teórica do Direito tributário.

[37] Para Carvalho, o reducionismo contido no ideário positivista estaria no fato desse projetar uma linguagem ideal para as ciências sem dar atenção à dimensão pragmática da linguagem (op. cit., p. 28). Conforme se pretende sustentar, os defeitos do positivismo não se restringem a isso.

[38] V. o nosso *Justiça como realização de capacidades humanas básicas*. Porto Alegre: EDIPUC-RS, 2009.

seja, constituem e criam, em um sentido determinante, o ambiente real em que vivemos e interagimos. Além disso, a linguagem cria o limite do que é real em sentido pleno, excluindo-se, como inócuo ou carente de sentido, aquilo que não pode ser vertido em linguagem formal.[39] Por fim, a linguagem é totalizante porque não existe uma dimensão existencial fora da linguagem, sendo que todas as dimensões da experiência humana devem ser compreendidas a partir da perspectiva linguística, representando, pois, um contra-senso falar-se em uma experiência real que não tenha configuração baseada na linguagem (a linguagem é o início, o meio, o fim da realidade).[40]

Com base nessa concepção de realidade, Carvalho estabelece a sua visão de *ciência e de método científico,* os quais devem ser aplicados ao campo tributário para que a nossa prática jurídica possa ser compreendida e exercida com objetividade e racionalidade. Assim, adotando-se as premissas da filosofia analítica, o desenvolvimento do verdadeiro método científico não poderia deixar de se escorar em dois elementos fundamentais, quais sejam: *(a)* a análise lógico-formal de estruturas linguísticas e *(b)* a pressuposição de que esse conhecimento deve ser reconduzido a algum substrato físico capaz de verificabilidade empírica[41] (*e.g.* o texto ou o ato de fala). A adoção desses pressupostos analíticos, leva Carvalho a aplicá-los ao universo jurídico, determinando o modo como devem ser definidos, pelo menos, três dos elementos fundamentais de uma teoria explicativa do direito tributário: o escopo do

---

[39] «O que sucede neste domínio [o das experiências sensíveis] e não é recolhido pela linguagem social não ingressa no plano que nós chamamos de "*realidade*", e, ao mesmo tempo, tudo que dele faz parte encontra sua forma de expressão nas organizações linguísticas com que no comunicamos...» (*Direito tributário, linguagem e método*, p. 7)

[40] «... a subespécie dos sistemas reais não pode ser aceita no âmbito do modelo que venho desenvolvendo, exatamente porque pressupõe objetos da experiência que extrapassam os limites da linguagem. Ora, no quadro de referência que estabelecemos como ponto de partida para a compreensão do mundo ... a linguagem surge como *instrumento constitutivo da realidade*. ... [P]roclamamos a auto-referencialidade da linguagem, como ente auto-sustentável, dispensando elementos exteriores ao discurso para legitimar-se. Essa premissa é fato impeditivo de conceber-se objetos reais que seriam simplesmente captados por nossa intuição sensível, sem passar pelo filtro intercalar da linguagem...» (*Direito tributário – Fundamentos jurídicos da incidência* cit., p. 50-51 – grifou-se). O mesmo ideário encontra-se incorporado na obra mais recente de CARVALHO: «... o mundo é "aparentemente" caótico, mas, *pela linguagem, pode ser ordenado, constituindo-se a "realidade"*. Haveria, portanto, um mundo "aparente" caótico e um mundo "real" ordenado.» (*Direito tributário, linguagem e método*, p. 170-1).

[41] «O texto é o ponto de partida para a formação das significações e, ao mesmo tempo, para a referência aos entes significados... Nele, texto, as manifestações subjetivas ganham objetividade, tornando-se intersubjetivas.» (*Direito tributário – Fundamentos jurídicos da incidência*, p. 17); «Este [discurso científico] há de abranger, única e exclusivamente, enunciados verdadeiros, assim considerados por serem passíveis de comprovação efetiva. ... um enunciado terá sentido semântico se puder ser empiricamente verificável. (...) O suporte físico da linguagem idiomática é a palavra falada ... ou a palavra escrita... Esse dado ... tem natureza física, material.» (*Direito tributário, Linguagem e Método*, p. 29 e 33).

fenômeno jurídico, o método científico aplicável ao direito e o fim que deve ser atribuído, pelo teórico, ao direito.

Partindo-se dessa perspectiva analítica, o fenômeno jurídico continua a ser delimitado por meio daquele elemento que está mais apto a ser analisado, linguisticamente, com base exclusiva na sua estrutura e forma. E o elemento que continua a ser o melhor candidato a exercer esse papel é a norma jurídica, a qual representa a «unidade mínima e irredutível de significação do deôntico».[42] Assim, o fenômeno jurídico, para se compreendido objetivamente, deve ser visto como aquela instância na qual articulamos uma das formas da nossa linguagem, representando um modo de manifestação linguística, qual seja, a linguagem prescritiva, por meio da qual enunciamos comandos proibitivos, obrigatórios ou permissivos.[43] O que não puder ser explicado por meio da conversão a essas formas linguísticas não terá a objetividade necessária para fundamentar cientificamente o fenômeno jurídico. Essa restrição cognitiva seria o preço dogmático a se pagar para se ter uma verdadeira ciência do Direito tributário.[44] Diante disso, o método jurídico por excelência é aquele no qual se promove a análise formal da estrutura linguística que as normas jurídicas, universalmente, assumiriam, partindo-se do substrato linguístico que pode ser, empiricamente, verificado, *i.e.*, o texto legal positivado.[45] Mesmo que existam preceitos normativos implícitos no ordenamento jurídico, esses somente serão dotados de racionalidade e inteligibilidade a partir do momento em que o aplicador do direito justificar a sua existência a partir de uma norma positivada, reconduzindo, pois, a sua significação a algum texto jurídico.

Obviamente, não há nada de inédito na pressuposição de que o limite na compreensão do fenômeno jurídico estaria vinculado aos elementos formais que compõe a norma jurídica. Conforme já visto, todo o positivismo jurídico escora-se nessa mesma premissa. No entanto, a pressuposição que é adotada a partir da filosofia analítica não é aquela que visa apenas a justificar a legitimidade de uma norma jurídica fazendo recurso à coerência/compatibilidade à outra norma jurídica (ou ao sistema jurídico como um todo), visão essa na qual o conteúdo da norma jurídica representaria questão que não poderia ser submetida a qualquer tipo de escrutínio racional, pois seria mero reflexo de um ato de vontade daquele autorizado a positivar a norma. O diferencial

---

[42] *Direito tributário – Fundamentos jurídicos da incidência*, p. 21.

[43] *Direito tributário – Fundamentos jurídicos da incidência*, p. 29; *Direito tributário, linguagem e método*, p. 42.

[44] «...a expansão dos horizontes do saber do exegeta do direito positivado só será possível por meio de um método dogmático, restritivo do conteúdo da realidade semântica difusa, fundando este corte metodológico em premissas sólidas.» (*Direito tributário, linguagem e método*, p. 157).

[45] «No direito, a linguagem científica fala a respeito de outra linguagem: a linguagem técnica do direito positivo.» (op. cit., p. 60).

que se apresenta, a partir da filosofia analítica, é que a legitimação da norma jurídica fica na dependência da observância aquele mínimo delimitador que é imposto pelas regras formais que ordenam a linguagem, *i.e.*, os limites da semântica, da sintática e da pragmática. Assim, para que uma norma jurídica seja afirmada como válida, não basta mais a sua mera conformidade à outra norma jurídica superior, de modo que poderia assumir qualquer conteúdo – mesmo que absurdo – desejado pelo legislador. Deve ela, na verdade, manifestar um conteúdo, minimamente, compatível com as exigências que são impostas pelas regras da linguagem, existindo, desse modo, um fundamento exterior para a legitimação do Direito (mesmo que possa ser atribuída normatividade à linguagem, essa normatividade não é, em si, jurídica). Existe, pois, um limite para o conteúdo de uma norma jurídica, mas esse não é outra coisa senão o próprio limite de inteligibilidade que as regras formais da linguagem nos impõem (*e.g.*, uma norma jurídica que não obedecer a regras sintáticas mínimas será ininteligível e, por isso, não será, de fato, uma norma). Nessa esteira, considerando-se que uma norma jurídica irá sempre prescrever uma conduta humana como proibida, obrigatória ou permitida, o limite linguístico intransponível que o Direito jamais poderá ultrapassar – mesmo que o legislador assim deseje – será aquele imposto pelos parâmetros da necessidade e da impossibilidade aplicáveis ao comportamento humano,[46] uma vez que impor a outrem, coercitivamente, ações necessárias ou impossíveis representa ou tarefa redundante ou esforço inócuo.[47] Com base nessas considerações, percebe-se que o fim último do Direito (*o mínimo e irredutível* que se poderia alcançar, teoricamente, na sua fundamentação) seria o de vincular, linguisticamente, os destinatários das normas jurídicas, visando à concretização de determinado plano de ação,[48] conforme a disposição volitiva daquele com autoridade ou poder para criar tais vínculos linguísticos, cujo campo de atuação estaria limitado apenas pelos extremos físicos da impossibilidade e da necessidade comportamental. Um esclarecimento adicional, porém, faz-se necessário: o conteúdo de uma norma jurídica continua a ser, na sua maior parte, preenchido por simples ato de vontade do legislador, mas esse agora não está mais totalmente desapegado de amarras, na medida em que as preferências pessoais do

---

[46] «(...) a linguagem prescritiva se projeta sobre a região material da conduta humana. (...) seu vector semântico atinge única e exclusivamente os fatos e condutas possíveis, caindo fora de seu alcance as ocorrências factuais os comportamentos necessários ou impossíveis.» (op. cit., p. 41-2).

[47] Uma norma jurídica que obrigasse os seres humanos a respirarem seria redundante, do mesmo modo que uma norma que os obrigasse a praticar a fotossíntese seria inócua.

[48] «Em simbolismo lógico, teríamos: D[f → (S' R S")], que se interpreta assim: deve-se que, dado o fato F, então se instale a relação jurídica R, entre sujeitos S' e S". Seja qual for a ordem advinda dos enunciados prescritivos, sem esse esquema formal inexistirá possibilidade de sentido deôntico completo.» (*Direito tributário – Fundamentos jurídicos da incidência*, p. 20)

legislador, que determinarão o conteúdo das normas jurídicas, estão atreladas aos limites formais da linguagem.[49]

Não obstante a consistência interna desses pressupostos teóricos, bem como o enorme poder de convencimento que assumem, pretende-se, em seguida, avaliar a viabilidade de tais premissas, de modo a verificar se se apresentam como legítimas candidatas para a fundamentação do direito tributário.

2.3 Análise crítica dos pressupostos teóricos adotados

Carvalho, com grande lucidez, reconhece que o «progresso da pesquisa científica fica na dependência direta do apoio indispensável da Filosofia».[50] Assumindo-se como verdadeira essa proposição, entende-se que o melhor modo de se fazer justiça aos projetos teóricos desenvolvidos por Becker e Carvalho é submetendo-se à crítica filosófica os pressupostos que foram por eles adotados. Com efeito, se for considerada, ao menos, verossímil a descrição realizada nos dois últimos tópicos, relativamente às influências teórico-filosóficas que forneceram o suporte epistêmico a esses dois autores, é possível extrair-se, de tudo que foi até agora exposto, quatro premissas que podem ser reconduzidas, em maior ou menor grau, ou ao positivismo ou à filosofia da linguagem (ou, ainda, a ambos). Esses pressupostos, seguindo-se a nomenclatura que rotineiramente é utilizada no discurso filosófico, podem ser caracterizados do seguinte modo: *(a)* o ceticismo ontológico, *(b)* o formalismo epistemológico, *(c)* o não-cognitivismo moral e *(d)* o normativismo. Esses pressupostos tocam, provavelmente, nas maiores divergências que sempre dividiram a filosofia. Com efeito, uma análise crítica que trate de todos esses pontos com profundidade iria pressupor uma ampla exposição conceitual e o desenvolvimento de considerações filosóficas delongadas que, por certo, iriam transcender os limites físicos deste artigo. Por essa razão, para fins didáticos, apresenta-se, aqui, apenas uma definição simplificada daquilo que se pretende qualificar por meio da referência a esses pressupostos teóricos:

(a) O *ceticismo ontológico,* representando uma ideia complexa, pressupõe a compreensão dos dois elementos que compõe tal expressão. Em primeiro lugar, o ceticismo representa a postura daquele que se mostra intranquilo em relação a qualquer enunciação com pretensões de veracidade ou objetividade, já que não vislumbra a possibilidade de acesso, certificação ou comunicação

---

[49] «A regra assume ... uma feição dual, estando as proposições implicante e implicada unidas por um ato de vontade da autoridade que legisla. E esse ato de vontade, de quem detém o poder jurídico de criar normas, expressa-se por um "dever-ser" neutro, no sentido de que não aparece modalizado nas formas "proibido", "permitido" e "obrigatório".» (*Direito tributário – Fundamentos jurídicos da incidência,* p. 26).

[50] *Direito tributário, linguagem, método,* p. 4.

de qualquer proposição como verdadeira, tendo em vista que, segundo o cético, as condições para se atingir conhecimento verdadeiro jamais poderão ser satisfeitas. Já ontologia representa o ramo da filosofia que se dedica ao estudo do ser, da natureza e da realidade, de modo a definir e compreender, objetivamente, a sua composição essencial.[51] Com efeito, denomina-se, aqui, ceticismo ontológico a postura que rejeita de plano (ou considera inacessível ou ainda não leva a sério) as tentativas de se afirmar a existência de uma dimensão objetiva da realidade, a qual pudesse manter uma independência em relação ao intelecto humano. Para esse tipo de cético, o real não possui uma existência por si só, motivo pelo qual não pode ser, em si, conhecido, pressupondo a presença de um intermediário que possa ser capaz de «constituir» algo que escolhemos denominar de «realidade». A qualificação desse intermediário oscila conforme a intensidade com que o ceticismo é levado a sério, podendo ser um método, um ato de vontade ou uma manifestação coletiva (*e.g.* a interação de agentes comunicativos). Tais considerações, mesmo que altamente abstratas e especulativas, são de máxima relevância para a fundamentação final de qualquer concepção jurídica, uma vez que todos assumem uma visão ontológica (mesmo aquele que tenta dela se esquivar) ao pressupor o modo pelo qual esclarecemos a composição da realidade e o seu modo de acesso, o que, por certo, influencia o modo no qual se compreende o fenômeno jurídico.

(b) Por *formalismo epistemológico* – que, normalmente, é a consequência metodológica da postura cética acima esclarecida – entende-se a atitude teórica que pretende esclarecer o processo de conhecimento (aplicável a qualquer área) tão-somente por meio da análise dos seus elementos estruturais, *i.e.*, das condições formais que são necessárias para que uma atividade intelectual possa ser caracterizada como um ato de conhecimento. Entende-se, portanto, ser necessário apenas um método formal (*e.g.*, a lógica, a teoria da probabilidade, a semiótica etc.) para analisar-se o conhecimento. Essa tendência filosófica justifica o modo pelo qual conhecemos algo objetivamente por meio do recurso à formalização da realidade, em que essa não representa o critério último de aferição do conhecimento, mas é apenas ou mais um elemento formal a participar do método epistemológico ou um dado bruto – subjetivamente manipulável em alguns casos – que deve se submeter aos esquemas conceituais que são construídos pelo epistemólogo.[52]

---

[51] «*Jede ontolische Philosophie ist primär dem Sein zugewandt: dem Objekt ... Die Ontologie ist also eine Philosophie, die auf Seinsvertrauen gründet, die davon ausgeht, dass es Seiendes gibt, das unabhängig von unserem Denken besteht. Sie ist nicht dem Bewusstsein, sondern dem Sein zugewandt, das prinzipell unverfügbar ist und dem Menschen nur insoweit zu Diensten steht, als er die im Sein (in der 'Natur') angelegten Gesetze beachtet.*» (Kaufmann, Arthur; Hassemer, Winfried; Neumann, Ulfrid. op. cit., p. 11).

[52] Muito conhecida e respeitada é essa postura na filosofia moderna e contemporânea, podendo ela ser visualizada, *e.g.*, no processo da dúvida metódica de Descartes (*Discours de la*

(c) O *não-cognitivismo moral* representa nomenclatura que se tornou recorrente na filosofia prática contemporânea para agregar uma série de correntes filosóficas que negam ser possível ao ser humano conhecer, produzir e comunicar juízos de valor que sejam verdadeiros e objetivos. Para o não-cognitivista, não há qualquer sentido em se falar em fatos morais ou verdades relevantes ao campo da ação humana. Isso porque juízos morais seriam apenas expressões de sentimentos ou atitudes emocionais que representam a motivação que uma pessoa adota para agir de determinado modo, inexistindo qualquer critério objetivo que possa ser invocado para mensurar o conteúdo dessa ação. Isso significa dizer que juízos de certo/errado (bom/ruim ou justo/injusto) não possuem qualquer referência verdadeira e direta ao conteúdo concreto da ação humana, pois inexiste critério racional exterior que permita conhecê-los ou mensurá-los.[53]

(d) O *normativismo*[54] representa nomenclatura, em regra, utilizada pela filosofia do direito para descrever a ideia que pressupõe que o fenômeno jurídico possa ser fundamentado, exclusivamente, com base na sua dimensão deontológica, de modo que o fundamento último do direito exigiria apenas a compreensão do papel que a norma – estruturalmente considerada – exerce sobre as nossas práticas. O fenômeno jurídico torna-se inteligível tão-somente com base na forma como se justifica a produção válida de uma norma jurídica, a qual se legitima tão-somente com base na compatibilidade que essa manifesta perante outra norma ou diante do sistema normativo como um todo. De acordo com essa concepção, juridicidade é sinônimo de normatividade. Para o normativista, portanto, o direito representa todo e qualquer agregado de comandos[55] que são produzidos por meio de um determinado procedimento que atribui a eles o *status* vinculante no que diz respeito à ação humana, justificando-os, por meio desse processo, como partes integrantes de um único sistema normativo também considerado, em si, válido. O direito compreendido como mero catálogo de regras não possui, pois, qualquer dimensão material nem ontológica que fundamente a sua existência.[56]

Méthode, Paris: Librarie Philosophique J. Vrin, 2005: 14), na chamada revolução copernicana proposta por KANT (*Kritik der reinen Vernunft*. Alemanha: Surkamp, vol. 1, 1974: 28) e, mais recentemente, no procedimentalismo de John RAWLS (*Political Liberalism*. EUA: Columbia University Press, 1996: 89).

[53] A esse grupo se contrapõe o cognitivismo moral, grande agregado de correntes filosóficas que defendem que é sim possível produzir, conhecer e comunicar juízos de valor dotados de objetividade (em determinado sentido).

[54] SCHMITT, Carl. *Sobre os três tipos de pensamento jurídico*. In: MACEDO JR., Ronaldo Porto. *Carl Schmitt e a fundamentação do Direito*. São Paulo: Max Limonad, 2001.

[55] «...cada jurista que raciocina em termos normativistas [assume que] toda e qualquer ordem se transforma a partir dessa representação normativista em uma mera síntese ou soma de regras e leis.» (op. cit., p. 168).

[56] VOEGELIN, Eric. *The nature of Law and related legal writings, in The Collected works of Eric Voegelin* – vol. 27. EUA: Lousiana State University Press, 1991: 30.

Feito esse esclarecimento conceitual, cabe averiguar como esses pressupostos podem ser reconduzidos à fundamentação do direito tributário, de acordo com os projetos teóricos de Becker e Carvalho.

Becker não chegou a se debruçar, de forma delongada, sobre a questão da ontologia a ser pressuposta na explicação do fenômeno jurídico. De qualquer modo, alguns excertos do seu *Teoria geral do direito tributário* permitem visualizar a sua compreensão de realidade e o conceito de verdade que adota,[57] os quais, em sua visão, somente seriam acessíveis por meio da «*ciência*». Essa, por sua vez, seguindo o ideário positivista, seria definida restritivamente, de modo a se considerar científico tão-somente o esforço intelectual dedicado à análise empírica, passível de certificação experimental.[58] Essa postura agrega uma visão fisicalista da realidade, ou seja, só é real, existente e verdadeiro aquele objeto que possui dimensão corpórea e que pode ser identificado com base no seu substrato físico. Ora, o fisicalismo é um modo de ceticismo ontológico, uma vez que, de acordo com essa postura, não existem propriedades essenciais na realidade, mas apenas conceitos artificiais por nós fabricados que permitem categorizar aqueles elementos físicos, os quais, em si considerados, se apresentam na realidade em completa desordem. Essa concepção fisicalista repercute no modo como Becker define o direito e a função que esse deve assumir. Se a realidade está adstrita apenas aquilo que possui composição física, o direito – não sendo, por óbvio, dotado de corporalidade física – deveria ser visto como algo, integralmente, artificial (*i.e.*, convencional), o que criaria, no universo jurídico, um «determinismo artificial».[59] Interessante notar que dentro dessa visão de mundo, haveria um eterno estranhamento entre a «realidade» e o «Direito»,[60] os quais jamais seriam, naturalmente, compatíveis, mas estariam sempre em conflito, exatamente por causa das rupturas originadas por meio da fabricação do direito. Esses fatores fazem com que o direito seja visto como fruto do simples arbítrio de alguém, o qual, possuindo liberdade para manipular as formas normativas que deseja impor, é responsável pela criação desse determinismo artificial, cujo conteúdo não pode ser submetido à avaliação racional, já que essa atividade criativa seria uma manifestação «artística».[61] Veja-se que, nesse cenário fisicalista, não existe qualquer amarra pré-convencional que possa restringir a atividade do legislador ao positivar

---

57 «O fim do Direito não é atingir a verdade (a realidade); a busca da verdade (a realidade) é objeto das Ciências. A Ciência faz a colheita e a análise dos fatos (a realidade) físicos, biológicos, psicológicos, econômicos, financeiros, sociais e morais.» (op. cit., p. 20).

58 «...leis científicas são "juízos hipotéticos" (previsões) que preveem certas consequências (efeitos: físicos, químicos, biológicos etc.) se determinadas condições (causas: físicas, químicas, biológicas etc.) se realizarem (acontecerem).» (op. cit., p. 57).

59 Op. cit., p. 58.

60 «...uma tensão entre a regra jurídica ("construído") e a realidade social ("dado").» (op. cit., p. 79).

61 Op. cit., p. 66.

determinada norma jurídica, o qual poderia, irrestritamente, escolher o conteúdo de uma norma tributária. A segunda conclusão que se extrai dessa visão fisicalista é que o direito assume função totalmente instrumental, ou seja, representa sempre um meio para atingir qualquer fim (sendo esse totalmente indeterminado, podendo agregar qualquer conteúdo desejado pelo legislador). Se fosse levado às últimas consequências esse postulado no direito tributário, atribuindo irrestrita liberdade legislativa na determinação artificial dos fatos que podem ser atingidos por tributos, seria necessária uma extensa revisão das nossas práticas tributárias mais básicas, pois o fisicalismo, em tese, permitiria que outras realidades empíricas (*i.e.* passíveis de verificação e de controle científico) fossem chamadas à tributação por meio de mero ato de vontade do legislador, atingindo, com isso, situações que, ao menos hoje, praticamente ninguém admitiria como tributável (*e.g.*, parcela da realidade desprovida de reflexo econômico). Tal possibilidade, porém, como se verá, é incompatível com fundamentos materiais da tributação que não se encontram à disposição livre do legislador nem estão presentes na estrutura da norma tributária. No entanto, caso se siga com rigor a postura fisicalista, mesmo que reprovássemos «moralmente» (como um injusto) esse tipo de imposição tributária, não existiria mecanismo jurídico absoluto capaz de justificar a ilegitimidade de uma norma tributária que pretendesse cobrar tributo em razão do fato de alguém, por exemplo, possuir olhos azuis, praticar uma religião, adotar determinada ideologia, sendo certo que todas essas realidade são passíveis de verificação empírica e de controle na sua certificação, uma vez ocorridos tais fatos.

Quanto ao projeto teórico de Carvalho, é possível reconstruir, com maior clareza, a sua pré-compreensão sobre como se compõe a dimensão ontológica da realidade, bem como a influência que essa exerce na formação do direito e na organização das nossas práticas tributárias. Mesmo que a sua intenção inicial seja a de isolar o problema ontológico na análise do direito tributário,[62] de modo a evitar os compromissos teóricos que isso acarreta, verifica-se que – tal como ocorre em todo vácuo teórico – outro candidato apresenta-se, prontamente, para tomar a posição básica que deveria ser ocupada pela ontologia. A adesão à filosofia analítica faz com que Carvalho atribuía um enorme valor ao papel que a linguagem exerce sobre o modo como conhecemos determinado objeto. No entanto, a ênfase que se dá à linguagem vai além das funções que, tipicamente, podem ser a ela atribuídas. Aliás, se analisarmos com atenção a proposta de Carvalho, é muito provável que tenhamos que rever as nossas pré-concepções mais sólidas acerca do papel que a linguagem exerce na nossa captação da realidade. Isso porque, segundo ele, a linguagem não é mais um elemento que participa da nossa realidade, mas passa a ser vista

---

[62] «O direito ... é um fenômeno complexo. Uma forma, porém, de estudá-lo sem ter de enfrentar o problema de sua ontologia é isolar as manifestações normativas» (*Direito tributário – Fundamentos jurídicos da incidência*, p. 19).

como o substrato de toda a realidade, usurpando, assim, a posição teórica que deveria ser ocupado pela ontologia. De acordo com essa perspectiva, a linguagem é vista como o critério último daquilo que é existente, sendo sinônimo da própria racionalidade e inteligibilidade do mundo. Com efeito, do que se extrai dos seus escritos, o projeto que Carvalho denomina de «construtivismo lógico semântico»[63] atribui à linguagem uma função radical, já que, aparentemente, exerce ela o papel fundante da própria realidade, inclusive no Direito.[64] A linguagem, portanto, não é apenas um meio de se acessar a realidade, facilitando o modo como transmitimos a outro a percepção que nós temos dela, mas é, ela própria, constitutiva do que podemos definir como real e existente. Fora da linguagem, nada existe (ao menos com inteligibilidade), já que a «linguagem surge como instrumento constitutivo da realidade»,[65] de modo que aquilo que «não é recolhido pela linguagem social não ingressa no plano que nós chamamos de "realidade"».[66] A própria visão de como se dá a composição da linguagem também é, nessa visão, um tanto extrema, uma vez que a linguagem é tida com auto-referencial e auto-sustentável, «dispensando elementos exteriores ao discurso para legitimar-se».[67] Ora, essas considerações sobre a linguagem e o papel que ela exerce não podem ser aceitas com tranquilidade e, caso sejam submetidas a uma análise crítica, mostrar-se-ão de difícil sustentação. Três pontos podem ser aqui suscitados para demonstrar essa afirmação.

Primeiramente, o pressuposto de que a linguagem é constitutiva e limitadora da «*realidade*» é contra-intuitivo e, possivelmente, incompatível com o modo pelo qual nos relacionamos com o mundo, ou seja, com a nossa forma de vida.[68] Se a linguagem fosse, de fato, criadora – em sentido pleno

---

[63] *Direito tributário – Fundamentos jurídicos da incidência*, p. 41; *Direito tributário, linguagem e método*, p. 157.

[64] «... a realidade jurídica ... é construíd[a] pela linguagem do direito positivo, ... quer dizer, o conjunto de enunciados prescritivos emitidos pelo Poder Legislativo, pelo Poder Judiciário, pelo Poder Administrativo e também pelo setor privado...» (op. cit., p. 172-3).

[65] *Direito tributário – Fundamentos jurídicos da incidência*, p. 50.

[66] *Direito tributário, linguagem e método*, p. 7. Ilustrativa, ainda, a referência a Vilém Flusser, o qual, também, engajado em um radicalismo linguístico, postula «que universo, conhecimento, verdade e realidade são aspectos linguísticos, de tal modo que a língua é, forma, cria e propaga a realidade. Aquilo que nos chega pela via dos sentidos (intuição sensível), e que chamamos de "realidade", é dado bruto, que se torna real apenas no contexto da língua, única responsável pelo seu aparecimento.» (op. cit., p. 170).

[67] *Direito tributário – Fundamentos jurídicos da incidência*, p. 51.

[68] Uma ilustração utilizada por Carvalho para demonstrar como deveríamos nos relacionar com a realidade, caso verdadeiro o pressuposto básico «*construtivismo lógico semântico*», é exemplificada na situação em que uma pessoa vem a falecer, mas, por falha cartorial, a sua certidão de óbito jamais chega a ser emitida (esse exemplo não foi localizado nos seus escritos, mas é recorrente em suas palestras e seminários). Seguindo-se a premissa construtivista, diante da ausência de linguagem formal que pudesse converter tais dados em algo, linguisticamente, inteligível, a própria realidade (jurídica, no caso) ainda não teria sido constituída, de modo que

– daquilo que é real e existente, seríamos obrigados a concluir que, caso viesse a linguagem a desaparecer (qualquer que fosse o motivo dessa trágica ocorrência), também teria que ser desconstituída essa «*realidade*».[69] No entanto, em relação a isso, não há nenhum indício que suporte a possibilidade de se perecer a realidade junto com o desaparecimento da linguagem. Essa postura teórica não é capaz de fornecer um esquema conceitual que explique, satisfatoriamente, a estrutura mais básica da ação humana, a qual se manifesta em um nível anterior a qualquer articulação linguística, mesmo que seja certo que as formas assumidas pela linguagem usada pelos seres humanos são sempre produto (resultado final) do seu artifício. Por consequência, o que é fruto da intervenção humana não pode ser definido como tendo força constitutiva daquela mesma realidade na qual esse produto final será introduzido. Há, pois, uma instância existencial pré-linguística que não é, na sua composição básica, determinada pela linguagem, de modo que há uma dimensão da existência humana que não se encontra submetida à manipulação linguística. Aliás, o uso bem sucedido da linguagem, em grande parte da nossa vida diária, pressupõe que estejamos a nos referir a algo que está além da linguagem, mesmo que necessitamos dela para nos expressar. Se isso é verdade, a linguagem não pode ser constitutiva daquilo que é o seu critério último de referência, sob pena de incorrer em circularidade, como se verá em seguida.

A linguagem é, certamente, o elemento mais importante na atribuição de sentido e inteligibilidade ao real e existente, já que a linguagem participa, ativamente, da nossa compreensão mais sofisticada do mundo. Isso, porém, não permite concluir que ela represente a força constitutiva do que é real. Existe, por certo, uma dimensão real que é independente da linguagem. Ela sequer poderia ser compreendida como o único elemento que viabiliza o conhecimento por parte dos seres humanos, já que tal postura acaba por excluir algumas formas básicas de percepção como um modo de conhecer,

---

a pessoa não teria falecido (para o direito). E, se nenhuma intervenção linguística posterior (*e.g.* providências administrativas ou reparações judiciais) viesse a corrigir esse defeito, a «realidade» jamais teria sido configurada a ponto de produzir o falecimento dessa determinada pessoa. Não seria exagero, pois, concluir-se que, por meio desse artificialismo linguístico, estar-se-ia admitindo a possibilidade teórica de se ter um caso jurídico de imortalidade entre seres humanos. No entanto, evidentemente, não nos valemos da linguagem desse modo. Esse exemplo, fiel aos pressupostos teóricos adotados por CARVALHO (mesmo que essa não tenha sido a sua intenção), ilustra, a nosso ver, em verdade, não a demonstração de como a linguagem constituiria a realidade, mas sim comprova a inviabilidade de tal premissa, já que a sua aplicação mostrar-se-á, no mínimo, contra-intuitiva e contraditória com a nossa forma de vida, ou seja, com a dimensão ontológica em que seres humanos reais vivem e interagem.

[69] Por certo, caso esse cenário hipotético viesse a se materializar, a realidade seria radicalmente diferente da que, hoje, conhecemos, mas ela, de modo algum, seria desconstituída na sua dimensão existencial.

ou seja, como uma via de se acessar a realidade.[70] Diante disso, a linguagem não é o limite da realidade objetiva, mesmo que seja, sem dúvida, um importante fator que restringe a forma pela qual cada ser humano, subjetivamente, capta e percebe essa realidade. Ilustrativo nesse ponto a recorrente citação que Carvalho faz à Wittgenstein, mais especificamente a proposição número 5.6 do *Tratactus Logico-Philosophicus*, a qual é transcrita por ele nos seguintes termos: «*Os limites da linguagem são os limites do mundo*».[71] Assim apresentado, esse excerto permitiria pressupor que, de fato, Wittgenstein atribuiria à linguagem essa suposta função constitutiva do mundo. Isso, porém, jamais foi o caso e essa conclusão, possivelmente, é causada por uma tradução que contém um sutil, mas grave equívoco, vindo a corromper o conteúdo e, possivelmente, a intenção do filósofo austríaco ao apresentar essa ideia. Na verdade, a proposição 5.6 afirma que «Os limites da minha linguagem significam os limites do meu mundo»[72] (destacou-se), estando localizado no *Tratactus* como proposição geral de encabeça tópico que trata do problema do solipsismo.[73] Como se vê, portanto, Wittgenstein jamais afirmou que a linguagem seria constitutiva da realidade, mas apenas que o domínio pessoal que cada um faz das suas capacidades linguísticas é limitador da forma como *esse* indivíduo capta, subjetivamente, a realidade, ou seja, o *seu* mundo. Na verdade, caso se deseje fazer uso do pensamento de Wittgenstein para se definir o papel da linguagem na nossa compreensão da realidade, as suas obras revisionais posteriores é que deveriam ser invocadas, principalmente no ponto em que desenvolve a ideia de *forma de vida* (*Lebensform*) como sendo o que dá fundamento último aos *jogos de linguagem* (*Sprachspiele*)[74] e a noção de proposições fundacionais

---

[70] Nesse ponto, nos referimos ao papel que a chamada «*simples apreensão*» exerce no ato de conhecimento, a qual representa a etapa inicial da formação do conceito (primeiro movimento do pensar), sendo responsável pela representação intelectual da essência de algo, o que é anterior ao juízo e ao raciocínio. Por meio da simples apreensão, aquele que está em via de conhecer um objeto apenas entende que está diante de algo, de um ser, ainda não tendo capacidade de afirmar ou negar um predicado em relação a esse. Por exemplo, no primeiro movimento da razão, vejo (i.e. tenho conhecimento precário de algo) que estou diante de um objeto, mas ainda não sei se é uma estátua ou uma pessoa, se é azul ou não-azul etc. Assim, a simples apreensão é a captação do ser, que se esgota na mera presencialidade do objeto. Essa etapa cognitiva não pressupõe, ainda, nenhuma articulação linguística, até porque todo ser humano exerce a «simples apreensão» mesmo quando ainda não tem o domínio linguístico (*e.g.* bebês) ou quando entramos em contato com algo inédito, sem termos condições de decodificar os predicados que podem ser atribuídos a esse objeto. Sobre o ponto v. FABRO, Cornelio. *Percepción y Pensamiento*. Espanha: EUNSA, 1962: 116 e ss.

[71] *Direito tributário, linguagem e método*, p. 25.

[72] «Die Grenzen *meiner* Sprache bedeuten die Grenzen *meiner* Welt.» (*Logisch-philosophische Abhandlung*. Alemanha: Suhrkamp, 2001).

[73] Essa a ideia de que a pessoa só conhece, de fato, os seus próprios estados mentais. V., ainda, tópicos 5.62 e 5.64 do *Tratactus*.

[74] *Philosophische Untersuchungen*. Alemanha: Suhrkamp, 2003 (V. Proposição n. 23: «*Das Wort "Sprachspiel" soll hier hervorheben, daß das Sprechen der Sprache ein Teil ist einer Tätigkeit, oder einer Lebensform*»).

em relação às quais duvidar seria impossível, irrazoável ou simplesmente insano.[75] Essas ideias mais bem formadas e maduras de Wittgenstein melhor esclarecem o seu pensamento,[76] impedindo que se vislumbre a linguagem como um fator constitutivo, totalizante e limitador da realidade. Na verdade, como se verá, as sua ideias mais maduras são melhor compatibilizadas com a dimensão ontológica pressuposta na segunda parte deste trabalho.

O segundo problema do radicalismo linguístico aqui identificado ocorre quando se pressupõe que a linguagem é um sistema auto-referencial e auto-sustentável, que independe de qualquer elemento a ele exterior. Ora, ao se atribuir tais características à linguagem, acaba-se também modificando a compreensão básica que se tem do que é a verdade ou do que faz com que uma proposição seja vista como verdadeira. Isso porque, se a linguagem justifica-se, integralmente, apenas com base nos elementos que pertencem ao próprio sistema linguístico, jamais teremos um critério último que permita avaliar o correto e o incorreto uso da linguagem. Com isso, todo sistema linguístico estará comprometido por um vício de circularidade. Isso fica claro ao se pretender justificar qual seria o fundamento da semântica (ramo da linguística que se dedica ao estudo da significação das palavras[77]), ou seja, o que seria capaz de dar conteúdo aos signos, atribuindo-lhes algum sentido objetivo.[78] Ocorre que se todo sistema linguístico é auto-referencial e auto-sustentável, o significado das palavras somente poderá ser esclarecido com base na referência ao significado de outra palavra ou do conjunto de outras palavras. E, diante disso, em algum momento alcançar-se-á um ponto final de significação em que não haverá outro critério de referência senão o significado daquela mesma palavra em relação à qual se buscou, no primeiro momento, a significação,

---

[75] *On certainty*. EUA: Harper Torchbooks, 1972 (*«Der vernüftige Mensch hat gewisse Zweifel nicht»*. V., ainda, proposições 155, 217 e 454). Sobre esse ponto, v., ainda, FINNIS, John. *Objectivity and content in Ethics. In Collected Essays* – vol. I. Inglaterra: Oxford University Press, 2011: 130.

[76] CARVALHO reconhece a importância de uma das referidas obras de WITTGENSTEIN, em especial no ponto em que introduz a noção de jogos de linguagem (op. cit., p. 26). Isso, porém, não o leva a rever os pressupostos teóricos que desenhou com base na sua leitura da proposição número 5.6 do *Tractatus*, não sendo claro, pois, de que modo que esses aprimoramentos teóricos estariam sendo por ele incorporados.

[77] CARVALHO chega a definir a semântica como sendo o vínculo do signo com a realidade que ela exprime (op. cit., p. 36). No entanto, mais uma vez, essa conceituação não pode ser reconduzida, com coerência, aos outros pressupostos teóricos que são por ele adotados.

[78] CARVALHO dá duas respostas – talvez conflitantes – à pergunta acerca do que garante o conteúdo semântico às palavras. Primeiramente, o sentido semântico pode ser determinado pelo discurso científico (*Direito tributário, linguagem e método*, p. 165), o que não resolve o problema, já que apenas transfere o questionamento para mais um nível linguístico, o que incorre, mais uma vez, na circularidade já apontada, pois o discurso científico também pressupõe as definições semânticas prévias para ser executado. A segunda resposta é mais simples e direta, ou seja, trata-se de uma atividade arbitrária em que seres humanos, por atos de vontade, escolhem os conceitos que serão atribuídos aos objetos (op. cit., p. 169).

incorrendo-se, pois, em um percurso circular. Essa constatação nos levaria a uma terceira conclusão radical, qual seja, a de que todos os significados básicos que atribuímos às palavras devem partir de escolhas arbitrárias e aleatórias, exatamente porque nenhum elemento linguístico primário poderia, em última instância, ser reconduzido a um objeto real (em sentido ontológico). Assim, aquela entidade que é responsável pela fabricação do sistema linguístico terá, volitiva e arbitrariamente, definido o significado primário das palavras e a forma como vinculamos uma com outra. Juntando-se as duas colocações antes enunciadas, vemos que a linguagem é constitutiva da realidade, mas a primeira, na sua dimensão semântica mais básica, recebe o seu conteúdo de significação por atos volitivos, dependentes, em última instância, da predisposição intelectual dos seres humanos, inexistindo critério exterior que determine a veracidade desse exercício volitivo. Em síntese, a análise formal de como usamos a linguagem – que seria, para Carvalho, o caminho para construirmos, com segurança e previsibilidade, uma ciência que permitiria conhecer objetivamente o mundo – fica, em última instância, integralmente dependente da disposição volitiva humana que fundará a sua linguagem e criará, livremente, a realidade em que vivemos, estando limitada apenas pelo modo como a linguagem deve ser exercitada. Como se vê, mesmo que a intenção inicial seja a de criar um sistema discursivo (sendo o direito uma das suas instâncias) que pudesse garantir segurança, previsibilidade e objetividade (*e.g.* no manejo da linguagem jurídica), bastando, para isso, a organização lógica e formal das estruturas que participam da nossa atividade linguística, a execução dos pressupostos teóricos que são adotados para essa tarefa criam, em verdade, um esquema teórico que acaba permitindo a simples legitimação do arbítrio humano, pois, inexistindo nenhum critério exterior que determine a linguagem, o conteúdo do sistema linguístico é preenchido sempre por atos de vontade (como veremos, em seguida, isso também se reflete quando da adoção, no direito tributário, de pressupostos formalistas e normativistas).

O segundo pressuposto teórico que, aqui, se submete à análise crítica é o formalismo epistemológico, nos termos antes definidos. Nesse ponto, provavelmente pouca divergência haverá ao se imputar a Becker[79] e a Carvalho[80] a postura teórica que pressupõe que o conhecimento de determinado objeto exige que esse seja submetido a um prévio processo de formalização, de modo a aplicar a ele uma metodologia que seja redutora das suas complexidades intrínsecas. Assim, elege-se, como método, a postura que pretende conhecer determinado objeto por meio da análise da sua estrutura e não do seu conteúdo. Isso porque, de acordo com essa perspectiva, a forma/estrutura é a única dimensão do objeto que pode ser vista como necessária, racional, e inteligível, sendo essa, pois, a fração pode ser analisada com objetividade.

---

79 Op. cit., p. 114.

80 Op. cit., p. 63. V., novamente, a nota 48.

Por outro lado, o conteúdo próprio de um objeto jamais seria passível de tal objetividade, já que seria, invariavelmente, contingente, aleatório e particular. O método formalizador, sempre compreendido como sinônimo do próprio método científico, seria, portanto, o único capaz (ou o mais eficiente modo de) conhecer, objetivamente, determinado objeto. As vantagens e os méritos dessa postura teórica são evidentes. Isso porque todo processo de formalização do conhecimento tende a simplificar a realidade na qual o objeto se apresenta, facilitando, com isso, a sua visualização e compreensão. Isso faz com que mais pessoas possam compreender tal objeto e serem convencidas acerca das derivações que são produzidas com base na sua descrição estrutural. Além disso, a restrição informativa que é provocada por meio da formalização acaba excluindo do ambiente de análise inúmeros elementos substanciais que, em regra geral, são responsáveis pelo dissenso intelectual. Diante disso, a simplificação do objeto de análise promete garantir, para situações futuras, uma a aplicação mais segura e precisa das conclusões produzidas, propondo-se, desse modo, alcançar alguma espécie de certeza no manejo do novo conhecimento obtido, bem como previsibilidade nos eventuais resultados que podem ser esperados. Não há dúvida de que adoção dessa postura metodológica provocou, no Direito tributário nacional, uma relevante evolução teórica no que tange à análise estrutural da norma tributária. Tanto Becker, por meio do que chamou de «reeducação da nossa atitude mental», quanto Carvalho, promovendo um «corte epistemológico», realizaram importantes avanços teóricos que permitiram uma identificação mais precisa dos elementos formais integrantes da regra de incidência tributária. Tais lições, certamente, permitiram a instauração de um relativo consenso – tanto acadêmico, quanto prático – em relação aos elementos formais necessários à construção válida da norma impositiva, o que garantiu certo grau de previsibilidade e certeza na aplicação do direito tributário, viabilizando um mínimo de segurança no controle do exercício das pretensões tributárias por parte do Estado. Tais vantagens, no entanto, não significam reconhecer que a formalização, como método científico, seja a alternativa epistemológica mais adequada. Neste curto espaço, dois argumentos podem ser formulados para demonstrar essa assertiva.

Primeiramente, em termos teóricos, a opção por uma metodologia formalista é meramente estratégica, na medida em que a análise da estrutura do objeto não garante, necessariamente, mais veracidade nas conclusões, mas apenas aumenta as chances de, por meio da simplificação do objeto analisado, um maior número de pessoas acessar esse conhecimento e concordar com as proposições apresentadas. No entanto, mesmo que o entendimento e a aceitação pelo maior número de pessoas seja sempre desejável, uma postura teórica não pode assumir a sua aceitabilidade e o consenso gerado como sendo o seu critério último de avaliação dos méritos de uma teoria. Ora, uma teoria falsa que todos compreendem e que a todos convence deve ser considerada, infinitamente, inferior a uma teoria verdadeira que poucos conseguem captar o significado pleno.

Em segundo lugar, a postura formalista, inevitavelmente, incorre em um déficit explicativo, uma vez que, em nome da ciência, excluiu-se do escopo de análise uma série de elementos substanciais apresentados na realidade que influenciam, diretamente, o modo como o ser humano compreende e executa o seu plano de ação. Em regra geral, por meio do formalismo, quer-se evitar as dificuldades e as divergências inerentes à compreensão dos problemas ontológicos, mas, com isso, acaba-se sacrificando a própria inteligibilidade da prática concreta que se pretende descrever e analisar. Essa postura encontra-se, fortemente, presente no projeto teórico de Becker e Carvalho, os quais, influenciados pelo positivismo de Kelsen,[81] mantêm a crença de que ciência jurídica somente pode ser construída a partir da análise lógica da norma tributária. O formalismo jurídico, por certo, não nega que existam elementos materiais que participam da prática jurídica, mas, por outro lado, afirma que a dimensão substancial do direito jamais poderá ser pré-determinada, pois a essa não pode ser garantida qualquer objetividade.[82] Ocorre que não há nenhum argumento plausível que permite qualificar, aprioristicamente, os elementos substanciais que influenciam a prática jurídica como, integralmente, variáveis, contingentes e incertos. Ora, não são só apenas os elementos substanciais que participam do direito que são capazes de gerar divergências teóricas. Na verdade, toda atividade especulativa pode gerar dúvidas e dissenso, inclusive as questões de máxima abstração formal, o que pode ser visto, inclusive, no direito, bastando lembrar a eterna disputa acadêmica que existe em relação à composição das variadas estruturas normativas que compõe o sistema jurídico (*e.g.* regras, princípios, postulados etc.). Além disso, conforme se pretende sustentar na segunda parte deste estudo, é possível sim justificar-se objetivamente uma parcela mínima do conteúdo da nossa prática jurídica, a qual, portanto, encontra-se substancialmente predeterminada por fatores que são independentes e anteriores às considerações sobre a estrutura da norma jurídica.

Em terceiro lugar, temos o pressuposto teórico que denominamos aqui de não-cognitivismo moral, postura essa que é consequência natural da adoção de um ceticismo em relação à ontologia e de uma postura metodológica formalista. Becker e Carvalho, mais uma vez inspirados pelo positivismo,

---

[81] «... Kelsen, habilmente, esquivou-se do problema ontológico, fazendo opção pelo caminho da Epistemologia: ali onde houver direito, certamente haverá normas.» (op. cit., p. 6).

[82] «*Als positivische Theorie kann sie aber nur die formalen (logischen) Strukturen der Rechtsnormen zum gegenstand haben, nicht deren Inhalte, denn diese sind wissenschaftlichen Erkennen nicht zugänglich. Für Kelsen ist die Gerechtigkeit nur ein "schöner Traum der Menschenheit", wir wissen nicht, was sie ist und werden es nie wissen.*» (KAUFMANN, Arthur; HASSEMER, Winfried; NEUMANN, Ulfrid. Op. cit., p. 125).

são expressos ao rejeitarem a possibilidade de juízos práticos (certo/errado, bom/ruim, justo/injusto) referentes à ação humana que possam ser dotados de objetividade. Com efeito, tais juízos jamais poderiam ser analisados racionalmente,[83] motivo pelo qual nenhum elemento valorativo poderia ser invocado como fundamento do direito tributário.[84] O que poderia garantir objetividade a um juízo de valor seria a sua incorporação pela estrutura de uma norma jurídica válida, a qual recebe esse conteúdo por meio de um ato de vontade daquele com autoridade ou poder. Esse, por sua vez, ao eleger um valor que deseja positivar juridicamente, estaria apenas manifestando uma preferência pessoal em relação ao valor escolhido,[85] o que jamais poderia ser submetido ao escrutínio racional. Becker e Carvalho não chegam a manifestar um ceticismo radical em relação aos juízos de valor, já que ambos reconhecem a existência deles, sendo certo que as pessoas rotineiramente os invocam no dia-a-dia. No entanto, e isso permite qualificar ambos os autores como não-cognitivistas morais (mesmo que sejam cognitivistas normativos do mesmo modo que se qualifica, normalmente, Hans Kelsen), entendem eles que os juízos morais são meras expressões de sentimentos ou atitudes emocionais[86] que representam a motivação que uma pessoa adota para agir de determinado modo, inexistindo qualquer critério objetivo prévio que possa ser invocado para mensurar o conteúdo dessa ação.[87] O não-cognitivismo, também denominado de expressionismo[88] ou emotivismo,[89] pressupõe que afirmar «*X é errado*» representa o mesmo que expressar o sentimento «*eu não gosto de X*». Assim, o não-cognitivismo moral, como pressuposto de um sistema jurídico, gera consequências

[83] «Diante de uma regra jurídica, o jurista não toma posição (juízo de valor; é justa ou injusta), mas toma conhecimento (juízo de validade: há, ou não, juridicidade); e se o jurista sente-se indignado e revoltado diante da regra jurídica injusta, reage como homem filósofo que, bem ou mal, tem o seu próprio sistema de valores, mas não como homem jurista.» (Becker, Op. cit., p. 90).

[84] «As valorações dos interesses em conflito num problema prático e o critério de preferência que inspiram a solução legislativa (...) participam da objetividade desta (da regra jurídica) e não podem ser reexaminados pelo intérprete sob o pretexto de uma melhor adequação à realidade histórica». (Becker, Op. cit., p. 80).

[85] Ao criar uma lei «... o legislador exerce uma preferência: recolhe um [valor], deixando todos os demais. Nesse instante, sem dúvida, emite um juízo de valor...» (*Direito tributário, linguagem e método*, p. 174).

[86] «(...) valores são preferências por núcleos de significação... É uma relação entre o sujeito dotado de uma necessidade qualquer e um objeto ou algo que possua qualidade ou possibilidade real de satisfazê-lo.» (*Direito tributário, linguagem e método*, p. 175).

[87] «Não é excessivo, porém, falar na inexistência, propriamente dita, dos valores. Seu existir consistiria apenas no ato psicológico de valorar, segundo o qual, atribuímos a objetos ... qualidades positivas ou negativas. E o que nos dá acesso ao reino dos valores é a intuição emocional, não a sensível nem a intelectual.» (*Direito tributário, linguagem e método*, p. 176).

[88] Shaffer-Landau, Russ. *Moral Realism – A Defence*. EUA: Oxford University Press, 2009; Schroeder, Mark. *Noncognitivism in Ethics*. EUA: Routledge, 2010.

[89] MacIntyre, Alasdair. *After virtue*. 2. ed. EUA: University of Notre Dame, 1984.

que não são nada sutis e a explicação do fenômeno jurídico encontra várias dificuldades quanto os motivos que nos levam a insistir no uso do discurso jurídico pautado em argumentos materiais.

Em primeiro lugar, o não-cognitivismo é deficiente em explicar a razão pela qual os operadores do Direito insistem em emitir juízos de valor – sempre com intenção de objetividade – quando pretendem justificar a legitimidade ou a ilegitimidade de uma norma jurídica positiva. Ora, se um juízo de valor não pudesse, em si, agregar qualquer objetividade seria necessário, no mínimo, explicar porque as pessoas insistiriam nessa prática ilusória e sem sentido. Na verdade, mesmo que existam casos periféricos em que o juízo de valor que escora o nosso raciocínio jurídico seja nebuloso e de difícil objetivação, na grande maioria dos casos os juízos de certo e errado que apoiam um determinado argumento jurídico não são emitidos nem recebidos como sendo mera manifestação sentimental daquele que o enuncia. Além disso, não se pode concordar com a pressuposição de Becker, no sentido de que a prática jurídica iniciaria apenas após o encerramento da atividade legiferante. Na verdade, ainda estamos dentro do universo jurídico quando refletimos e discutimos qual percurso seria mais adequado a ser adotado pelo legislador, o qual não realiza apenas atividade técnica, mas é chamado a realizar também raciocínios estritamente jurídicos. Assim, quando emitimos os juízos «o infanticídio é errado», «os atos processuais devem ter um prazo» ou «deve-se tributar somente a situação que seja manifestadora de riqueza econômica», tais enunciados, em regra geral, não são recebidos (por aquele que entende o seu conteúdo) como sendo a projeção de um mero sentimento pessoal. Com efeito, o não-cognitivismo moral simplesmente não da conta de explicar como utilizamos, ordinariamente, a linguagem prática e jurídica, na qual juízos de valor são sempre invocados e recebidos com alguma pretensão de objetividade.

Em segundo lugar, o não-cognitivismo é incapaz de impedir que eventual conteúdo axiológico perverso ou absurdo seja absorvido pelo direito por força de eventual ato de vontade que o introduza em normas jurídicas, as quais, diante da inexistência de critérios objetivos que permitam diferenciar juízos morais verdadeiros de falsos, acabariam sendo legitimadas. Para Becker, o problema de normas jurídicas com conteúdo manifestamente injusto não deveria preocupar o profissional do Direito.[90] Já para Carvalho, existiria, sim, um limite para o conteúdo de uma norma jurídica, mas esse estaria adstrito apenas às regras formais que ordenam o uso da linguagem prescritiva (enunciados que dispõe sobre o obrigatório, o proibido e o permitido). Isso significaria reconhecer que o legislador apenas não poderia, mesmo que assim desejasse, criar normas que dispusesse sobre comportamentos humanos necessários ou

---

[90] «O mesmo sucede no mundo jurídico; embora uma regra jurídica tenha sido injusta (ex: leis favoráveis à discriminação racial), este seu valor não impediu a sua existência e validade (juridicidade)» (Becker, op. cit., p. 90).

impossíveis. Essa limitação, porém, se mostra ainda insuficiente para fins explicativos do fenômeno jurídico, já que ninguém ficaria satisfeito com a resposta de que o legislador está autorizado a regular tudo, à exceção do que é impossível e necessário. Além disso, essa limitação seria inútil na maior parte dos casos relevantes, já que inúmeros comportamentos humanos absurdos ou manifestamente perversos não são nem impossíveis nem necessários. Assim, conforme se pretende ilustrar na segunda parte deste trabalho, o conceito de necessidade não pode ser entendido restritivamente, ou seja, no sentido de puro determinismo físico. Na verdade, o conceito de «*necessidade*» deve ser compreendido em sentido analógico e não univocamente,[91] assumindo muitas significações possíveis, sendo viável aplicá-lo também ao campo das ações humanas (aí incluído o direito), no qual também são relevantes juízos morais necessários (*i.e.*, verdadeiros). Diante disso, é insatisfatório o esforço teórico que pressupõe que o legislador, por seu ato de vontade, está apenas impedido de positivar normas que disponha sobre ações humanas impossíveis e necessárias (em sentido físico). O não-cognitivismo aplicado ao direito acaba viabilizando a instauração de um puro voluntarismo, em que o critério último de aferição do que pode ser admitido como conteúdo jurídico próprio é a manifestação volitiva daquele com competência para positivar normas jurídicas, a qual não passa de uma representação das suas preferências pessoais que não poderia ser, nos seus fundamentos, submetidas ao tribunal da razão. Com isso, assume-se postura teórica que, mesmo não tendo sido essa a intenção inicial, acaba legitimando, na mesma medida, tanto sistemas jurídicos adequados e desejáveis, quanto sistemas jurídicos injustos e perversos. Mesmo sendo verdade que o teórico do direito não deva ser guiado apenas por ideologias (não deve ser um «*pregador moralista*», nas palavras de Becker[92]), não se pode permitir que ele assuma uma posição de completa indiferença diante da explicação do fenômeno jurídico, já que um projeto teórico que permite legitimar tanto um sistema justo, quanto um injusto, como se nenhuma diferença jurídica possível entre os dois casos existisse, não deveria ser considerado uma alternativa satisfatória.

Por fim, temos o pressuposto do normativismo, o qual não é outra coisa senão a soma dos pressupostos do formalismo metodológico e do não-cognitivismo moral, aplicados na fundamentação do direito. De acordo com tal postura, a análise do fenômeno jurídico pressupõe tão-somente seja compreendido o processo de feitura dos atos normativos, exigindo, para a análise de sua legitimação, apenas a averiguação da compatibilidade da norma sendo produzida com aquelas que já se encontram em vigor. Conforme já destacado, relega-se a um segundo plano – ou, talvez, ao esquecimento – os problemas relacionados com propósitos materiais que se buscam promover por meio

---

[91] Plantinga. Alvin. *The Nature of Necessity*. Inglaterra: Oxford University Press, 2010.
[92] Op. cit., p. 91.

do direito.[93] Para sustentar tal projeto, o normativismo tende a fragmentar o espaço social no qual age o ser humano, separando a realidade (o plano do ser) do espaço intelectual em que deve ser pensada a coletânea de normas válidas (o plano do dever-ser) que serão aplicadas na regulação dos conflitos, sendo que, nesse processo, uma esfera não pode predeterminar a outra, sendo a faticidade mero elemento hipotético – totalmente manipulável – da estrutura normativa.[94] O Direito, em si considerado, portanto, não possui fins materiais a serem promovidos, mas possui apenas «*pontos de imputação abstratos*»,[95] os quais são, autonomamente, indicados pela norma jurídica, independentemente de fins que subjazem tais relações jurídicas. Mais uma vez sendo fiéis ao positivismo kelseniano, Becker e Carvalho acolhem, expressamente, a ideia de que o direito é necessariamente um fenômeno normativo na sua essência,[96] não havendo sentido atribuir ao fenômeno jurídico outro fundamento que não seja um de natureza puramente deontológica.[97]

Pretende-se, aqui, assumir premissa que rejeita, precisamente, a ideia de que a unidade mínima e irredutível do direito seja a estrutura deôntica da norma jurídica, na medida em que se defende a existência de elementos racionais e necessários que são anteriores à positivação de uma norma jurídica, os quais são pressupostos pelo legislador quando esse executa com adequação sua tarefa legislativa. É bem conhecida a crítica que demonstra os defeitos teóricos que são inerentes ao normativismo,[98] não sendo aqui, portanto, o local propício para se retomar toda a crítica jusfilosófica que já destronou as mais conhecidas tentativas de justificar um sistema jurídico tão-somente com base na recondução interna da validade das normas jurídicas que o integram, visando um ponto último de validação em que se mostra necessária a simples postulação de uma norma pressuposta (hipotética ou ficcional) que teria a pretensão de legitimar a totalidade das práticas jurídicas.[99]

---

93 Voegelin, Eric. Op. cit., p. 27-28.

94 «Normatividade e faticidade são "planos inteiramente distintos"; o dever-ser permanece intocado pelo ser e conserva a sua esfera inviolável para o pensamento normativista, ao passo que na realidade concreta todas as distinções de direito e não-direito, ordem e desordem se transformam, do ponto de vista normativista, em pressupostos materiais da aplicação da norma.» (Schmitt, Carl. Op. cit., p. 173).

95 Op. cit., p. 177.

96 «... eis aí a categoria fundamental do conhecimento jurídico. ... a relação jurídica prevista no prescritor é a substância do mesmo direito.» (*Direito tributário – Fundamentos jurídicos da incidência*, p. 30)

97 A fim de se evitar repetições, v. novamente notas 13, 14, 18 e 49.

98 Sobre o tópico, sugere-se a leitura de Barzotto, Luis Fernando. *O positivismo jurídico contemporâneo: uma introdução a Kelsen, Ross e Hart*. São Leopoldo-RS: Unisinos, 1999.

99 Carvalho, aparentemente, assume tal posição: «... A descoberta da norma fundamental, por Hans Kelsen, é o postulado capaz de dar sustentação à Ciência do Direito, demarcando-lhe o campo especulativo e atribuindo unidade ao objeto de investigação. A norma hipotética fundamental, entretanto, não se prova nem se explica. (...) Ela dá legitimidade à Constituição,

3. A BUSCA POR ELEMENTOS SUBSTANCIAIS QUE FUNDAMENTAM E JUSTIFICAM AS NORMAS TRIBUTÁRIAS

3.1 É possível falar-se em uma lei natural que regula o Direito Tributário?

Dois foram os objetivos deste trabalho até aqui. Primeiramente, buscou-se argumentar o mérito e, inclusive, a necessidade teórica de se resgatar o fundamento filosófico que está por trás de toda e qualquer tentativa de se justificar as mais variadas práticas tributárias. Defendeu-se que, somente assim, é possível compreender-se, de forma crítica, objetiva e transparente, as normas tributárias que venham a ser, contingentemente, adotadas em uma determinada realidade jurídica. Para que tal projeto teórico seja executado satisfatoriamente, mostra-se necessária a identificação precisa da tradição filosófica que dá suporte à fundamentação crítica do direito tributário, de modo a permitir uma visualização clara e completa dos pressupostos que estarão sendo incorporados. Em segundo lugar, pretendeu-se descrever os projetos teóricos dos dois tributaristas nacionais que, possivelmente, melhor incorporaram em seus estudos científicos do direito tributário essa inspiração filosófica. Não obstante todo o louvor e respeito que merecem os projetos científicos de Becker e Carvalho, procurou-se demonstrar que os pressupostos teóricos inerentes às tradições filosóficas por eles adotadas (o positivismo lógico, o positivismo jurídico e a analítica linguística) contêm elementos problemáticos que levam a inúmeros reducionismos explicativos, o que, por sua vez, acaba redundando em uma fundamentação formalista e unidimensional do fenômeno tributário, sendo, pois, incapaz de esclarecer as razões mais complexas que justificam a necessidade da tributação em qualquer contexto jurídico e social.

Diante disso, na segunda e na terceira parte deste trabalho, pretende-se identificar e justificar elementos substanciais e racionalmente necessários que se prestam a melhor esclarecer os fundamentos que estão por trás das mais variadas normas tributárias. Para isso, leva-se em consideração, não apenas a análise formal das exigências lógicas que são impostas ou pela estrutura da norma ou pelas regras básicas que orientam a nossa linguagem, mas sim os elementos essenciais que direcionam a ação humana em geral, *i.e.*, os fins básicos que garantem racionalidade e inteligibilidade ao agir humano. Conforme se pretende demonstrar, esses fundamentos jurídicos (que não são apenas morais) podem ser reconstruídos como diretrizes racionais e objetivas que orientam e direcionam a atividade do legislador sempre que este elege um determinado plano normativo (inclusive, de tributação). Para o resgate de tais fundamentos materiais da tributação, adota-se a tradição filosófica

---

não cabendo cogitações de fatos que a antecedem.» (*Direito tributário – Fundamentos jurídicos da incidência*, p. 54-6).

do realismo ontológico desenvolvido por Aristóteles e Tomás de Aquino, focando-se, mais especificamente, nas considerações do segundo autor sobre a lei natural e a sua relação nos limites racionais que se apresentam ao legislador ao promulgar uma lei positiva. Conforme já se destacou, tal tradição filosófica é incorporada no pensamento jurídico por meio de correntes jusnaturalistas, o que pode representar uma opção teórica curiosa (absurda para alguns) de fundamentação das normas jurídicas que dispõem sobre a tributação. Possivelmente, o jusnaturalismo represente, hoje, a corrente de pensamento que mais rapidamente é desprezada quando se pensa em uma forma de justificação da validade e da legitimidade do direito, mesmo que tal rejeição se dê independentemente da leitura efetiva e sistemática daquelas fontes que bem representam essa tradição filosófica. Não obstante essa constatação, é interessante notar que a teoria da lei natural, infinitamente atacada e rejeitada, sempre acaba retornando com força e vigor,[100] podendo-se falar, inclusive, em um «*eterno retorno*» da tradição do *Direito Natural*.[101] A precipitada rejeição da ideia de uma lei natural que predetermina, minimamente, o conteúdo racional da lei positiva sempre parte de preconceitos infundados ou de críticas que não podem sequer ser reconduzidas ao texto daquele que defendem tal visão, razão pela qual tais críticas terão de ser aqui, sucintamente, rebatidas.

Sustenta-se aqui que o realismo ontológico desenvolvido por Aquino é, teoricamente, superior ao formalismo normativo analisado e criticado no tópico anterior. Isso porque possui ele elementos que conjugam duas tendências teóricas que poderiam ser, em um primeiro momento, consideradas incompatíveis, quais sejam: a adoção de premissas que se refletem, em grande medida, naquilo que já compartilhamos como senso comum e a pretensão de fornecer elementos ordenadores e explicativos da realidade, a qual é considerada em toda a sua complexidade e não analisada, isoladamente, em fragmentos. Assim, para esclarecer o que direciona o ser humano, ou seja, o que é capaz de regular a ação humana, compreendida na sua dimensão existencial (aí, por óbvio, contido o fenômeno jurídico), o tomismo não pressupõe nenhum esquema hipotético nem algum tipo de experimento mental fictício que tivesse de ser aceito para que fossem justificáveis as premissas primeiras do seu raciocínio. Vale-se ele, na verdade, de pressupostos que se fundamentam, da forma mais básica, naquilo que as pessoas já pressupõem como necessário para o entendimento da ação humana. Com efeito, mesmo que algumas conclusões alcançadas por Aquino não sejam admitidas pelo leitor contemporâneo, pode-se dizer que as premissas que ele adota são básicas, intuitivas e quase indisputadas para maior parte das pessoas, precisamente porque refletem algum traço real da experiência humana. A arquitetura teórica que ele pressupõe não é apenas epistemológica, mas também ontológica, na medida em que pres-

---

[100] Simon, Yves. *The Tradition of Natural Law*. EUA: Fordham, 1992: 3.

[101] Rommen, Heinrich. *Die ewige Wiederkehr des Naturrechts*. Leipzig: Hegner, 1936.

supõe que há uma ordem natural para as coisas e que existem fins materiais objetivos que direcionam, racionalmente, a ação humana, sendo, por outro lado, estéril, segundo essa visão, a tentativa de se explicar a ação humana fazendo-se referência apenas às estruturas epistemológicas (formais) que limitam o pensamento ou sociológicas (convencionais) que podem restringir, contextualmente, o agir de alguém. Por isso, Aquino pode ser visto como um pensador que está no meio do caminho entre o extremo racionalismo de Kant e o radical empirismo de Hume.[102]

Partindo-se, portanto, da crítica já apresentada em relação aos pressupostos teóricos do formalismo normativo, quatro teses rivais serão aqui adotadas: *(i)* o conhecimento da realidade não se esgota no seu conhecimento linguístico, de modo que a linguagem (jurídica) não é, por si, constitutiva da realidade (jurídica), existindo, pois, uma dimensão ontológica que não está à livre disposição do arbítrio humano; *(ii)* juízos de valor (certo/errado; bom/mau; justo/injusto) podem ser conhecidos objetivamente e comunicados com inteligibilidade, o que os qualifica como relevantes para a compreensão científica do direito; (*iii*) o direito não possui a estrutura lógica da norma como o mínimo irredutível do fenômeno jurídico (o jurídico não se esgota no normativo); e (*iv*) a fundamentação racional da prática jurídica não se esgota na identificação formal da validade da norma, pois o conteúdo valorativo que essa assume é sempre relevante para, em última instância, justificar ou não a sua legitimidade. Partindo-se desses pressupostos filosóficos, pretende-se aqui defender que é possível falar-se em uma ideia de lei natural que apresenta limites materiais mínimos ao legislador quando pretende positivar determinado padrão normativo que dispõe sobre matéria tributária. Obviamente, em razão da heterodoxia que essa postura teórica pode assumir no direito tributário, uma série de esclarecimentos conceituais deve ser, previamente, realizada, de modo a evitar as tão frequentes confusões e injustiças cometidas em relação a essa tradição filosófica.

O primeiro esclarecimento necessário toca na contraposição de visões que, talvez, seja a mais fundamental na disputa entre o formalismo normativo e o jusnaturalismo, qual seja, a da existência ou não de elementos materiais que seriam *pré-convencionais* no direito, *i.e.*, que não estariam à livre disposição racional do legislador humano. Como se vê, a primeira consideração relevante apresentada pelo jusnaturalista não possui nada de chocante, pois apenas pressupõe que, em relação à ação humana, existem exigências materiais que são anteriores a qualquer convenção humana, de modo que existem requisitos pré-convencionais que limitam o agir humano.[103] Assim, para os teóricos da lei natural é possível fixar-se, de forma inteligível e significativa, relações e

---

[102] PORTER, Jean. *Nature as Reason – A Thomistic Theory of the Natural Law*. EUA: Eerdmans, 2005: 249.

[103] PORTER, Jean. Op. cit., p. 11.

distinções entre as leis humanas (costumes e práticas sociais), de um lado, e padrões pré-convencionais que compõem e dão forma à própria experiência humana, sendo que é a partir desses últimos que se torna possível especificar a forma e o conteúdo daquilo que será convencionado. Isso significa reconhecer que toda convenção social pode ser analisada, mesmo que só parcialmente, com base dos seus elementos pré-convencionais e essa análise terá relevância na compreensão daquilo que orienta a ação humana.[104]

A segunda distinção relevante está no fato de o jusnaturalismo rejeitar a noção corrente de que o direito é um fenômeno exclusivamente atrelado ao conceito de norma jurídica positiva. De acordo com essa tradição, juridicidade não é sinônimo de positividade normativa. Isso não significa dizer que a lei positiva seja irrelevante para a compreensão do Direito (como se verá no item 2.5). Na verdade, a existência de uma norma jurídica positiva é a forma mais comum e rotineira de se acessar o direito vigente em determinada comunidade jurídica. Isso, porém, não significa dizer que o acesso à lei positiva seja a única forma de se refletir e se compreender o fenômeno jurídico. O jusnaturalismo tomista, portanto, manifesta uma maior profundidade explicativa do direito, na medida em que pretende esclarecer quais elementos pré-convencionais delimitam racionalmente a prática jurídica, sem, com isso, descuidar-se da natureza também fundamental da lei positiva que participa da regulação da ação humana. Para Aquino, as duas dimensões do direito são de máxima relevância, já que a ação humana pode ser justificada como legítima de dois modos distintos: com base na sua adequação natural e com base na sua adequação convencional. A primeira escorar-se-ia apenas na dimensão racional da justificação de uma prática humana, o que pode indicar a existência de um direito natural atribuível àquele que participa de relações jurídicas. A segunda indicaria a retidão de um comportamento por força de uma convenção ou de um acordo formal que teria sido fixado naquele contexto jurídico específico. Diante disso, positividade significaria apenas adequação ao convencionado em determinado contexto social, ou seja, a conformidade com aquilo que foi legislado, dimensão essa que não pode ser equacionado com a totalidade do direito. Assim, a dimensão positiva do Direito seria, simplesmente, a sua manifestação externa, representando tão-somente a compreensão de uma das causas do fenômeno jurídico (entre as outras causas relevantes, como se verá).

---

[104] Para uma visão recente que trilha com ênfase o ceticismo ontológico na compreensão do fenômeno jurídico (item 1.3), pressupondo, assim, que o Direito é fruto, exclusivamente, de uma construção social, sem qualquer base pré-convencional, portanto, v. Schauer, Frederick. *On the Nature of the Nature of Law*. Alemanha: *Archiv für Rechts und Sozialphilosophie*, 2011. O seguinte excerto é ilustrativo dessa visão: «*Law is a social construction and neither a natural kind nor anything akin to a proper name. Accordingly, like many (or perhaps all) human artifacts, law may not be subject to an essentialist understanding at all, and thus to assume that only an essentialist description of the concept of law will reflect law's nature is potentially to embark on a path that may stifle rather than enrich our understanding*».

Se assim não fosse, poderíamos chegar ao absurdo de pensar que a força vinculante do sentido intrínseco de uma máxima jurídica ou de um enunciado fundamental do direito estaria sempre dependendo do fato exterior referente à sua positivação. Com isso, o valor de veracidade e de convencimento que um enunciado jurídico básico comporta poderia ser, a qualquer momento, suprimido, bastando, para tanto, a revogação das normas jurídicas positivas que o enunciam. Se tudo no direito pudesse ser compreendido como fruto de construto convencional, inexistindo nada de pré-convencional que delimitasse essa prática, bastaria a revogação do convencionado para modificar-se ilimitadamente o direito. No entanto, tal visão, além de inverossímil, é inviável. Para ilustrar a impossibilidade prática desse tipo de raciocínio, podemos nos valor de um exemplo tributário. A proibição de uma imposição tributária que reflitam efeitos confiscatórios é proposição prescritiva que se encontra positivada no art. 150, IV, da Constituição de 1988. No entanto, não é plausível que a racionalidade de tal proibição esteja adstrita ao fato dela ter sido redigida e publicada no texto constitucional, nem seria razoável pressupor que a eventual revogação desse dispositivo constitucional – caso isso fosse admissível – estaria a indicar que a tributação confiscatória passaria a ser, automaticamente, permitida. Com efeito, a racionalidade e a força argumentativa do enunciado que proíbe a prática de confisco não estão atreladas ao fato exterior e contingente de o Poder Constituinte de 1988 ter escolhido positivar tal norma. Na verdade, a noção jurídica de confisco está atrelada, conceitualmente, a de excesso na tomada de patrimônio alheio, de modo que se pode concluir que o confisco é, em si, abusivo, sendo sempre uma medida inadequada de tributação e, portanto, contrário ao direito. Isso ocorre porque todo tipo de excesso é racionalmente abominável, sendo incompatível com a dimensão racional da ação humana. E esse raciocínio – jurídico em seu conteúdo – não depende de qualquer positivação, mesmo que seja desejável que proposições minimamente racionais e razoáveis sejam positivadas, de modo a ampliar a sua publicidade dos seus enunciados e as chances de seu conhecimento pelo maior número de pessoas, facilitando, assim, a sua observação e o seu controle social.[105]

---

[105] Também não se pode perder de vista que a positivação de norma jurídica, em uma dimensão empírica, também só ilustra um desejo de que seja ela observada e cumprida. Seguindo o mesmo exemplo, uma norma proibitiva do confisco jamais será garantia absoluta de que práticas confiscatórias jamais serão praticadas naquela sociedade. Isso porque a positivação de uma norma jurídica, mesmo que demande, teoricamente, cogência na sua aplicação, nunca possui os meios concretos para garantir a sua própria efetivação, já que a sua eficácia social sempre depende, pelo menos, de autoridades públicas que as aplique aos casos concretos. Por isso, mesmo diante da positivação inequívoca da norma jurídica que proíba a tributação confiscatória, nada pode garantir que o sentido intrínseco dessa norma deixe de ser consagrado em casos concretos, bastando apenas que a autoridade pública responsável pela sua aplicação (*e.g.* a administração pública ou o Judiciário) venha a concluir que determinada prática concreta (*e.g.* imposto real à alíquota de 95% do valor do bem sendo tributado) não é o caso de tributação confiscatória.

3.2 Conceito de lei e tipos de lei

Partindo-se desses pressupostos, outros conceitos prévios devem ser ainda esclarecidos, antes que se possa demonstrar como a noção de lei natural pode fornecer fundamentação material ao direito tributário. Seguindo-se a tradição tomista, deve-se, pois, ilustrar qual o sentido de lei que é adotado, que tipos de leis ordenam a realidade e como essas influenciam e direcionam a ação humana.

De acordo com a tradição tomista, para entender-se o que orienta e direciona a vontade humana na eleição do plano de ação que será executado, é necessário, antes de mais nada, compreender-se as leis – em sentido amplo – que se impõem sobre ela.[106] Por isso, o questionamento primário que se apresenta, ao se indagar sobre os fatores que direcionam a conduta humana, é no sentido de saber o que é uma lei. Esse questionamento é básico não apenas para o entendimento da realidade humana, mas para a compreensão da ordem de qualquer objeto que se apresenta no universo. Por isso, a compreensão do que é uma lei, não é privilégio exclusivo do jurista, como frequentemente se pensa, mas é indicativo de um padrão que é capaz de analisar e avaliar que todas as dimensões da realidade. Assim, na sua extensão mais universal, uma lei significa tão-somente a existência de uma regra ou medida (*regula et mensura*) racional que orienta e direciona algo a determinado fim,[107] de modo que, em qualquer seara onde há algo sendo realizado, haverá uma regra ou medida perante a qual este estará se conformando e, por consequência, existirá uma lei que poderá articular racionalmente essa mesma regra ou medida. Dito de modo simples, invocar a existência de uma lei é apenas indicar que existe um padrão racional que se presta a medir/analisar determinada parcela da realidade. Por isso, diz-se que a razão é a forma da lei, já que sempre pressuposta nas situações em que lei se manifesta efetivamente. Visto por outra perspectiva, pode-se dizer que é da forma da lei visar à orientação racional de determinado projeto. Isso, por óbvio, não significa dizer que toda lei humana positiva virá a consagrar sempre um padrão de plena racionalidade (como se verá no item 2.5). Na verdade, isso jamais será o caso, já que, por força das limitações humanas, uma lei positiva sempre pode, *a priori*, ser aperfeiçoada em um elemento ou outro, motivo pelo qual sempre poderia, em tese,

---

Como se vê, se a crítica em relação à tese jusnaturalista diz respeito à falta de cogência dos preceitos racionais que formam a lei natural, o mesmo defeito também não poderia ser totalmente descartado – ao menos em uma dimensão empírica – quando se está diante de normas jurídicas positivas, as quais também sempre poderão deixar de receber efetividade, bastando, para isso, que assim deseje aquele responsável por sua aplicação.

[106] GILSON, Etienne. *The Philosophy of St. Thomas Aquinas*. Estados Unidos da América: Dorset Press, 1948: 324.

[107] *Summa Theologiea*. I-II, Questão 90, Artigo 1. (Obs: nas citações que seguirão será adotada a abreviação «*ST, q. a.*»).

se revestir de um maior grau de racionalidade. A noção de lei, portanto, não pode ser vista como indicando um único conjunto de ocorrência, como se se referisse, univocamente, àquilo que compreendemos como lei convencionada por seres humanos em um contexto social específico. Na verdade, a lei segue uma definição analógica,[108] possuindo um campo plurívoco de significações, indicando inúmeras instâncias distintas de manifestação e, inclusive, concretizando graus distintos de racionalidade.[109]

Como se vê, Aquino, certamente, não pode ser qualificado como legalista, já que a ação humana não é por ele explicada apenas com base na compreensão formal daquelas leis que regulam, contingentemente, o agir humano. Com efeito, o ponto de partida para o entendimento do sentido pleno de lei, pressupõe responder a pergunta: que tipos de leis existem na realidade? Partindo-se da tradição tomista, três tipos de lei são aqui relevantes: a lei eterna, a lei natural e a lei humana.[110] Não caberia reconstruir todo o argumento de Aquino para justificar a existência de tais leis, bastando, para fins do esclarecimento que aqui se almeja, apenas diferenciá-las sinteticamente. Vejamos, pois, tais conceitos:

(a) Pressupondo-se que o mundo possa de ser compreendido racionalmente, já que ordenado por leis que direcionam a existência ao seu fim próprio, afirma Aquino que há uma lei eterna que atribui ordem a essa mesma realidade.[111] A lei eterna regula e organiza a totalidade da ordem ontológica, pois se reporta ao ser em toda a sua extensão, representando, assim, regras e medidas racionais imutáveis e universais que ordenam todos os seres. Importante destacar que a lei eterna não é uma «*lei religiosa*»,[112] mas apenas uma lei atemporal sobre como é ordenado o ser, a qual pode ser conhecida por todos,

---

[108] KLUXEN, Wolfgang. *Lex Naturalis bei Thomas von Aquin.* Alemanha: Westdeutscher Verlag, 2001: 34.

[109] HAMPE, Michael. *Eine kleine Geschichte des Naturgesetzbegriffs.* Alemanha: Suhrkamp, 2007: 44.

[110] No sistema tomista, há ainda a lei divina que representa a positivação direta de preceitos contidos na lei eterna, por meio de revelação. Essas considerações, porém, são determinantes para o argumento que aqui se pretende desenvolver, razão pela qual não necessitará ser aqui analisada.

[111] ST, I-II, q. 93, a.1-2. V., ainda, HOLZHEU, Elena. *Thomas von Aquin: Summa Theologica – Sind «lex aeterna» und «lex naturalis» identisch?* Alemanha: Grin Verlagsprogramm, 2009, p. 5-6.

[112] O mesmo também deve ser tido em relação à lei natural, de modo a afastar a rotineira crítica direcionada ao jusnaturalismo no sentido de que, fundamentado o direito desse modo, estar-se-ia impondo a aceitação de uma definição religiosa do sistema jurídico. Na verdade, conforme se argumentará, os preceitos da lei natural são verdades práticas primárias que são conhecidas, em princípio, por qualquer pessoa, independentemente de qualquer apelo à revelação divina (ST, I-II, q. 100, a. I.). V., ainda, MOORE, Michael S. *Good without God. In Natural Law, Liberalism and Morality.* Inglaterra: Oxford University Press, p. 221-270.

não em si, mas pelos seus efeitos.[113] Na verdade, a lei eterna governa todas as coisas contidas no universo, abarcando tanto as leis físicas, quanto as leis práticas (aplicáveis à ação humana). A primeira governa os objetos contidos universo segundo uma necessidade causal. A segunda governa agentes que são dotados de vontade e livre arbítrio, mas que os orienta segundo uma necessidade racional. Veja-se que a lei eterna, agregando em si, o sentido mais pleno do que é ordenar racionalmente determinado objeto, representa o caso central de lei, sendo as outras espécies significações analógicas derivadas desse primeiro sentido central.

(b) A lei natural, dentro dessa ordem, seria a forma, tipicamente, humana de participação na lei eterna.[114] Dito de outro modo, a lei natural é a participação específica do ser racional na lei que orienta todos os seres postos na realidade, motivo pelo qual a lei natural mantém relação analógica próxima com a ideia de racionalidade, estando, pois, ao acesso do homem, por meio do exercício da reflexão racional que lhe é própria. Pressupõe-se, pois, que a atividade da criatura racional que é o ser humano está sempre direcionada a um fim, o qual, nesse contexto, pode ser entendido como a realização de um bem (verdadeiro ou aparente) para aquele que age. Esse direcionamento racional que dispõe sobre a atividade humana pode ser conhecido e expressado por meio de preceitos, ou seja, proposições ou comandos.[115] Assim, para Aquino o conteúdo da lei natural é conhecido por todos os seres humanos em algum nível, mesmo nos casos em que isso não seja passível de articulação linguística. Os preceitos da lei natural, porém, revestem-se de certo grau de indeterminação e abstração no que tange ao conteúdo das exigências que orientam a atividade humana, já que dispõem apenas sobre o mínimo de racionalidade que regula o agir humano. Assim, na maior parte dos casos, um raciocínio prático concreto (*i.e.*, o raciocínio de como se deve agir em um contexto específico) não poderá se pautar apenas em preceitos da lei natural, devendo ser complementado por razões que constam de outro parâmetro de racionalidade.

(c) Para Aquino sempre haverá a necessidade de lei humana (*i.e.*, lei positiva), a qual, sendo produto da atividade humana, assume a função de, voluntariamente, concretizar determinados preceitos da lei natural.[116] Tal função, por certo, inúmeras vezes fica aquém do que seria desejável, já que

---

[113] Desse modo, qualquer pessoa (inclusive um ateu) que sabe que roubar é errado, está conhecendo algo sobre a lei eterna – e a lei natural que dela participa – mesmo que não reconheça que tal proposição seja lei eterna. Do mesmo modo, eu posso saber que objetos físicos quando largados de certa altura cairão no chão, mesmo que não conheça a formulação da lei da gravidade.

[114] ST, I-II, q. 91, a. 3. Holzheu, Elena. Op. cit., p. 6-8.

[115] McInerny, Ralph. *Ethica Thomista – The Moral Philosophy of Thomas Aquinas*. EUA: CUA, 1997: 40.

[116] Aquino define a lei como sendo «*uma ordem racional dirigida ao bem comum e promulgada por quem tem o cargo de governo da comunidade*» («... *definitio legis, quae nihil est aliud*

sempre poderá ser o caso de um conjunto de legisladores que, por ignorância ou má-fé, escolhem padrão normativo que não acolhe a regra e a medida que seria racionalmente adequada. O homem, portanto, por meio da sua vontade livre, pode escolher concretizar (ou não) os padrões racionais que podem ser conhecidos ao se especular e se delibar sobre o conteúdo da lei natural. Por essa razão, o relacionamento do homem para com os preceitos da lei natural é sempre ativo, ou seja, a participação racional do homem sempre passa pela intervenção da sua capacidade volitiva, permitindo que ele descubra – em maior ou menor grau – preceitos da lei natural e escolha em que medida esses serão incorporados na sua prática jurídica contingente. Isso faz com que a lei humana seja também compreendida analogicamente como lei, pois agrega em si alguma forma de padrão racional que orienta a ação humana. Isso porque, mesmo que não tenha a função própria de agregar preceitos imutáveis e necessários, mas sim contingentes e particulares, sempre se prestará a enunciar um grau – oscilante e variável – de racionalidade. Como se vê, Aquino não é, de nenhum modo, um filósofo idealista, já que está pronto a reconhecer que a lei humana, sempre imperfeita em um sentido ou outro (*i.e.*, sempre passível de aperfeiçoamento), ainda é guiada por um parâmetro de racionalidade (o que não deveria ser chocante, pois é evidente que as leis positivas, em termos comparativos, sempre podem ser avaliadas como melhores ou piores). Nesse sentido, a lei humana deve, inclusive, ser compreendida como indispensável para a adequada orientação racional da ação humana.

Como se vê, a divisão proposta por Aquino não poderia ser, mesmo para autores contemporâneos, tomada como extravagante ou absurda em todos os seus pontos. Primeiramente, não é nada polêmica a afirmação de que existem, na realidade, leis que são positivadas, voluntariamente, pelos seres humanos. Também – talvez – não seja controversa a conclusão de que existem leis lógicas e físicas que limitam o pensamento e que determinam ou orientam os demais entes que existem na realidade (incluídos, nessa esfera também os próprios seres humanos, enquanto entes corpóreos submetidos aos parâmetros desse tipo de legislação). A controvérsia surge, por óbvio, quando se questiona a possibilidade de existirem leis que possam ser compreendidas como sendo uma instância na qual estão fixados padrões racionais que se prestam a avaliar a retidão e a adequação das leis humanas positivas e que não fundamentam o seu valor em qualquer convenção humana prévia, mas sim em elementos que podem ser justificados, universalmente, tendo em vista a própria composição essencial do ser humano e a estrutura racional da ação humana. Até a Modernidade,[117] nenhum pensador (à exceção dos sofistas) havia colocado em dúvida a existência de leis que seriam naturais ao ser humano e que não

---

quam quaedam rationis ordinatio ad bonum commune, ab eo qui curam communitatis habet, promulgata.» – ST, I-II, q. 90, a.4). V., ainda, Holzheu, Elena. Op. cit., p. 9.

[117] Voegelin, Eric. Op. cit.

teriam a sua fundamentação baseada no desejo de, coletivamente, seguirmos tais preceitos. Mesmo que assim seja, não podemos esquecer que a vivência prática do direito ainda fornece alguns indícios de que existiriam tais critérios pré-convencionais e pré-positivos no momento em que desenvolvemos atividade argumentativa no direito. Isso pode ser visto sempre que sustentamos os méritos e os deméritos de determinada lei humana a ser positivada (*i.e.*, uma análise jurídica *de lege ferenda*) e, inclusive, quando sustentamos a iniquidade de uma lei positiva baseada em critérios meta-jurídicos, ou seja, que são verdadeiros independentemente de positivação (*e.g.*, os postulados da proporcionalidade e razoabilidade[118]). Conforme já sustentado, podemos criticar como ilegítima uma nova lei tributária que acarreta uma prática confiscatória, na medida em que se comete a tomada extrema ou abusiva de patrimônio privado, independentemente da positivação de preceito jurídico que proíbe esse tipo de prática, não se querendo dizer com isso que a positivação da regra que proíbe o confisco seja inócua e desnecessária, pois é sempre desejável a enunciação pública de um enunciado racionalmente necessário.

3.3 A ideia de lei natural

Cabe esclarecer como é possível, segundo a tradição tomista, justificar-se a ideia de uma lei natural que delimita, racionalmente, as opções que o legislador humano deve buscar concretizar em um contexto jurídico específico. Para se compreender o sentido correto em que a lei natural é proposta por Aquino, mostra-se necessário esclarecer o sentido próprio de «*lei*» e de «*natural*». Conforme já destacado, *lei*, em sentido amplo, deve ser compreendida como qualquer preceito que rege e mede, racionalmente, algo, tendo em vista o fim próprio desse objeto. Lei, portanto, é indicativo do direcionamento ou da ordenação racional de algo, tendo em vista a concretização de um fim que seja condizente com a realização ou aperfeiçoamento desse objeto.

Já *natureza* representa um conceito mais complexo, o qual, frequentemente, é mal compreendido por autores modernos e contemporâneos. Para Aquino, que segue as lições ontológicas desenvolvidas por Aristóteles, o conceito de natureza pode ser compreendido, pelo menos, em três sentidos distintos (mas intercomunicáveis), quais sejam: como essência, como razão e como pré-convencional. Em um primeiro sentido, natureza representa aquilo que reflete a essência de algo, tendo em vista as suas causas, ou seja, aqueles princípios (não no sentido técnico-jurídico) que garantem a composição necessária de determinado objeto. Mesmo que essa não seja a forma contemporânea de se entender o termo «*natureza*», tal conceito, na tradição filosófica clássica, é assumido como indicativo do que atribui inteligibilidade última a

---

118 Para o esclarecimento de tais conceitos jurídicos, v. ÁVILA, Humberto. *Teoria dos princípios – da definição à aplicação dos princípios jurídicos*. 12. ed. São Paulo: Malheiros, 2011.

determinado ser, ou seja, aquilo que permite analisar racionalmente os seus princípios operativos mais básicos. Como se vê, «*natureza*», nesse contexto filosófico, não pode ser compreendida restritivamente, como indicando apenas aquela dimensão física ou corpórea que determinado objeto manifesta exteriormente.[119] Por isso, quando se fala, por exemplo, em natureza humana, não se está apontando apenas para as propriedades biológicas que predeterminam a composição orgânica e o comportamento físico humano. Aquino, por certo, rejeitaria categoricamente todas as posturas fisicalista, bastante comuns hoje em dia, do mesmo modo que também reprovaria qualquer espécie de behaviorismo[120] aplicado na compreensão racional do agir humano. Exatamente por essa razão, a lei natural não pode ser confundida com a noção moderna de «*lei da natureza*», a qual, nesse contexto, representa aquilo que regula causalmente os objetos contidos no universo físico.[121]

Na verdade, um dos pressupostos básicos de uma teoria da lei natural é o de que existem diretivas verdadeiras para a ação humana, as quais são identificadas, não com base na descrição de propriedades físicas ou orgânicas dos seres humanos, mas sim a partir da análise das *potencialidades humanas*, em especial a capacidade racional que é própria e exclusiva dos seres humanos. Por isso, o teórico da lei natural assume que, em relação à ação humana, a «*natureza é razão*», na medida em que a razão é uma capacidade natural própria da criatura humana, já que esse pode ser definido com base no seu funcionamento racional, diferenciando-o de outros seres desprovidos de capacidade racional. Assim, «natureza enquanto razão» indica que os seres humanos visam a realizar a sua natureza própria quando executam ações na sua vida concreta.[122] Não se pode negar que o ser humano seja, em um sentido relevante, determinado, em parte, pela sua composição física e orgânica, mas esses fatores não são os elementos que garantem inteligibilidade plena à ação humana, *i.e.*, naquela medida em que a conduta humana é realizada por um agente que é capaz de agir com racionalidade (o que não significa afirmar que esse, em realidade, assim sempre agirá). Assim, em relação à atividade humana, mesmo que haja um ponto de contato relevante entre a sua «natureza enquanto natureza» e a sua «natureza enquanto razão», não se pode assumir que a lei natural seja referente a essa primeira dimensão. A lei natural, na verdade, em nenhum momento busca derivar conclusões sobre o agir humano com base na análise simplista de como se dá o funcionamento biológico dos

---

119 V. noção de fisicalismo apresentada no item 1.3.

120 A ação humana somente pode ser compreendida pelos fatores físicos que predeterminam o comportamento do ser humano, tal como ocorre com outros seres biológicos que se movimentam com base em impulsos e estímulos exteriores.

121 Hampe, Michael. *Eine kleine Geschichte des Naturgesetzbegriffs*. Alemanha: Suhrkamp, 2007.

122 Porter, Jean. Op. cit., p. 71.

seres humanos,[123] mas sim extrai conclusões tendo em vista as exigências que a razão apresenta quando o ser humano pretende executar uma ação visando a um fim inteligível. Pressupõe-se aqui, portanto, que todo ser humano, ao analisar as alternativas de ação que se apresentam diante de si, é capaz de perceber (mesmo antes de qualquer articulação linguística) a existência de fins que direcionam o seu agir, o que pode é traduzido, pela tradição tomista, como sendo bens humanos inteligíveis que representam formas de nosso aperfeiçoamento ou benefício. Esses bens humanos básicos dão forma racional aos fins que pretendemos realizar, representando razões primeiras para a ação.[124] Esse ponto, por certo, necessita, ainda, de esclarecimentos adicionais, o que será realizado no tópico que segue.

Um terceiro sentido relevante de «*natureza*» toca na ideia já explorada, relacionada com à noção de que existem elementos pré-convencionais que delimita as opções racionais que estão à disposição do ser humano quando pretende realizar um plano de ação. Segundo Porter «qualquer fundamento pré-convencional de práticas sociais ou normas morais pode ser compreendido como um tipo de natureza».[125] Assim, em algumas situações, quando se afirma que *X* é da natureza de algo, está-se apenas indicando que determinada propriedade não é, livremente, convencionada pelo ser humano, de modo que tal elemento constitutivo não está, em verdade, a sua disposição volitiva. Um esclarecimento importante deve ser aqui apresentado. Afirmar que há uma natureza pré-convencional para determinado objeto não significa dizer que o ser humano não possa, volitivamente, corromper aquele traço que seria racional e necessário por meio de escolhas concretas que venha a promover. Ilustrando esse argumento com um exemplo tributário, pode-se afirmar que a ideia de imposição tributária, conceitualmente, impõe a noção de repartição isonômica de encargos públicos entre os membros daquela comunidade política. Com efeito, pensar em tributação é projetar um conceito que indica, analiticamente, a ideia de um parâmetro de igualdade a ser adotado na divisão dos encargos pecuniários que os indivíduos deverão arcar. E esse elemento definicional de tributo não pode ser compreendido como simples opção convencional e volitiva que o legislador entendeu por bem seguir, mas, em verdade, reflete um traço necessário e pré-convencional que é inerente à compreensão racional daquilo que é um tributo. Pensar de outro modo é aceitar que o legislador pode escolher tributar de forma discriminatória e, ao assim proceder, nenhum equívoco jurídico estaria praticando, ou seja, nenhuma agressão às exigências

---

[123] Op. cit., p. 76.

[124] Esses bens são básicos e primários no sentido de que não podem ser reconduzidos ao sentido de nenhum outro fim ou bem que seja mais básico e que estivesse o fundamentando. Representam, pois, fins em si mesmos que não são meios para outros fins posteriores. (Finnis, John. *Aquinas*. Inglaterra: Oxford University Press, 2004: 79).

[125] Porter, Jean. Op. cit., p. 68.

mínimas da razão estaria cometendo.[126] É possível, portanto, que o legislador, empiricamente, crie tributos que sejam manifestamente anti-isonômicos? Evidentemente, essa é uma possibilidade concreta que sempre existe. No entanto, reconhecer que existem elementos pré-convencionais que restringem as opções materiais do legislador, significa preservar uma instância crítica e pré-positiva (o que não é o mesmo que *pré-jurídico* ou, simplesmente, *moral*) que permite avaliar os méritos e deméritos das opções legislativas, contingentemente, adotadas.

Somando-se as ideias de lei como preceito que mede ou regula determinado objeto e de natureza como essência, racional e pré-convencional na qual se atribui inteligibilidade última a determinado objeto, pode-se afirmar, seguindo Aquino, é possível falar-se em uma lei natural referente ao ser humano, na medida em que essa comporta diretivas verdadeiras sobre o modo adequado de se avaliar esse agir, sendo que a compreensão de tais preceitos fornecem critérios últimos para a análise racional da ação humana.[127] A lei natural, portanto, agrega um conjunto de preceitos que são compreendidos racionalmente e que direcionam as ações que são adequadas à natureza humana, proibindo aquelas que são a ela contrárias,[128] dando base aqueles elementos que garantem a ela inteligibilidade e o mínimo de racionalidade.[129] Obviamente muitas derivações equivocadas podem ser extraídas dessas conclusões, por isso algumas especificações ainda serão necessárias.

Nesse ponto, de qualquer modo, podem ser sintetizadas três teses que deverão ser assumidas por aquele que rejeita qualquer possibilidade de se vislumbrar a existência de uma lei natural. Aquele que nega a possibilidade de se falar em lei natural deverá afirmar uma ou mais das seguintes premissas: *(i)* não existem elementos objetivos pré-convencionais que limitam as opções práticas que podem ser perseguidas pelo ser humano, individual ou coletivamente considerado; *(ii)* não existem parâmetros racionais mínimos que se prestam a, substancialmente, medir e regular a ação humana; e *(iii)* não existem fins materiais comuns entre os seres humanos, os quais poderiam garantir inteligibilidade e razoabilidade ao agir humano. Por outro lado, se essas três premissas forem aceitas, grande parte do convencimento em relação à existência de uma lei natural já foi realizado, bastando apenas realizar o esforço de especificação dos preceitos da lei natural, bem como a ilustração de como a lei positiva participa do exercício da razão prática pelo ser humano.

No entanto, antes de se prosseguir, impõe-se realizar um último esclarecimento, de modo a afastar a equivocada compreensão de que, sendo a

---

[126] V. novamente transcrição da nota 91 (Becker, Op. cit., p. 90).

[127] McInerny, Ralph. *Ethica Thomista – The Moral Philosophy of Thomas Aquinas*. EUA: CUA Press, 1997: 40.

[128] Sobre a dimensão prescritiva da lei natural v. Kluxen, Wolfgang. Op. cit., p. 30.

[129] Porter, Jean. Op. cit., p. 69.

lei natural formulada em termos de preceitos, seria ela, na verdade, apenas o reflexo de uma expressão linguística do ser humano, reconduzindo-se, assim, à conclusão – já rejeitada no primeiro tópico – de que a linguagem seria, de fato, constitutiva de toda a realidade, inclusive da lei natural. Na verdade, a expressão da lei natural não se identifica, integralmente, com o seu conhecimento, mas sim dele deriva.[130] Conhece-se a lei na medida em que nos sentimos inclinados a agir racionalmente em busca de um bem ou fim verdadeiro e isso não exige que articulemos, previamente, os conhecimentos que nos movem nem que formulemos linguisticamente nossos raciocínios. De fato, a expressão linguística é a melhor forma de conhecer e de cumprir a lei, mas apenas para aquele que já a assume como expressão de uma vontade dirigida a um determinado bem. A linguagem não possui a última palavra sobre a ação humana, porque o homem descobre o sentido do seu agir tanto por trás da linguagem, no caso das paixões sensíveis, quanto por cima dela, como demonstram aquelas experiências em que nem sempre podemos explicar porque agimos ou porque acreditamos que deveríamos agir, ainda quando há total clareza de que se está respondendo a um imperativo racional.[131] Os preceitos da lei natural, portanto, ainda que racionais, não se identificam plenamente com sua expressão linguística. Com efeito, ainda que a linguagem exerça um importantíssimo papel para o conhecimento e a comunicação da lei natural, não se pode afirmar que o seu fundamento esteja localizado no modo como a expressamos linguisticamente. A comunicação linguística se dá com base em ações e atos comunicativos, os quais são atos proferidos por pessoas, que são, por sua vez, orientadas pela lei natural. Sem ela, a linguagem não poderia alcançar o seu fim nem o seu exercício não poderia ser avaliado, plenamente, como bem sucedido. A ação e a linguagem são, pois, dois modos distintos, mas correlatos, de esclarecer os motivos que direcionam o indivíduo a um fim. Do mesmo modo que as palavras podem explicar determinada ação, muitas vezes, algumas ações são o único modo concreto de se compreender adequadamente determinadas palavras.[132]

3.4 Níveis de especificação da lei natural: princípio primeiro e preceitos da lei natural

Do exposto até aqui, cabe definir se a lei natural é formada por meio de um único preceito que seria capaz de dispor sobre a totalidade arquitetura

[130] Murillo, José Ignácio. «La expressión linguística de la ley natural». In: Cruz, Juan (editor). *La Ley Natural como fundamento moral e jurídico en Domingo de Soto*. Espanha: EUNSA, 2007: 147.

[131] Nesse ponto, mostra-se interessante referir-se à ideia de Wittgenstein de «*forma de vida*» que sempre fundamentaria os «*jogos de linguagem*» dos quais nos valemos para agir e para nos comunicar. V. notas 81 e 82.

[132] Murillo, José Ignácio. Op. cit., p. 148.

racional que orienta e direciona a ação humana ou se seria formada por vários preceitos, os quais possuem estrutura, conteúdo e posição distintos dentro da ordenação completa das diretivas da ação humana. Em última instância, tal questionamento visa a analisar se o ser humano, quando age observando parâmetros racionais, está sendo motivado por apenas um tipo de fim ou se existem inúmeros fins objetivos que são para ele naturais e que, por isso, são compreendidos como um bem que atribui sentido ao seu agir. Para a possível surpresa daquele que critica, apressadamente, Aquino, responde ele que existem inúmeros preceitos formadores da lei natural,[133] os quais indicam uma pluralidade de fins verdadeiros que podem direcionar e motivar a ação humana. Cabe relembrar que, na tradição clássica, os conceitos de bem e fim são interdefiníveis, pois compreender que é possível agir visando a um bem é entender que a ação possui um objetivo que é inteligível e, possivelmente, justificável aos demais. Além disso, tais preceitos devem ser compreendidos como exercendo funções distintas no que se refere à participação da razão no agir humano, sendo possível, inclusive, ordená-los em níveis distintos de determinação no que tange ao seu conteúdo prático. Assim sendo, a lei natural, de acordo com a tradição tomista, é formada por três *instâncias*, nas quais os preceitos da razão ordenam a ação humana para os fins que lhe são compatíveis.[134]

Aquino não fornece uma lista completa de quais seriam esses bens humanos básicos que representam razões primárias para a ação,[135] mas apenas reconhece que são plurais os preceitos da lei natural, sendo certo, porém, que esses são todos reconduzidos a um primeiro princípio fundamental e unificante de todos os outros. Por isso, em seu nível mais básico, a lei natural é composta por um princípio primeiro ou primário (*prima*) que direciona, em um sentido amplo, todas as ações humanas (*prima principia operum humanorum*). Com efeito, assim como em outros campos do conhecimento, a razão prática – que é ordenada pela lei natural – pressupõe a existência de um primeiro princípio que dá base a (*i.e.* é fundante e constitutivo de) todos os raciocínios referentes à ação humana.[136] Esse primeiro princípio prático deve ser entendido como auto-evidente, na medida em que a sua veracidade não pressupõe nenhuma demonstração prévia.[137] Nesse sentido, a validade e a veracidade desse primeiro princípio prático são indemonstráveis, já que ele

---

[133] ST, I-II, q. 94, a. 2.

[134] Gilson, Etienne. *The Philosophy of St. Thomas Aquinas.* Estados Unidos da América: Dorset Press, 1948: 327; McInerny, Ralph. Op. cit., p. 57; Kreef, Peter. *Summa of the Summa.* EUA: Ignatius, 1990.

[135] Tal projeto seria inexequível, exatamente porque é inviável pretender-se especificar, aprioristicamente, todos os fins materiais que orientam o ser humano, mesmo que seja possível prever uma lista mínima dos bens básicos que representam suas razões objetivas.

[136] Kluxen, Wolfgang. Op. cit., p. 35; Gilson, Etienne. Op. cit., p. 327.

[137] McInerny, Ralph. Op. cit., p. 41.

é, conceitualmente, o ponto de partida para toda a reflexão posterior sobre o agir humano. Isso significa dizer que é, com base nele, que se torna possível entender o processo de justificação racional da ação humana, sob pena de se incorrer em um regresso ao infinito, *i.e.*, uma justificação sem fim dos motivos que levam o ser humano a agir.

O primeiro princípio do raciocínio prático, desse modo, possui o mesmo *status* teórico dos primeiros princípios da razão especulativa, os quais, também auto-evidentes e indemonstráveis, são o ponto de partida para qualquer demonstração lógica ou teórica.[138] Assim como a compreensão teórica de um determinado objeto exige o entendimento do primeiro princípio lógico da não-contradição, o qual enuncia que é *impossível que uma coisa possa ser e não ser ao mesmo tempo* (ou que *ninguém, simultaneamente, pode afirmar e negar algo sobre a mesma coisa*; ou ainda que *uma proposição não pode ser, simultaneamente, verdadeira e falsa*), também a compreensão básica do que direciona a ação humana pressupõe a aceitação de um princípio fundante do raciocínio prático. Dito de outro modo, os princípios primeiros da razão teórica dão forma ao pensamento, enquanto que os primeiros princípios da razão prática dão forma à ação humana. Com efeito, qual elemento poderia exercer, no raciocínio prático, a função que o *ser* ocupa para o raciocínio teorético? Para Aquino, assim como para Aristóteles, do mesmo modo que o *ser* – enquanto elemento ontológico mais básico – representa a primeira coisa, intelectualmente, apreendida pela mente humana, o *bem* enquanto fim (verdadeiro ou aparente) é aquilo que a dimensão prática da mente humana, primeiramente, capta quando elege um determinado plano de ação.[139] O agente sempre delibera projetando um fim que é a razão do seu agir e esse fim, invariavelmente, assume a forma de um bem (mesmo que, precariamente, apenas na perspectiva subjetiva do agente), o qual pode ou não, na contingência da realidade, estar, racionalmente, ordenado. Nesse sentido, pode-se afirmar que um bem (verdadeiro ou aparente) é sempre aquilo que a pessoa almeja quando age. O *bem* não deve ser entendido como mero interesse individual que se visa concretizar por meio da execução de uma atividade, mas deve ser compreendido, nesta instância, como o conceito que atribui formalidade a qualquer objeto que é perseguido por meio da ação humana, da mesma forma que o *ser* é o que dá forma ao pensamento como um todo. Por essa razão, o primeiro princípio da razão prática, o qual representa o preceito fundamental da lei natural, consagra essa noção básica e universal acerca da própria natureza racional da ação humana, sendo formulado nos seguintes termos: «o bem é para ser realizado e perseguido e o mal é para ser evitado».[140]

---

[138] Finnis, John. Op. cit., p. 80.
[139] McInerny, Ralph. Op. cit., p. 42.
[140] ST, I-II, q. 94, a. 2.

Esse primeiro princípio, ainda não dotado de qualquer qualificação substancial, é sabidamente formal, já que apenas dispõe sobre a forma que direciona toda e qualquer ação humana, sendo possível assim formalizá-lo: *X* (*e.g.* vida humana) é um *bem* a ser perseguido e preservado e aquilo que prejudica ou obstaculiza a preservação de *X* é um mau e deve ser evitado.[141] As ações que promovem tal *bem* representam meios de realização desses fins básicos e as ações *más* (*i.e.*, erradas, inadequadas, injustas etc.) são meios de corrupção ou obstaculização desses fins básicos e, por isso, devem ser evitadas. Sendo tal primeiro princípio auto-evidente e indemonstrável, é ele, mesmo que precariamente, acessível a todas as pessoas, as quais atendem aos seus termos em todas as suas ações concretas, mesmo quando não possuem consciência plena da sua forma e da sua articulação linguística. Aliás, mesmo juízos práticos que sejam, *in concreto,* equivocados podem ser reconduzidos ao escopo desse primeiro princípio, o que não invalida o princípio, mas apenas demonstra que a adequação verdadeira dos seus termos no caso concreto não foi bem sucedida por aquele que agiu. Impõe-se esclarecer que essa qualificação do primeiro princípio do raciocínio prático somente é possível por causa do sentido generalíssimo dos termos que o integram, bem como por causa da própria definição de bem como sendo aquilo que sempre atribui sentido teleológico a toda a ação humana. Por isso, não se deve atribuir ingenuidade a Aquino, presumindo-se que estaria ele afirmando que o ser humano sempre realiza ações boas quando executa concretamente os seus planos.[142] Na verdade, a invocação do primeiro princípio prático não se presta a legitimar imediatamente nenhuma ação concreta. A auto-evidência, a mera formalidade do conceito de «*bem enquanto fim*» e o escopo universal do primeiro princípio prático são fatores que impedem que ele seja invocado como uma razão concreta e específica para a justificação de um plano de ação. Isso significa dizer que ninguém explica a sua própria ação invocando apenas o primeiro princípio da razão prática, já que nenhuma ação pode ser, efetivamente, esclarecida apenas pela afirmação de que «*eu persegui um bem*», do mesmo modo que ninguém daria um conselho sobre como agir, simplesmente, enunciando que «*é racional que você evite um mal*». O primeiro princípio prático, portanto, mesmo que não seja uma razão explícita para justificar-se um modo de agir, representa o suporte teórico que permite explicar a causa última de toda e qualquer ação humana,

---

[141] FINNIS, John. *Aquinas*. Inglaterra: Oxford University Press, 2004: 87.

[142] Na verdade, a compreensão tomistas acerca do agir humano representa um meio-termo ponderado entre dois extremos que podem ser atribuídos a HOBBES, segundo o qual o ser humano é mal por natureza e deve ter seus impulsos auto-interessados contidos por imposições estatais exteriores, e a ROSSEAU e o seu conceito de bom selvagem, de acordo com o qual o ser humano é, por natureza, integro e bom, tornado mal pela sociedade humana. AQUINO pressupõe que o ser humano tem a capacidade de agir racionalmente e assim alcançar bem básicos inteligíveis, mas essa capacidade pode não ser, concretamente, exercitada, por inúmeros fatores interiores e exteriores que influenciam a deliberação prática do agente. (KREEF, Peter. *Summa of the Summa*. EUA: Ignatius, 1990).

refletindo, precisamente, o mesmo papel que o primeiro princípio teorético da não-contradição exerce em toda demonstração teórica, ao manifestar algo sempre verdadeiro acerca do conhecimento, mesmo que nada específico possa ser apenas por meio dele comprovado. Com efeito, também o primeiro princípio do raciocínio prático manifesta algo verdadeiro e necessário sobre toda e qualquer ação humana, mesmo que outros preceitos sejam necessários na especificação do conteúdo racional mínimo que direciona a ação humana.

Diante da insuficiência do primeiro princípio para a motivação e avaliação do agir humano, é necessária a identificação de outros preceitos da lei natural que sejam mais específicos no direcionamento racional da ação humana. Esses preceitos de segunda ordem representam uma particularização do primeiro princípio, estando, pois, na mesma seara da lei natural e não em dimensão, totalmente, distinta do raciocínio prático.[143] Diante disso, afirma Aquino que todos os demais preceitos da lei natural encontram-se pautados a partir daquele primeiro princípio,[144] os quais são derivados das «inclinações naturais» (*naturalem inclinationem*)[145] do ser humano,[146] já que a «lei natural acompanha a natureza do homem». A análise desses preceitos primários da lei natural que se localizam em um segundo nível de especificação racional parte de uma estratificação ontológica que é desenhada tendo em vista a composição essencial do ser humano, na medida em que este é um ser *(a)* vivo *(b)* animal *(c)* dotado de capacidade racional. Desse modo, os fins básicos de um ser com essa composição ontológica apontam para os bens mínimos que esse ser assume como uma inclinação natural, *i.e.*, *(a)* aquilo que mantém em comum com todas as substâncias, *(b)* aquilo que mantém em comum com outros animais e *(c)* aquilo que lhe é específico enquanto ser racional.[147] Com efeito, expõe Aquino que «*a ordem dos preceitos da lei natural é baseada na ordem das inclinações naturais*», a qual projeta três fins primários e básicos a todo ser humano, os quais assumem a forma racional de um bem: *(a)* a inclinação do ser humano segundo a natureza que compartilha com as demais substâncias vivas, ou seja, a *busca pela conservação da sua existência*, o que projeta a *preservação da vida humana* como um preceito da lei natural, já que seu contrário conduziria ao perecimento da sua existência individual; *(b)* a inclinação do ser humano naquilo que ele compartilha, essencialmente, com outros animais, qual seja, a *necessidade de procriação* e de *cuidado para com a sua prole*, já que o seu contrário levaria ao perecimento do gênero humano

---

[143] MCINERNY, Ralph. Op. cit., p. 43.

[144] ST, I-II, q. 94, a. 2.

[145] Aqui, inclinação natural deve ser entendida no sentido efetivamente pretendido por AQUINO, ou seja, não no sentido de um mero impulso ou instinto sensorial – significação essa que a crítica, apressadamente, imputa à tradição tomista – mas como aquilo que racionalmente direciona o ser humano aos fins que atendem ao aperfeiçoamento dos seus traços essenciais.

[146] GILSON, Etienne. Op. cit., p. 328.

[147] FINNIS, John. *Aquinas*. Inglaterra: Oxford University Press, 2004: 82.

como um todo; e *(c)* a inclinação do homem conforme aquela essência que lhe é própria e peculiar, ou seja, tudo que diz respeito a sua dimensão racional, como, por exemplo, a *busca pela verdade* (conhecimento) e a *vida em sociedade* (sociabilidade humana), sob pena de o ser humano não viabilizar a realização de fins básicos que são inerentes a sua racionalidade.

Como se vê, sendo o homem um ser dotado de uma essência complexa, mostra-se necessário, em um primeiro esforço de especificação do primeiro princípio do raciocínio prático, a identificação de um grupo de preceitos que ordenam e direcionam, materialmente, a ação conforme as diferentes essências básicas do ser humano. Esses fins básicos que orientam, racionalmente, a ação humana são constitutivos da própria experiência humana, na medida em que a ela atribuem inteligibilidade no sentido mais primário. Os três preceitos que compõem esse segundo nível da lei natural não são, propriamente, deduzidos do primeiro princípio prático, tendo em vista que o seu conteúdo não pode ser demonstrado diretamente dos termos contidos no enunciado «o bem é para ser realizado e perseguido e o mal é para ser evitado». De qualquer modo, eles podem, em raciocínio inverso, ser reconduzidos a esse primeiro princípio, já que todos esses preceitos «comungam de uma mesma raiz».[148] Além disso, segundo Finnis, tais preceitos da lei natural não são proposições indicativas (*i.e.* descritivas da realidade), no sentido de apontar o que é ou será, empiricamente, realizado, do mesmo modo, que não são proposições imperativas (*i.e.* prescritivas), no sentido de impor um comando ou uma ordem. São, na verdade, proposições *diretivas,* de modo que apenas capturam a ideia de direcionamento acerca do que *é-para-ser* (*is-to-be*) realizado. Assim, dentro desse esquema explicativo, não encontramos a bifurcação da realidade, tipicamente Moderna, na qual há apenas os dois planos estanques do *ser*, captado pela descrição, e do *dever-ser*, orientado por meio de prescrições. Na verdade, encontramos como fundamento último do plano empírico (que descreve os fatos) e do plano deôntico (que prescreve os deveres), o *plano diretivo* (que orienta o ser humano a bens básicos em relação aos quais ele se inclina, racionalmente, sempre que pretende realizar um fim). Por isso, esses preceitos primeiros da lei natural, além de diretivos, são indemonstráveis e auto-evidentes, pois eles são o ponto de partida material de um raciocínio prático (sendo que o princípio prático fundamental, antes analisado, representa o seu ponto de partida formal).[149]

---

[148] ST, I-II, q. 94, a. 2. V., ainda, KREEF, Peter. *Summa of the Summa.* Op. cit., p. 514, nota 266.

[149] Eles não são conhecidos por meio de uma dedução que parte de raciocínios materiais prévios, já que são eles que consagram as primeiras premissas substanciais do raciocínio prático. Eles são conhecidos, na verdade, por meio de *indução*, ou seja, por meio de experiências e do contado direto com certas práticas humanas que ilustram, imediatamente, a veracidade de tal conteúdo. Mesmo que eles não sejam demonstráveis por meio de dedução, eles podem (e devem) ser defendidos, dialeticamente, por meio de argumentos, que podem partir de experiências concretas ou de outras derivações posteriores, o que poderá ser necessário, principalmente, em

Nesta instância da lei natural, encontram-se, pois, preceitos materiais que direcionam e organizam a ação humana em um sentido ainda primário, na medida em que o ser humano pretende, racionalmente, promover determinados fins objetivos captados como bens básicos, como, por exemplo, a preservação da vida, a constituição de família, o conhecimento, a vida em comunidade, entre outras práticas sociais racionais ou razoáveis,[150] incluindo-se aqui, inclusive, a aquisição privada de propriedade.[151] Aliás, ao que interessa ao presente trabalho, é importante destacar que, neste nível da lei natural, também são passíveis de formulação inúmeros *preceitos de justiça*, os quais dispõem sobre direcionamento racional, não da ação humana em geral nem individualmente considerada, mas enquanto essa participa de uma relação jurídica. Os preceitos da lei natural, ao apresentarem proposições que indicam o que, racionalmente, direciona o ser humano, também contêm preceitos naturais mais específicos que se prestam a orientar o ser humano em suas relações jurídicas, ou seja, nas relações que orientam um indivíduo ao se relacionar com outro indivíduo (ou com a coletividade como um todo), de modo a definir o que é devido, concretamente, às partes que formam esse vínculo. Tais preceitos de justiça, portanto, sempre almejam, não apenas a realização de um bem básico/fim verdadeiro, mas também a fixação, preservação ou reestabelecimento de uma relação de igualdade estabelecida entre as partes. Assim, a igualdade básica e essencial de todos os seres humanos é a presunção que está por trás de todas as relações de justiça.[152] Desse modo, tais preceitos de justiça, são capazes de fundamentar objetiva e materialmente as mais variadas práticas tributárias, o que se pretende demonstrar, mais especificamente, no tópico III. De qualquer modo, algumas derivações pertinentes ao direito tributário podem ser adiantadas, partindo-se da definição dos três fins básicos que dão conteúdo aos preceitos primários da lei natural. Vejamos três exemplos (que, por óbvio, não esgotam as derivações possíveis desses preceitos).

(a) a necessidade racional de o ser humano conservar a *sua existência*, projeta a ideia de que um conjunto básico de bens consumíveis que deverão ser garantidos a cada indivíduo, como modo de lhe destinar aquilo que, minimamente, necessita para dar conta das suas necessidades mais primárias, de modo a permitir a *preservação da sua vida e da sua integridade física*. Obviamente, nesta instância do raciocínio prático esse um conceito ainda adota contornos

---

relação aos céticos (ST, I-II, q. 66, a. 5.), demonstrando-se a esse que as suas próprias ações e projetos são orientados pressupondo a existência de tais fins comuns e básicos (Finnis, John. *Aquinas*, p. 87-8).

150 Gilson, Etienne. Op. cit., p. 328.

151 «*And so the human person has natural ownership of exterior things, because through his reason and will he is able to make use of them for his benefit, as if they were made for him, for more imperfect things always exist for the sake of more perfect things... the possession of exterior things is natural to the person.*» (ST II-II, q. 66, a.1.)

152 Finnis, John. *Aquinas*, p. 188.

altamente indeterminados no seu conteúdo, o qual precisará receber especificações práticas posteriores, como se verá nos tópicos seguintes. De qualquer modo, esse fim básico e necessário ao ser humano, já permite fundamentar a noção de um conjunto mínimo de bens consumíveis destinados ao ser humano como sendo algo natural (*i.e.* racional e necessário) à experiência humana. E, como talvez já esteja claro, dessa ideia, pode-se derivar o conceito jurídico de *mínimo existencial ou vital*, o qual, no campo tributário, fundamenta as normas tributárias que, por exemplo, ambicionam afastar da tributação as faixas mais carentes da população, já que se presume que os parcos recursos que tais indivíduos dispõem devem ser utilizados, exclusivamente, para a manutenção dos seus meios de vida e não para dar conta de encargos tributários diretos. Também se pode vislumbrar a participação deste fim básico nas normas tributárias que almejam promover o acesso ou facilitar o consumo de determinados bens materiais que são considerados essenciais, como quando, por exemplo, se desonera da incidência de impostos indiretos aqueles itens que são qualificados como integrantes da «*cesta básica*». Interessante notar que, mesmo que seja convencional a especificação do conteúdo daquilo que será considerado como item integrante do conceito jurídico de mínimo existencial, a ideia que fundamenta tal conceito é racionalmente necessária e pré-convencional.

(b) vislumbrando-se o fim básico *família* e *cuidado da prole*, também se pode justificar o fundamento das mais variadas normas jurídicas que são editadas com o intuito de preservar e fomentar a constituição de instituições familiares, bem como resguardar os interesses dos menores. A realização desse objetivo pode ser justificado como algo racional ao ser humano na medida em que indispensável para a manutenção, intergeracional, da existência humana, o que deve-se dar por meio de algumas normas jurídicas que assumam a motivação de viabilizar a formação e manutenção de vínculos familiares e proteção dos menores de idade. A lei positiva poderá, por óbvio, eleger incontáveis planos de ação para atingir tal fim básico. Na prática tributária podemos citar como exemplo, a regra jurídica que reconhece determinado valor de despesas incorridas com «familiares» (*rectius*, dependentes) como um dispêndio relevante e legítimo e, por isso, passível de dedução na hora de apuração do imposto de renda.[153] Um segundo exemplo interessante – mas talvez, contextualmente, disputável – é encontrado em algumas realidades jurídicas estrangeiras[154] em que a tributação da renda é minorada para pessoas

---

[153] Art. 3.º da Lei 12.469, de 26 de agosto de 2011.

[154] Essa prática tributária tornou-se comum em alguns países europeus, nos quais, em razão do declínio na taxa de crescimento demográfico, entendeu-se por bem estimular a formação de entidades familiares com filhos, fixando-se faixas de tributação que levam em conta o modo de composição familiar do contribuinte. Tomando-se, por exemplo, o sistema tributário alemão, a tributação da renda adota sistemática de classes de contribuintes (*Lohnsteuerklasse*) que é dividida, tendo em vista, entre outros critérios, o estado civil (solteiro, casado, viúvo etc.) e o fato de se ter ou não prole. Veja-se que a visão de entidade familiar, na realidade jurídica alemã,

casadas e com filhos ao passo que a incidência tributária é, expressivamente, maior para o solteiro sem filhos. Obviamente, o conteúdo dessa regra tributária é meramente contingente e convencional, não se estando aqui a afirmar que, em todas as realidades sociais, seja necessária a tributação mais agressiva do solteiro sem filhos. Na verdade, quer-se apenas demonstrar que a ideia de promoção da família que representa o fundamento material desse tipo de norma tributária, o qual, sendo reconduzível a um fim básico e necessário ao ser humano, pode ser, ao menos, justificável como uma opção razoável a ser adotada.

(c) o terceiro fim básico, referente à inclinação do homem conforme a sua dimensão racional, permite, por certo, a fundamentação da maior parte das normas que formam o sistema jurídico. Dessa instância, portanto, é possível derivar como um fim básico ao ser humano a busca pelo *conhecimento*, a *viabilização da vida em sociedade* e, inclusive, a aquisição e manutenção de *propriedade privada*. Numerosos são os exemplos de normas tributárias que podem ser, materialmente, fundamentadas a partir desses fins básicos.

Primeiramente, poder-se-ia justificar, como meio razoável de promoção da busca pelo conhecimento, a imunidade tributária dos livros e do papel necessário a sua impressão positivada na Constituição de 1988 (art. 150, VI, *d*). Por certo, não é racionalmente necessário que o legislador imunize, precisamente, o livro nem o papel que o compõe. Essa é uma opção contingente, fruto de uma convenção que veio a ser adotada pelo Constituinte brasileiro. No entanto, essa opção contingente pode ser vista como racionalmente justificável, na estrita medida em que representa uma forma razoável de promoção do fim básico – esse sim necessário racionalmente – de se facilitar a busca pelo conhecimento. Poderia o legislador escolher fixar imunidade tributária em benefício de qualquer coisa (*e.g.* bebidas alcoólicas)? Em termos empíricos, obviamente poderia. No entanto, a justificação da opção convencional adotada sempre guardará estrita simetria com o fim básico que lhe dá base, sendo certo que o legislador enfrentará maiores dificuldades para esclarecer as razões que dão suporte a uma opção legislativa que não possa ser reconduzida a uma forma razoável de promoção de um fim básico. É, portanto, puramente convencional a imunidade sobre livros? Em um sentido sim, em outro sentido não. É convencional no sentido de projetar um meio contingente de promover um fim básico (conhecimento), mas é racionalmente necessária no sentido de ilustrar que o conhecimento é um bem para o ser humano digno de ser perseguido, sendo, por isso, justificável a completa desoneração tributária que recai sobre esse bem (justificação essa que, mesmo que possível, exigiria um enorme esforço argumentativo caso a imunidade recaísse sobre, por exemplo, bebidas alcoólicas).

é tomada como relevante na especificação do imposto a pagar (§ 38b *Einkommensteuergesetz – EStG*).

Em segundo lugar, a viabilização da *vida em sociedade* como um fim básico do ser humano pode ser vista como representando a estrutura arquitetônica que está por trás do sistema de imposições tributárias como um todo. Isso porque, caso venhamos a refletir sobre o que justifica necessária e racionalmente a tributação em toda a sua extensão, iremos nos deparar com a ideia de esforços comuns no sentido de garantir os meios necessários para a vida em sociedade, os quais, por óbvio, geram gastos comuns, sendo que esses, por sua vez, projetando responsabilidades comuns, devem ser repartidos coletivamente. Infinitas serão as alternativas normativas para concretizar, contingentemente, essa ideia um tanto genérica. De qualquer modo, mesmo que a conclusão aqui apresentada ainda carece de um longo processo de especificação acerca das opções legislativas que serão positivadas, não se pode desprezar a conclusão necessária de que a tributação representa meio racional e necessário de se viabilizar, minimamente, a vida dos indivíduos em sociedade.

Por fim, a própria consideração da *propriedade privada* como um bem básico ao ser humano representa importantíssimo fundamento material no direito tributário. Uma das derivações possíveis que se pode aqui apresentar toca no conceito jurídico, antes referido, da proibição de confisco. A ideia de uma tomada excessiva de patrimônio que deve, naturalmente, ficar a guarda do particular encontra seu fundamento último na noção de que determinada parcela de bens materiais que foram adquiridos pelo indivíduo não pode ser chamada a responder pelos deveres referentes custeio dos gastos públicos. Assim, sempre que se pensa na ideia de excesso ou abuso na tomada de patrimônio privado por meio da tributação, está-se, invariavelmente, afirmando a existência de uma instância em que a propriedade privada é bem básico que deve ser, racionalmente, preservado, mesmo que a participação individual no custeio dos gastos públicos também ilustre um fim básico condizente com a viabilização da *vida em sociedade.* Por isso, a concretização jurídica do que pode ser, efetivamente, considerado *prática confiscatória* irá pressupor um detalhada especificação legislativa, a qual, após a deliberação e ponderação de fins, fixará os critérios convencionais que permitirão identificar, contextualmente, o que pode qualificar um caso como sendo abuso na imposição tributária.

Como se vê, os fins materiais antes mencionados, estando pautados em preceitos da lei natural que sempre coordenam e garantem inteligibilidade à ação humana,[155] devem ser compreendidos como razões básicas que se manifestam como exigências universais e necessárias para o agir humano. E a dimensão universal e necessária de tais preceitos da lei natural faz com que esses sejam, em um sentido, vistos como absolutos no que se refere ao direcionamento da ação humana, ou seja, podem representar preceitos que

---

[155] Finnis, John. *Aquinas*, p. 35.

não admitem exceções. Dito de outro modo, esses fins básicos devem ser entendidos, neste nível de análise da lei natural, como incomensuráveis, o que significa dizer que um fim material não representa simples derivação de outro, não sendo mensurável com base nas vantagens geradas pela promoção (ou rejeição) de outro fim.

Mesmo que assim seja, não se pode pensar que todos os preceitos da lei natural são dotados de contornos absolutos que imponham comandos desprovidos de exceção. Para Aquino,[156] além do preceito prático fundamental (o primeiro princípio prático) e dos preceitos primários (os três fins básicos que estruturam racionalmente toda ação humana direcionada a um fim verdadeiro), a lei natural também é composta por preceitos racionais secundários, os quais, mesmo projetando diretivos que servem de parâmetro racional para a avaliação da conduta humana, manifestam maior grau de especificação que impede que sejam definidos como absolutos. Considerando-se que os preceitos primários da lei natural ainda são dotados de um alto grau de indeterminabilidade, permitindo, assim, incontáveis formas de concretização dos fins materiais mínimos que projetam, mostra-se necessário que essa indeterminação seja especificada por preceitos que formam um *terceiro nível da lei natural*, no qual se explicitam o que é para ser realizado pelo ser humano, na medida em que o seu agir for, racionalmente, orientado. Com efeito, relativamente aos preceitos secundários da lei natural, não se pode atribuir a eles o traço da auto-evidência, razão pela qual não são conhecidos, imediatamente, por todos e exigirão sempre uma demonstração posterior, de modo a viabilizar o seu entendimento e, inclusive, convencer aos demais acerca da sua veracidade. Ninguém (ou quase ninguém) chega a duvidar de que, em sentido geral e indeterminado, a pessoa deve «realizar o bem» ou «buscar mais conhecimento» ou «preservar a sua vida» ou «viabilizar a vida em sociedade». Na verdade, o desacordo intelectual e o dissenso social somente surgem quando são apresentados questionamentos específicos sobre a forma concreta de promover tais fins básicos. É exatamente por isso que a definição das exigências racionais e razoáveis para se promover, adequadamente, tais objetivos primários em um contexto histórico e social concreto pressupõe a identificação de tais preceitos secundários da lei natural. A concretização desses preceitos, portanto, é sempre relativa e variável, já que são eles válidos para a maioria dos casos, pressupondo, assim, uma situação de normalidade para a sua incidência. A aplicação de preceitos secundários, portanto, jamais será evidente, ficando sempre na dependência das particularidades do contexto em que tais proposições forem aplicadas, até porque a razão prática trata, prioritariamente, das coisas contingentes e não das coisas necessárias, que é objeto imediato da razão teórica. Aquino ilustra esse raciocínio valendo-se do preceito – jurídico, é interessante notar – que

---

[156] ST, I-II, q. 94, a. 4.

enuncia que «os depósitos devem ser restituídos».[157] Tal preceito secundário pode ser racionalmente derivado de um preceito primário que afirmaria que «os bens privados devem ser entregues ao seu legítimo proprietário» o que, por sua vez, pode ser derivado da captação da *propriedade privada* com um fim básico, a qual, por isso, é para ser preservada e protegida. Na instância primária de um raciocínio prático são formulados preceitos – ainda dotados de certa generalidade e indeterminabilidade – universais e necessários, razão pela qual seriam desprovidos de exceção. Já o preceito secundário «os depósitos devem ser restituídos» possui valor relativo, passível de exceções, conforme as particularidades do caso em que tiver de ser aplicado, como, por exemplo, no caso em que armas tenham sido confiadas a terceiro em depósito, as quais não poderiam ser, sob pena de irrazoabilidade, restituídas ao seu proprietário, caso esteja esse, temporariamente, afetado por algum tipo de loucura.

Como se percebe, os preceitos secundários da lei natural fixam uma ponte de justificação entre as exigências mínimas da razão prática e as proposições normativas contingentes e convencionais que serão introduzidas por meio da lei positiva humana, a qual, como se sabe, é capaz de apresentar inúmeras minúcias e especificação que no se refere ao modo pelo qual o ser humano poderá realizar um fim concreto. No entanto, quanto maior for o condicionamento e o detalhamento adotado pela lei, maior será a relativização dos preceitos da lei natural que estão ali pressupostos e, por consequência, «quanto mais numerosas condições particulares forem postas [na lei], tanto mais serão os modos de falhar».[158] Veja-se, pois, que a epistemologia prática proposta por Aquino supera as pretensões do formalismo normativo, pois abre espaço para, simultaneamente, justificarmos princípios práticos de modo absoluto e de modo relativo.[159]

3.5 A necessidade de positivação: a lei humana como derivação e determinação da lei natural

Reconhecer a existência de lei natural como critério pré-convencional que direciona racionalmente a ação humana não significa, de nenhum modo, desprezar a função da lei positiva na regulação do agir humano. Aquino não é de nenhum modo idealista ao pressupor que a só-compreensão dos preceitos da lei natural seria suficiente para que os seres humanos pudessem coordenar, coletivamente, os seus planos de ação. Isso porque a lei natural, nos seus limites, não é suficiente para direcionar integralmente a ação humana executada em determinado contexto específico. Na verdade, considerando-se o grau de generalidade dos preceitos da lei natural, será sempre necessária

[157] ST, I-II, q. 94, a. 4.
[158] ST, I-II, q. 94, a. 4.
[159] Finnis, John. *Aquinas*, p. 163.

uma especificação concreta das condições nas quais e dos meios pelos quais os fins básicos serão promovidos dentro de um contexto social específico. Assim, será sempre indispensável a edição de preceitos jurídicos positivos, os quais, naqueles enunciados mais particulares e condicionais sobre o meio de atingimento de determinado fim, ilustram os elementos convencionais que os membros daquela sociedade entenderam por bem adotar. O raciocínio prático reporta-se, pois, ainda a um quarto nível de preceitos, os quais agregam elementos convencionais, refletindo a forma concreta e contingente (das incontáveis alternativas razoáveis que poderiam ser ambicionadas naquele contexto específico) de aplicação dos preceitos da lei natural formulados nos níveis anteriores. Por isso, a lei humana positiva, segundo Aquino, não é apenas um item adicional desejável ou bem-vindo, mas é de máxima importância para a organização racional do agir humano coletivo. Três razões podem ser sintetizadas para justificar a necessidade das leis humanas: *(i)* elas são necessárias na especificação dos critérios de aplicação dos preceitos primários e secundários da lei natural, os quais indicam os elementos contingentes e os condicionamentos que deverão ser observados em cada circunstância; *(ii)* a lei exerce uma função pedagógica na educação difusa do ser humano, indicando a forma adequada de agir nos casos comuns e mais frequentes (ou seja, quando diante de situação de normalidade, o racional para o ser humano é agir conforme o preceito contido na lei humana positiva); e *(iii)* considerando-se que não se pode esperar de todos os seres humanos cumpram, espontaneamente, os preceitos exigidos pela lei natural, a lei positiva é necessária como meio de estimular ou forçar aqueles que não se sentem inclinados a cumprir a lei, por meio da fixação de sanções e penalidades.

No entanto, tendo em vista a especificidade do conteúdo de tais preceitos convencionais, bem como a contingência na qual esses produzidos, a parte convencional de uma norma jurídica positiva jamais poderá ser compreendida como projetando uma prescrição racionalmente necessária, devendo, por isso, essa parcela da norma jurídica ser considerada apenas contingente. Assim, o conteúdo próprio da norma jurídica positiva (*i.e.* aqueles elementos que não são, em si, referências diretas à lei natural, mas meramente elementos convencionais) não possuem conteúdo auto-evidente, exigindo sempre uma determinação das regras de ação, tarefa de especificação essa que será realizada por meio de deliberação pública e de técnica legislativa. No entanto, mais uma vez, quanto maior o grau de especificação e de determinação das regras positivas que orientam a ação humana, maior será a ocorrência de confusão, obscuridade e divergências interpretativas. A positivação da lei humana pressupõe, portanto, um processo de derivação e integração em relação aos preceitos da lei natural, o que indica a necessidade de um ajustamento concreto das normas jurídicas que venham a ser postas pela vontade humana, a qual deve buscar compatibilizar-se, da melhor forma possível, com as exigências da racionalidade prática que compõem as três instâncias da lei natural antes analisadas.

Para Aquino, existem dois modos de derivação da lei natural na produção da lei humana positiva:[160]

a) por conclusão (*conclusiones ex principiis*), ou seja, como sendo uma dedução oriunda de premissas anteriores. Os preceitos da lei natural, por força da generalidade do seu conteúdo, ainda são desprovidos de um grau pleno de determinação sobre como agir em um caso concreto, de modo que não se mostra viável a resolução de problemas práticos concretos com base na sua só-invocação. Assim, a lei humana uma vez positivada, pode ser compreendida como uma dedução parcial das razões objetivas que informam o conteúdo de um preceito natural. É por essa razão que as leis humanas positivadas podem ser avaliadas com base no princípio racional que orienta a sua criação. Temos aqui um raciocínio dedutivo que mantém, em termos analógicos, alguma semelhança com o raciocínio dedutivo das ciências. Por exemplo, a conclusão «não se deve matar» pode ser deduzida da premissa mais ampla «Não se deve lesar outrem», a qual é reconduzida ao fim básico *preservação da vida*. Desse modo, a parcela da norma jurídica que pode ser reconduzida a um preceito da lei natural também pode ser justificada como tendo, em si, força de lei natural. Invocando-se um exemplo referente à tributação, pode-se argumentar que um preceito jurídico que afirma que «*aquele que realizar X deve pagar o tributo Y*» pode ser derivado do preceito jurídico genérico que reconhece que «aqueles que participam da comunidade política devem pagar tributos», o que é reconduzido à noção mais genérica de que «as despesas públicas devem ser custeadas pelos participantes da comunidade política», o que, por fim, ilustra uma forma de concretização do fim básico *viabilização da vida em sociedade*. O dever normativo de pagar determinado tributo, portanto, reflete, em parte, um preceito racional e necessário, mesmo que as particularidades desse tributo (*e.g.* fato gerador, base de cálculo alíquota, prazo de recolhimento etc.) devam também ser especificadas pela lei positiva.

b) por determinação (*determinationes*): considerando-se novamente o grau de indeterminabilidade inerente a um preceito da lei natural, deve-se reconhecer que a criação de uma lei humana positiva sempre projetará um espaço deliberativo que fica à livre escolha do legislador, o qual sempre terá diante de si – não apenas um – mas inúmeros percursos de ação que poderão ser eleitos como forma razoável de se concretizar e especificar o conteúdo da lei natural. Essas determinações convencionais, porém, não manifestam opções racionais ilimitadas, pois não são todas aquelas opções empiricamente realizáveis pelo ser humano[161] que pode ser racionalmente justificadas perante os preceitos da lei natural. Assim, dentre as opções razoáveis que podem ser reconduzidas ao padrão racional indeterminado que consta de um preceito da

---

[160] ST, I-II, 95, 2. V., ainda, KLUXEN, Wolfgang. Op. cit., p. 43.

[161] Dito de outro modo, as opções legislativas localizadas no espaço lógico entre o que é humanamente impossível e o que é humanamente necessário. V., novamente, notas 51 e 52.

lei natural, o legislador poderá, livremente, eleger aquele que entende mais adequado e compatível ao contexto no qual essa lei humana será aplicada. Considerando-se o espaço que a chamada «*determinação*» ocupa na positivação dos preceitos jurídicos que serão adotados, simplesmente não há como se afirmar – conforme, comumente, é feito pela crítica direcionada ao jusnaturalismo – que se estaria pressupondo o conhecimento total do fenômeno jurídico por meio de pura dedução. Esse, simplesmente, não é caso! Não há uma pura dedução normativa, uma vez que o conteúdo final da lei humana jamais poderá ser, simplesmente, extraído por meio de uma especulação teórica acerca daquilo que estaria implícito na lei natural. A ação humana, no seu nível mais concreto de execução, sempre deverá ser guiada por alguns elementos que somente podem ser conhecidos com base naquelas escolhas particulares (e convencionais) que o legislador entendeu por bem adotar. Assim, em última instância, sempre caberá ao legislador escolher, por meio de técnica legislativa, um conteúdo determinado que direcionará, *in concreto*, a ação humana compreendida nas suas circunstâncias específicas. Por exemplo, o preceito natural «*não se deve matar*», contém uma ampla variedade de opções que podem ser eleitas para se dar concretização a esse preceito, permitindo a positivação de um preceito jurídico-normativo que afirme «Quem matar, deve receber pena de X», sendo que *X* é determinado pelo legislador, refletindo a parcela da norma positiva que é meramente convencional. Do mesmo modo, uma lei tributária que afirma que «Aquele que possuir imóvel rural com mais de 5.000 hectares e com menos de 30% de Grau de Utilização, deverá pagar, anualmente, 20% de Imposto»[162] apresenta os elementos «5.000 hectares», «menos de 30% de Grau de Utilização» e «20%» como sendo parcelas meramente convencionais da norma tributária. Com efeito, os preceitos normativos que são simples determinações do conteúdo da lei natural refletem uma dimensão convencional da norma jurídica, não possuindo a mesma força vinculante e mesmo grau de racionalidade dos preceitos da lei natural.

O direito natural, ao remeter a deliberação prática a uma ordem normativa objetiva e racional, pressupõe que existe um núcleo de juridicidade que, por força da sua intrínseca racionalidade, não é livremente constituído pelo intelecto humano, mas entendido por meio do exercício da razão prática. O ser humano, portanto, não pode desconstituir os preceitos da lei natural, pelo simples fato deles não se encontrarem a sua disposição volitiva. Pode, em verdade, somente escolher, por força da sua livre vontade, positivar normas que sigam ou não, em maior ou menor grau, esse parâmetro racional. Assim, os preceitos da lei natural são orientações imperativas que guiam a atividade legislativa, mesmo que não sejam dotadas de força cogente capaz obrigar, fisicamente, o legislador a segui-los. Por isso, a lei natural pode ser vista como o fundamento que subjaz todo o sistema normativo positivo, seja por meio da

[162] V. tabela anexa à Lei 9.393, de 19 de dezembro de 1996.

sua especificação adequada em um ordenamento concreto, seja quando é invocado, argumentativamente, para demonstrar falhas ou equívocos nas opções de legislativas concretas que vieram a ser adotadas. A lei humana positiva, por outro lado, sempre manifestará algum grau de imperfeição, não por um defeito a ele inerente, mas pelo simples motivo dela ser, *a priori,* sempre passível de aprimoramento posterior em um ou outro dos seus elementos convencionais.

4. FUNDAMENTOS DA TRIBUTAÇÃO

4.1 Causas do tributo segundo a tradição tomista

Demonstrou-se, até aqui, como a tradição tomista sustenta a existência de elementos substanciais e pré-convencionais que devem ser incorporados pelo legislador quando da positivação de normas jurídicas, inclusive, em situações de relevância tributária. A proposta de Aquino é, pois, uma alternativa, radicalmente, distinta daquela que é desenvolvida pelo já analisado formalismo normativo, o qual, receoso em apresentar propostas substanciais acerca do que estaria fundamentando as questões prático-jurídicas do nosso dia-a-dia, prefere manter-se no porto seguro – mas estéril, na medida em que é incapaz de afirmar ou rejeitar qualquer proposição materialmente relevante – da completa indeterminação formal daquilo que deve orientar o agir humano. Além disso, a proposta tomista é, como um todo, um antídoto a qualquer proposta relativista ou voluntarista no que diz respeito ao agir humano, pois rejeita a ideia de que o conteúdo das regras (morais ou jurídicas) que ordenam a ação possa ser descritas como sendo fruto de ato de vontade daquele com autoridade ou poder para introduzi-las no sistema normativo.

Cabe, pois, agora demonstrar como a tradição tomista fundamenta as causas da tributação, ao pretender localizar os seus princípios operativos mais básicos. Para tanto, entende-se ser viável a utilização da teoria das causas, desenvolvida por Aristóteles e seguida por Aquino, para identificar-se os elementos que seriam constitutivos do fenômeno tributário, ao indicarem os traços mais básicos e aquilo que atribui o mínimo de inteligibilidade à prática tributária. A utilização da teoria das causas é relevante, pois permite reconstruir, conceitualmente, uma instância teórica na qual se é capaz de formular, criticamente, um modelo a ser entendido como o *caso central* de tributo e de lei tributária. Isso é possível porque, seguindo a tradição tomista, é necessário compreender-se que o conceito de tributo – assim como de outras realidades humanas complexas – é sempre analógico,[163] ou seja, representa um conceito que não possui sempre uma situação unívoca de concretização. Na verdade, pensar analogicamente o conceito de tributo ou de lei tributária

---

[163] Sobre a importância da compreensão analógica – e não unívoca – de conceitos no campo da ética e do Direito, v. a noção de casos centrais e sentidos focais *in* FINNIS, John. *Aquinas*, p. 43-7.

pressupõe admitir que exista um caso central de manifestação desses objetos, o qual permite que todos os seus casos particulares sejam relacionados e comparados a esse caso central. Assim, se existem situações particulares que se aproximam do caso central desse conceito, é porque também existem ocorrências concretas que são versões «aguadas» desse sentido pleno, *i.e.*, desviantes ou corrompidas. Essa compreensão analógica aplicada à tributação é interessante, pois viabiliza uma instância crítica que é capaz de avaliar com que intensidade uma determinada prática tributária concretiza a racionalidade que fundamenta e dá sentido pleno à atividade de tributação como um todo, possibilitando, assim, argumentar-se diante de eventuais casos deficientes, nos quais as propriedades básicas que formam o caso central não tenham sido concretizadas adequadamente.[164] Na esteira da tradição clássica, compreender a natureza de determinado objeto (*i.e.*, os elementos básicos que justificam porque determinada coisa é o que é) exige a compreensão das suas causas, ou seja, o que funda, o que constitui, o que condiciona, o que estrutura a coisa.[165] Em um plano teórico, as causas de determinado objeto devem ser fixadas em um número finito, sob pena de não haver limite para a definição, existindo, pois, *quatro causas* para a compreensão mínima de um objeto.[166] Sinteticamente, essas quatro causas explicativas são:

(i) a *causa formal* que dispõe sobe a estrutura de um objeto, ou seja, sobre os traços arquitetônicos que compõem determinada coisa. A causa formal não deve ser compreendida apenas como os elementos que, fisicamente, estruturam um objeto, mas todos os elementos que determinam os limites formais de um conceito.

(ii) a *causa material* que é indicativa da substância que se encontra agregada à determinada forma, dispondo sobre o substrato material da coisa. A causa material não pode ser reduzida à simples dimensão físico-corpórea de algo, pois as realidades que se manifestam de modo complexo (*i.e.* que não são simples nem homogêneas) possuem também causas materiais complexas, sendo relevante essa consideração quando se aplica a ideia de causa material no direito, na medida em que os institutos jurídicos são sempre dotados de dimensões materiais que são plurais e que não são, necessariamente, físicas.

---

164 Finnis, John. *Aquinas*, p. 44-5.

165 A palavra grega *Aitia* é traduzida, simultaneamente, como *causa* e *explicação*, o que permite entender como, nessa linha de raciocínio, explicar o que é um objeto é o mesmo que indicar as suas causas.

166 Assim, mesmo que teoricamente possível a fundamentação jurídica da tributação apenas com base na sua estrutura formal ou com base nos fatores que produzem validamente uma lei tributária, tal postura seria, de acordo com a tradição aristotélico-tomista, insatisfatória, já que não se pode atribuir o mínimo de inteligibilidade a um objeto real ao se descrever apenas uma das suas causas. Assim, um corte epistemológico que dê conta de apenas uma das causas do fenômeno tributário não seria apenas uma opção metodológica, mas sim defeito explicativo dessa parcela da realidade.

Além disso, é importante destacar que a causa formal e a material – mesmo que possam ser teoricamente entendidas em separado – sempre formam, na sua manifestação real, uma unidade, não sendo, pois, elementos sucedâneos no tempo nem prioritários, logicamente, um sobre o outro, mas sim concomitantes.

(iii) a *causa eficiente* que é o princípio motriz ou a força produtora da coisa, a qual é representada pelos fatores operacionais e instrumentais que introduzem na realidade – de modo aperfeiçoado ou corrompido – determinada coisa. Descreve, pois, o modo de produção adequado (*i.e.*, válido ou aceitável) de um objeto.

(iv) a *causa final* que é aquilo que ilustra o fim para o qual a coisa é direcionada tendo em vista as suas capacidades, ou seja, esclarece o que dá sentido último e direcionamento racional à coisa.[167] A causa final dispõe sobre a razão de ser do objeto, pressupondo-se que todo objeto real é capaz de, *a priori*, ter as suas capacidades básicas (potências) organizadas e aperfeiçoadas (atualizadas). A causa final, de acordo com a visão aristotélico-tomista, representaria o princípio explicativo mais relevante, já que as demais causas somente são capazes de explicar algo em um plano estático ou, formalmente, dinâmico, sendo necessário compreender-se a causa final para se visualizar a dimensão plenamente funcional e existencial da coisa.

Cabe averiguar, portanto, como a tradição tomista identificaria as quatro causas fundamentais da tributação.[168] Por motivos didáticos, analisar-se-á primeiramente a causa da tributação que, para a mentalidade moderna e contemporânea, seria a melhor (ou única) forma de se compreender o fenômeno jurídico, *i.e.*, tendo em vista o procedimento capaz de, eficientemente, produzir «pontos de imputação abstratos»,[169] atribuindo a esses o *status* vinculante referente à ação humana.[170] Como se viu, a causa eficiente ou motora indica aquele elemento (possivelmente, técnico) que produz ou introduz, empiricamente, a coisa na realidade. No caso da tributação, projetos e planos de ação acerca dos meios necessários para se angariar os recursos financeiros suficientes e adequados para darem conta dos gastos públicos não se dá por meio de instrumentos sociais difusos ou informais que possam criar imposições pecuniárias, já que tal prática geraria, naturalmente, extrema insegurança e instabilidade acerca dos modos em que o ente público estaria autorizado a tomar, para si, parcela do patrimônio que está vinculado à esfera jurídica dos

---

[167] MILLER JR., Fred D. *Nature, Justice, and Rights in Aristotle's Politics.* Oxford: Clarendon Press, p. 339.

[168] Nesse ponto, nos valemos em parte do trabalho de HAHN, Hartmut (*Der Einfluss des Thomas von Aquin auf die Besteuerung nach der wirtschaflichen Leistungsfähigkeit. In Steuer und Wirtschaft*, n. 81, 2004).

[169] SCHMITT, Carl. Op. cit, p. 177.

[170] VOEGELIN, Eric. Op. cit., p. 30.

particulares. Por isso, a causa eficiente que viabiliza a produção válida de «pontos de imputação tributária» deve ser identificada em preceitos normativos que são introduzidos na realidade jurídica por meio de processos concentrados e formais, ou seja, leis positivas. Desse modo, a causa eficiente da tributação é a lei promulgada e publicada por órgão dotado de competência e legitimidade para expedição de preceitos normativos gerais e abstratos. Veja-se, portanto, que a lei em sentido formal não é o que garante a estrutura plena de uma imposição tributária (tal como se dá segundo o formalismo normativo) nem o que justifica a razão de ser de uma prática tributária. A lei, na verdade, é apenas aquele instrumento necessário (*i.e.* essencial) que permite, em termos eficientes, a padronização dos comandos jurídicos referentes aos meios que serão adotados para a tomada legítima dos recursos privados necessários para que as finalidades públicas sejam perseguidas e promovidas (*i.e.*, para que a causa final da tributação seja alcançada).[171] Por isso, essa causa analisada isoladamente mostra-se vaga e insuficiente, já que não basta identificar-se o modo de produção válida de um preceito normativo referente ao custeio das despesas públicas para afirmar-se estar-se diante de tributação legítima.

A compreensão dos procedimentos que introduzem, validamente (*i.e.*, eficientemente) os preceitos normativos que criam relações jurídico-tributárias deve ser complementada por meio da compreensão da finalidade última que justifica a criação de tais normas. Por isso, deve-se reconhecer que a causa final da tributação é angariar recursos financeiros adequados e suficientes de modo a permitir a concretização da visão de bem comum que é adotada por determinada comunidade política concreta.[172] Isso porque a forma racional da lei que direciona a ação humana ao seu fim adequado, em um plano coletivo, visa, não à concretização de qualquer fim aleatório nem de fins meramente individuais e privados, mas almeja à promoção de um conjunto de fins que sejam comuns e que possam corresponder à visão de bem daquela comunidade política como um todo.[173] Por isso, a causa final de uma lei humana é a realização de fins que

---

[171] «*Das Gesetz ist ... causa eficiens des Steuer. (...) Es ist nun das Gesetz, welches die naturrechliche Pflicht in das positive Recht transportiert. Es hat hierbei aber nicht nur die formale Aufgabe, das Gemeinwohl zu konkretisieren. Das Gesetz muss auch bestimmen, welchen Anteil seines Gutes des Steuerpflichtige zu entrichten hat. (...) Das die Steuern auflegende Gesetz ist somit einerseits Produkt des Willens des Staatsführung als auch de Vernunft, in der es seine causa finalis hat. Hier ist nun das Entscheidende das Verhältnis beider Elemente zu einander. (...) Es gibt menschlichen Gesetze, die gerecht sind, und solche, die es nicht sind. Gerechte Gesetze binden. Dies sind die Gesetze, dia auf das Gemeinwohl zielen. (...) Das Gesetz ist gerecht, wenn es nicht die Rechtsmacht des Gesetzgebers überschreitet.*» (HAHN, Hartmut. Op. cit., p. 169).

[172] «*Zweck der Gemeinschaft ist es, das Gemeinwohl, das bonum commune, zu verwirklichen. Sommit müssen die Mittel beschaff warden, die zum Erreichen des Gemeinwohlzwecks benötigt werden. Darau ergibt sich, dass das Gemeinwohl die causa finalis des Steuer ist.*» (HAHN, Hartmut. Op. cit., p. 168).

[173] ST, I-II, q. 90, a.2.

sejam pertinentes à realização da coletividade como um todo, o que pressupõe a viabilização dos meios e das oportunidades indispensáveis para que seus membros consigam atingir minimamente os seus fins particulares que não conflitam, por sua vez, com a matriz comum de fins. A lei, portanto, mesmo quando gera vantagens individuais, não pretende promover apenas tais fins particulares. Na verdade, tais vantagens indiretas são aceitáveis e legítimas apenas na medida em que a realização desses fins particulares é um meio de se promover ou reinstaurar um fim público comum, *i.e.*, o bem da comum.[174] É nesse sentido, pois, que a imposição tributária pode ser compreendida como uma exigência necessária (não contingente nem acidental) para se efetivar a vida em sociedade. Dito de outro modo, sem a escolha de um plano de ação público por meio do qual sejam exigidos tributos, sequer há como se pensar em organização pública de uma sociedade humana.

O fim último de toda imposição tributária é sempre uma visão de bem comum, ou seja, a promoção de fins materiais que podem ser compartilhados e justificados perante os membros daquela sociedade, já que nenhuma forma de tributação pode, racionalmente, ser considerada legítima se for imposta visando, exclusivamente, vantagens direcionadas a determinados particulares. A expressão «*exclusivamente*» merece ênfase, pois inúmeras práticas tributárias concretas irão gerar, de fato, benefícios econômicos ou jurídicos a determinados grupos específicos de indivíduos, o que poderia passar a errônea impressão de que a lei tributária estaria almejando finalidades que seriam, eminentemente, privadas. No entanto, tomando-se o caso de qualquer benefício fiscal que atribui vantagens econômicas por meio de desoneração tributária a determinada classe de contribuintes ou a um setor da sociedade, sabe-se que esse incentivo somente será, razoavelmente, justificável na exata medida em que algum fim público comum estiver sendo promovido por meio dessa desoneração. Aliás, a concessão de tais vantagens tributárias direcionadas a um setor da sociedade, exige que a finalidade pública que justifica o tratamento diferenciado perante os demais membros da comunidade política possa ser reconduzido a um fim público que tenha sido consensualizado e consagrado pela Constituição. Essas considerações, por certo, não significam reconhecer que a concepção de bem comum será sempre, plenamente, determinável nem que haverá pleno consenso sobre os fins público comuns, mas as eventuais dificuldades interpretativas não são motivo para se pressupor a completa inexistência dessa instância comum de justificação das nossas práticas tributárias. Com efeito, o pagamento de tributos por parte dos indivíduos representa um dos meios necessários para a «manutenção do bem comum».[175]

Às duas primeiras causas, somam-se, ainda, a causa formal e a causa material, as quais esclarecem o modo estrutural e substancial de concretização

---

[174] GILSON, Etienne. Op. cit., p. 327.

[175] «*Propter bonum commune conservandum*» (ST, II, q. 66, a. 8).

da tributação. No que tange à forma da tributação, ou seja, o seu princípio estrutural mais básico, reflete-se ela em um tipo de relação entre partes que integram a comunidade política visando a instauração de *um vínculo de igualdade*. Com efeito, toda prática tributária, para ser racionalmente justificável, merece ser compreendida a partir da relação de igualdade travada entre uma parte integrante da sociedade (o contribuinte ou responsável) e a comunidade política considerada como parte dessa relação (o ente público que coordena a relação de tributação). Como se viu, a forma da lei é a sua estruturação racional e a forma da razão que está contida na lei positiva é a sua medida de igualdade.[176] Assim, a forma racional da tributação busca sempre viabilizar a instauração de um tipo de relação de igualdade. Por isso, a forma do tributo pode ser representada pela dimensão da igualdade que ele visa a promover, ao dispor sobre os meios de tributação que deverão ser adotados para a obtenção de recursos financeiros que serão empenhados na concretização dos fins públicos que dão conteúdo à visão de bem comum adotada em uma sociedade.[177]

Por fim, a causa material da tributação deve ser compreendida por meio daquele elemento substancialmente necessário, ou seja, justificado a partir de um preceito da lei natural – ou, mais especificamente, com base em um preceito de justiça –, o qual somado às outras três causas mencionadas, dará composição concreta às mais variadas práticas tributárias contingentes. Com efeito, conjugada com as outras causas, a causa material é a especificação substancial de uma relação igualdade introduzida eficientemente – ou seja, validamente – por lei, visando à concretização da visão pública de bem comum adotada por uma determinada comunidade política. Considerando-se que o fenômeno tributário é complexo (e não simples e homogêneo) não há como se pensar que exista uma única causa material para a tributação. Por isso, no tópico que segue, pretende-se identificar alguns preceitos de justiça que, na qualidade de causas materiais que atribuem o mínimo de inteligibilidade e de racionalidade à tributação, podem fundamentar substancialmente as mais variadas práticas tributárias, permitindo a análise crítica da legitimidade de uma norma jurídica concreta que tenha a intenção de instaurar e regular um tipo de relação tributária.

Em síntese, portanto, para Aquino, a tributação seria uma espécie de *estipêndio* pago pelos membros da comunidade política para aqueles que assumem a administração dos bens de uso comum e que são responsáveis pela promoção da concepção de bem comum que é adotada,[178] ou seja, a tributação seria um dispêndio necessário que deve ser arcado pelo particular

---

[176] ST, I-II, q. 90, a.1.

[177] Nesse ponto, seguimos em parte a visão de Hahn, pois a capacidade contributiva é apenas uma forma de se realizar a igualdade e, por isso, outras relações de igualdade distintas também poderão representar a causa formal da tributação (Op. cit., p. 173).

[178] ST, II-II, q. 66, a. 7.

para dar conta das atividades estatais que visam a organizar e redistribuir as coisas a serem usufruídas em comum e para realizar os fins materiais compartilhados, minimamente, por todos. Com base nesse critério, a tributação em geral poderia ser compreendida como natural (*i.e.* necessária e racionalmente justificada) à vida em sociedade, na medida em que: *(i)* todos os indivíduos, invariavelmente, integram, durante todo o período de sua vida, uma ou outra comunidade política; *(ii)* a vida em coletividade impõe a realização de atividades a serem promovidas em favor do interesse comum ou em benefício daqueles que se encontram em posição de extrema carência; *(iii)* os gastos e as despesas gerados pela realização das atividades comuns por parte do Estado não devem ser arcados, arbitrariamente, por um ou alguns dos integrantes da comunidade política, mas deve observar um critério isonômico e razoável de distribuição desses encargos coletivos, de modo a cumprir deveres naturais de justiça; e *(iv)* o quinhão exato de bens privados que pode ser tomado para a quitação desses *dispêndios* públicos, *i.e.*, o que, precisamente, é passível de tributação, somente poderá ser especificado, após deliberação política, por parte da lei humana positiva.

4.2 Fundamentos materiais da tributação

4.2.1 Considerações iniciais

Primeiramente, cabe destacar que as causas materiais da tributação que serão aqui especificadas formam tão-somente uma *lista básica* de elementos substanciais que estão por trás das mais rotineiras práticas tributárias. Os cinco fundamentos materiais aqui atribuídos à tributação não podem, portanto, ser entendidos como um rol exaustivo, já que a especificação teórica de outros elementos substanciais que atribuem o mínimo de inteligibilidade às nossas práticas tributárias será sempre possível. Em segundo lugar, os fundamentos materiais que serão aqui analisados não representam meras descrições do conteúdo básico de uma relação jurídico-tributária (mesmo que, em parte, sejam), mas, na verdade, formam esquemas conceituais que são também explicativos e avaliativos do que é para ser, racionalmente, esperado quando se pensa em uma prática tributária. São eles, portanto, que atribuem valor e sentido básico a uma norma tributária. Desse modo, a fixação dos critérios que formam um fundamento material permite visualizar uma instância objetiva para a avaliação crítica das normas tributárias, as quais podem concretizar, em maior ou menor grau, as exigências racionais de determinado preceito da lei natural, nos termos já explicitados. Por terceiro, deve-se esclarecer que a prevalência de um fundamento não exclui a influência de outro na criação de uma norma tributária concreta. Isso significa dizer que uma lei tributária, ao formular seus preceitos normativos, sempre estará dispondo sobre relações tributárias complexas que, normalmente, pautam-se em mais de um fundamento material que estará participando da sua composição substancial. Por exemplo, pode-se pensar em uma norma tributária punitiva que terá, necessariamente, um fundamento restaurativo, na medida em que pretende recompor uma relação de igualdade que foi violada pelo infrator da norma, por meio da imposição a ele de algum tipo de restrição jurídica, mas também pressuporá, simultaneamente, a presença de um fundamento de justiça distributiva, na medida em que poderá qualificar os infratores com base em uma característica especial que seja diferenciadora, *e.g.*, a fixação da intensidade da penalidade tendo em vista um determinado tipo de atitude fraudulenta ou dolosa que foi praticada. Além disso, a quantificação da penalidade ainda irá pressupor a aplicação de algum critério de equivalência entre a ofensa cometida e o grau de responsabilidade do ofensor, o que ilustra a presença de um preceito de justiça comutativa nessa relação tributária. São, pois, incontáveis as possibilidades de conjugação dos fundamentos materiais que atribuem inteligibilidade mínima às práticas tributárias concretas.

Por fim, cabe averiguar qual seria o *mínimo* e *irredutível* sobre o qual o fenômeno jurídico encontra-se estruturado, tendo em vista a perspectiva aristotélico-tomista adotada até aqui. Considerando-se que, de acordo com essa visão, a compreensão teórica do direito deve ser vista como uma ramificação da filosofia prática, a qual possui como objeto especulativo a análise dos elementos formadores da ação humana, a compreensão teórica do direito assume esse mesmo objeto como sendo o seu enfoque central e o seu ponto de partida.[179] Isso significa dizer que o mínimo e irredutível que se apresenta como matéria especulativa referente ao direito é a *ação humana,* sendo que essa, quando referente ao fenômeno jurídico, não corresponde a qualquer tipo de conduta que o ser humano é capaz de realizar, mas apenas o agir humano por meio da qual se instaura uma relação de igualdade[180] que seja vinculante para com outrem e na qual um bem exterior[181] (*i.e.* o objeto da relação jurídica) será alvo de troca, distribuição, restrição, promoção, proteção etc. Um tipo de relação entre seres humanos, portanto, representa a *categoria fundamental*[182] sempre pressuposta na compreensão do fenômeno jurídico, na medida em que esse somente adquire um mínimo de inteligibilidade a partir do momento em que se compreende que o seu fundamento está sempre atrelado a um tipo de relação humana intersubjetiva, em que algo é devido a alguém, tendo em vista uma regra ou medida imposta pela razão. Exatamente por isso, a essência do Direito é sempre um tipo relacional, não apenas formalmente considerado, mas entendido a partir do conteúdo racional que esse deve, necessariamente,

---

[179] McInerny, Ralph. Op. cit., p. 1.

[180] «*It is proper to justice... to direct man in his relations with others, because it denotes a kind of equality*». (Aquino, Thomas de. *On Law, Morality and Politics*. EUA: Hackett Publishing Company, 1988: 137).

[181] ST, II-II, q. 58, a. 10.

[182] Aristotle. *Categories, in The Complete Works of Aristotle,* vols. I. EUA: Princeton University Press, 1995.

agregar. A norma jurídica, por outro lado, representa apenas um dos fatores relevantes à compreensão desse tipo específico de ação humana, razão pela qual a invocação da fórmula lógica (*D[f → (S' R S")]*),[183] que, até, explica a dimensão deôntica do direito, é insatisfatória quando se pretende atribuir algum sentido mais profundo ao fenômeno jurídico. Essa fórmula normativa, mesmo que útil em termos de técnica jurídica, não é capaz esclarecer o que, rotineiramente, está em disputa no direito, na medida em que nenhum problema jurídico pode sequer ser visualizado, muito menos compreendido, por meio da sua invocação. Aliás, aquele que questionasse o propósito ou a razão de ser de uma norma jurídica dificilmente se daria por satisfeito com a simples resposta de que o direito tem a pretensão de relacionar dois sujeitos, uma vez ocorrido determinado fato prefixado em lei válida. Assim, a estrutura mais básica para a explicação inteligível do direito não pode ser a forma lógica da norma jurídica, pois ela não é, minimamente, capaz de responder a perguntas ainda mais fundamentais, que dispõem sobre a função e a finalidade do direito, questões essas que não são, de nenhum modo, morais ou pré-jurídicas, mas sim diretamente referentes ao objeto imediato do direito.

Nos tópicos que seguem, pretende-se, pois, expor, resumidamente, cinco fundamentos materiais da tributação, baseados em diferentes tipos de relação de justiça. Essa exposição será realizada por meio da definição inicial de cada fundamento, da identificação dos seus elementos internos e por meio da análise de exemplos em que tal fundamento material pode ser invocado na avaliação de um tipo específico de norma tributária. Por motivos didáticos, inicia-se tal exposição, analisando-se os três critérios que são de mais fácil visualização, já que dão base às práticas tributárias mais rotineiras, deixando para o final os dois últimos critérios que assumem contornos mais abstratos e que exigem um maior esforço especulativo.

4.2.2 Comutação

Toda realidade jurídico-tributário irá fixar, normativamente, determinadas relações entre Estado e particular, por meio das quais uma troca voluntária de bens estará sendo instaurada, em razão de um critério de igualdade que almeja garantir ou, pelo menos, representar razoavelmente, por meio de presunção, a equivalência entre uma prestação pública e uma contraprestação tributária que tenham sido, por meio dessas relações, cambiadas.

Toda sociedade humana pressupõe, em algum grau, a instauração de relações de trocas nas quais prestações materiais serão cambiadas, já que nenhum indivíduo é auto-suficiente no que diz respeito produção própria daqueles bens que são necessários à sua sobrevivência e à promoção dos seus

---

[183] V., novamente, nota 49.

fins básicos. Além disso, algumas prestações materiais necessárias ao indivíduo somente poderão ser obtidas por meio da sua interação com outrem. Essa afirmação poderia ser aceita com certa tranquilidade pela maior parte das pessoas, na medida em que ilustra uma forma básica e fundamental de interação humana. Com efeito, a instauração de *relações comutativas* pode ser considerada natural (*i.e.* racionalmente necessária) à própria experiência humana. Se isso é verdade, seguindo-se a ideia de que existem preceitos objetivos que são exigências, não meramente convencionais, mas definidas com base na própria dimensão racional do ser humano, mostra-se necessário identificar-se um preceito de justiça que se preste a medir e regular, racionalmente o intercâmbio voluntário de bens materiais entre aqueles que integram uma comunidade política. No que tange a esse ponto, a tradição aristotélico-tomista formula a ideia de *justiça comutativa*, a qual visa a regular as relações transacionais ou de troca (*synallagmata*) travadas entre os membros da comunidade política, nas quais se ambiciona fixar algum critério isonômico que permita, minimamente, preservar a equivalência entre aquilo que é entregue e aquilo que é recebido como contraprestação. Nessas relações comutativas, não existe qualquer razão para que os envolvidos sejam, entre si, diferenciados com base em suas qualidades pessoais (*e.g.*, mérito, necessidade, atividade econômica, capacidade contributiva, gênero etc.), já que a determinação da equivalência entre as prestações, bem como do que é devido a cada um, não depende dos traços qualitativos dos partícipes desse tipo de relação jurídica.[184] Em uma relação comutativa, almeja-se apenas a identificação ou o estabelecimento da *igualdade aritmética* (*i.e.*, X = X)[185] entre as coisas que foram comutadas e não entre as pessoas que integram a relação. Assim, a racionalidade que torna inteligível esse tipo de relação ambiciona tão-somente a manutenção do equilíbrio numérico (uma igualdade quantitativa[186]) entre os bens e valores cambiados por meio dessa relação. Com efeito, o critério de aplicação daquilo que é racionalmente exigido das partes que integram, voluntariamente, uma relação comutativa é a igualdade aritmética entre objetos, de modo a mensurar a equivalência entre eles. Por outro lado, haverá rompimento com tal preceito comutativo, toda vez que se puder justificar e demonstrar que houve uma *perda* indevida de um lado e um *ganho* indevido de outro,[187] tendo em vista que uma das partes colocou-se em posição anti-isonômica, ao não atender a exigência de fornecer a contraprestação que seria, quantitativamente, equivalente àquilo

[184] «*(...) it makes no diference wether a good man has defrauded a bad man or a bad man a good man, nor whether it is good or a bad man that has commited adultery; the law looks only to the distinctive character of the injury, and treats the parties as equals.*» (*Nicomachean ethics, The Complete Works of Aristotle,* vol. II. EUA: Princeton University Press, 1995: 1785).

[185] FINNIS, John. *Natural Law and Natural Rights.* Reino Unido: Oxford University Press, 2000: 163.

[186] AQUINO, Tomás de. *Commentary on Aristotle's Nicomachean Ethics.* EUA: Dumb Ox, 1993: 301.

[187] *Idem, ibidem*: 302.

que lhe foi entregue. Há, nessa situação, pois, injustiça comutativa, pois uma das partes tomou para si parcela maior do que lhe é, juridicamente, devido.[188]

Aplicando-se o conceito da justiça comutativa na fundamentação material de uma prática tributária, é possível identificar-se normas de tributação que criam e regulam esse tipo de relação jurídica, na qual uma exigência pecuniária é cobrada do particular como contraprestação direta e individual pela entrega ou disponibilização de uma prestação pública por parte do Estado. Não é difícil perceber que os chamados tributos *vinculados* (*e.g.* as taxas no nosso sistema constitucional tributário[189]) estão fundamentados materialmente na ideia de justiça comutativa, tendo em vista que a prestação pecuniária exigida a título de tal tributo pressupõe uma atuação do Estado especificamente direcionada ao contribuinte, de modo a verter para esfera jurídica desse particular algum tipo de atividade material ou vantagem.[190] É por isso que a mensuração do tributo devido que assume essa natureza comutativa segue uma relação de equivalência, real ou baseada em presunção razoável, entre a dimensão quantitativa da atividade estatal prestada ao indivíduo e o montante do tributo efetivamente a ser pago. No entanto, o mais relevante para se compreender a razão de ser de uma taxa, enquanto tributo comutativo, não é o tipo de hipótese de incidência que deve constar da norma tributária (vinculada ou não à atividade estatal), mas sim o critério de equivalência de prestações que foi adotado pelo legislador tributário. Dito de outro modo, tais relações jurídicas no campo tributário serão justificáveis e legítimas na medida em que for possível justificar a manutenção de uma equivalência quantitativa entre aquilo que foi entregue pelo ente público e a contraprestação tributária que deverá ser arcada pelo particular. Por outro lado, haverá injustiça comutativo-tributária quando se tiver uma norma tributária em que o critério de equivalência escolhido pelo legislador não permitir, minimamente, que seja equiparado o montante da prestação pública individualmente referida ao contribuinte e o *quantum* do tributo comutativo a pagar ou ainda quando a atribuição desse encargo tributário for baseada em uma característica circunstancial ou aleatória do contribuinte.[191]

---

188 ARISTÓTELES. *Nicomachean ethics.* Op. cit., p. 1786. AQUINO. Op. cit., p. 293-310; FINNIS, John. Op. cit., p. 177.

189 No ponto, v. o nosso *Classificação constitucional de tributos pela perspectiva da Justiça.* Livraria do Advogado, 2006.

190 ATALIBA, Geraldo. *Hipótese de incidência tributária.* 6. ed. São Paulo: Malheiros, 2002: 147.

191 Com base nesse critério de aplicação da justiça comutativa é possível, aliás, promover-se uma interpretação moderada da Súmula Vinculante n. 29 («É constitucional a adoção, no cálculo do valor de taxa, de um ou mais elementos da base de cálculo própria de determinado imposto, desde que não haja integral identidade entre uma base e outra»), de modo a se concluir que uma taxa (tributo comutativo por natureza) somente poderá adotar base de cálculo que não representa uma dimensão quantitativa afeita à prestação pública direcionada ao contribuinte, quando a base substitutiva (*e.g.* uma parcela da realidade econômica referida ao contribuinte

4.2.3 Restauração

Todo sistema de tributação irá levar em consideração o fato de normas jurídicas não serem, espontaneamente, cumpridas por todos os contribuintes, em todas as situações, de modo que surgirão, necessariamente, relações involuntárias entre Estado e particular, nas quais este último, por ignorância ou má-fé, exerceu abusivamente a sua vontade livre e evadiu-se indevidamente do cumprimento de uma responsabilidade referente aos encargos necessários para o custeio dos gastos públicos, colocando-se, assim, em uma posição anti-isonômica perante os demais integrantes da comunidade política, o que exigirá a imposição de uma medida reparatória desse ilícito, de modo a restaurar a igualdade geral que foi quebrada.

Considerando-se que o nível de conhecimento das leis positivas varia dentro da sociedade, bem como a pré-disposição individual para o cumprimento das normas jurídicas não é a mesma em todas as pessoas, pode-se reconhecer que há uma necessidade natural (*i.e.* racional) de que os seres humanos coordenem os seus planos de ação levando em consideração a possibilidade concreta de que alguns indivíduos irão valer-se, inadequadamente, do seu livre arbítrio, exercendo a sua liberdade de forma abusiva e tomando para si algo que não lhe é devido ou evadindo-se de um encargo que lhe cabe.[192] Nesses casos, serão necessárias a instauração de relações de justiça que visem a corrigir a desordem jurídica que foi causada pela prática do ofensor, com o intuito de restaurar o sistema de igualdades que veio a ser rompido. Assim, a necessidade de punição é justificada também em razão de uma forma de igualdade que é buscada por meio de uma relação de justiça.[193] E, nesses casos, há uma segunda dimensão na qual atua a justiça comutativa, a qual agora estrutura, não relações voluntárias e transacionais, mas relações involuntárias em que um indivíduo viola as exigências da igualdade perante os demais membros da comunidade política. Tais relações comutativas involuntárias indicam que alguém violou as exigências de justiça em duas instâncias distintas: uma ao abusar no uso da sua própria vontade, agredindo, assim, as expectativas legítimas da sociedade como um todo e outra ao privar outra parte da sociedade (*e.g.* o ofendido) de algo que lhe seria, legitimamente, devido.[194] Assim, alguma medida punitiva será exigida como meio de *restauração* da ordem jurídica que foi desestabilizada, bem como por meio da *correção* ou *compensação* (*reparatio*) daquele que teve a sua esfera jurídica desequilibrada.[195]

---

da taxa) for minimamente apta a mensurar a relação de equivalência entre o serviço público prestado e o valor do tributo a pagar.

[192] AQUINO, Tomás de. *Commentary on Aristotle's Nicomachean Ethics*, p. 295.

[193] FINNIS, John. *The restoration of retribution. In Collected Essays* – vol. III. Inglaterra: Oxford University Press, 2011, p. 159-66.

[194] AQUINO, Tomás de. *Commentary on Aristotle's Nicomachean Ethics*, p. 302.

[195] FINNIS, John. *Retribution: Punishment's formative aim. In Collected Essays* – vol. III, p. 167-79.

Na tradição aristotélico-tomista, a penalização não é vista apenas como retribuição por ofensa (*i.e.* imposição de uma medida desagradável ao ofensor), mas também uma forma de restaurar a dimensão isonômica da ordem jurídica que foi agredida por parte daquele que escolheu, erroneamente, um plano de ação. De acordo com essa visão, a instauração de relações punitivas entre aquele que comete uma violação à ordem jurídico-tributária e a coletividade, não busca apagar a ofensa cometida, mas sim negar, por um lado, as vantagens que foram pretendidas por aquele que não conseguiu conter o uso abusivo do seu livre arbítrio e, por outro, *curar*[196] (*i.e.*, restaurar) a ordem isonômica que foi por ele violada. Exatamente por isso, de acordo com tal perspectiva, uma relação de justiça corretiva e restaurativa pretende reequilibrar os efeitos oriundos de atos ilícitos, tendo dois enfoques: o ato ofensivo e as consequências da violação da igualdade.[197] Com efeito, a equivalência que tiver de ser reestabelecida por meio de uma medida punitiva deverá atentar para essas duas instâncias de restauração. Com isso, mesmo quando o prejuízo gerado ao ofendido for integralmente reparado, ainda poderá persistir a necessidade de eventual medida punitiva que vise à restauração do sistema de igualdades que foi violado.

Mais uma vez, percebe-se com clareza como esse tipo de relação de justiça reflete-se no direito tributário, tendo em vista que sempre haverá a necessidade de fixação e imposição de penalizações aqueles que romperam com a ordem jurídico-tributária. Assim, por exemplo, o contribuinte que pratica ato fraudulento, de modo a cometer evasão tributária, está não apenas rompendo com expectativa, *a priori*, legítima do Erário, suprimindo deste uma parcela de recursos que lhe seriam devidos, mas também estará rompendo com o sistema isonômico como um todo, pois terá obtido vantagem econômica ou jurídica ilegítima perante os demais integrantes da sociedade (*e.g.*, a coletividade como um todo ou, diretamente, algum contribuinte que atue no mesmo setor econômico que terá desvantagens competitivas em razão da tomada ilegítima de uma vantagem por parte do ofensor da norma tributária). Cabe destacar, porém, que a afirmação de que existe a necessidade natural (*i.e.* racional) para a imposição de relações punitivas e restaurativas no direito tributário, de modo algum significa reconhecer que exista uma medida punitiva que possa ser «*naturalmente*» imposta a determinada infração. Na verdade, não há como se determinar, aprioristicamente, uma penalidade que possa ser definida como sendo o único critério razoável para a restauração do desequilíbrio causado por um tipo ilícito, sendo evidente que a especificação das penalidades será realizada por meio de determinação (*determinatio*) positiva do legislador.[198]

---

196 FINNIS, John. *Retribution: Punishment's formative aim*, p. 173.

197 ST I-II, q. 87, a. 6.

198 FINNIS, John. *Retribution: Punishment's formative aim*, p. 178.

4.2.4 Distribuição

Considerando-se que os gastos públicos financiam atividades que, a priori, *interessam a toda a comunidade política, viabilizando os meios necessários para a vida em sociedade, devem ser tais despesas repartidas entre o maior número possível dos seus membros, não sendo razoável que apenas um grupo de indivíduo seja chamado a arcar com tal ônus, por meio da imputação arbitrária de tributos. Desse modo, a necessária repartição de encargos tributários entre os membros da comunidade política pressupõe a identificação de critérios distributivos isonômicos que permitam, qualitativamente, diferenciar, com base em* discrímen *razoável, aquele que receberá um ônus (ou uma vantagem) tributário(a). Com efeito, todo sistema de tributação deverá positivar normas jurídicas que fixam um esquema de relações distributivas, o qual coordenará a forma de repartição dos encargos tributários a serem suportados coletivamente.*

Uma relação de justiça distributiva está presente sempre que se realiza, com base em algum critério qualitativo, a distribuição de bens materiais ou a imputação de encargos aos membros da comunidade política. Isso ocorre porque os bens materiais que são comuns aos membros da comunidade não podem ser tomados ou usufruídos de modo irrestrito por todos, já que esses são, por natureza, escassos e limitados. Do mesmo modo, também se impõe naturalmente a divisão racional das responsabilidades que surgem do fato de se viver em sociedade, pois não seria viável nem racionalmente justificável imputar-se apenas a um indivíduo ou a grupo de indivíduos a ônus pelo cumprimento de todos os encargos que são comuns. Um preceito de justiça distributiva, portanto, sempre envolve o problema da alocação razoável de recursos comuns ou de responsabilidades coletivas,[199] tendo em vista um critério de justificação racional que se escore em qualidades concretas (*i.e.* características particulares) daquele que participará dessa atividade distributiva. É exatamente o traço qualitativo específico daquele que é chamado a participar de uma relação distributiva que permitirá atribuir-lhe uma maior quantidade de bens ou impor-lhe um maior grau de responsabilidades. Nas relações distributivas, a definição do que é devido a alguém pressupõe uma *relação de proporção entre dois fatores* (a qualidade daquele que será alvo de distribuição e o objeto que será distribuído), sendo que, diferentemente da justiça comutativa, em que a igualdade é aritmética, no caso específico da justiça distributiva, a igualdade a ser promovida ou restaurada será sempre *geométrica.*[200] A promoção ou o reestabelecimento de uma relação de justiça

---

[199] FINNIS, John. *Natural Law and Natural Rights,* p. 167.

[200] Há, aqui, uma simetria com o conceito matemático de igualdade proporcional, como, por exemplo, na proporção «o 6 está para o 3 no mesmo sentido (na mesma proporção) em que o 10 está para o 5» (AQUINO, Tomás de. *Commentary on Aristotle's Nicomachean Ethics,* p. 298). V., ainda, ARISTÓTELES. *Nicomachean ethics,* p. 1785.

distributiva pressupõe, por um lado, seja razoavelmente justificável a escolha da qualidade individual das pessoas envolvidas na relação distributiva, bem como a justificação dos motivos que levarão ao tratamento diferenciado entre aqueles que serão alvo da distribuição e aqueles que não participarão dessa distribuição e que, portanto, não receberão a vantagem ou o encargo. Obviamente não existe um critério absoluto e universal de distribuição que seja válido para todos os bens e encargos que devam ser distribuídos, razão pela qual o preceito básico da justiça distributiva segue uma fórmula genérica que apenas enuncia «a cada um segundo X»,[201] sendo que *X* será variável conforme a natureza da atividade distributiva, como, por exemplo, na proporção em que cada um manifestar necessidade, mérito, capacidade ou, ainda, conforme a função a ser exercida ou os riscos assumidos.[202] Afirma, pois, Aquino que o «injusto distributivo está fora da proporcionalidade»,[203] já que, na injustiça distributiva, o critério qualitativo eleito para se promover a distribuição não mantém proporção com o que está sendo distribuído ou com aquilo que se busca promover por meio dessa atividade distributiva. Busca-se, assim, nessas relações, uma igualdade proporcional entre aquele que foi alvo da distribuição e todos aqueles que, por não apresentarem a qualidade específica que fundamenta a atividade distributiva, não foram alcançados por ela, sendo que o justo distributivo pressupõe que seja possível justificar-se a razoabilidade do critério de proporção no qual se pauta a distribuição de bens e encargos na situação específica.

O direito tributário é terreno fértil para a identificação de verdadeiras relações de justiça distributiva, já que a grande parte das normas tributárias fundamenta-se a partir de um elemento distributivo que pretende qualificar os contribuintes com base em um traço particular, de modo a diferenciar, proporcionalmente, esses indivíduos daqueles que, naquela determinada situação distributiva, não serão caracterizados como contribuintes. Em um sentido mais amplo, um preceito de justiça distributiva pode ser invocado na formulação do princípio da capacidade contributiva, o qual enuncia, precisamente, a necessidade de se distribuírem encargos tributários segundo o critério da «*manifestação de capacidade econômica*», o que permite o estabelecimento de relações de igualdade geométrica, demonstrada na proporção fixada entre o indivíduo que pratica o fato manifestador de riqueza – e, por isso, será chamado a arcar com ônus tributário – e o conjunto de indivíduos que não manifestam tal padrão de riqueza – e, por isso, não pode ser, legitimamente, chamado a assumir esse tipo de encargo, sob pena de injustiça distributiva –. Com efeito, a partir dessa dimensão genérica de justiça distributiva, é possível

---

201 Barzotto, Luis Fernando. *Filosofia do Direito – Os conceitos fundamentais e a tradição jusnaturalista*. Livraria do Advogado, 2010: 95.

202 Finnis, John. *Natural Law and Natural Rights*, p. 175.

203 Aquino, Tomás de. *Commentary on Aristotle's Nicomachean Ethics*, p. 295.

especificar-se esse tipo de relação de justiça em todos os tributos da espécie dos *impostos*,[204] já que esse tipo de exigência tributária sempre indicará um substrato econômico específico como sendo o critério qualificador daquele que será caracterizado como contribuinte, mantendo igualdade proporcional perante o não-contribuinte que não se vincula àquele tipo de grandeza econômica. Aplicando-se tal raciocínio ao nosso Sistema Tributário Nacional, pode-se dizer que os seus arts. 153, 155 e 156 elencam uma lista de critérios distributivos referentes aos impostos, de modo que o exercício da respectiva competência tributária pode ser compreendido como uma forma de *especificação e delimitação legal do critério de discrímen* previsto no texto constitucional com o intuito de diferenciar, proporcionalmente, contribuintes de não-contribuintes. Obviamente, a normas tributárias não se fundamentam em preceitos de justiça distributiva apenas quando criam impostos. Na verdade, inúmeros outros critérios distributivos serão aplicados por meio de normas tributárias, como se vê, por exemplo, ainda em outras espécies tributárias (*e.g.* contribuições de categoria profissional e contribuições de intervenção no domínio econômico, em que teríamos o preceito «*de cada um segundo sua categoria profissional ou sua atividade econômica*»), nos casos de concessão de isenções ou de outros benefícios fiscais (*e.g.* «a cada um segundo a situação ou atividade X») ou, inclusive, em normas de responsabilização tributária (*e.g.* «de cada um segundo a sua relação direta com o fato gerador»). Como se vê, o fundamento material da justiça distributiva encontra-se, profundamente, arraigado em nossas práticas tributárias mais frequentes.

4.2.5 Reconhecimento

Todo sistema tributário irá projetar normas jurídicas dotadas de uma maior pretensão de universalidade, ao protegerem ou elaborarem meios de promoção daqueles fins básicos ao ser humano que são enunciados por meio dos preceitos primários da lei natural. Tais normas jurídicas, portanto, fundamentam-se materialmente na noção de que algumas finalidades materiais são objetivas, no sentido direcionarem a ação humana de uma forma básica e primária, motivo pelo qual são dignas de serem, normativamente, protegidas e resguardadas, estruturando, assim, direitos fundamentais do contribuinte e direcionando a organização e a interpretação das demais relações tributárias.

Se é verdadeira a tese tomista de que existem fins primários ao ser humano que direcionam, naturalmente, a sua ação, também se mostra plausível afirmar-se a necessidade de preceitos normativos que visam a proteger e promover tais instâncias do agir humano. Além disso, considerando-se que

[204] Sobre o ponto, v. o nosso *Classificação Constitucional de Tributos pela perspectiva da Justiça* (2006).

tais fins materiais representam bens básicos que refletem uma dimensão que é pertinente a todos os seres humanos, projetando assim elementos universais da própria experiência humana, racionalmente orientada, é possível articular normas jurídicas que, de forma mais imediata, reconhecem[205] tais fins como direitos fundamentais que são consagrados a todos os seres humanos. Aliás, poderá ser o caso de um sistema normativo que sequer venha a positivar normativamente tais fins básicos (mesmo que seja aconselhável que assim o faça), já que esses fins, assim como os direitos fundamentais que são projetados com base no reconhecimento do seu valor objetivo, não dependam de positivação por parte do legislador, o que apenas indica que tais parcelas do fenômeno jurídico tocam em elementos pré-convencionais. Essa noção de reconhecimento de fins primários ao ser humano pode ser reconduzida, pelo menos em parte, à noção de *justiça legal* ou *geral* elaborada, respectivamente, por Aristóteles e Aquino,[206] na medida em que os seus preceitos – diferentemente dos casos de justiça particular antes analisados (comutativa, restaurativa e distributiva) – ilustram exigências genéricas de justiça que são as implicações mais imediatas do exercício da razão prática ao direcionar a ação humana.[207]

Considerando-se que são plurais os fins materiais básicos que direcionam a ação humana e que a concretização de tais fins, em situações particulares, exigirá a priorização de um em razão dos outros – já que são todos, em si, incomensuráveis, de modo que não poderão ser simultaneamente promovidos com idêntica intensidade em todos os casos – será sempre necessário avaliar-se, prudencialmente, em cada contexto de aplicação, a forma mais razoável de promoção e proteção desses fins. Com efeito, dependendo da circunstância concreta, poderá ser o caso em que um fim básico terá de ser ponderado e relativizado em razão da promoção de outro fim que se mostra como prioritário naquele determinado contexto. Por certo, muito mais deverá ser dito sobre esse ponto, em especial sobre a participação dos conceitos de prudência e de equidade na aplicação concreta das normas que são fundamentadas nesta instância. No entanto, considerando-se os limites físicos deste estudo, essa tarefa deverá ficar para outra oportunidade.

No campo tributário, pode-se identificar essa forma de fundamentação material na maioria das normas tributárias que dispõem sobre limitações

---

[205] A ideia de reconhecimento de pretensões universais que são necessárias para a formação da identidade moral do indivíduo, tento em vista a instauração de relações intersubjetivas, é inspirada no vocabulário de Axel HONNETH (*Kampf um Anerkennung: Zur moralischen Grammatik sozialer Konflikte*. 6. ed. Alemanha: Suhrkamp Verlag, 2010), o qual se mostra adequado para esclarecer o fundamento material aqui projetado, não obstante se tenha consciência de que HONNETH não assuma qualquer inspiração tomista.

[206] Em um sentido geral, a «*justiça legal é a discriminação do justo e do injusto*» (ARISTÓTELES. *Nicomachean ethics*, p. 1790). AQUINO. *Commentary on Aristotle's Nicomachean Ethics*, p. 284-7.

[207] FINNIS, John. *Natural Law and Natural Rights*, p. 164.

materiais ao poder de tributar,[208] como, por exemplo, nos preceitos normativos que fixam garantias individuais do contribuinte ou nas regras consagradoras de imunidades tributárias. Para ilustrar esse raciocínio, pode-se pensar no princípio da segurança jurídica aplicado ao direito tributário,[209] o qual projeta uma exigência universal de que seja garantido ao contribuinte o mínimo previsibilidade e estabilidade na formação e na manutenção das relações tributárias em que esse esteja envolvido. Tal norma é justificável na medida em que previsibilidade e estabilidade podem ser compreendidas como fins básicos para uma vida em sociedade, minimamente, harmônica e ordenada. É por essa razão que outras normas tributárias deverão ser positivadas com o intuito de promover e facilitar a realização desse fim básico (*e.g.* irretroatividade tributária, anterioridade tributária etc.).[210] O mesmo tipo de raciocínio pode ser ilustrado no exemplo antes mencionado da imunidade de livros e do papel destinado à sua impressão, situação em que a norma tributária que consagra tal regra negativa de tributação projeta o fim básico da *busca pelo conhecimento* ao reconhecer que tal fim é relevante, em alguma medida, para todos os seres humanos, de modo que a facilitação no acesso a livros é um meio razoável de se promover tal fim universal.

4.2.6 Participação

Algumas relações tributárias projetam, de forma mais imediata, a noção de que o contribuinte está sendo qualificado, por meio desse tipo de vínculo tributário, como alguém que pertence ou pelos menos participa da comunidade política, sendo que nesse tipo de relação tributária não se busca, exclusivamente, uma troca de prestações, uma reparação de ilícito nem uma distribuição de encargos, mas sim se pretende atestar que aquele contribuinte está integrado e/ou participando da concretização da visão de bem comum que é compartilhada naquele contexto social e jurídico.

Se a vida em sociedade é justificada, em última instância, com base em uma causa final, essa, como já se viu, ilustra uma concepção de bem comum que é, pelo menos em tese, compartilhada pelos membros dessa comunidade política. Tendo em vista essa causa final, é possível vislumbrar-se uma instância de interação humana, na qual é possível identificar-se preceitos de justiça que vinculam os indivíduos, de uma forma mais direta, com a comunidade política

---

[208] Sobre limitações materiais, v. Humberto Ávila, *Sistema constitucional tributário*, São Paulo: Malheiros, 2010.

[209] Sobre o ponto, deve ser consultada a obra de Humberto Ávila, *Segurança jurídica – entre permanência, mudança e realização no direito tributário*. São Paulo: Malheiros, 2011.

[210] Nesse ponto, mostram-se relevantes todo o debate técnico-jurídico envolvendo a diferenciação teórica entre princípios e regras, sendo sugerida a leitura de Humberto Ávila, *Teoria dos princípios – da definição à aplicação dos princípios jurídicos*. Infelizmente, esse ponto também não poderá ser explorado neste artigo, em razão da sua limitação física.

na qual estão inseridos. Nesta instância, identificam-se preceitos de justiça que são denominados por Aristóteles e Aquino como integrando a ideia de *justiça política*, a qual é encontrada nas relações entre os indivíduos que compartilham de uma visão de vida em comunidade, como o intuito de viabilizar a promoção dos fins necessários a realização de cada um enquanto ser humano (*i.e.* a sua auto-suficiência).[211] Essa ideia de justiça política, mesmo que se aproxime da noção de justiça geral já analisada, mantém um sentido autônomo que é relevante, ao indicar que existem relações de igualdade travada entre membros daquela comunidade política, enquanto cidadãos livres e iguais, intitulados a uma quota recíproca de bens ou afetados por uma mesma instância de responsabilização. Nessa perspectiva, portanto, o indivíduo que participa desse tipo de relação jurídica, não é compreendido nem como uma entidade abstrata (como no caso da justiça comutativa) nem a partir de suas qualidades particulares (como no caso da justiça distributiva), mas como um ser comunitário que mantém alguns traços de idêntica igualdade perante os demais partícipes dessa mesma comunidade, de modo a se colocar em uma posição de reciprocidade de direitos e deveres.[212] Por isso, nessa instância, as relações de justiça são projetadas entre pessoas que são reciprocamente iguais,[213] na medida em que a participação em uma vantagem (ou a responsabilização por um encargo) é devida a um cidadão, na mesma medida em que é devida a todos os demais. Não se deve, por outro lado, dimensionar exageradamente a força das relações de justiça política na composição final de todas as possíveis relações jurídicas, uma vez que esse tipo de fundamento possui escopo limitado de influência nos casos concretos, não podendo ele ser forçado na determinação da solução devida em todas as disputas práticas, na medida em que não se pode esquecer que existem outros preceitos de justiça que também devem ser levados em consideração na definição dos bens e encargos sociais que cada indivíduo deve assumir. A isso também se soma o fato de a justiça política, em sentido mais amplo, exercer um papel arquitetônico em relação ao conjunto total das relações jurídicas, uma vez que os vínculos jurídicos formados entre os particulares, quando pensados na sua totalidade, devem, minimamente, refletir e prestar homenagem à concepção de bem comum[214] que for adotada.

Levado ao direito tributário, esse fundamento material indica um ponto de contato mais imediato com a causa final da tributação, ou seja, a ideia

---

[211] Aristóteles. *Nicomachean ethics*, p. 1790. «*... political justice consists in a community of life that is ordered to self-sufficiency of the things pertaining to human living.*» (Aquino, Tomás de. *Commentary on Aristotle's Nicomachean Ethics*, p. 320).

[212] Barzotto, Luis Fernando. *Filosofia do Direito – Os conceitos fundamentais e a tradição jusnaturalista*, p. 95 e ss.

[213] «*... political justice exists among the free and equal...*» (Aquino, Tomás de. *Commentary on Aristotle's Nicomachean Ethics*. Op. cit., p. 321).

[214] Finnis, John. *Natural Law and Natural Rights*, p. 147 e ss.

de que as relações tributárias, em um ponto de maior abstração, estão direcionadas à concretização de uma visão de bem comum que é compartilhada em uma comunidade política específica. Em um sentido genérico, portanto, a tributação, considerada na sua totalidade, projeta essa ideia de pertença a uma comunidade política específica, na medida em que o contribuinte, por meio das relações tributárias que integra, está indicando que pertence ou, ao menos, participa de uma sociedade humana concreta, contribuindo assim com o custeio das despesas públicas que viabilizam a realização dos esforços comuns. Dois exemplos podem ser aqui esboçados, sinteticamente, para se demonstrar (ainda que de modo incompleto e precário) o tipo de relação tributária que pode projetar, em um sentido mais próximo e direto, o contribuinte a uma posição de um partícipe ou integrante da comunidade política.

Primeiramente, pode-se citar a estrutura que a Constituição de 1988 atribuiu a nossa Seguridade Social ao adotar um modelo solidário – ao invés de um sistema securitário de pura capitalização de investimento individual – no qual uma norma constitucional estima a participação da totalidade dos membros da comunidade no custeio e na manutenção desse sistema protetivo, *ex vi* o *caput* do art. 195 do Constituição.[215] O Texto Constitucional, ao projetar que a «*seguridade social será financiada por toda a sociedade*», está estabelecendo um vínculo jurídico amplo que aproxima todos os membros da nossa sociedade em razão de um mesmo fim público, ao afirmar que todos os cidadãos poderão ser, potencialmente, chamados a assumir a responsabilidade de custear nosso sistema de proteção social. Isso, por óbvio, não significa dizer que todos os cidadãos serão, efetivamente, chamados a financiar o sistema securitário nem que todos os indivíduos possam ser, prontamente, chamados a custeá-lo em razão de qualquer manifestação de riqueza, pelo só-fato de se qualificarem como membros da comunidade política que possuem interesse na concretização dessa parcela do bem comum. Na verdade, o dispositivo constitucional que adota um modelo solidário está apenas *desenhando a arquitetura* do nosso sistema securitária (*i.e.* projetando uma dimensão de máxima amplitude social quanto à possibilidade do seu custeio), a qual é também delimitada por inúmeras outras normas tributárias que são qualificativas daquele que poderá ser, efetivamente, caracterizado como contribuinte da Seguridade Social, como se vê da especificação das normas de competência que constam dos incisos e parágrafos do mesmo art. 195. Com efeito, o reconhecimento de que a Seguridade Social está pautada em um modelo solidário não pode ser confundido com a afirmação de que se haveria aí uma norma de competência tributária que permitiria a cobrança ilimitada e indeterminada de todo e qualquer tipo de exigência para o custeio da Seguridade Social, uma vez que a existência de um modelo solidário deve ser somada aos inúmeros

---

[215] Sobre o ponto, v. FERREIRA NETO, Arthur Maria; PAULSEN, Leandro. «A nova contribuição de inativos e pensionistas». *Revista Dialética de Direito Tributário* n. 106, São Paulo, jul. 2004.

preceitos de justiça distributiva que fundamentam as normas de competência que restringem a instituição de contribuições sociais.

Um segundo exemplo que pode ser formulado com base na experiência histórica de outros países, mas que é juridicamente relevante a nossa realidade jurídica, diz respeito ao chamado *poll tax* ou *head tax:* tributo de valor fixo e de cobrança *per capita* de todos os cidadãos, visando, em regra geral, a viabilizar a realização de eleições políticas ou autorizar a participação em tais pleitos. Não obstante tenha esse tipo de tributação gerado inúmeras situações de abuso, provocando, inclusive, revoltas populares no passado,[216] o que poderia ser compreendido como indício de uma forma manifestamente injusta de tributação (o que, infelizmente, não poderá ser aqui contraditado), a ideia geral que pode estar por trás desse tipo de tributação é interessante ao presente ponto. Isso porque esse tipo de tributo ilustra uma relação jurídica que é fundamentada diretamente na cidadania dos contribuintes, os quais são tratados perante a lei tributária como, juridicamente, idênticos, de modo a assumir encargos tributários em absoluta reciprocidade para com os demais membros da comunidade que exercitarão seus direitos políticos. Percebe-se que, nesse tipo de relação tributária, não se está, propriamente, diante de tributação comutativa, pois não se paga tributos em troca de uma suposta contraprestação que seria o ato de votar, nem uma tributação distributiva, pois não se qualificam contribuintes com base em qualidade particulares que fixam a proporção do diferente encargo tributário a ser pago. Na verdade, há um caso central de tributação fundamentada na ideia de justiça política na medida em que todo cidadão é tratado com base em um critério de igualdade absoluta, impondo o pagamento de idêntico valor *per capita* a título desse tributo.

5. CONCLUSÃO

Três foram as pretensões centrais deste estudo. Primeiramente, pretendeu-se argumentar a necessidade de uma justificação filosófica daqueles elementos que fundamentam as nossas práticas tributárias. Isso porque, somente assim, é possível compreender-se, de forma crítica, objetiva e transparente as normas tributárias que venham a ser, contingentemente, adotadas em uma determinada realidade jurídica. Buscou-se, ainda, demonstrar a insuficiência dos pressupostos que estão por trás daquela postura teórico-filosófica que aqui se denominou, genericamente, de formalismo normativo, a qual é, comumente, pressuposta na fundamentação do direito tributário em nossa realidade jurídica. Sustentou-se que a fundamentação formalista e unidimensional do fenômeno tributário é incapaz de esclarecer as razões mais complexas que justificam a necessidade da tributação em qualquer contexto jurídico e social.

---

[216] McCONNELL, Allan. *State Policy Formation and the Origins of the Poll Tax.* EUA: Dartmouth Pub. Co., 1995.

Em terceiro lugar, propôs-se via alternativa de argumentação, a qual, partindo da visão tomista de lei natural, seria capaz de fornecer elementos materiais de fundamentação que melhor esclarecem as razões substanciais e necessárias à justificação das mais variadas normas tributárias. Tais argumentos podem resumidos e ilustrados por meio do seguinte quadro-comparativo:

<table>
<tr><td rowspan="8">CAUSAS DA TRIBUTAÇÃO</td><td>Causa eficiente</td><td>O que leva à produção eficiente de uma relação tributária</td><td>A lei e o seu procedimento de produção</td></tr>
<tr><td>Causa final</td><td>O que justifica a finalidade última das práticas tributárias</td><td>A visão de bem comum adotada por determinada comunidade política</td></tr>
<tr><td>Causa formal</td><td>O que estrutura formalmente as relações tributárias</td><td>A relação de igualdade a ser promovida ou reestabelecida</td></tr>
<tr><td rowspan="5">Causa material</td><td rowspan="5">O substrato material que, somado às outras causas, dá sentido concreto a uma prática tributária</td><td>Relação voluntária de troca de bens equivalentes</td></tr>
<tr><td>Relação reparatória de ilícito</td></tr>
<tr><td>Relação de repartição qualitativa de encargos sociais</td></tr>
<tr><td>Relação de proteção/promoção de Direito Fundamental</td></tr>
<tr><td>Relação de pertença à comunidade política</td></tr>
</table>

Para aqueles não habituados com a terminologia jusnaturalista, os conceitos aqui apresentados podem ser vistos como insuficientes ou não convincentes. Exatamente por isso, este trabalho não deve ser visto como o ponto de chegada para a justificação de como a ideia de lei natural pode ser uma base sólida para os fundamentos materiais da tributação. Muitos dos conceitos aqui apresentados necessitam ainda de aprofundamento e especificação. Diante disso, deve este estudo ser compreendido apenas como o primeiro passo de uma longa caminhada, a qual muitos frutos ainda poderá gerar. Aliás, o fato deste caminho não ter sido muito percorrido, principalmente no direito tributário, já é, em si, um argumento interessante para que outros se inspirem a, por ele, se aventurar.

BIBLIOGRAFIA

AQUINO, Thomas de, 1993: *Commentary on Aristotle's Nicomachean Ethics*. EUA: Dumb Ox.

___, 1988: *On Law, Morality and Politics*. EUA: Hackett Publishing Company.

___. *Summa Theologiea*. I-II.

ARISTÓTELES, 1995: «Categories». *The Complete Works of Aristotle*, vol. I. EUA: Princeton University Press.

___, 1995: «Nicomachean ethics». *The Complete Works of Aristotle*, vol. II. EUA: Princeton University Press.

ATALIBA, Geraldo, 2002: *Hipótese de incidência tributária*. 6 ed. São Paulo: Malheiros.

ÁVILA, Humberto, 2011: *Segurança jurídica – entre permanência, mudança e realização no direito tributário*. São Paulo: Malheiros.

___, 2011: *Teoria dos princípios – da definição à aplicação dos princípios jurídicos*. 12. ed. São Paulo: Malheiros.

___, 2010: *Sistema constitucional tributário*. 4. ed. São Paulo: Saraiva.

AYER, A. J., 1959: *Logical Positivism*. EUA: The Free Press.

BARZOTTO, Luis Fernando, 2010: *Filosofia do Direito – Os conceitos fundamentais e a tradição jusnaturalista*. Porto Alegre: Livraria do Advogado.

___, 1999: *O positivismo jurídico contemporâneo: uma introdução a Kelsen, Ross e Hart*. São Leopoldo: Unisinos.

BECKER, Alfredo Augusto, 1998: *Teoria geral do direito tributário*. 3. ed. São Paulo: Lejus.

CARVALHO, Paulo de Barros, 2008: *Direito tributário, linguagem e método*. São Paulo: Noeses.

___, 2006: *Direito tributário – Fundamentos jurídicos da incidência*. 4. ed. São Paulo: Saraiva.

COMTE, Auguste, 1987: *Curso de filosofia positiva*. Ed. Magisterio Casals.

DESCARTES, René, 2005: *Discours de la Méthode*. Paris: Librarie Philosophique J. Vrin.

FABRO, Cornelio, 1962: *Percepción y Pensamiento*. Espanha: EUNSA.

FERREIRA NETO, Arthur Maria, 2009: *Justiça como realização de capacidades humanas básicas*. Porto Alegre: EDIPUC-RS.

___, 2006: *Classificação constitucional de tributos pela perspectiva da Justiça*. Porto Alegre: Livraria do Advogado.

___; PAULSEN, Leandro, 2004: A nova contribuição de inativos e pensionistas. *Revista Dialética de Direito Tributário*, n. 106, jul. 2004.

FINNIS, John, 2011: «The restoration of retribution». *Collected Essays* – vol. III. Inglaterra: Oxford University Press.

___, 2011: Retribution: Punishment's formative aim. *Collected Essays* – vol. III. Inglaterra: Oxford University Press.

___, 2011: Objectivity and content in Ethics. *Collected Essays* – vol. I. Inglaterra: Oxford University Press.

___, 2004: *Aquinas.* Inglaterra: Oxford University Press.

___, 2000: *Natural Law and Natural Rights.* Reino Unido: Oxford University Press.

GILSON, Etienne, 1948: *The Philosophy of St. Thomas Aquinas.* Estados Unidos da América: Dorset Press.

HAHN, Hartmut, 2004: «Der Einfluss des Thomas von Aquin auf die Besteuerung nach der wirtschaflichen Leistungsfähigkeit». *Steuer und Wirtschaft*, n. 81.

HAMPE, Michael, 2007: *Eine kleine Geschichte des Naturgesetzbegriffs.* Alemanha: Suhrkamp.

HOLZHEU, Elena, 2009: *Thomas von Aquin: Summa Theologica – Sind «lex aeterna» und «lex naturalis» identisch?* Alemanha: Grin Verlagsprogramm.

HONNETH, Axel, 2010: *Kampf um Anerkennung: Zur moralischen Grammatik sozialer Konflikte.* 6. ed. Alemanha: Suhrkamp.

KANT, Immanuel, 1974: *Kritik der reinen Vernunft.* Alemanha: Surkamp, vol. 1.

KAUFMANN, Arthur; HASSEMER, Winfried; NEUMANN, Ulfrid, 2011: *Einfürung in Rechtsphilosophie und Rechtstheorie der Gegenwart.* Alemanha: C.F. Müller.

KELSEN, Hans, 2000: *Teoria pura do direito.* São Paulo: Martins Fontes.

KLUXEN, Wolfgang, 2001: *Lex Naturalis bei Thomas von Aquin.* Alemanha: Westdeutscher.

KREEF, Peter, 1990: *Summa of the Summa.* EUA: Ignatius.

MACINTYRE, Alasdair, 1990: *Three Rival Versions of Moral Enquiry:* Encyclopaedia, Genealogy and Tradition. EUA: University of Notre Dame.

___, 1984: *After virtue.* 2. ed. EUA: University of Notre Dame.

MCCONNELL, Allan, 1995: *State Policy Formation and the Origins of the Poll Tax.* EUA: Dartmouth Pub. Co.

MCINERNY, Ralph, 1997: *Ethica Thomista – The Moral Philosophy of Thomas Aquinas.* EUA: CUA.

MENDEZ, Augustin José, 2010: *Justifying Taxes: Some Elements for a General Theory of Democratic Tax Law.* Reino Unido.

MILLER JR., Fred D. *Nature, Justice, and Rights in Aristotle's Politics.* Oxford: Clarendon Press.

MOORE, Michael S. «Good without God». *Natural Law, Liberalism and Morality.* Inglaterra: Oxford University Press, p. 221-270.

MURILLO, José Ignácio, 2007: «La Expressión Lingüística de la Ley Natural». In: CRUZ, Juan Cruz (editor). *La Ley Natural como fundamento moral e jurídico en Domingo de Soto*. Espanha: EUNSA.

NEURATH, Otto; HANH, Hans; CARNAP, Rudolf; GOMES, Nelson (trad.). *A concepção científica do mundo*. Inédito.

PLANTINGA. Alvin, 2010: *The Nature of Necessity*. Inglaterra: Oxford University Press.

PORTER, Jean, 2005: *Nature as Reason – A Thomistic Theory of the Natural Law*. EUA: Eerdmans.

RAWLS, John, 1996: *Political Liberalism*. EUA: Columbia University Press.

ROMMEN, Heinrich, 1936: *Die ewige Wiederkehr des Naturrechts*. Leipzig: Hegner.

SCHAUER, Frederick, 2011: *On the Nature of the Nature of Law*. Alemanha: Archiv für Rechts und Sozialphilosophie.

SCHMITT, Carl, 2001: «Sobre os três tipos de pensamento jurídico». In: MACEDO JR., Ronaldo Porto. *Carl Schmitt e a fundamentação do Direito*. São Paulo: Max Limonad.

SCHROEDER, Mark, 2010: *Noncognitivism in Ethics*. EUA: Routledge.

SHAFFER-LANDAU, Russ, 2009: *Moral Realism – A Defence*. EUA: Oxford University Press.

SIMON, Yves, 1992: *The Tradition of Natural Law*. EUA: Fordham.

VOEGELIN, Eric, 1991: «The nature of Law and related legal writings». *The Collected works of Eric Voegelin*, vol. 27. EUA: Lousiana State University Press.

WITTGENSTEIN, Ludwig, 2003: *Philosophische Untersuchungen*. Alemanha: Suhrkamp.

___, 2001: *Logisch-philosophische Abhandlung*. Alemanha: Suhrkamp.

4

PRESUNÇÕES NO DIREITO TRIBUTÁRIO BRASILEIRO: ESPÉCIES, CARACTERÍSTICAS E LIMITES AO SEU USO

Atílio Dengo

1. Conceito. 2. Espécies: 2.1 Espécies quanto à origem: a) Presunções simples; b) Presunções legais; 2.2 Espécies quanto à possibilidade de produção de provas contrárias: a) Presunções legais relativas; b) Presunções legais que só admitem provas qualificadas; c) Presunções absolutas. 3. Eficácia: 3.1 Eficácia direta; 3.2 Eficácia indireta: a) Presunções voltadas à praticidade; b) Presunções voltadas à garantia de arrecadação. 4. Limites à utilização de presunções no Direito Tributário brasileiro: 4.1 Limites à instituição de normas que veiculam presunções; 4.2 Limites à aplicação das presunções.

1. CONCEITO

Do ponto de vista lógico, uma presunção é uma conjectura ou um juízo que parte da observação de certos fatos conhecidos e deles retira uma conclusão antecipada e provisória a respeito de algo. As presunções decorrem, pois, de juízos ou raciocínios indutivos, os quais se caracterizam como uma *inferência que parte de enunciados singulares tais como as descrições dos resultados de observações ou experimentos, em direção a enunciados universais.*[1]

[1] Popper, K. R. *A lógica da pesquisa científica*. São Paulo: EdUSP, 1975: 27.

O problema desse tipo de raciocínio é que a universalidade da conclusão está em dependência das observações ou experimentos desenvolvidos. Trata-se, portanto, de um juízo de probabilidade. Noutros termos, a relação entre os fatos observados e a conclusão não se estabelece em termos de causa e consequência. Os enunciados singulares não se caracterizam como uma condição suficiente para a validade do enunciado universal. Eles apenas indicam que, em sua presença, a conclusão antecipada e provisória é muito provável. Vale ressaltar, por mais verdadeiras que sejam as premissas, elas não oferecem fundamentos concludentes para a verdade da conclusão. Esta decorre daquela apenas como probabilidade.[2]

Do ponto de vista jurídico, uma presunção também é uma conjectura produzida por quem aplica o direito ou pelo legislador. Esta conjectura parte de um ou de uma série de fatos conhecidos e provados, aos quais passaremos a chamar de indícios,[3] para concluir pela ocorrência de outro fato ou circunstância presumido. Portanto, as presunções jurídicas são constituídas de três partes: os indícios, a conjectura ou presunção propriamente dita e o fato presumido. Com a presunção, a prova do fato indiciário é suficiente para que se admita, ao menos *a priori*, como verdadeira a ocorrência do fato presumido.

O caráter apriorístico da presunção está associado ao raciocínio que lhe dá origem. O raciocínio indutivo é sempre um juízo de probabilidade e as presunções, inclusive as presunções jurídicas, têm como característica um elemento de probabilidade. Não se trata, porém, de uma probabilidade calculável. O elemento probabilístico que caracteriza a presunção resulta de um juízo de verossimilhança, das *máximas da experiência* ou *daquilo que geralmente acontece* (*id quod plerumque accidit*). Quer dizer, o normal é que os fatos considerados como indícios, necessariamente, antecedem ou ocorrem em conjunto com aquele outro que no raciocínio indutivo será presumido.

Nesse ponto é que as presunções se diferenciam das ficções jurídicas. Naquelas o fato presumido, por mais ou menos provável que seja, é sempre possível de ocorrer; por sua vez, a característica das ficções encontra-se na disparidade entre a realidade e o que se supõe.[4] A ficção é uma invenção, isto é, atribui-se a uma circunstância efeitos irreais. Por isso, as ficções sempre têm origem em dispositivos legais, enquanto a origem das presunções decorre de dispositivos legais ou dos juízos de quem examina um caso.

Ao reconhecer a ocorrência de um fato não demonstrado, a presunção tem o efeito de desonerar a parte beneficiada da tarefa de produzir provas. Não se

---

[2] ABELLÁN, Maria Gascón. *Los hechos en el derecho*. 2. ed. Madrid: Marcial Pons, 2004: 104.

[3] Não obstante os possíveis significados atribuídos ao termo indício aqui ele será empregado referindo-se ao fato conhecido que permite concluir pelo fato ignorado.

[4] ABELLÁN, Maria Gascón. *Los hechos en el derecho*. 2. ed. Madrid: Marcial Pons, 2004: 149.

trata, simplesmente, de uma inversão do ônus da prova, pois há situações em que a presunção sequer admite que a outra parte produza a prova em contrário, é o que ocorre no caso das presunções legais *absolutas*. Por isso, não é correto afirmar que as presunções somente operam no âmbito procedimental e/ou processual. Não obstante sempre produzirem efeitos substanciais, em ocasiões específicas elas atuam como verdadeiras normas de direito substancial.

Ainda voltaremos a esse tema, mas antes é preciso analisar as espécies de presunção.

2. ESPÉCIES

Como em qualquer classificação, as presunções podem ser organizadas de diferentes maneiras conforme os critérios utilizados. Aqui se tomará como referência apenas os critérios de origem e de admissibilidade de prova em contrário.

Com relação à forma pela qual se originam, as presunções podem ser classificadas em presunções simples, também denominadas de presunções *omnis*, quando produzidas a partir de um raciocínio indutivo desenvolvido pelo aplicador da lei, seja ele o juiz ou, no âmbito tributário, uma autoridade administrativa. Além das presunções simples, há as presunções legais, ou seja, aquelas em que tanto os indícios, quanto o fato presumido estão explicitamente indicados em um dispositivo de lei.

Por sua vez, com relação ao critério de admissibilidade de prova em contrário, as presunções podem ser classificadas em presunções absolutas ou presunções relativas. Estas ainda admitem uma subdivisão. Em geral, as presunções relativas aceitam qualquer tipo de prova em contrário, no entanto certas presunções só admitem provas qualificadas.

Passemos ao exame das espécies.

2.1 Espécies quanto à origem

a) Presunções simples

As presunções simples não dependem de previsão legal e se caracterizam como o resultado de um raciocínio indutivo.

Todas as provas permitidas pelo direito também são admitidas no âmbito tributário. Logo, nada impede que uma autoridade administrativa demonstrando a ocorrência de certos indícios e, fazendo uso de um raciocínio indutivo, reconheça a ocorrência de um fato que não pode ser provado. Não há óbices ao uso de presunções simples nos âmbitos do procedimento e do processo tributário. Mas, aquele que examina os fatos e aplica a lei deve valorar os indícios de modo a alcançar a certeza necessária para o seu convencimento. Portanto, é preciso que a presunção seja produzida com rigor lógico. Noutras palavras, o procedimento que lhe dá origem requer uma valoração segundo máximas da experiência. A presunção simples só é válida e só deve ser admitida no direito tributário quando atinge esse grau de certeza. Conforme a doutrina,[5] é necessário que os fatos indiciários sejam veementes, ou seja, eles devem cumprir satisfatoriamente com os requisitos de *gravidade*, *precisão* e *concordância*.

O requisito *gravidade* diz respeito à intensidade de vínculo com o fato presumido. Em conformidade com a máxima *id quod plerumque accidit,* o indício deve manter forte relação de causa e efeito com o fato presumido. De tal modo que, a partir do indício se possa concluir pela existência do fato presumido.

O requisito *precisão* diz respeito aos possíveis significados atribuídos ao indício. Quanto maior o número de significados que podem ser atribuídos ao indício, quanto mais ele permitir a dedução de uma variedade de fatos, menor a sua precisão. O indício *preciso* é aquele cujo significado aponta para uma única conclusão. Quando isso não for possível, o requisito precisão pode ser alcançado pela reunião de um maior número de fatos indiciários. O conjunto de vários indícios pode restringir a conclusão a respeito dos fatos que *geralmente acontecem segundo as regras da experiência.*

Por fim, o requisito *concordância* exige que se houver mais de um indício, eles devem convergir para o mesmo ponto, isto é, para o mesmo fato que se presume. A presença de indícios que admitem significados contrapostos não permite que o intérprete alcance a certeza em seu convencimento.

Se esses ou um desses requisitos não forem atendidos, a presunção simples não deve ser considerada, ela não é valida como procedimento de prova. Atendidos os requisitos, a presunção deve ser considerada. Neste caso, caberá ao contribuinte, por qualquer meio de prova validamente admitido, demonstrar a impossibilidade de ocorrência do fato presumido ou, então, demonstrar que os indícios coletados e sua valoração são insatisfatórios para alcançar a certeza de convencimento. Portanto, necessariamente, as presunções simples podem ser refutadas por qualquer tipo de prova em contrário.

Para fins de ilustração, como exemplo de presunção simples, no âmbito do processo judicial podemos citar aquela relativa à dissolução irregular da sociedade, cujos indícios são a não localização da pessoa jurídica nos endereços de registros empresarial fornecidos pelo empresário. Comprovada a não localização da empresa, presume-se a sua dissolução irregular, configurando-se, assim, uma das hipóteses de infração à lei que autoriza responsabilizar

[5] FERRAGUT, Maria Rita. *Presunções no direito tributário.* 2. ed. São Paulo: Quartier Latin, 2005: 141 ss.

o sócio administrador, pessoalmente, pelas dívidas da sociedade, conforme dispõe o art. 135 do CTN.

b) Presunções legais

As presunções legais são criadas pelo legislador. Portanto são normas jurídicas em cuja hipótese constam certos fatos, inseridos na qualidade de indícios e na consequência, o fato presumido. Impondo-se o reconhecimento deste último, em face da prova de ocorrência do primeiro.

A força *probandi* das presunções simples depende da veemência dos indícios; vale dizer, os indícios devem ser *graves, precisos e concordantes*. Isso, no entanto, não é necessário no caso das presunções legais, pois elas são normas jurídicas e como tal impõem ao aplicador o reconhecimento do fato presumido. Havendo uma presunção legal, o aplicador da lei não está obrigado à produção de um raciocínio lógico baseado em regras da experiência. Ao menos *a priori*, a presunção legal prescinde dos requisitos necessários ao seu convencimento. O fato é que, nestas situações, esse raciocínio valorativo é desenvolvido pelo legislador. Apenas é necessário que o beneficiário da norma faça a prova dos fatos indiciários.

Além disso, por se constituírem em normas jurídicas, o raciocínio lógico-dedutivo desenvolvido pelo legislador não requer elevado nível de probabilidade entre o indício e o fato presumido. A *gravidade e a precisão* do indício, requisitos que são essenciais no raciocínio indutivo que leva à presunção simples, são aqui prescindíveis. Razões de ordem substancial – a promoção de certos valores – autorizam que a escolha recaia sobre um fato menos provável. Não obstante isto, conforme veremos adiante, a falta de *concordância* dos indícios pode implicar no afastamento da norma de presunção.

2.2 Espécies quanto à possibilidade de produção de provas contrárias

Como já foi mencionado, as presunções simples admitem todo o tipo de prova contrária, desde que lícitas. Quanto às presunções legais, estas podem ser classificadas em:

a) Presunções legais relativas

Nesta espécie, tal como ocorre com as presunções simples, admite-se todo o tipo de prova em contrário, desde que permitida pelo direito. Exemplo de presunção relativa encontra-se no art. 40, da Lei 9.430/1996, segundo a qual: «A falta de escrituração de pagamentos efetuados pela pessoa jurídica, assim como a manutenção, no passivo, de obrigações cuja exigibilidade não seja comprovada, caracterizam, também, omissão de receita». Não há no dispositivo legal nenhuma restrição à produção de provas.

b) Presunções legais que só admitem provas qualificadas

Nesta espécie, a possibilidade de se afastar a presunção mediante prova em contrário restringe-se a certas provas previamente estabelecidas pela norma jurídica. É o que se verifica no tocante à fraude presumida *em caso de alienação de bens ou rendas por sujeito passivo em débito para com a Fazenda Pública, por crédito tributário regularmente inscrito como dívida ativa,* conforme dispõe o art. 165, do CTN. Neste caso, segundo o parágrafo único do mesmo artigo, a presunção é afastada unicamente mediante a prova de que o devedor reservou bens ou rendas suficientes para o total pagamento da dívida inscrita.

Também servem como exemplos de presunção relativa que só admite prova qualificada, os métodos para apuração dos preços de transferência previstos nos arts. 18 e 19, da Lei 9.430/1995, os quais só serão afastados na hipótese prevista pelo § 2.º do art. 21 da mesma lei, segundo o qual *admitir-se-ão margens de lucro diversas das estabelecidas nos arts. 18 e 19, desde que o contribuinte as comprove, com base em publicações, pesquisas ou relatórios elaborados de conformidade com o disposto no art. 21, § 1.º.*

Há razões para isso. As presunções são instituídas para atingir certos fins, o que significa que, não condizente com a realidade, o fato presumido pode e deve ser afastado diante de provas contrárias idôneas. Porém, há situações em que as partes envolvidas – por exemplo, contribuinte e terceiros – estão muito próximas e isso pode facilitar a conclusão de acordos para a produção de provas artificiais tendenciosas. Considere-se a hipótese das empresas coligadas no caso dos preços de transferências. Nessas condições, se justifica a restrição das provas, admitindo-se apenas aquelas que são idôneas.

c) Presunções absolutas

As presunções absolutas não admitem prova em contrário. É o que se passa com a apuração do imposto de renda com base no lucro presumido, conforme determina o art. 15, da Lei 9.249/1995.

Em razão da impossibilidade de provas, elas impõem o reconhecimento do fato presumido mediante a simples prova do indício. Com base nesse mesmo raciocínio, é possível afirmar que, quando o legislador faz uso de uma presunção legal absoluta, o Estado está impondo que as partes desconsiderem a realidade. Interessa apenas a previsão legal.

Nesse aspecto, as presunções absolutas se assemelham às ficções: em ambas, o resultado não guarda relação com a realidade. Enquanto nas ficções a consequência é uma invenção do legislador; nas presunções absolutas, a consequência até pode retratar a realidade, mas isso não interessa.

3. EFICÁCIA

Com relação à eficácia das presunções, estas possuem eficácia direta e indireta. A eficácia direta refere-se aos efeitos imediatos, diz respeito à conduta adotada em face da norma ou a aspectos de ordem processual. Já a eficácia indireta refere-se aos motivos perseguidos pela regra, diz respeito à razão que está subjacente à regra de presunção. No âmbito tributário, a eficácia indireta das presunções está associada ou ao princípio constitucional da eficiência ou ao princípio constitucional da capacidade contributiva.

3.1 Eficácia direta

Com relação à eficácia direta, estes efeitos referem-se, em primeiro lugar, à admissibilidade hipotética do fato não provado e, em segundo lugar, à inversão do ônus da prova.

Com relação à admissibilidade hipotética dos fatos, o que se passa é que, por consequência da presunção, a decisão ou a conduta adotada deve ser igual àquela que seria empreendida se o fato, devidamente provado, realmente tivesse ocorrido. Cumpre salientar este aspecto. Uma vez que as presunções decorrem de raciocínios indutivos, ou seja, de juízos de probabilidade, em face delas não se pode afirmar que o fato presumido ocorreu. O máximo que se está autorizado a afirmar é que *é muito provável que ele tenha ocorrido*, já que o resultado obtido por meio de presunções não autoriza que se conclua pela efetiva existência de algo no plano dos fatos. Mesmo quando o contribuinte não oferece prova em sentido contrário, não é possível concluir afirmativamente pela real ocorrência do fato presumido. Nesta circunstância, só se pode confirmar a existência da dúvida e não que, em consequência da presunção, o fato certamente ocorreu.

Essa impossibilidade de confirmação da ocorrência do fato presumido decorre do juízo indutivo que dá origem à presunção. Como anteriormente foi dito, o indício não é condição suficiente para afirmar pela ocorrência do fato presumido, ele apenas indica que, em sua presença, é elevada a probabilidade de que o fato tenha ocorrido. Isto é ainda mais evidente no caso das presunções legais, ao menos por duas razões.

A primeira, por questões de ordem lógica: as presunções são normas jurídicas e a conclusão de uma norma jurídica não pode ser tratada como uma descriçao ou uma hipótese da realidade.[6] Normas jurídicas podem constituir direitos, podem obrigar, podem permitir ou proibir certos comportamentos, mas elas não têm o condão de dar por existente o que não existiu no mundo dos fatos.

---

[6] FERRAGUT, Maria Rita. *Presunções no direito tributário*. 2. ed. São Paulo: Quartier Latin, 2005: 138.

A segunda, as presunções legais não permitem concluir pela existência de um fato por razões de ordem técnica. Por serem normas jurídicas, o raciocínio lógico-dedutivo desenvolvido pelo legislador não requer elevado nível de probabilidade entre o indício e o fato presumido. Razões de ordem substancial – como veremos a seguir – questões de praticidade ou de garantia de arrecadação podem fazer com que a escolha recaia sobre um fato menos provável.

Portanto, a admissibilidade hipotética de um fato não provado é um dos resultados diretos provenientes da aplicação de uma presunção jurídica. Em consequência dessa situação, deparamo-nos com o segundo efeito produzido pelas presunções jurídicas: a inversão do ônus da prova.[7]

Desde a perspectiva do procedimento fiscal e do processo administrativo ou judicial, a admissibilidade hipotética do fato presumido leva a inversão do ônus da prova, sendo assim, caberá ao contribuinte provar a não ocorrência do fato alegado pela fazenda pública. Ao reconhecer a ocorrência de um fato não provado, a presunção tem o efeito de desonerar a parte beneficiada pela norma, desincumbindo-lhe da tarefa de produzir provas. O encargo da prova passa a ser do contribuinte.

Ao mesmo tempo em que facilita o trabalho da fazenda pública, a inversão do ônus da prova intervém no princípio da igualdade das partes no âmbito do processo, o qual tem previsão no art. 5.º, LV, da CF/1988. A presunção desequilibra essa relação e nisto reside o problema da legitimidade constitucional das presunções relativas.

Há, ainda, aquelas situações em que a presunção sequer admite que a outra parte produza a prova em contrário, é o que ocorre no caso das presunções legais absolutas. Nestas, a questão da legitimidade constitucional é mais sensível.

Ao não admitirem prova em contrário, as presunções absolutas se assemelham as ficções, pois *exigem que se considere como verdadeiro, sem exceções, aquilo que, muito bem, poderia ser falso.*[8] Quando se faz uso de uma presunção absoluta não interessa saber a verdade dos fatos. A instituição de presunções dessa espécie impede que as partes (contribuinte, agentes da fazenda pública, juiz) conheçam a realidade. Dessa forma, ao categoricamente afirmarem como verdadeiros certos fatos, sob certas condições, as presunções absolutas violam garantias fundamentais previstas nos incisos LIV, LV e, especialmente, o inciso XXXV, todos do art. 5.º da CF/1988.

---

[7] Alguns autores, inclusive, entendem que é este o único efeito produzido pelas presunções legais. V. nesse sentido: Abellán, Maria Gascón. *Los hechos en el derecho*. 2. ed. Madrid: Marcial Pons, 2004: 137.

[8] Abellán, Maria Gascón. *Los hechos en el derecho*. 2. ed. Madrid: Marcial Pons, 2004: 147.

3.2 Eficácia indireta

Como vimos, as presunções jurídicas não tem a função de descrever a verdade dos fatos. Há situações em que elas apenas admitem como verdadeiros certos fatos hipotéticos e o fazem em caráter *prima facie*, até que se prove o contrário. Noutras situações, de ordem excepcional, uma verdade presumida é afirmada de forma inconteste, sem exceções. Em ambas as situações também ocorrem efeitos de ordem processual. Quando a presunção admite prova em contrário, tem-se a inversão do ônus da prova. Já, quando a presunção é absoluta, a verdade dos fatos torna-se irrelevante. Vimos também que, nesses casos, o uso das presunções, simples ou legais, restringe direitos fundamentais. Mas, ainda que isso ocorra, é possível argumentar pelo uso e aplicabilidade de uma presunção, se com isso outros fins constitucionalmente relevantes forem promovidos.

No âmbito do direito tributário, segundo a sua finalidade, as presunções podem ser separadas em dois grupos. De um lado, há aquelas instituídas para a simplificação do direito tributário; de outro, encontramos presunções destinadas a garantir a satisfação do crédito tributário. Isso permite que se fale em *presunções voltadas à praticidade da legislação tributária* e *presunções voltadas à garantia de arrecadação*. No primeiro caso, o objetivo perseguido decorre dos princípios da eficiência e da moralidade, ambos positivados no art. 37 da CF/1988.[9] No segundo, do princípio da capacidade contributiva. Eis aí, a eficácia indireta das presunções tributárias.

a) Presunções voltadas à praticidade

As presunções incluídas neste grupo almejam, primariamente, facilitar a execução da legislação tributária. Elas são instituídas para simplificar a aplicação das leis tributárias, seja para a fazenda pública, seja para o contribuinte. Com isso, elas conferem praticidade mediante a instituição de padrões de conduta que induzem o contribuinte à realização de certo procedimento, ao mesmo tempo em que orientam a respeito da forma correta de aplicação da norma ou, ainda, imprimem maior eficiência (maior resultado com menores custos) ao cumprimento da legislação.

Assim, por exemplo, as presunções de lucro veiculadas pelo art. 15 da Lei 9.249/1995,[10] para a apuração do IRPJ na modalidade lucro presumido.

---

[9] BARBOSA, Ana Carolina Silva. «O princípio da praticidade e uma análise do entendimento do Supremo Tribunal Federal frente aos princípios da moralidade e da eficiência administrativa. *Revista Internacional de Direito Tributário* 3/199-215. Belo Horizonte: Del Rey, jan.-jun 2005.

[10] «Art. 15. A base de cálculo do imposto, em cada mês, será determinada mediante a aplicação do percentual de oito por cento sobre a receita bruta auferida mensalmente, observado o disposto nos arts. 30 a 35 da Lei n. 8.981, de 20 de janeiro de 1995.

§ 1.º Nas seguintes atividades, o percentual de que trata este artigo será de:

Neste caso, essas presunções desempenham uma função simplificadora. Elas fornecem ao contribuinte instrumentos que facilitam o cumprimento da legislação tributária, de um modo prático e econômico. Nesse exemplo em particular, por se tratar de uma presunção absoluta, ela age como parte integrante da regra matriz tributária. A norma de presunção não atua sobre os fatos, submetendo-os a outras normas jurídicas. Ela mesma passa a ser parte da regra matriz tributária.

Noutras circunstâncias, as presunções agem inserindo ou excluindo fatos do âmbito de incidência da norma tributária. Assim fazendo, a presunção atua sobre a conduta dos contribuintes orientando, simplificando ou conferindo maior eficiência à aplicação da lei. É o que se passa, por exemplo, com o previsto no § 2.º do art. 20 da Lei Complementar 87/1996,[11] o qual presume serem alheios à atividade do estabelecimento os veículos de transporte pessoal, salvo prova em contrário. Com isso, padroniza-se uma conduta que deverá ser aplicada em massa, proibindo o aproveitamento de créditos oriundos desses bens.

Com base em *máximas da experiência,* a presunção induz o contribuinte à correta apuração dos créditos. Ao mesmo tempo, por se tratar de uma presunção legal relativa, a condição individual do contribuinte está protegida. Se ele não se enquadrar no padrão normativo, o dispositivo lhe assegura o

---

I – um inteiro e seis décimos por cento, para a atividade de revenda, para consumo, de combustível derivado de petróleo, álcool etílico carburante e gás natural;

II – dezesseis por cento:

a) para a atividade de prestação de serviços de transporte, exceto o de carga, para o qual se aplicará o percentual previsto no *caput* deste artigo;

b) para as pessoas jurídicas a que se refere o inciso III do art. 36 da Lei n. 8.981, de 20 de janeiro de 1995, observado o disposto nos §§ 1.º e 2.º do art. 29 da referida Lei;

III – trinta e dois por cento, para as atividades de:

a) prestação de serviços em geral, exceto a de serviços hospitalares e de auxílio diagnóstico e terapia, patologia clínica, imagenologia, anatomia patológica e citopatologia, medicina nuclear e análises e patologias clínicas, desde que a prestadora destes serviços seja organizada sob a forma de sociedade empresária e atenda às normas da Agência Nacional de Vigilância Sanitária – Anvisa;

b) intermediação de negócios;

c) administração, locação ou cessão de bens imóveis, móveis e direitos de qualquer natureza;

d) prestação cumulativa e contínua de serviços de assessoria creditícia, mercadológica, gestão de crédito, seleção de riscos, administração de contas a pagar e a receber, compra de direitos creditórios resultantes de vendas mercantis a prazo ou de prestação de serviços (*factoring*).»

[11] «Art. 20. Para a compensação a que se refere o artigo anterior, é assegurado ao sujeito passivo o direito de creditar-se do imposto anteriormente cobrado em operações de que tenha resultado a entrada de mercadoria, real ou simbólica, no estabelecimento, inclusive a destinada ao seu uso ou consumo ou ao ativo permanente, ou o recebimento de serviços de transporte interestadual e intermunicipal ou de comunicação.

(...)

§ 2.º Salvo prova em contrário, presumem-se alheios à atividade do estabelecimento os veículos de transporte pessoal.»

direito ao aproveitamento desses créditos, mediante prova contrária a seu encargo. Também aqui, por meio da inversão do ônus da prova, a presunção atua conferindo praticidade à aplicação da lei tributária. Se um juízo de probabilidade indica que, na maior parte dos casos, estes bens não guardam pertinência com a atividade do estabelecimento, é mais econômico para a administração tributária realizar o controle através da exceção.

Situação semelhante ocorre com a chamada substituição tributária *para frente*. Neste caso, a saída da mercadoria do estabelecimento industrial é o indício que autoriza duas presunções. A primeira consiste na presunção de que o bem será, mais tarde, alienado pelo estabelecimento revendedor. A segunda, diz respeito ao preço dessa alienação: A saída do produto permite presumir pela base de cálculo do tributo. Isso é feito, ou deve ser feito, mediante a aplicação da média dos preços praticados no mercado. Neste exemplo, a norma de presunção imprime maior eficiência, maior resultado com menores custos, à função fiscalizadora exercida pela fazenda pública. É mais econômico, exige menos pessoal e é mais eficaz fiscalizar um estabelecimento industrial que assume a condição de responsável por substituição, ao invés de milhares de estabelecimentos varejistas.

Nesses e noutros casos, as normas de presunção atuam conferindo simplicidade, orientação e eficiência a legislação tributária. Esse tipo de presunção se insere num grupo de normas que Tipke e Lang[12] denominaram «normas de finalidade simplificadora». Na mesma linha, Misabel Abreu Machado Derzi[13] refere-se a essas presunções como inseridas num conjunto de normas voltadas a conferir praticidade ao direito tributário.

As presunções voltadas à praticidade impõem ao contribuinte uma conduta que é determinada por um padrão generalizante. Mas, só haverá praticidade se o padrão generalizante corresponder ao que ocorre na maioria dos casos. Portanto, o que foi dito no tópico relativo às presunções legais – no sentido de que a *gravidade* do indício não é requisito essencial às presunções instituídas por lei – não se aplica para as presunções voltadas à praticidade. O que se espera é que o legislador retrate, na norma, o estado de fatos em que se encontra a maioria dos contribuintes. Sem isso, a presunção não alcança o seu fim mediato.

Em face desses aspectos, a eficácia indireta das presunções pode ser identificada em função da sua eficácia direta preponderante, ou seja, em razão do efeito direto mais importante: a *admissibilidade hipotética do fato presumido* ou *a inversão do ônus da prova*.

---

[12] TIPKE, Klaus; LANG, Joachim (colaboradores) SEER, Roman *et alii*, *Direito tributário*. Porto Alegre: Fabris, 2008: 178.

[13] DERZI, Misabel Abreu Machado. «Justiça Tributária». *Anais do 1.º Congresso Internacional de Direito Tributário – IBET*. São Paulo: Max Limonad, 1998: 627-650.

Nas presunções voltadas à praticidade é mais importante a *admissibilidade hipotética do fato presumido*. Evidentemente, efeitos colaterais não estão descartados. O caso dos créditos sobre veículos de transporte pessoal bem ilustra essa situação. Neste caso, também a inversão do ônus da prova confere praticidade, mas, é com a seleção de um padrão generalizante, abrangendo a maioria dos casos que surge o *efeito praticidade* mais relevante.

Por outro lado, como veremos, é da *inversão do ônus da prova* que provém o efeito mais importante das presunções voltadas à garantia de arrecadação.

b) Presunções voltadas à garantia de arrecadação

As presunções que formam esse segundo grupo almejam, primariamente, garantir a arrecadação tributária, assegurar a apuração e a satisfação do crédito tributário, suprimindo a evasão fiscal. Elas são utilizadas na fase de constituição ou na fase de cobrança do crédito tributário, ou seja, são empregadas no âmbito do procedimento e do processo tributário. Nesse meio, elas funcionam invertendo o ônus de provar. Isso é especialmente importante quando as circunstâncias propiciam um desequilíbrio nas condições relacionadas à coleta das provas. São, portanto, instrumentos à serviço da fiscalização tributária e do combate à evasão, em vista disso se inserem no conjunto de normas de «finalidade fiscal».[14]

As presunções voltadas à arrecadação tributária encontram justificativa no princípio da capacidade contributiva. Em termos mais específicos, o princípio da capacidade contributiva é o principal critério de igualdade na tributação.[15] Enquanto princípio voltado a uma tributação justa,[16] ele exige que os particulares sejam tributados da mesma maneira, segundo a capacidade contributiva de cada um. Em sendo assim, além de proteger o contribuinte nos casos em que ocorre uma atuação estatal abusiva, o princípio da capacidade contributiva também determina que todos que se encontram na mesma situação devem se submeter ao mesmo ônus da tributação. Sob esse ângulo estão justificados os procedimentos de fiscalização, na medida em que é dever do Estado assegurar que todos serão tributados da mesma maneira e na medida da sua capacidade. Neste sentido, ao enunciar o princípio da capacidade contributiva, o § 1.º do art. 145 da CF/1988, autoriza que a administração tributária identifique, respeitados os direitos individuais e nos termos da lei, o patrimônio, os rendimentos e as atividades econômicas do contribuinte.

---

[14] TIPKE, Klaus; LANG, Joachim (colaboradores) SEER, Roman *et alii, Direito tributário*. Porto Alegre: Fabris, 2008: 175.

[15] ÁVILA, Humberto. *Sistema constitucional tributário*. 4. ed. São Paulo: Saraiva, 2010: 372.

[16] TIPKE, Klaus; LANG, Joachim (colaboradores) SEER, Roman *et alii, Direito tributário*. Porto Alegre: Fabris, 2008: 198 e ss.

As presunções que se destinam a garantia de arrecadação decorrem de inferências desenvolvidas pelos agentes de fiscalização e pelo juiz (presunções simples) ou tem origem em dispositivos legais (presunções legais). Quando a presunção é utilizada para garantir a apuração do crédito tributário, ela atua sobre os fatos do caso, incluindo-os no âmbito de incidência da regra matriz de um tributo. Em termos mais precisos, na presença de certos indícios deve-se admitir – por presunção – a ocorrência de fatos ou circunstâncias que se subsumem ao previsto na hipótese de incidência da norma tributária ou em sua base de cálculo. É como agem todas as presunções simples utilizadas em procedimentos de fiscalização.

Essa mesma ação é constatada em algumas presunções legais relativas. Assim, por exemplo, as presunções previstas no § 1.º do art. 6.º da Lei 8.021/1990;[17] no art. 40 e seguintes da Lei 9.430/1996[18] e no § 2.º do Decreto 1.598/1977.[19]

Quando o objetivo é assegurar a satisfação do crédito tributário já constituído, a presunção atua como norma de reenvio: os fatos são qualificados de modo a se subsumirem a hipótese de incidência de uma norma de outro ramo do direito, cuja consequência é inserida na hipótese da norma tributária. Assim ocorre, por exemplo, com a presunção simples construída no âmbito do processo de execução fiscal. Neste caso, frustradas todas as tentativas, a não localização da empresa é indício que autoriza a presunção de dissolução irregular da sociedade. Com isso fica caracterizada a hipótese de infração à lei civil da qual decorre a responsabilização do sócio pelo débito fiscal, nos termos do art. 135 do CTN.

É também o que se verifica no caso da presunção legal relativa que só admite provas qualificadas, vertida pelo art. 185 do CTN.[20] Nesse caso, a alie-

---

17 «Art. 6.º O lançamento do ofício, além dos casos já especificados em lei, far-se-á arbitrando-se os rendimentos com base na renda presumida, mediante utilização dos sinais exteriores de riqueza.
§ 1.º Considera-se sinal exterior de riqueza a realização de gastos incompatíveis com a renda disponível do contribuinte.»

18 «Art. 40. A falta de escrituração de pagamentos efetuados pela pessoa jurídica, assim como a manutenção, no passivo, de obrigações cuja exigibilidade não seja comprovada, caracterizam, também, omissão de receita.»

19 Decreto 1.598/1977
«Art. 12. A receita bruta das vendas e serviços compreende o produto da venda de bens nas operações de conta própria e o preço dos serviços prestados.
(...)
§ 2.º O fato de a escrituração indicar saldo credor de caixa ou a manutenção, no passivo, de obrigações já pagas, autoriza presunção de omissão no registro de receita, ressalvada ao contribuinte a prova da improcedência da presunção.»

20 «Art. 185. Presume-se fraudulenta a alienação ou oneração de bens ou rendas, ou seu começo, por sujeito passivo em débito para com a Fazenda Pública, por crédito tributário regularmente inscrito como dívida ativa. (Redação dada pela LC n. 118, de 2005)

nação é indício de fraude a credores. Não sendo reservados bens suficientes para satisfação do débito regularmente inscrito em dívida ativa, aplica-se o disposto nos arts. 158 e seguintes do Código Civil.

Dito isso, devemos agora ingressar no tema relacionado aos limites do uso das presunções tributárias.

4. LIMITES À UTILIZAÇÃO DE PRESUNÇÕES NO DIREITO TRIBUTÁRIO BRASILEIRO

Em face do que até aqui foi exposto, é possível concluir que, no âmbito tributário, o Estado pode e deve lançar mão de presunções jurídicas, sejam elas simples ou legais. Mas, considerando que uma presunção impõe um ônus ao contribuinte, é necessário que o seu uso tenha fundamento de legitimidade. Isso se aplica tanto à instituição de normas que veiculam presunções, quanto em relação à aplicação de uma presunção ao caso concreto.

4.1 Limites à instituição de normas que veiculam presunções

Os limites à instituição de normas que veiculam presunções devem ser determinados em correspondência com a sua eficácia.

Como já foi visto, o objetivo primário das presunções voltadas à praticidade é fazer com que o contribuinte adote uma conduta específica diante do fato presumido. Se a realidade do contribuinte corresponder ao padrão generalizante vertido pela norma, não haverá nenhuma restrição a direitos. Só quando as circunstâncias vividas pelo contribuinte não corresponderem ao padrão adotado pela norma é que estaremos diante de uma restrição a direitos. Neste caso, surgem violações a normas de direito tributário material. Se a conduta que viola estes direitos é imposta por uma norma que veicula uma presunção relativa, caberá ao contribuinte a tarefa de provar que o fato presumido não reflete a sua realidade. Surge então – agora no âmbito do processo administrativo ou judicial – a inversão do ônus da prova como encargo a ser suportado pelo contribuinte.

A situação é ainda pior quando a conduta que está sendo exigida – da qual decorrem violações a normas de direito tributário material – é imposta por uma presunção absoluta. Neste caso, a restrição é mais grave, pois uma presunção absoluta proíbe que se examine a realidade dos fatos, esvaziando a possibilidade de exame do caso pelo poder judiciário. Nestas circunstâncias, uma presunção absoluta imposta ao contribuinte fere frontalmente a garantia

---

Parágrafo único. O disposto neste artigo não se aplica na hipótese de terem sido reservados, pelo devedor, bens ou rendas suficientes ao total pagamento da dívida inscrita. (Redação dada pela LC n. 118, de 2005).»

fundamental vertida pelo art. 5.º, XXXV, segundo a qual *a lei não excluirá da apreciação do Poder Judiciário lesão ou ameaça a direito.*

Algo semelhante ocorre em relação às presunções voltadas à garantia de arrecadação. O objetivo primário dessas presunções é a própria inversão do ônus da prova. Quando as presunções são usadas com essa finalidade, essa inversão sempre se caracterizará como uma restrição a direitos no âmbito do processo administrativo ou judicial. Vale dizer, nestas circunstâncias a inversão do ônus da prova restringe a garantia fundamental prevista no inciso LV do art. 5.º da CF/1988, segundo a qual *«aos litigantes, em processo judicial ou administrativo, e aos acusados em geral são assegurados o contraditório e a ampla defesa, com os meios e recursos a ela inerentes»*.

Uma restrição a uma garantia fundamental – seja ao previsto no inciso LV ou ao inciso XXXV, ambos do art. 5.º da CF/1988 – só se justifica se o meio que ocasiona essa restrição acaba por promover, mais e melhor, outro valor constitucionalmente protegido, cujo Estado tem o dever de promover.[21] Com relação às presunções tributárias, esses valores são os princípios da eficiência e da capacidade contributiva que – conforme vimos ao analisar a eficácia indireta dessas normas – são otimizados por meio da praticidade da legislação tributária e da garantia de arrecadação, respectivamente.

Portanto, no que se refere às presunções no direito tributário, não obstante elas restringirem garantias fundamentais, o que autoriza o seu uso tem a ver com o quanto elas contribuem para a promoção desses princípios. Surge aqui uma tensão: o meio que promove a praticidade ou a garantia de arrecadação, ao mesmo tempo, também restringe uma garantia fundamental. Essa tensão pode ser resolvida por meio da aplicação do princípio ou postulado da proporcionalidade. Em outras palavras, uma presunção tributária só deve ser utilizada quando atende aos requisitos de *adequação, necessidade e proporcionalidade.*

Quanto ao requisito adequação: Uma presunção só deve ser admitida quando as circunstâncias exigirem a promoção da praticidade da legislação tributária ou, conforme o caso, da garantia de arrecadação. Além das circunstâncias exigirem a promoção, também é preciso que o meio escolhido – a presunção – se mostre útil para promover o princípio.

A identificação da oportunidade e do meio que melhor promove certos princípios é tarefa que deve ser realizada em face das circunstâncias concretas. Não obstante isso, algumas conclusões podem ser antecipadas:

a) Se as circunstâncias não exigirem a promoção da praticidade ou da garantia de arrecadação não há justificativas para a utilização de presunções

---

[21] ALEXY, Robert. *Teoria dos direitos fundamentais*. São Paulo: Malheiros, 2008: 588 ss.

tributárias. Numa tal situação, o uso de presunções equivale à imposição de um sacrifício gratuito ao contribuinte e isto é suficiente para que se rejeite a presunção.

Sob essa perspectiva, é questionável a criação, pelos Estados, da chamada antecipação do diferencial de alíquotas do ICMS quando da entrada das mercadorias no seu território. Tal como ocorre na substituição tributária *para frente*, o funcionamento dessa antecipação do imposto requer a instituição de duas presunções, uma relacionada à ocorrência do fato tributável e outra relacionada à base de cálculo da operação futura. Na substituição tributária *para frente*, o trabalho da fiscalização é racionalizado porque há um substituto que assume o lugar de milhares de contribuintes. Porém, não é o que ocorre na antecipação do diferencial de alíquotas. Neste caso, não há um sujeito passivo substituto, é o próprio contribuinte quem antecipa o tributo na entrada da mercadoria no território do seu Estado. Logo, a fazenda pública continuará fiscalizando o mesmo número de contribuintes. Assim, a medida não promove a praticidade da legislação. Igualmente, não se trata de um instrumento de garantia da arrecadação e nem há motivos para tal. Portanto, as presunções utilizadas para esse fim não atendem ao requisito *adequação*.

b) As presunções simples são produzidas no âmbito de um caso específico e só se prestam para aquele caso. Assim, essas presunções não são úteis para prescrever padrões de conduta em massa. Por isso, elas não são um meio *adequado* quando se trata de promover a praticidade da legislação tributária. De resto, *a priori*, todas as espécies de presunções são adequadas, tanto para a promoção da praticidade, quanto para a promoção da garantia de arrecadação.

Quanto ao requisito necessidade: Se existem vários meios igualmente adequados para a promoção da praticidade da legislação tributária – ou, conforme o caso, da garantida de arrecadação – e um deles intervir menos na garantia fundamental, é este o meio que deve ser adotado. O requisito *necessidade* exige que se evitem sacrifícios desnecessários.[22] Logo, se for possível o uso de outro meio, seja ele uma norma de presunção ou não, a escolha deve recair sobre esse meio que intervém em menor intensidade na garantia fundamental implicada.

Quando, dentre os meios existentes, a escolha recair sobre uma presunção, é possível argumentar, ao menos em caráter preliminar, que essa escolha deve privilegiar algumas presunções em detrimento de outras. Assim:

a) Quando a praticidade é promovida, a modalidade de presunção que melhor desempenha essa função, restringindo na menor intensidade possível

---

[22] ALEXY, Robert. *Teoria dos direitos fundamentais*. São Paulo: Malheiros, 2008: 591.

a garantia fundamental, é a presunção legal que admite qualquer tipo de prova contrária. Através dela se estabelece padrões de conduta em caráter geral, preservando o direito de o contribuinte provar que a sua situação não se enquadra no padrão estabelecido.

b) Presunções que só admitem provas qualificadas promovem a praticidade na mesma medida que as presunções relativas, porém restringem com mais intensidade e desnecessariamente a garantia do devido processo legal, por isso não devem ser admitidas.

c) As presunções absolutas atendem ao requisito *necessidade* quando forem instituídas como uma opção do contribuinte. Neste caso, quando a promoção da praticidade também exigir segurança jurídica, as presunções absolutas, adotadas por opção do contribuinte, atendem perfeitamente ao requisito *necessidade*. É o que ocorre, por exemplo, com o IRPJ – lucro presumido. Neste caso, a par da sua realidade, é o contribuinte quem opta por se enquadrar na norma de presunção.

d) Quando, para a promoção da praticidade, presunções absolutas são impostas aos contribuintes, é gritante a intensidade com que elas afetam a garantia fundamental contida no art. 5.º, XXXV. É o que ocorre com a presunção a respeito da base de cálculo na substituição tributária *para frente*. Nesse caso, o STF atribuiu o caráter de absoluta a essa presunção,[23] não sendo defeso ao contribuinte pleitear a devolução do imposto pago à maior quando a operação se realizar por valor inferior ao estabelecido pelo fisco. Desse modo, quando a base de cálculo é superior ao valor de venda do bem, ocorre uma violação ao princípio da capacidade contributiva. Porém, por se tratar de uma presunção absoluta, o contribuinte está impedido de produzir a prova do fato. Com isso, na qualidade de guardião da Constituição, o Supremo Tribunal criou uma estranha situação na qual reconheceu à lei que instituiu a substituição tributária, a faculdade implícita de *excluir da apreciação do Poder Judiciário lesão ou ameaça a direito*, indo de encontro a uma garantia fundamental.

e) Quando se trata de promover a garantia de arrecadação, tanto as presunções simples quanto as presunções relativas atendem ao requisito *necessidade*. As presunções relativas que só admitem provas qualificadas atendem ao requisito *necessidade* quando forem empregadas em circunstâncias que favorecem a produção de provas inidôneas.

f) Ainda em relação à garantida de arrecadação, as presunções absolutas não atendem ao requisito *necessidade*. Nestes casos, o que se quer é conhecer os fatos produzidos pelo contribuinte. A eficácia indireta das presunções voltadas à garantia de arrecadação consiste justamente em atribuir ao contribuinte o ônus de demonstrar esses fatos. Como já foi visto, as presunções absolutas

[23] STF, ADIn 1851/AL, Tribunal Pleno, rel. Min. Ilmar Galvão, *DJ* 22.11.2002.

não são utilizadas para averiguar a realidade dos fatos. Para elas, a realidade não interessa. Logo, a utilização de uma presunção absoluta, com a finalidade de instituir mecanismos de garantia de arrecadação, provoca graves violações. Veja-se, nesse sentido, as consequências decorrentes da decisão do STJ que atribuiu à presunção veiculada no art. 185 do CTN, o caráter de presunção absoluta. Conforme supra mencionado, a meu ver, a presunção vertida pelo art. 185 do CTN é uma presunção relativa que só admite prova qualificada. No entanto, para o STJ «a fraude de execução prevista no art. 185 do CTN encerra presunção *jure et de jure*, conquanto componente do elenco das "garantias do crédito tributário"».[24] Em temos práticos, uma decisão dessa natureza leva a indisponibilidade dos bens do devedor, infringindo o direito de propriedade, além do mais, provoca insegurança jurídica em relação a terceiros.

g) Quando se trata de promover a garantia de arrecadação, é possível que as circunstâncias do caso favoreçam a produção artificial de provas por parte dos particulares envolvidos. Quando provas podem ser artificialmente produzidas, uma presunção legal relativa não promove a garantia de arrecadação. Nestes casos – que não são frequentes – o requisito adequação pode determinar que a escolha recaia sobre o uso de presunções legais que só admitem prova qualificada. A restrição ao tipo de provas, limitando a defesa a certas provas idôneas, promove mais a garantia de arrecadação, mas, ao mesmo tempo, agride mais a garantia fundamental.

Quanto ao requisito proporcionalidade em sentido estrito. Aqui é necessário sopesar, contrabalançar os efeitos produzidos. Depois que se constata que um meio é adequado e necessário para a promoção de um fim, é preciso ainda, verificar o resultado final, ou seja, se a medida da promoção do fim compensa as restrições. Em outras palavras: primeiro se verifica se uma determinada presunção é o meio adequado para promover a garantida de arrecadação; depois se verifica, se dentre os meios existentes, esta presunção é a que intervém em menor intensidade na garantia fundamental, implicada ao caso e, por último, se o resultado compensa. A restrição que uma presunção provoca na garantia fundamental deve ser inversamente proporcional à importância atribuída à promoção do outro bem ou interesse constitucionalmente protegido.

4.2 Limites à aplicação das presunções

O postulado da proporcionalidade testa a norma de presunção, sopesando vantagens e desvantagens, em consequência da colisão que ela provoca em normas de hierarquia constitucional. Portanto, o postulado da proporcionalidade pode ser utilizado quando se discute a inserção ou a permanência de

---

[24] STJ, REsp 1141990/PR, 1.ª Seção, rel. Min. Luiz Fux, *DJ* 19.11.2010.

uma norma de presunção no sistema jurídico. Se os requisitos *adequação, necessidade e proporcionalidade* não forem atendidos, a norma é retirada do sistema por inconstitucional.

Porém, quando se trata de estabelecer os limites de aplicação de uma presunção diante de um caso concreto – sem que isso importe na sua exclusão – o controle é feito ou por meio do critério de razoabilidade ou por meio do controle de consistência dos indícios.

No que se refere à razoabilidade: a aplicação de uma presunção é desarrazoada quando as razões subjacentes à norma – vale dizer, a praticidade ou a garantia de arrecadação – não estão sendo demandados no caso concreto. Assim, por exemplo, a aplicação de uma presunção voltada à garantia de arrecadação não se justifica quando, nas circunstâncias concretas, não existem riscos para a satisfação do crédito tributário ou quando as provas necessárias estão ao alcance da fazenda pública.

Com relação ao controle dos indícios: em primeiro lugar é necessária a sua existência e a sua comprovação. Presunções sem indícios não são juízos indutivos, quando muito são juízos de conveniência. Em segundo lugar, os indícios devem atender aos requisitos de *gravidade, precisão e concordância*. Se essas condições não forem atendidas, a presunção não deve ser admitida. Isto se aplica inclusive às presunções legais. Não obstante o caráter coercitivo da lei relativizar a importância dos requisitos *gravidade* e *precisão*; ainda assim, o requisito *concordância* deve ser atendido mediante a constatação da inexistência de fatos em sentido contrário a presunção.

Assim, por exemplo, trata-se de uma decisão que não é baseada em indícios aquela que admite o redirecionamento do executivo fiscal à pessoa do sócio,[25] sob o único fundamento de que *o seu nome consta na CDA e esta goza de presunção de certeza e legitimidade*. A certeza e a legitimidade da CDA derivam da sua inscrição como dívida ativa. A inscrição é um indício que atende aos requisitos *gravidade, precisão e concordância* relativamente à certeza e à legitimidade do crédito tributário. No entanto, essa mesma inscrição em dívida ativa nada indicia sobre a conduta do sócio, sobre a prática de condutas descritas no art. 135 do CTN.

Para encerrar, é necessário dizer que o controle sobre os indícios se aplica tanto para o caso de presunções aplicadas pela autoridade fazendária, quanto para o caso de presunções aplicadas por autoridades judiciárias. No caso das autoridades fiscais, o controle se justifica pela natureza inquisitória do procedimento de fiscalização, ou seja, a regra é que a autoridade fiscal deve procurar a verdade real e não a verdade formal. No caso das autoridades judiciárias, o controle se justifica em razão do dever de fundamentação. É

---

[25] STJ, EDcl no REsp 798.287/RS, 2.ª Turma, rel. Min. Herman Benjamin, *DJe* 28.10.2009.

certo que toda a decisão judicial é um ato de manifestação de poder. Porém, no contexto de um Estado de Direito esse poder deve ser argumentativamente sustentado.

BIBLIOGRAFIA

ABELLÁN, Maria Gascon, 2004: *Los hechos en el derecho*. 2. ed. Madrid: Marcial Pons.

ALEXY, Robert, 2008: *Teoria dos direitos fundamentais*. São Paulo: Malheiros.

ÁVILA, Humberto, 2010: *Sistema constitucional tributário*. 4. ed. São Paulo: Saraiva.

BARBOSA, Ana Carolina Silva, 2005: «O princípio da praticidade e uma análise do entendimento do Supremo Tribunal Federal frente aos princípios da moralidade e da eficiência administrativa». *Revista Internacional de Direito Tributário*, 3/199-215, Belo Horizonte: Del Rey, jan.-jun. 2005.

DERZI, Misabel Abreu Machado, 1998: «Justiça Tributária». *Anais do 1.º Congresso Internacional de Direito Tributário – IBET*. São Paulo: Max Limonad. p. 627-650.

FERRAGUT, Maria Rita, 2005: *Presunções no direito tributário*. 2. ed. São Paulo: Quartier Latin.

POPPER, K. R., 1975: *A lógica da pesquisa científica*. São Paulo: EDUSP, 1975.

TIPKE, Klaus; LANG, Joachim (colabs.); SEER, Roman *et alii*, 2008: *Direito tributário*. Porto Alegre: Fabris.

5

A NECESSÁRIA REVISITAÇÃO DA LEGALIDADE TRIBUTÁRIA ESTRITA E A SUA CONTÍNUA PROTEÇÃO DOS DIREITOS FUNDAMENTAIS

HARRISON FERREIRA LEITE

1. Introdução. 2. Da legalidade tributária – seu sobrevalor e o seu *status* de direito fundamental. 3. Alcance da legalidade tributária. 4. Exemplos em que normas infralegais regem a atividade de tributação: 4.1 Da definição de serviços hospitalares; 4.2 Da definição dos critérios de interpretação na importação de produtos; 4.3 Da definição de conceitos e critérios na responsabilidade tributária nas situações de retenção de tributos na fonte. 5. Justificativa para a normatização da forma vigente. 6. Revisitação da tipicidade cerrada.

1. INTRODUÇÃO

Não seria demasiada pretensão afirmar que há muito escrito sobre a legalidade tributária, embora o tema ainda seja carente de análises envolvendo o seu alcance e a sua violação. Basta ver, por exemplo, o alcance da matéria dado por Alberto Xavier,[1] Aliomar Baleeiro,[2] Sacha Calmon,[3] Roque

[1] XAVIER, Alberto. *Os princípios da legalidade e da tipicidade da tributação*. São Paulo: Ed. Revista dos Tribunais, 1978.

[2] BALEEIRO, Aliomar. *Direito tributário brasileiro*. Atualizada por Misabel Abreu Machado Derzi. Rio de Janeiro: Forense, 1999.

[3] COÊLHO, Sacha Calmon Navarro. *Curso de direito tributário brasileiro*. Rio de Janeiro: Forense, 2005.

Carrazza,[4] entre outros, quando erigem a legalidade tributária ao princípio fundante dos demais princípios constitucionais tributários.

Do que se cria nessa seara, a tentativa mais recente tem sido a busca de sua defesa, por conta da segurança jurídica que lhe subjaz,[5] muito embora com enormes dificuldades, em virtude da necessidade de se alcançar as diversas situações concretas que demandam uma legislação minuciosa, o que não condiz com a padronização genérica das leis de tributação.[6]

A importância da legalidade tributária é inconteste. Trata-se de princípio regente de toda atividade da tributação, e, antes disso, de princípio garantidor de direitos fundamentais, uma vez que protege a segurança jurídica e garante ao contribuinte de somente ser atingido em matéria fiscal, e em especial, a obrigação tributária principal, se for mediante o procedimento legislativo competente: lei. Pela sua abrangência, permite um enfoque sob diversos matizes,[7] podendo ser entendida, ora como um princípio, e diga-se, princípio fundamental, ora como uma regra, das mais importantes do ordenamento jurídico, ou como postulado, como se verá, mas sempre com o enfoque de instrumento legitimador de restrição no patrimônio e na liberdade dos cidadãos.

O presente estudo tem por finalidade analisar se o princípio da legalidade tributária, chamada de também de legalidade cerrada, mormente pela doutrina clássica, encontra ainda espaço para a sua aplicação em toda plenitude, no sentido de que a lei deve exaurir com minúcias as hipóteses de tributação, de forma a não deixar espaço para a norma infralegal alcançar qualquer aspecto da incidência normativa, ou se, pelo evoluir das relações econômicas e sociais, descompassado da mesma dinâmica na atividade legisferante, seria possível à lei reduzir a atividade de tributação a termos gerais ou a padronizações, sendo esses suficientes para a tributação, sem se malferir, com isso, o princípio da legalidade.

A importância do tema reside na constatação de que o dia a dia da tributação tem sido permeado por normas infralegais que regem a relação Fisco/Contribuinte, sem que se tenha apontado, nesse evolver, qualquer necessidade

---

4 Carrazza, Roque Antonio. *Curso de direito constitucional tributário*. São Paulo: Malheiros, 2004.

5 Ávila, Humberto. *Segurança jurídica*. São Paulo: Malheiros, 2011. Silva, Almiro do Couto. Princípios da legalidade da Administração Pública e da segurança jurídica no Estado de Direito contemporâneo. *Revista da Procuradoria Geral do Estado do Rio Grande do Sul*, 57/13-31, Porto Alegre, 2004.

6 Schauer, Frederick. *Playing by the rules*. Oxford: Clarendon Press, 2002. Neste livro o autor enfatiza a importância das generalidades, típicas das regras. Afirma que não há regras para particulares: «*Rules, descriptive and prescriptive, thus speak to types and not to particulars*». O capítulo 2 do livro aborda a necessária generalização das regras.

7 Ávila, Humberto. «Legalidade tributária multidimensional». In: Ferraz, Roberto (coord.). *Princípios e limites da tributação*. São Paulo: Quartier Latin, 2005.

de repensar o vetusto e vibrante princípio reitor de toda atividade da tributação, bem como se seria necessário ou não pensá-lo de modo diferenciado, já que essas mudanças são inegáveis, bastando aquilatar o princípio a essa nova realidade, sem desnaturá-lo, como se pretende fazer.

Assim, num primeiro momento, será analisada a importância desse princípio, regente de toda a atividade da tributação, passando pelo seu alcance dado pelo legislador constituinte e infraconstitucional, para daí demonstrar o quanto ele tem sido afastado na sua pureza, na medida em que normas infralegais têm servido de parâmetro para resolver diversas controvérsias do dia a dia da atividade fiscal, para, em seguida, informar quais são as razões fundantes de um tratamento diferenciado para a legalidade e de que forma o seu grau genérico de padronização atende aos seus contornos, resolvendo o anseio de respeito à legalidade, sem, contudo, malferir o tratamento desigual reclamado nas diversas situações de desigualdade regentes pela mesma norma.

Com o escrito, espera-se demonstrar que o princípio da legalidade cerrada comporta temperamentos, que não significa pô-lo de lado na atividade de tributação, mas tão somente perquirir que os tempos atuais comportam uma lei impositiva de tributo com os atributos da generalidade e abstratividade, sem, com, isso ferir a igualdade na tributação.

2. DA LEGALIDADE TRIBUTÁRIA – SEU SOBREVALOR E O SEU *STATUS* DE DIREITO FUNDAMENTAL

Refoge de dúvidas que a legalidade tributária é concebida como direito fundamental, quer porque a legalidade pura e simples encontra amparo no rol dos direitos fundamentais (art. 5.º, II, da CF), quer porque ela vem reforçada na seara tributária com igual timbre (art. 150, I, da CF). Roque Carrazza afirma que a legalidade é uma das mais importantes colunas sobre as quais se assenta o edifício do direito tributário,[8] devendo a sua matéria ser amparada por todos os princípios constitucionais fundamentais.

Mas nem sempre foi assim. No passado, a legalidade era a forma jurídica da mais alta hierarquia sem qualquer subordinação constitucional, até porque nos séculos XVII e XVIII não vigorava o princípio da supremacia constitucional. Teve a sua proteção alçada ao *status* constitucional quando se consagra, na Europa, as Cortes Constitucionais, sendo norma imprescindível à subordinação do Estado e dos cidadãos, controlada, agora, por uma outra lei de força maior chamada de Constituição.

Antes, assim, da Constituição, a legalidade exercia posto supremo, e ainda continua num patamar privilegiado, uma vez que pelo princípio do Estado de

---

[8] Carrazza, Roque Antonio. *Curso de direito constitucional tributário*. São Paulo: Malheiros, 2004: 218.

Direito, diferente da pura e simples legalidade, o Estado se subordina não apenas à lei, mas também ao direito, sendo a lei importante instrumento de controle dos limites e dos avanços do atuar do Estado e dos cidadãos.

Com o constitucionalismo, a legalidade perdeu espaço para a Constituição, no sentido de que o seu estudo deve ser acompanhado da sua adequação com a Constituição através do controle de constitucionalidade para saber da sua aplicação ou não. Assim, uma lei que não destoa da Constituição poderá ser aplicada. Resta, portanto, saber qual o conteúdo que, por mandamento constitucional, deve ser veiculado através de lei, a fim de se saber da correção ou não à sua subordinação.

Lei é um instrumento que determina, (i) para o Judiciário, as balizas da sua atuação, incluindo, em alguns países, o controle de constitucionalidade; (ii) para o Legislativo, o exercício de sua maior função, já que através dela faz nascer, para todas as pessoas, deveres e obrigações que afetam sua liberdade, o seu patrimônio e a sua propriedade; (iii) para o Executivo, a extensão ou o grau de autonomia que tem frente ao demais poderes e a todos os cidadãos, e (iv) para o cidadão, as permissões, obrigações e proibições a que deve se sujeitar.

Assim, a importância da lei do Parlamento está em que todos estão sujeitos aos seus mandamentos, se compatíveis com a Constituição, pois visa a atender ao bem comum, e resulta em segurança jurídica nas relações sociais – de um lado, direcionando o cidadão no que deve fazer, e, por outro, indicando ao Estado o que é permitido fazer.

A legalidade jurídica é uma norma que, no atentar mais acurado do seu arcabouço e do seu objetivo, tem uma estrutura tridimensional, podendo ser vista como uma regra, princípio ou postulado. Nas palavras de Humberto Ávila,

> «Sua dimensão normativa preponderante é de *regra*, na medida em que descreve o comportamento a ser adotado pelo Poder Legislativo e, reflexamente, pelo Poder Executivo (na parte regulamentar), proibindo a instituição ou majoração de tributos a não ser por meio de um procedimento parlamentar específico. É preciso esclarecer, desde já, que a legalidade possui, no seu aspecto material conteudístico, sentido normativo indireto tanto de *princípio,* na medida em que estabelece o dever de buscar um ideal de *previsibilidade e de determinabilidade* para o exercício das atividades do contribuinte frente ao poder de tributar, quanto de *postulado*, porquanto exige do aplicador a fidelidade aos pontos de partida estabelecidos pela própria lei.»[9]

Na acepção principiológica, a legalidade é uma clara proteção ao princípio da segurança jurídica, porque, se de um lado é o instrumento permitido

[9] Ávila, Humberto. *Sistema constitucional tributário.* São Paulo: Saraiva, 2006: 123.

para a tributação, por outro é somente na lei que se pode encontrar o fundamento das decisões administrativas e judiciais que redundam em pagamento de tributos. Demonstra, assim, a racionalidade dos comportamentos privados, pautados na previsibilidade advinda com a lei tributária que igualmente aponta a calculabilidade dos encargos fiscais.

Da sua conceituação, percebe-se que a lei tributária possui hierarquia superior sobre quaisquer dos atos formais emanados do Poder Executivo (arts. 59, 84, IV, e 87, parágrafo único, II, todos da CF), e esta é a premissa desse trabalho, de modo que a conduta da Administração e o próprio critério da decisão devem possuir na lei o seu ponto de partida e de chegada.

Em suma, esse tem sido o entendimento esposado pela doutrina clássica do direito tributário, quando compara a legalidade com um tronco robusto de onde florescem outros princípios, chamado de subprincípios, como a anterioridade, irretroatividade, dentre outros.[10-11] É a norma de maior relevo na seara tributária, carecendo de atenção e estudo aprofundados.

3. ALCANCE DA LEGALIDADE TRIBUTÁRIA

Um dos pontos que envolvem maiores celeumas em matéria tributária é o seu alcance: seria a lei tributária (i) limitadora de toda reserva envolvendo o fato gerador da obrigação tributária com todas as suas minúcias, ou seria a lei (ii) o campo correto para implantar uma reserva apenas, permitindo a sua regulamentação por instrumento hierarquicamente inferior?

Na primeira hipótese, em que a matéria está toda regulamentada numa lei parlamentar, com detalhamentos mínimos, não poderia um decreto tratar da espécie. É o que se chama de estrita legalidade, ou, como querem alguns, tipicidade cerrada, na medida em que a lei deve esgotar todos os aspectos necessários à configuração do fato gerador. Na segunda espécie, tem-se a chamada legalidade pura ou simples, a significar que a lei não alcança todos os elementos da tributação, regulando-os apenas genericamente, com o permissivo de instrumento infralegal dispor maiores detalhes a respeito.[12]

---

[10] COÊLHO, Sacha Calmon Navarro. *Curso de direito tributário brasileiro*. Rio de Janeiro: Forense, 2005: 215.

[11] A conotação aqui dada à legalidade tem apenas o condão de demonstrar a sua sobre-elevação doutrinária, que sempre enaltece a sua importância frente aos demais princípios constitucionais. Com a ordem jurídica em vigor, é de se afirmar que cada princípio constitucional tem ali, na Constituição, o seu nascedouro, quer explícito ou implicitamente, como ocorrem com a anterioridade e a irretroatividade. Para além disso, esses últimos princípios possuem embasamento maior na segurança jurídica do que na pura legalidade.

[12] No ponto, chama-se atenção para o polêmico caso envolvendo a contribuição social destinada ao custeio de Seguros de Acidente de Trabalho (SAT) em que o STF abrandou o princípio da legalidade cerrada quando concluiu pela constitucionalidade de decretos definirem o sentido de «atividade preponderante» e de «grau de risco leve, médio e grave», o que se nota na seguinte

A lei aqui determinaria apenas os elementos fundamentais da atividade de tributação, cabendo a outro instrumento hierarquicamente inferior o dever de regulamentar os elementos restantes.

Analisando o Sistema Tributário Nacional, percebe-se a opção pela legalidade estrita, visto que a legalidade vem genericamente prevista no art. 5.º, II, quando reza que comportamentos sejam exigidos *em virtude* de uma lei, ao passo que, do ponto de vista tributário, deve a obrigação estar prevista *na própria lei,* sem espaço para delegação, conforme se retira do art. 150, I, da CF.[13] E é com base nesse entendimento que se defende a reserva legal em direito tributário, visto que somente a lei pode instituir ou majorar tributo, e definir outros critérios, como se verá.

O Código Tributário Nacional tenta refletir essa legalidade estrita quando define quais são os elementos fundamentais à tributação, que deverão ser reservados à lei:

> «Art. 97. Somente a lei pode estabelecer:
>
> I – a instituição de tributos, ou a sua extinção;
>
> II – a majoração de tributos, ou sua redução, ressalvado o disposto nos artigos 21, 26, 39, 57 e 65;
>
> III – a definição do fato gerador da obrigação tributária principal, ressalvado o disposto no inciso I do § 3.º do artigo 52, e do seu sujeito passivo;
>
> IV – a fixação de alíquota do tributo e da sua base de cálculo, ressalvado o disposto nos artigos 21, 26, 39, 57 e 65;
>
> V – a cominação de penalidades para as ações ou omissões contrárias a seus dispositivos, ou para outras infrações nela definidas;
>
> VI – as hipóteses de exclusão, suspensão e extinção de créditos tributários, ou de dispensa ou redução de penalidades.
>
> § 1.º Equipara-se à majoração do tributo a modificação da sua base de cálculo, que importe em torná-lo mais oneroso.
>
> § 2.º Não constitui majoração de tributo, para os fins do disposto no inciso II deste artigo, a atualização do valor monetário da respectiva base de cálculo.»

---

decisão: «Constitucional. Tributário. Contribuição: Seguro de Acidente do Trabalho – SAT. (...) III. – As Leis 7.787/1989, art. 3.º, II, e 8.212/1991, art. 22, II, definem, satisfatoriamente, todos os elementos capazes de fazer nascer a obrigação tributária válida. O fato de a lei deixar para o regulamento a complementação dos conceitos de "atividade preponderante" e "grau de risco leve, médio e grave", não implica ofensa ao princípio da legalidade genérica, CF, art. 5.º, II, e da legalidade tributária, CF, art. 150, I, IV.»

[13] «Art. 150. Sem prejuízo de outras garantias asseguradas ao contribuinte, é vedado à União, aos Estados, ao Distrito Federal e aos Municípios: I – exigir ou aumentar tributo sem lei que o estabeleça;...»

Como se nota, os elementos essenciais que individualizam e concretizam a atividade da tributação só podem ser incorporados ao Sistema Tributário Nacional através de lei do Parlamento. Não pode o Executivo majorar o tributo, tampouco diminuí-lo, sob pena de afronta ao princípio da legalidade. O art. 97, desta forma, encerra o conteúdo do princípio da legalidade, determinando que todos os aspectos da tributação sejam inseridos no ordenamento jurídico apenas através de lei, o que não pode ser inobservado.

Nesse sentido, merece destaque ao quanto observado por Paulo de Barros Carvalho:[14]

> «Assinale-se que à lei instituidora do gravame é vedado deferir atribuições legais a normas de inferior hierarquia, devendo, ela mesma, desenhar a plenitude da regra-matriz da exação, motivo por que é inconstitucional certa prática, cediça no ordenamento jurídico brasileiro, e consistente na delegação de poderes para que órgãos administrativos completem o perfil jurídico de tributos.»

Nesse sentido, Roque Carrazza afirma que o Chefe do Executivo não pode terminar a obra do legislador, regulamentando tudo o que ele apenas descreveu com traços largos. Na verdade, a faculdade regulamentar serve para ressaltar alguns conceitos menos claros contidos na lei, mas não para agregar-lhes novos componentes ou, o que é pior, para defini-los do nada.[15]

Chama-se, assim, a legalidade tributária de tipicidade cerrada, uma vez que a lei deve descrever um conceito fechado, seguro, exato, rígido, preciso e reforçador da segurança jurídica.[16] Deve o legislador conceituar até a exaustão, tipificar tudo o que diz respeito às matérias descritas no art. 97 do CTN.[17] Igualmente, a tipicidade cerrada se revela pela razão de que em matéria tributária a liberdade do Judiciário é ainda menor do que em matéria penal, visto que, se aqui o juiz pode, dentro dos limites da lei, fixar penalidade diferente, a depender do caso concreto, em matéria tributária sequer essa discricionariedade foi-lhe dada, o que demonstra o caráter rígido da tributação e dos seus reflexos.[18]

A jurisprudência é nesse sentido:

---

[14] Carvalho, Paulo de Barros. *Curso de direito tributário*. São Paulo: Saraiva, 2002: 60-61.

[15] Carrazza, Roque Antonio. *Curso de direito constitucional tributário*. São Paulo: Malheiros, 2004: 224.

[16] Carrazza, Roque Antonio. 2004: 225.

[17] Coêlho, Sacha Calmon Navarro. *Curso de direito tributário brasileiro*. Rio de Janeiro: Forense, 2005: 220.

[18] Aqui uma ressalva à medida provisória, visto que, por ser um ato com força de lei, acaba penetrando em área que só lei poderia regular, com restrição de algumas matérias em que o legislador constitucional limitou à reserva de lei do Parlamento, inexistindo, do ponto de vista constitucional, qualquer malferimento à legalidade, conforme pacífico entendimento dos Tribunais (art. 62 da CF).

«(...) 2 – *O princípio da tipicidade cerrada indica que a hipótese de incidência deve estar perfeitamente adequada ao aspecto fático e, ainda, que não haja qualquer dúvida sobre a sua efetiva existência no mundo jurídico. Existente a dúvida, não se perfectibiliza a hipótese de incidência.* (AC 200771100005377, Artur César de Souza, TRF 4.ª Reg. – 2.ª T., *DE* 28.10.2009)» (grifou-se). Da mesma forma: «1. A fórmula prevista na LC 27/2001, do Município de João Pessoa-PB, para fixação do montante devido a título de Taxa de Coleta de Resíduos, tem como um dos elementos o Fator de Utilização do Imóvel, que é fixado de acordo com a categoria na qual se enquadra o bem (comercial, residencial, industrial etc.), sendo essa, portanto, imprescindível para se quantificar o tributo devido. 2. Inexistindo categoria na qual se enquadre o imóvel da Capitania dos Portos, não pode lhe ser aplicada a interpretação extensiva ou analógica, em face da vedação contida no art. 108, § 1.º, do CTN. 3. A pretensão do Município de João Pessoa-PB em enquadrar o imóvel da Capitania dos Portos como comercial sem produção de lixo orgânico afronta aos princípios da legalidade e da tipicidade tributária, uma vez que a cobrança de qualquer tributo somente pode ser feita se todos os elementos para a sua incidência estiverem clara e expressamente previstos na norma legal. Precedentes deste TRF 5.ª Reg.: AC 372.580/01-PB, rel. Des. Federal Lázaro Guimarães, *DJU* 03.05.2006, p. 689; e AC 372.831-PB, rel. Des. Federal Francisco Wildo, *DJU* 15.02.2006, p. 782. 4. Apelação improvida. (AC 200582000155672, Des. Federal Manoel Erhardt, TRF 5.ª Reg. – 2.ª T., *DJ* 01.10.2007, p. 593, n. 189.)»

Muito embora haja uma descrição minuciosa no art. 97 do CTN do conteúdo da legalidade, questiona-se até que ponto todos os aspectos da tributação devem estar presentes na lei, quer expressos ou implícitos, com o detalhamento suficiente a ponto de não deixar liberdade ao Executivo, bem como ao Judiciário, com o esgotamento de todos os aspectos que envolvem o fato gerador e a adequação com a hipótese legal, visto que a dinâmica das relações econômicas atuais demandariam um olhar distinto à rigidez do aludido princípio, cabendo certo abrandamento no seu alcance.

Em outras palavras, até que ponto a legalidade tributária comporta a alcunha de tipicidade cerrada, exigindo uma descrição milimétrica de todos os aspectos da tributação num mundo moderno e dinâmico?

Na doutrina clássica, o entendimento da legalidade tributária, como princípio da tipicidade cerrada, ganhou foros e é constantemente invocada para evitar qualquer abertura no texto exacional.[19] Assim, tendo em Alberto Xavier o seu maior expoente, o princípio da tipicidade cerrada exige que a lei

---

[19] Não se adentrará na diferença entre tipo e conceito, bem como na possível contradição na expressão «tipo fechado», tema amplamente estudado pela doutrina alemã, conforme se nota nas observações realizadas por Humberto Ávila (*Sistema constitucional tributário*. São Paulo: Saraiva, 2006) e Misabel Derzi (*Direito tributário, direito penal e tipo*. São Paulo: Ed. Revista dos Tribunais, 1988: 48). Aqui a ideia sobre a tipicidade cerrada em matéria tributária será analisada apenas no sentido de saber da sua aplicação no contexto atual.

tributária selecione as hipóteses tributáveis, de forma taxativa, descrevendo os elementos detalhados da tributação, com a determinação das consequências ao contribuinte pelos fatos realizados,[20] evitando o emprego da analogia para definir a atividade de tributar.[21] Para o autor, o princípio da tipicidade cerrada «exige que os elementos integrantes do tipo sejam de tal modo precisos e determinados na sua formulação legal que o órgão de aplicação do direito não possa introduzir critérios subjetivos de apreciação na sua aplicação correta».[22] Roque Carrazza também sintetizou o princípio da seguinte forma:[23]

> «A lei deve indicar, de modo rigoroso, a realidade a tributar, fazendo, assim, uma precisa, taxativa e exaustiva tipificação dos fatos necessários e suficientes ao nascimento do tributo. Não lhe é dado apontar *conceitos indeterminados, fórmulas abertas* ou *cláusulas gerais,* que permitam, de acordo com o subjetivismo do aplicador, a identificação de múltiplas situações tributáveis. Pelo contrário, este deve encontrar na lei tributária (nunca em normas de menor hierarquia) o fundamento de sua conduta e o próprio critério da decisão a tomar, diante do caso concreto. Em suma, a lei tributária deve ser *certa,* detalhando as figuras exacionais e o modo de apurar eventuais infrações que, em torno delas, possam ocorrer.»

Sem adentrar no acerto ou no erro da expressão «tipicidade cerrada» e na teoria da subsunção tributária, o certo é que aludida teoria tentou tornar a legalidade tributária uma norma ainda mais rígida à atividade de tributação, de forma que todos os detalhes envolvendo a materialidade tributária e os seus contornos deveriam vir descritos na lei formal e não em normas infralegais.

Esse posicionamento, que exige precisão do legislador enquanto Parlamento, no sentido de garantir a segurança jurídica dos cidadãos, na medida em que sabem, de antemão, a delimitação objetiva dos seus direitos e deveres tributários, tem sido posto à prova recentemente em minimamente três situações: quando (i) diretamente, a própria lei queda do seu dever de definir todos os aspectos da tributação, repassando-os às normas infralegais; quando (ii) diretamente, a própria lei permite o emprego da interpretação analógica para a atividade da tributação; ou quando (iii) a lei é omissa sobre determinado fato ou critério e, nessa omissão, surge uma norma infralegal criando métodos e formas de tributação cujo raciocínio não se retira diretamente da lei analisada.[24]

---

[20] Xavier, Alberto. *Os princípios da legalidade e da tipicidade da tributação.* São Paulo: Ed. Revista dos Tribunais, 1978: 58-62.

[21] É do art. 108, § 1.º, do CTN que se retira essa conclusão: «§ 1.º O emprego da analogia não poderá resultar na exigência de tributo não previsto em lei».

[22] Xavier, Alberto. *Tipicidade da tributação, simulação e norma antielisiva.* São Paulo: Dialética, 2001: 19.

[23] Carrazza, Roque Antonio. *Op. cit.*, 2004: 236.

[24] No caso, não se trata de violação ao art. 108, § 1.º, do CTN, visto que há vedação expressa à aplicação a determinado caso, para o qual inexiste preceito expresso, de norma legal prevista

Essas hipóteses estão presentes no cotidiano do contribuinte, que, pela deficiência legislativa, não sabe ao certo qual entendimento seguir e aparenta ficar ao sabor da definição do Executivo que, na busca da *melhor* resposta que resolva o conflito, opta sempre pela posição fiscalista, em que o elemento subjetivo torna-se peça fundante para o seu desfecho.

Abaixo, alguns exemplos demonstram as consequências das recentes aberturas das normas tributárias, fato inegável na legislação como um todo, visto ser essa a consequência de se viver num mundo regido por regras, que necessariamente devem ser genéricas e abstratas. Daí poder-se afirmar que a abertura das regras jurídicas é imprescindível, justamente pela tentativa de se abarcar o maior número possível de hipóteses semelhantes. Afirma Friederich Schauer que um texto aberto, diferente de um texto vago, é plenamente possível nas regras, visto que até mesmo o mais preciso dos termos poderá ser vago como consequência de nosso conhecimento imperfeito do mundo e de nossas habilidades limitadas para predizer o futuro. Assim, conclui o autor: «*Open texture is this indelible feature of language, a consequence of the confrontation between fixed language and a continuously changing and unknown world*».[25]

Na mesa linha, Herbert Hart afirma que «Em qualquer grande grupo, as regras gerais, os padrões e os princípios devem ser o principal instrumento de controle social, e não as diretivas particulares dadas separadamente a cada indivíduo»,[26] o que significa dizer a necessidade de se aceitar, até mesmo no campo da tributação, as regras com suas generalidades, devendo-se, contudo, encontrar uma forma para evitar que, dessa generalização, resulte-se sempre uma posição fiscalista, dimanada de um conjunto de fatores, sejam eles a responsabilidade funcional, a defesa do erário, o dia a dia de atribuições com a mira do incremento da receita, ou o constante deparar-se com diversas atividades ilícitas de contribuintes com vistas a evadir-se do pagamento de tributos. Tudo isso inclina o intérprete imediato a agir com ares protetivos do Fisco.

4. EXEMPLOS EM QUE NORMAS INFRALEGAIS REGEM A ATIVIDADE DE TRIBUTAÇÃO

Para corroborar o quanto aqui disposto, algumas situações serão analisadas que demonstram o quanto a atividade diária da tributação tem sido

---

para uma situação semelhante. Têm-se aqui situações em que a lei atribui ao intérprete critérios interpretativos específicos, diferente dos presentes no CTN, quando trata da «Interpretação e Integração da Lei Tributária», que, por vezes, acaba gerando repercussões na cobrança de tributos.

[25] SCHAUER, Frederick. *Playing by the rules*. Oxford: Clarendon Press, 2002: 34-36.

[26] HART, H. L. A. *O conceito de direito*. Lisboa: Fundação Calouste Gulbenkian, 2005: 137.

palmilhada por atos infralegais, que minam o entendimento prevalecente na doutrina de que a lei deve descrever com minúcias todos os aspectos da tributação.

4.1 Da definição de serviços hospitalares

Está em debate no dia a dia de alguns contribuintes prestadores de serviços na área de saúde a possibilidade de os mesmos se enquadrarem como «serviços hospitalares», visto que, se tal se der, a tributação presumida do IRPJ e da CSLL pode ser reduzida da base de cálculo de 32% para 8% e 12% respectivamente, nos termos do art. 15 da Lei 9.249/1995, que dispõe:

> «Art. 15. A base de cálculo do imposto, em cada mês, será determinada mediante a aplicação do percentual de oito por cento sobre a receita bruta auferida mensalmente, observado o disposto nos arts. 30 a 35 da Lei n. 8.981, de 20 de janeiro de 1995.
>
> (...)
>
> § 1.º Nas seguintes atividades, o percentual de que trata este artigo será de:
>
> (...)
>
> III – trinta e dois por cento, para as atividades de:
>
> *a)* prestação de serviços em geral, *exceto a de serviços hospitalares*; (...).» (Grifamos.)

Assim, desde a publicação da susodita lei, as normas regulamentadoras da então Secretaria da Receita Federal (SRF) não trataram do tema, o que levou a maioria dos contribuintes à adoção de um modo de interpretação mais conservador, que limitou a aplicação do percentual reduzido aos casos em que o estabelecimento prestador fosse constituído como estabelecimento hospitalar e enquadrado como tal conforme a CNAE – Classificação Nacional de Atividades Econômicas.

Apenas em 12 de março de 2003, a SRF editou a Instrução Normativa 306 que, embora tivesse o objetivo de dispor sobre a retenção de tributos e contribuições nos pagamentos efetuados a pessoas jurídicas por órgãos, autarquias e fundações da administração pública federal, acabou adentrando no tema dos serviços hospitalares, ao mencionar no seu art. 23 o seu conceito:

> «Art. 23. Para os fins previstos no art. 15, § 1.º, inciso III, alínea *a*, da Lei 9.249, de 1995, *poderão ser considerados serviços hospitalares aqueles prestados por pessoas jurídicas, diretamente ligadas à atenção e assistência à saúde, que possuam estrutura física condizente para a execução de uma das atividades ou a combinação de uma ou mais das atribuições* de que trata a Parte II, Capítulo 2, da Portaria GM n. 1.884, de 11 de novembro de 1994, do Ministério da Saúde, relacionadas nos incisos seguintes:
>
> (...).» (Grifamos.)

Tendo em vista o elevado número de situações mencionadas na Instrução Normativa (IN), importa apenas salientar que a norma elencou dezenas de hipóteses para a obtenção do tratamento diferenciado, devendo o contribuinte analisar o seu enquadramento em uma das hipóteses definidas no instrumento normativo para gozar do benefício.

Após a edição da referida IN, o conceito de serviço hospitalar sujeito ao tratamento diferenciado em tema de apuração da base de cálculo do IRPJ foi alargado para contemplar praticamente todas as principais atividades de atenção à saúde desenvolvidas no âmbito de empresas desse setor. Abriu-se, pois, a partir do conceito então veiculado, enorme precedente para utilização da base de cálculo reduzida (para efeito de apuração do IRPJ) por pessoas jurídicas que não fossem propriamente estabelecimentos hospitalares.

A questão tornou-se ainda mais relevante do ponto de vista econômico quando a Lei 10.684, de 30 de maio de 2003, elevou o percentual de base de cálculo da CSLL da atividade de prestação de serviços em geral para 32% (trinta e dois por cento), preservando a dos serviços hospitalares em 12% (doze por cento). Entretanto, a Instrução Normativa SRF 480, de 15 de dezembro de 2004, parecia não querer prolongar a interpretação ampla introduzida pela norma anterior e, revogando a citada Instrução Normativa SRF 306/2003, redesenhou a definição de serviços hospitalares em seu art. 27, assim prevendo:

> «Art. 27. Para os fins previstos nesta Instrução Normativa, *são considerados serviços hospitalares somente aqueles prestados por estabelecimentos hospitalares.*
>
> § 1.º Para os efeitos deste artigo, consideram-se estabelecimentos hospitalares, aqueles estabelecimentos com pelo menos 5 (cinco) leitos para internação de pacientes, que garantam um atendimento básico de diagnóstico e tratamento, com equipe clínica organizada e com prova de admissão e assistência permanente prestada por médicos, que possuam serviços de enfermagem e atendimento terapêutico direto ao paciente, durante 24 horas, com disponibilidade de serviços de laboratório e radiologia, serviços de cirurgia e/ou parto, bem como registros médicos organizados para a rápida observação e acompanhamento dos casos.
>
> § 2.º *Para efeito de enquadramento do estabelecimento como hospitalar levar-se-á, ainda, em conta se o mesmo está compreendido na classificação fiscal do Cadastro Nacional de Atividades Econômicas (CNAE), na classe 8511-1 – Atividades de Atendimento Hospitalar.*» (Grifou-se.)

Com essa nova norma, os contribuintes que até então buscavam, com amparo na Instrução Normativa 306/2003, obter o tratamento diferenciado dispensado para os serviços hospitalares, ainda que não fossem dotados de estrutura física adequada para realizar todas as atividades hospitalares, viram-se repentinamente desamparados pela SRF, que menos de 2 (dois) anos após abrir o precedente retrocedeu para uma interpretação altamente restritiva.

Entretanto, passados pouco mais de 4 (quatro) meses, o mesmo órgão arrecadador reviu seu posicionamento e editou a *Instrução Normativa SRF 539, de 25 abril de 2005*, ampliando novamente o conceito controvertido e, dando nova redação ao art. 27 da IN SRF 480/2004, definiu que:

> «Art. 27. Para fins do disposto nesta Instrução Normativa, *são considerados serviços hospitalares aqueles diretamente ligados à atenção e assistência à saúde, de que trata o subitem 2.1 da Parte II da Resolução de Diretoria Colegiada (RDC) da Agência Nacional de Vigilância Sanitária n. 50, de 21 de fevereiro de 2002,* alterada pela RDC n. 307, de 14 de novembro de 2002, e pela RDC n. 189, de 18 de julho de 2003, *prestados por empresário ou sociedade empresária, que exerça uma ou mais das:* (...)» (Grifou-se.)

Pela nova norma, para o gozo do benefício, dentre outros pontos, o Contribuinte deveria enquadrar-se em Resolução da Anvisa, que, por sua vez, descreve uma diversidade de procedimentos de atenção à saúde.

Muito embora todo o complexo normativo a reger a matéria, ainda outros dois desdobramentos agitaram as discussões em torno da questão: o primeiro foi a edição da *Instrução Normativa RFB 791, de 10 de dezembro de 2007*, que novamente trouxe nova redação para o art. 27 da IN SRF 480/2004, retrocedendo para o seguinte posicionamento:

> «Art. 27. Para os fins previstos nesta Instrução Normativa, *são considerados serviços hospitalares aqueles prestados por estabelecimentos assistenciais de saúde* que dispõem de estrutura material e de pessoal destinada a atender a internação de pacientes, garantir atendimento básico de diagnóstico e tratamento, com equipe clínica organizada e com prova de admissão e assistência permanente prestada por médicos, que possuam serviços de enfermagem e atendimento terapêutico direto ao paciente, durante 24 horas, com disponibilidade de serviços de laboratório e radiologia, serviços de cirurgia e/ou parto, bem como registros médicos organizados para a rápida observação e acompanhamento dos casos.» (Grifou-se)

Da análise dessa nova redação, verifica-se, de pronto, que em verdade ela resgata parcialmente a definição que vigorou na redação original de IN SRF 480/2004 – mais precisamente no § 1.º do art. 27, onde já constavam várias características agora alçadas à condição de requisitos para enquadramento do serviço como hospitalar.

A par da referida alteração, também foi expedido o *Ato Declaratório Interpretativo RFB n. 19, de 7 de dezembro de 2007*, o qual assevera que para efeito do enquadramento do serviço como hospitalar todas estas características deveriam se fazer presentes.

À luz do quanto inovado ao final daquele exercício, os contribuintes adentraram no ano de 2008 estarrecidos com tamanha instabilidade das normas regulamentadores no tocante à definição de serviços hospitalares, grave problema instalado pela legalidade como faceta da segurança jurídica. Pior que isso, ajustadas que estavam ao panorama de custos que envolviam o pagamento do IRPJ sobre um Lucro Presumido de 8% (oito por cento) e da CSLL sobre uma base de cálculo equivalente a 12% (doze por cento) da receita bruta, viram-se ante o risco desta exigência, por força de uma norma administrativa, ser praticamente quadruplicada no ano-calendário que se iniciaria.

Mas passados apenas alguns meses desde a última alteração normativa, a Lei 11.727, de 23 de junho de 2008, trouxe nova redação ao texto do art. 15, § 1.º, III, *a*, da Lei 9.249/1995, cujos efeitos passaram a vigorar apenas em 2009, possuindo agora a seguinte redação:

> «Art. 15. A base de cálculo do imposto, em cada mês, será determinada mediante a aplicação do percentual de oito por cento sobre a receita bruta auferida mensalmente, observado o disposto nos arts. 30 a 35 da Lei n. 8.981, de 20 de janeiro de 1995.
>
> (...)
>
> § 1.º *Nas seguintes atividades, o percentual de que trata este artigo será de:*
>
> (...)
>
> III – trinta e dois por cento, para as atividades de:
>
> *a)* prestação de serviços em geral, *exceto a de serviços hospitalares e de auxílio diagnóstico e terapia, patologia clínica, imagenologia, anatomia patológica e citopatologia, medicina nuclear e análises e patologias clínicas,* desde que a prestadora destes serviços seja organizada sob a forma de sociedade empresária e atenda às normas da Agência Nacional de Vigilância Sanitária – Anvisa;» (Grifou-se)

Com esta última alteração introduzida no ordenamento jurídico, desta vez emanada do Poder Legislativo, único competente para definir os contornos do fato gerador da obrigação tributária, os contribuintes viram-se finalmente protegidos pelo instrumento adequado, a garantir a segurança jurídica tão esperada.

A incerteza espalhada pela normatização infralegal pode ser sintetizada no seguinte quadro:

1.º PERÍODO	2.º PERÍODO	3.º PERÍODO	4.º PERÍODO	5.º PERÍODO	6.º PERÍODO
ENTRE 1996 E MAR/2003	DE MAR/2003 A DEZ/2004	DE DEZ/2004 A ABR/2005	DE ABR/2005 A DEZ/2007	DE DEZ/2007 A JUN/2008	A PARTIR DE JUNHO/2008
A Lei 9.249/1995 estabelece que, a partir de 1996, o percentual de Lucro Presumido de 8% será aplicável à prestação de «*serviço hospitalar*», mas não o define conceitualmente.	Em março/2003 a Instrução Normativa SRF n. 306 lista um conjunto de atividades de atenção à saúde como sendo serviços hospitalares.	Em dez/2004 a Instrução Normativa SRF n. 480 revoga a IN 306/2003 e define que os serviços hospitalares são apenas aqueles prestados por estabelecimentos hospitalares, mencionando inclusive o código da atividade econômica (conforme CNAE) como parâmetro para enquadramento.	Em abril/2005 a Instrução Normativa SRF n. 539 altera o art. 27 da IN 480/2004 e restabelece um conceito mais amplo para a compreensão dos serviços hospitalares, fazendo referência à RDC n. 50/2002 da Anvisa.	Em dez/2007 a Instrução Normativa RFB n. 791 altera novamente o art. 27 da IN 480/2004 e restringe o conceito de *serviços hospitalares*, adotando exigências semelhantes àquela que vigorou no curto espaço de tempo relativo ao 3.º período.	A Lei 11.727, de 23 de junho de 2008, alterou o texto da Lei 9.249/1995 e determinou que, a partir de 2009, o Lucro Presumido dos serviços hospitalares, bem como dos serviços de apoio diagnóstico e terapia, serão calculados com base no percentual de 8%.

Ora, nem é preciso ir muito longe para demonstrar o quanto a discrição do alcance do sentido da expressão «serviços hospitalares» dada ao Executivo tem trazido problemas aos contribuintes, refletidos em milhares de autos de infração espalhados por todo o país, visto que nenhum contribuinte tem condições de antever, com acerto, a forma tributária correta para o seu empreendimento, visto que, sem razão fundante, a Administração Tributária altera o seu modo de interpretar, ora retrocedendo, ora avançando na proteção de alguns contribuintes.

Sem dúvida, a legalidade foi espicaçada ao longo desses anos, sendo atroz a diferença de tributação quando se adota um ou outro conceito infralegal, reconhecendo ao Estado o direito de exercer sua atividade tributária sem qualquer balizamento e independente de limites.

4.2 Da definição dos critérios de interpretação na importação de produtos

Outro ponto merece destaque na atividade fiscal. É que, valendo-se de critérios casuísticos de interpretação, quanto o tema é importação, há um conjunto sistematizado de normas descritas em ato infralegal, que orienta o aplicador da lei, de modo que qualquer outra consideração, que não a por ela regida, seria inócua no auxílio interpretativo.

É a prova profunda de que as regras interpretativas na seara tributária possuem conotação ideológica, como bem apontou Ricardo Lobo Torres:[27]

> «Procuram cristalizar certas orientações doutrinárias radicais ou determinadas posições políticas, quase sempre autoritárias. Subvertem o processo democrático, pois pretendem privilegiar um dos poderes do Estado – não raro o Executivo – minimizando a importância dos demais. Introduzem a desarmonia no sistema de valores, dando preeminência ora à justiça, com a sinalização para a procura casuística do justo, ora à segurança, com a exacerbação do formalismo e do legalismo.»

Assim, nessa área, a fiscalização pauta-se nas Regras Gerais para Interpretação do Sistema Harmonizado (RGI), nas Notas Explicativas do Sistema Harmonizado (NESH), que são instrumentos orientadores do agir fiscal, com restrição das demais regras interpretativas contidas no sistema tributário, o que lhes confere amplos poderes decisórios e classificatórios dos produtos importados.

Aludidas regras foram objeto de Convenção Internacional, aprovada no Brasil pelo Decreto Legislativo 71, de 11.10.1988, e promulgada pelo Decreto 97.409/1988, *com posteriores alterações aprovadas pelo Secretário*

---

[27] Torres, Ricardo Lobo. *Curso de direito financeiro e tributário*. Rio de Janeiro: Renovar, 2005: 149.

da Receita Federal do Brasil, por força da competência que lhe foi delegada pelo art. 2.º do Decreto 766, de 03.03.1993, bem assim como as Regras Gerais Complementares à Nomenclatura Comum do Mercosul (NCM/TEC/TIPI). Assim, embora corretamente instituídas, são constantemente alteradas por ato do Secretário da RFB, a exemplo da Instrução Normativa RFB 1.202, de 19 de outubro de 2011, em claro descompasso com a legalidade, visto que a normatização impõe critérios de cobranças de tributos, com ampla margem de abertura às autoridades fiscais.

Do mesmo modo, a classificação fiscal das mercadorias deve seguir as orientações e esclarecimentos prestados pelas Notas Explicativas do Sistema Harmonizado de Designação e de Codificação de Mercadorias (NESH), aprovadas pelo Brasil pelo Decreto 435, de 27.01.1992, e com o seu texto consolidado pela Instrução Normativa SRF n. 157, de 10.02.2002, e posteriores, o que traz também a marca de fragilidade da lei, na medida em que se permite que Instruções Normativas alterem o alcance e o conteúdo das leis,, permitindo uma zona de vulnerabilidade ao contribuinte que não sabe agir com acerto, dado o emaranhado de normas a reger a matéria, sejam elas legais ou infralegais.

Apenas para referência do que se pretende dizer, serão citados alguns artigos que norteiam o dia a dia da fiscalização e do contribuinte, com o fito de se demonstrar o grau de imprevisibilidade e de incerteza que os contribuintes são submetidos quando da importação:

> «REGRAS GERAIS PARA INTERPRETAÇÃO DO SISTEMA HARMONIZADO
>
> A classificação das mercadorias na Nomenclatura rege-se pelas seguintes Regras:
>
> 1. (...)
>
> 2. a) Qualquer referência a um artigo em determinada posição abrange esse artigo mesmo incompleto ou inacabado, desde que apresente, no estado em que se encontra, as características essenciais do artigo completo ou acabado. Abrange igualmente o artigo completo ou acabado, ou como tal considerado nos termos das disposições precedentes, mesmo que se apresente desmontado ou por montar.
>
> b) Qualquer referência a uma matéria em determinada posição diz respeito a essa matéria, quer em estado puro, quer misturada ou associada a outras matérias. Da mesma forma, qualquer referência a obras de uma matéria determinada abrange as obras constituídas inteira ou parcialmente por essa matéria. A classificação destes produtos misturados ou artigos compostos efetua-se conforme os princípios enunciados na Regra 3.
>
> 3. *Quando pareça que a mercadoria pode classificar-se em duas ou mais posições por aplicação da Regra 2 b) ou por qualquer outra razão, a classificação deve efetuar-se da forma seguinte:*

a) A posição mais específica prevalece sobre as mais genéricas. Todavia, quando duas ou mais posições se refiram, cada uma delas, a apenas uma parte das matérias constitutivas de um produto misturado ou de um artigo composto, ou a apenas um dos componentes de sortidos acondicionados para venda a retalho, tais posições devem considerar-se, em relação a esses produtos ou artigos, como igualmente específicas, ainda que uma delas apresente uma descrição mais precisa ou completa da mercadoria.

b) Os produtos misturados, as obras compostas de matérias diferentes ou constituídas pela reunião de artigos diferentes e as mercadorias apresentadas em sortidos acondicionados para venda a retalho, cuja classificação não se possa efetuar pela aplicação da Regra 3 a), classificam-se pela matéria ou artigo que lhes confira a característica essencial, quando for possível realizar esta determinação.

(...)

4. As mercadorias que não possam ser classificadas por aplicação das Regras acima enunciadas classificam-se na posição correspondente aos artigos mais semelhantes.

5. Além das disposições precedentes, as mercadorias abaixo mencionadas estão sujeitas às Regras seguintes:

(...)

b) Sem prejuízo do disposto na Regra 5 a), as embalagens que contenham mercadorias classificam-se com estas últimas quando sejam do tipo normalmente utilizado para o seu acondicionamento. Todavia, esta disposição não é obrigatória quando as embalagens sejam claramente suscetíveis de utilização repetida.

6. A classificação de mercadorias nas subposições de uma mesma posição é determinada, para efeitos legais, pelos textos dessas subposições e das Notas de subposição respectivas, bem como, mutatis mutandis, *pelas Regras precedentes, entendendo-se que apenas são comparáveis subposições do mesmo nível. Na acepção da presente Regra, as Notas de Seção e de Capítulo são também aplicáveis, salvo disposições em contrário.*

REGRA GERAL COMPLEMENTAR 1 (RGC – 1) DA NCM:

1. (RGC-1) As Regras Gerais para Interpretação do Sistema Harmonizado se aplicarão, *mutatis mutandis*, para determinar dentro de cada posição ou subposição, o item aplicável e, dentro deste último, o subitem correspondente, entendendo-se que apenas são comparáveis desdobramentos regionais (itens e subitens) do mesmo nível.»

Pautada nessas regras interpretativas, a Administração poderá, ao seu talante, considerar um conjunto de peças separadas como se fossem uma só, alterar classificações e, assim, tributar os produtos com alíquotas diferentes das antevistas pelo contribuinte, visto que não há segurança jurídica nas informações prestadas, tendo em vista a elasticidade interpretativa dada à Administração Fazendária.

Para além das reflexões acerca da legalidade, válidas são as ponderações existentes em torno da moralidade e da discricionariedade administrativas, aqui não tratadas, visto que ambas também devem servir de norte ao intérprete no ato de aplicação da norma vigente.

Como se nota, o momento é apenas o de demonstrar como os fatos acontecem e como seria simples invocar a violação da legalidade para situações desse jaez, como base nos fundamentos acima mencionados. Não se questiona, ainda, se seria ou não possível estipular toda essa matéria em lei, com todas as minúcias e hipóteses cabíveis, ou se, por outro lado, esse tipo de abertura é necessário para o próprio funcionamento do mercado de importações. O ponto é que, a legalidade, do modo como vista, não tem recebido guarida nessas situações.

Decorrente da abertura interpretativa, o fisco pode sempre encontrar uma «outra posição que melhor descreve o produto importado», de modo que o contribuinte deve contar com a possibilidade de, durante o prazo decadencial, a qualquer momento ser tributado de forma diversa de como inicialmente procedeu. Assim, na hipótese de importação de componentes que, após alguns outros agregados, poderão formar um produto acabado, pautado nas regras acima, o Fisco poderá tributar os produtos como se fossem produto acabado, visto que pode entender o conjunto de produtos como um produto incompleto (faltando alguma parte), inacabado (necessitando de algum processamento, como uma pintura, por exemplo), ou que o conjunto de itens importados, embora separadamente, uma vez reunidos, formem o produto acabado, cuja tributação é diferenciada. Não há qualquer critério que determine a quantidade de componentes ou os requisitos dos componentes que caracterizam um produto acabado. Basta que o Fisco assim considere e que tribute da forma que entender mais consentânea com as confusas regras de interpretação acima apontadas.

Com o poder dado ao Secretário de alterar as normas de interpretação, mais uma vez se violaria a legalidade estrita e se instauraria a insegurança jurídica no dia a dia das relações fisco-contribuinte.

4.3 Da definição de conceitos e critérios na responsabilidade tributária nas situações de retenção de tributos na fonte

Tema igualmente relevante no dia a dia da atividade fiscal é o relativo ao plexo de normas infralegais que regem a responsabilidade tributária, muito embora pela tipicidade tributária se conclua que o critério pessoal, aí envolvendo o contribuinte e o responsável, devam necessariamente constar da lei e não de ato do Executivo.

No entanto, de maneira cada vez mais desenfreada, o Executivo tem transferido ao contratante a responsabilidade legal pelo desconto e recolhimento do tributo calculado sobre o crédito da pessoa contratada, não suportando diretamente o ônus econômico do encargo, mas tendo que arcar com todas as despesas necessárias ao cumprimento desta obrigação. Apenas quando o contratante não cumpre adequadamente tais obrigações é que há ônus econômico-tributário para si.

Há, entretanto, casos em que o contratante é quem assume o ônus econômico do tributo na condição de contribuinte, devendo recolher o tributo sobre certas contratações, como ocorre quando uma empresa contrata uma pessoa física autônoma (contribuinte individual) para lhe prestar serviços, devendo recolher sobre a sua remuneração uma contribuição previdenciária. E, lembre-se, todas essas normas vêm descritas em atos infralegais, conforme se verá.

Assim, na área de retenções de tributos na fonte e as responsabilidades daí decorrentes, (i) há uma grande variedade de normas impositivas de obrigações tributárias decorrentes da contratação de pessoas físicas ou jurídicas, seja para prestar serviços ou até para lhes fornecer mercadorias, e que se referem a uma gama de impostos e contribuições que exigem amplos conhecimentos da matéria; (ii) há uma dificuldade de se interpretar e aplicar de modo escorreito os dispositivos que criam e regulam ditas obrigações, principalmente pela má qualidade dos textos normativos, sendo igualmente difícil acompanhar a dinâmica da alteração dos mesmos; (iii) e, por fim, a ausência de observância dessas normas pode gerar elevados passivos fiscais, tendo em vista a enorme responsabilidade tributária dos contratante e convenentes.

Nessa linha, muito embora o art. 121 do CTN defina que a responsabilidade tributária só advirá de lei, comumente ela é atribuída através de atos infralegais, em que se conferem responsabilidades tributárias, não apenas aos contratantes da iniciativa privada, mas também aos convenentes, que têm a obrigação de corretamente recolher as retenções legais.[28] Exemplo de norma infralegal de suma importância é a Instrução Normativa RFB 971, de 13 de novembro de 2009, que regula a retenção da contribuição INSS.

Trata-se de uma norma extensa, com mais de 500 artigos e nove anexos, que define a alíquota da retenção, seu adicional, seu fato gerador, os requisitos para a incidência da retenção, os conceitos fulcrais para a necessidade ou não de retenção, como o conceito de «cessão de mão de obra», «empreitada parcial», «empreitada total» dentre outros, base de cálculo para a retenção,

---

[28] Retenção tributária/responsabilidade solidária. *DOU* de 18.09.2008, seção 1, p. 120. Ementa: determinação à Eletronorte, relativamente a um convênio celebrado coma Associação Programa São Marcos (APSM), para que exija da APSM o recolhimento das retenções legais (INSS, ISS, IRRF, entre outros) pertinentes a serviços prestados/bens adquiridos desde 2004, com o objetivo de regularizar a situação fiscal da entidade, de forma a garantir a continuidade dos repasses e evitar responsabilidade solidária da Eletronorte, em consonância com o Parecer Jurídico/PCJD 0040/2007 (item 1.3.2, TC-018.222/2007-6, Acórdão n. 3.367/2008-2ª Câmara)

deduções da base de cálculo e suas exclusões, dispensa da retenção, formas de compensação e restituição, vencimento e forma de recolhimento dos valores retidos, infrações e penalidades, responsabilidade solidária, níveis de responsabilidade tributária, tratamento diferenciado para os contribuintes individuais, além de enumerar uma lista de serviços sujeitos à retenção quando contratados mediante cessão de mão de obra ou empreitada (art. 117) ou quando serviços são contratados exclusivamente mediante cessão de mão de obra (art. 118).

Para todos os serviços, cumpre lembrar, há uma definição em que o contribuinte deve ficar atento a fim de analisar a sua adequação ou não, traçando, inclusive, normas atinentes ao tratamento dispensado para empresas optantes do Simples.

Outras normas poderiam ser citadas, a título de retenções, como ocorre com o Imposto de Renda Retido na Fonte (IRRF), que tem no Decreto 3.000/1999 a sua fonte de maior detalhes, e as retenções na fonte de CSLL, PIS e Cofins, que são reguladas pela Instrução Normativa 459, de 29 de outubro de 2004.

Embora haja lei traçando algumas normas e alíquotas de retenção, o certo é que, ao final e ao cabo, são as Instruções Normativas, os Pareceres Normativos,[29] os Atos Declaratórios Normativos[30] e os Atos Declaratórios Interpretativos[31] os instrumentos que veiculam obrigações e responsabilidades nessa área, visto que a definição de serviços submetidos à retenção, dentre outras especificidades só são veiculados por normas desse jaez, o que subordina o contribuinte a um emaranhado quase que indecifrável de normas para descobrir como agir corretamente.

Além desses três exemplos, outros há que demonstrariam a mitigação da legalidade: (i) a definição do valor das taxas cartorárias pelo Poder Judiciário; (ii) o aumento e o alcance das contribuições corporativas pelos conselhos de classe; (iii) a atribuição ao Executivo do poder de definir a atividade a ser enquadrada nas alíquotas diferencias da contribuição Seguro Acidente de Trabalho; (iv) a reiterada atribuição de benefícios fiscais por decretos; (v) a atribuição dada ao Executivo pelo Legislativo de reduzir alíquotas de contribuições, fora do permissivo do texto constitucional, dentre outros exemplos presentes no dia a dia.

A questão levantada está em saber se, de acordo com a dinâmica econômica atual, seria permitido pensar a legalidade enquanto norma estrita, que alcança toda a atividade da tributação com as minúcias acima apregoadas, ou

---

[29] A título de exemplo, o PN 37/1987 define o serviço de «Assessoria e Consultoria Técnica» e o PN 8/86 define o serviço de «engenharia» e o de «medicina», para fins da correta retenção.

[30] O ADN CST 29/1986 determina que os condomínios não estão obrigados a efetuar retenção do IR, salvo quando se tratar daquele incidente sobre rendimento do trabalho assalariado.

[31] O ADIn 10/2004 define serviços de manutenção.

se seria razoável transferir ao Executivo algumas atribuições na definição do alcance da tributação, uma vez que seria impossível ao Legislativo acompanhar a progressão acirrada das transformações econômicas.

Tal se dá porque deve haver uma razão muito nobre a justificar a relação fiscal ser pautada em normas desse jaez, maior, inclusive, do que a construção doutrinária da tipicidade cerrada, tendo em vista as enormes garantias asseguradas quando da existência desse princípio.

5. JUSTIFICATIVA PARA A NORMATIZAÇÃO DA FORMA VIGENTE

Aqui é o momento de se perquirir se a dinâmica das relações econômicas permitiria uma atividade legislativa parlamentar minuciosa e intensa, a ponto de se prever as situações tributáveis em sua total abrangência, bem como se o sistema tributário permitiria uma atividade legislativa mais ativa do que a já existente, para acompanhar as situações novas que surgiriam, uma vez que o procedimento legislativo é lento e, por sua natureza, incapaz de alcançar todas as hipóteses tributáveis possíveis.

Basta imaginar a hipótese da Instrução Normativa RFB n. 971, de 13 de novembro de 2009, que possui mais de 500 artigos com nove anexos, se seria ou não razoável deixar o seu encargo ao Parlamento, em virtude das minúcias ali contidas.

Em outros termos, estaria a norma da legalidade estrita em crise já que aparentemente não consegue observar a sua função de *proteger o contribuinte*, exaurindo toda a hipótese da tributação? Poderia a legalidade ser analisada distante de um estudo da evolução econômica e social do país na fase globalizada que se atravessa? Estaria a legalidade estrita apta a acompanhar a evolução econômica, social e política, ou estaria ela atravancando as relações, sem com elas evoluir? Já que o mercado é o *locus* da liberdade e da espontaneidade, e a tributação o *locus* da descrição taxativa da atividade de tributar, como se fazer para alcançar a todos os que praticam atividades econômicas, seguindo a justiça fiscal, ou seja, tributando a todos para que cooperem com as necessidades públicas?

No ponto, é inegável afirmar que a dinâmica da vida moderna reclama igualmente uma legislação que acompanhe as suas diferenças, com o foco de atender as divergentes situações com normas divergentes, na busca de uma igualdade tributária em virtude da desigualdade real. Nesse ponto, assinala Humberto Ávila que:

> «O contribuinte insurge-se contra o conteúdo da norma tributária, pois a considera injusta, pelo fato de ela não levar em conta as suas particularidades, tratando-o, meramente, como membro de uma classe de indivíduos (...) e, não, como um indivíduo. "E eu?", reclama como a exigir a inserção das *suas* particularidades no âmbito da norma tributária.

> Diante dessa situação, o contribuinte alega violação ao princípio da igualdade, pelo fato de a norma não ter tratado de modo diferente o seu caso na medida em que ele supostamente se diferencia dos demais. (...) O contribuinte, em outras palavras, reclama da sua *padronização*, quando, em seu entendimento, deveria primar pela *individualização*; sua *simplicidade*, quando preferiria sua *complexidade*.»[32]

Assim, aparentemente, o sistema tributário complexo se justifica, pois a sua tentativa é justamente prover respostas distintas para as diferentes situações fáticas, com a tentativa de elevar a máxima da igualdade a ser contemplada na norma exacional. Cumpre registrar, no entanto, que tal posicionamento não seria aceitável pelo contribuinte quando a peculiaridade tratada na norma serve justamente para distinguir um tratamento diferenciado que pesa a sua tributação, quando, na verdade, o mesmo não fazia qualquer questão do tratamento diferenciado, primando pela generalidade da norma.

Como se pode verificar, o problema da dinâmica tributária perpassa pela busca de alcançar em igualdade os diversos fatos repletos de singularidades. E a dúvida restaria em saber se a lei, por ser geral e abstrata, teria condições de considerar as particularidades individuais dos contribuintes, ou se caberia uma disposição genérica do Parlamento a alcançar uma classe, permitindo-se que o Executivo por ato infralegal fizesse a distinção, com o fito de alcançar a igualdade, impossível de ser tratada em regra geral e abstrata.

Assim, o problema seria resolvido de duas formas: ou a lei seria por demais detalhada, a ponto de enumerar todas as situações casuísticas, tornando o sistema tributário ainda mais complexo, mas atendendo aparentemente a essência da tipicidade cerrada, ou ela seria mais genérica, padronizada e daria ao Executivo o poder de traças as minúcias, pois, só na análise do caso concreto poder-se-ia praticar a justiça tributária, aliviando a carga dos que apresentassem os requisitos do tratamento beneficiado ou sobrepesando àqueles que apresentassem elevada capacidade econômica.

No ponto, Humberto Ávila explica que nenhuma das duas alternativas representa a solução para a celeuma:

> «Em primeiro lugar, tornaria impraticável a legislação, tanto para os contribuintes, quanto para as autoridades fiscais: cada caso deveria ser analisado à exaustão, o que, pelo tempo e custo necessários para isso, tornaria a legislação inexequível para a maior parte dos contribuintes. Em segundo lugar, aumentaria demasiadamente a discricionariedade envolvida na consideração das

[32] Ávila, Humberto. *Teoria da igualdade tributária*. São Paulo: Malheiros, 2008: 17-18. O autor também relembra o contraponto de que a norma tributária é justa, por ser isonômica, precisamente na medida em que ela não atenta às particularidades do caso ou do destinatário da norma.

individualidades, o que poderia levar à arbitrariedade pela ausência de critérios gerais para a admissão ou não das despesas de dedução.»[33]

E arremata o autor ao afirmar que esse particularismo excessivo, aparentemente essencial para a resolução das particularidades, antes de buscar a igualdade, com ela contradita:

> «É que não são quaisquer detalhes que podem ser juridicamente relevantes. Alguma particularidade que diga respeito a uma só pessoa, e que não seja dividida com mais ninguém, não pode fazer parte de um direito, pois os direitos se caracterizam, justamente, pela sua capacidade de generalização.[34]
>
> (...)
>
> Isso significa, em outras palavras, que a generalidade da lei pode ser entendida como uma condição para o próprio tratamento igualitário, na medida em que torna mais praticável a legislação por todos os seus operadores, bem como diminui a arbitrariedade que surgiria na ausência de diretrizes gerais. A lei serve, justamente, para impedir decisões fundadas em circunstâncias ocasionais ou fortuitas. Essa exigência de generalidade – eis o ponto aqui – faz com que a lei deva se fixar apenas num padrão, sem descer a detalhamentos.»[35]

Com esse entendimento, percebe-se que o fato de a lei ser genérica, desde que trace todos os parâmetros e padrões da tributação, não fere a legalidade, pois é a única forma de se alcançar a generalidade das situações do mundo moderno em igualdade, reduzindo-se os riscos (i) de uma legislação incapaz de acompanhar as mudanças econômicas, (ii) ou vazia ao extremo, a ponto de transferir a atividade legislativa na sua plenitude ao Executivo.

A lei deve alcançar a média das situações, o que normalmente acontece, aquilo que é padronizado, sem descer a minúcias, como se devesse alcançar os contribuintes com precisão tamanha a ponto de não deixar escapar qualquer caso isolado. Estabelecendo a generalidade, os contribuintes podem nela se enquadrar, restando a possibilidade de algum tratamento diferenciado quando a própria lei dá abertura à norma infralegal fazê-lo, desde que não o seja na parte que a reserva legal delimitou como zona da legalidade. No ponto, não pode a Administração, sob o manto fiscalista, abandonar o padrão fixado na lei para tratar de minúcias que ela própria não permitiu. É dado ao contribuinte a liberdade negocial e de escolha da forma menos onerosa de tributação, desde que se encaixe no padrão definido em lei.

No entanto, se o ponto é apenas a especificidade do caso, não há espaço para a lei minudenciá-lo, não havendo qualquer contrariedade à isonomia-legalidade se a lei reserva um padrão de adequação, deixando às normas do

---

[33] Ávila, Humberto. *Sistema constitucional tributário*. São Paulo: Saraiva, 2006: 117.

[34] *Idem, ibidem*.

[35] *Idem, ibidem*, p. 118.

Executivo o tratamento para os contribuintes que fogem do padrão definido em lei. Em sendo assim, a legalidade cerrada mereça ser revisitada.

Cumpre saber, no entanto, de que forma a lei poderia prever padrões de tributação, sem ferir o art. 97 do CTN, e de que modo se daria o seu enunciado para que, prevendo a igualdade, pudesse atender as peculiaridades, sem deixar de ser genérica e abstrata.

6. REVISITAÇÃO DA TIPICIDADE CERRADA

É inegável que ser subordinado a uma lei em que o legislador define claramente toda a hipótese de tributação, sem margem a dúvidas, com precisão do fato gerador, de modo a facilitar a atividade da subsunção, é uma hipótese inimaginável. E há diversos fatores que militam nesse sentido. Primeiro, está-se diante de um mundo dinâmico, em que conceitos são relativizados em todo momento, e onde raramente se consegue defender uma posição como intocável ou suficiente de uma única interpretação.[36]

Depois, convém lembrar que o direito lida com palavras que, pela sua própria natureza, possuem diferentes graus de vagueza. Não que toda palavra seja vaga, até porque há mais certezas do que incertezas na tributação. No entanto, é certo que, num emaranhado de palavras, sempre restam algumas com elevada imprecisão, situadas numa zona de penumbra interpretativa, devendo os interessados se socorrer do Judiciário, que definirá, em última instância, o alcance do sentido da palavra duvidosa.

O problema da vagueza não é, por óbvio, restrito ao ramo da tributaçao, mas aqui é ampliado, na medida em que o sistema tributário é complexo, e possui uma produção legislativa desenfreada, o que dá margens a confusões interpretativas em que o contribuinte não pode se afastar, além de estar arraigado na sua aplicação a teoria da subsunção, no sentido de que deve haver igualdades fática e normativa na plenitude para que a norma exacional possa incidir.

Importa realçar que, se, por um lado, interessa ao Fisco deter o controle da tarefa interpretativa daquilo que a lei não conseguiu alcançar, por outro, esse poder acaba desenfreado, sempre para a via que mais onera o contribuinte, aliado à possibilidade de sua alteração a todo instante, ao ponto de não haver segurança jurídica a nenhuma das partes envolvidas na tributação, seja por conta da Administração, que varia sua interpretação com considerável

---

[36] Frederick SCHAUER explica essas razões: «*In part because humans beings are fallible, in part because they have imperfect knowledge of a changing future, and in part because the world itself is variable, rules premised on the empirical relationship between generalization and justification remain vulnerable to future discoveries or events that would falsify what had previously been thought to be universal or exclusive truth*». SCHAUER, Frederick. *Op. cit.*, 2002: 35.

rapidez, ao seu interesse e sabor, seja ao contribuinte, que nunca sabe se está cumprindo os ditames legais em sua plenitude.

Do mesmo modo, viu-se que a lei não conseguirá alcançar todos os casos tributáveis em suas minúcias, por impossibilidade lógica, já que a dinâmica econômica é mais célere do que a legislativa, e jurídica, porque geralmente as palavras não conseguem refletir a plenitude dos fatos.

Visto isso, não resta alternativa ao legislador, em algumas situações, do que prever uma abertura interpretativa de alguns fatos tributáveis, como se deu na lista anexa à Lei Complementar 116/2003, que previu os serviços tributáveis pelo Imposto Sobre Serviço. Ali há 88 vezes a expressão «e congêneres», a permitir ao legislador municipal a cobrança do tributo sobre serviços similares aos previstos taxativamente na lei.

Assim, a questão adentra no campo da possível tributação através de conceitos abertos, vagos e indeterminados, ou se essa possibilidade não seria cabível em termos de tributação. O tema, aqui, é mais profundo do que o pretendido, pois há muito que se investigar em torno do alcance dessas expressões. A doutrina reconhece a inevitabilidade de conceitos abertos e indeterminados em matéria tributária.[37] É que a atividade tributária, por ser ampla, comporta em alguns momentos uma abertura interpretativa sem a qual não seria possível a tributação. Por exemplo, quando se trata do fato gerador de tributos como o IPTU ou o ITIV, situações em que o valor do bem está no centro da tributação, deixar que uma lei alcance essas hipóteses seria tornar rijo um fato que é por demais dinâmico e que oscila em cada situação distintamente.

No entanto, tal abertura não se compraz com outras hipóteses de tributação, como, por exemplo, a base de cálculo do ICMS, que, por simples força de interpretação fiscalista, permitiu-se a sua ampliação para que o montante do imposto passasse a integrá-la (base de cálculo «por dentro»), o que foi atendido pelo legislador constituinte modificador com a EC 33/2001.

No ponto, deve-se definir se e em que medida é aceitável a abertura legislativa na atividade de tributação. E o seu desate, aparentemente, está no cotejo entre a legalidade, que busca assegurar a segurança jurídica, e outros princípios constitucionais, como a igualdade, por exemplo, que permite certa flexibilidade interpretativa para que haja adaptação da lei às exigências do caso concreto, ou princípios da ordem econômica, que demandam habilidade e versatilidade no deslinde de questões.

Deve-se afirmar que apenas em situações extremas se admitiria uma abertura na lei tributária, antes com o fim de proteger o contribuinte e não com o de ampliar o fato gerador da tributação, dando-se mais poderes ao Executivo

---

[37] TORRES, Ricardo Lobo. *Curso de direito financeiro e tributário*. Rio de Janeiro: Renovar, 2002: 96.

para tributar. É que o processo de adaptação da lei requer, por sua dinâmica, o cotejo com hipóteses fáticas, de onde se abstrairá a adequação ou não da hipótese normativa com o mundo fenomênico e a necessidade de seu aperfeiçoamento. E este deve caminhar, sempre, na direção protetiva dos direitos fundamentais, em que se assegura um maior resguardo ao que se encontra numa zona de vulnerabilidade ao poder de império do Estado.

Desse modo, apenas na hipótese em que não seja possível precisar a situação fática ensejadora da tributação, é que se poderá valer o legislador de cláusulas gerais, padronizações ou conceitos indeterminados, situação em que poderá descrever uma hipótese aberta, uma vez que a situação concreta dependerá de algumas nuanças, muitas vezes até mesmo antevistas pelo legislador, porém não descritas pela dificuldade de se reduzir caso a caso a hipótese clara da tributação.

As divagações não se tornam irrelevantes pela simples afirmativa de que toda celeuma interpretativa desaguaria no Judiciário, o que seria despiciendo qualquer posição do Fisco individual que adentrasse no núcleo genérico da norma, pois basta o contribuinte se insurgir no Judiciário para ter a sua pretensão analisada.

Ocorre que a segurança jurídica que permeia a legalidade tributária não pode ficar no aguardo de uma posição judicial, que poderá vir ou não num lapso de tempo razoável para a certeza das relações negociais. Esta segurança deve ser também prévia, no ato de tributar, a fim de que não se transforme o Judiciário num Tribunal de consulta antes do que de solução de litígios realmente inevitáveis.

BIBLIOGRAFIA

ÁVILA, Humberto, 2011: *Segurança jurídica*. São Paulo: Malheiros.

___, 2008: *Teoria da igualdade tributária*. São Paulo: Malheiros.

___, 2006: *Sistema constitucional tributário*. São Paulo: Saraiva.

___, 2005: «Legalidade tributária multidimensional». In: FERRAZ, Roberto (coord.). *Princípios e limites da tributação*. São Paulo: Quartier Latin.

BALEEIRO, Aliomar, 1999: *Direito tributário brasileiro*. Atualizada por Misabel Abreu Machado Derzi. Rio de Janeiro: Forense.

CARRAZZA, Roque Antonio, 2004: *Curso de direito constitucional tributário*. São Paulo: Malheiros.

CARVALHO, Paulo de Barros, 2002: *Curso de direito tributário*. São Paulo: Saraiva.

COÊLHO, Sacha Calmon Navarro, 2005: *Curso de direito tributário brasileiro*. Rio de Janeiro: Forense.

COUTO E SILVA, Almiro do, 2004: «Princípios da legalidade da Administração Pública e da segurança jurídica no Estado de Direito contemporâneo». *Revista da Procuradoria Geral do Estado do Rio Grande do Sul*, 57/13-31, Porto Alegre.

DERZI, Misabel de Abreu Machado, 1988: *Direito tributário, direito penal e tipo*. São Paulo: Ed. Revista dos Tribunais.

HART, H. L. A., 2005: *O conceito de direito*. Lisboa: Fundação Calouste Gulbenkian.

SCHAUER, Frederick, 2002: *Playing by the rules*. Oxford: Clarendon Press.

TORRES, Ricardo Lobo, 2005: *Curso de direito financeiro e tributário*. Rio de Janeiro: Renovar.

XAVIER, Alberto, 2001: *Tipicidade da tributação, simulação e norma antielisiva*. São Paulo: Dialética.

___, 1978: *Os princípios da legalidade e da tipicidade da tributação*. São Paulo: Ed. Revista dos Tribunais.

6

A DOUTRINA E O DIREITO TRIBUTÁRIO

HUMBERTO ÁVILA

1. Introdução. 2. O passado e o presente da doutrina. 3. O futuro da doutrina. 4. Conclusões.

1. INTRODUÇÃO

A principal finalidade deste breve ensaio é apontar qual o papel e a importância da doutrina para a interpretação e aplicação do Direito, especialmente por meio da construção de modelos hermenêuticos. A sua finalidade secundária e consequente é demonstrar que os problemas gerais relacionados ao papel e à importância da doutrina também se apresentam no âmbito do Direito Tributário.

Tal desiderato pressupõe, de um lado, o exame do papel da doutrina ao longo do tempo e, de outro, a investigação da função que ela assume no mundo atual. Essas são, pois, as partes que compõem este ensaio: a primeira analisa o passado e o presente da doutrina; a segunda, o seu futuro.

2. O PASSADO E O PRESENTE DA DOUTRINA

O papel da doutrina na interpretação e aplicação do Direito tem variado no tempo e no espaço. Sem prejuízo de avanços e retrocessos, ou mesmo de justaposições e interpenetrações, podem-se apontar, grosso modo, algumas fases.[1]

---

[1] Cf. PECZENIK, Aleksander. *Scientia Juris: Legal Doctrine as Knowledge of Law and as a Source of Law*. Dordrecht: Springer, 2005: 6.

Em Roma, Augustus facultou a determinados juristas o direito de responder a questões com base na sua autoridade de imperador: *Ius publicae respondendi ex auctoritate principis*. Em razão disso, o *Digesto* atribuiu força obrigatória aos livros de Ulpiano e Gaio, entre outros. O papel da doutrina, portanto, era o de atribuir sentido a dispositivos legais, direcionando a conduta dos seus destinatários. Ela era seguida porque tinha autoridade legal e era importante porque orientava tanto a atividade dos operadores, como a conduta dos destinatários.

Na Idade Média, o Direito estava sob a influência decisiva da *comunis opinio doctorum*, baseada nas fontes romanas e seguida pela comunidade jurídica europeia.[2] Em razão da inexistência de fontes comuns e em virtude da dificuldade de acesso a elas, a opinião dos doutores adquiria uma enorme relevância. Logo, o papel da doutrina era o de organizar e atualizar as fontes. Ela era seguida porque era necessária para indicar as fontes e era importante porque justificava a sua vinculação.

No século XVIII e no âmbito da sua sociedade aristocrática, o papel da doutrina é apenas o de descrever e o de refinar as fontes normativas. A relevância da doutrina advinha da autoridade dos argumentos, dado o papel explicativo de um Direito eminentemente monárquico. A doutrina era seguida porque vinha de autoridades e tinha importância reduzida porque se limitava a esclarecer o conteúdo das fontes.

No século XIX, esse papel se amplia, passando a incluir a função de inovar, mediante adaptação das fontes antigas, já envelhecidas pelo tempo e obsoletas pela transformação da sociedade. A função da doutrina, além daquela de atribuir sentido ao Direito, passou a ser a de indicar a sua natureza, mediante teorias simples e unificadoras: a jurisprudência dos interesses definiu o Direito como um mecanismo de solução de conflitos de interesses contrapostos; a jurisprudência dos conceitos definiu o Direito como sendo um conjunto piramidal de conceitos; a jurisprudência dos valores definiu o Direito como um instrumento para realização de valores.[3] Nessa multiplicidade de funções, pode-se afirmar que a doutrina era seguida porque era necessária para promover justiça pela transformação do Direito «velho» em Direito «novo» e importante porque, ademais de orientar tanto os operadores quanto os destinatários a respeito do conteúdo do Direito, atribuía-lhe coerência sistemática, algo necessário num mundo em constante e intensa crise política e filosófica.

---

2 Wieacker, Franz. *Privatrechtsgeschichte der Neuzeit unter besonderer Berücksichtigung der deutschen Entwicklung*. Götingen: Vandenhoeck und Ruprecht, 1996: 240.

3 Kaufmann, Arthur. «Problemgeschichte der Rechtsphilosophie». *In:* Kaufmann/Hassemer/Neumann (orgs.). *Einführung in die Rechtsphilosophie und Rechtstheorie der Gegenwart*. 8. ed. Heidelberg: C.F. Müller, 2011: 109 e ss.

Para atingir essa finalidade orientadora e organizadora do Direito, a doutrina passa progressivamente a se ocupar de conceitos e de institutos, vinculando-os, em maior ou menor grau, à realidade histórica. As grandes obras dos autores alemães demonstram-no com clareza. Os trabalhos de SAVIGNY pretenderam organizar o Direito «num todo orgânico», que não se aplica ao povo, mas com ele se move.[4] O objetivo do jovem SAVIGNY era encontrar, por meio de princípios doutrinários gerais, a relação lógica entre os elementos do ordenamento jurídico: «Conteúdo de um sistema é a legislação, assim as prescrições normativas. Para conhecê-las isoladamente ou em conjunto, nós necessitamos de um meio lógico, a forma, isto é, da relação lógica do conhecimento de todo conteúdo da legislação».[5] Já o velho SAVIGNY pretende criar um sistema, utilizando-se de critérios de aglutinação, como a relação jurídica e os institutos jurídicos.[6] PUCHTA avança nesse processo, construindo aquilo que LARENZ mais tarde qualificaria como «pirâmide de conceitos». Para ele, a doutrina deveria buscar «o conhecimento da relação interna, que liga as partes do Direito; ela compreende o individual como parte de um todo, o todo como um corpo que se desenvolve em um determinado órgão».[7] WINDSCHEID aprofunda esse ideal de sistematização, criando uma pirâmide de conceitos, vinculada à realidade histórica existente e capaz de permitir o preenchimento de lacunas.[8]

Esses autores, aqui escolhidos a título de exemplo e em apenas algumas de suas manifestações, demonstram que havia uma preocupação muito grande da doutrina com os conceitos e com os institutos, mas também com a realidade à qual eles faziam referência. As formas construídas pela Doutrina – o sistema, os conceitos, as relações e os institutos – eram apenas instrumentos para a realização do Direito em um dado momento histórico, seja pela organização das fontes, seja pela sua atualização e integração.

No século XX, o papel da doutrina continua oscilando entre atribuir sentido ao Direito e justificar a sua natureza, tendo maior ou menor influência na jurisprudência, às vezes influência nenhuma. Não há uma doutrina, mas várias; nem um método, mas muitos.

A diminuição da relevância da doutrina tem várias causas. Uma delas diz respeito ao crescente papel desempenhado pelos parlamentos como instrumento de intermediação democrática na configuração dos direitos e dos princípios fundamentais. O papel de organização e sistematização das fontes, antes atribuído à doutrina, foi largamente ocupado pelos parlamentos, com

---

4 SAVIGNY, Friedrich Carl von. *Vom Beruf unserer Zeit für Gesetzgebung und Rechtswissenschaft*. Heidelberg, 1814: 11.

5 SAVIGNY, Friedrich Carl von. *Juristische Methodenlehre*. Marburg, 1802: 37.

6 *Idem*. *System des heutigen Römischen Rechts*, vol. 1, Berlin, 1840: 56 e § 23.

7 PUCHTA, Georg Friedrich. *Cursus der Institutionem*. vol. 1, 5. ed. Leipzig, 1856: 107.

8 WINDSCHEID, Bernard. *Lehrbuch des Pandektenrechts*. vol. 1, 4. Düsseldorf, 1875: 60.

suas leis, seus códigos, suas consolidações, e também pelas administrações, com seus pareceres interpretativos e seus regulamentos.

Existe, no entanto, outra causa da diminuição da importância da doutrina na interpretação e aplicação do Direito, que adquiriu relevância já no início do século XX: a busca do ideal científico. Se a doutrina, anteriormente, centrava sua atividade na resolução do problema da realidade, investigando o sentido e natureza do Direito, ou se preocupava com a verdade do seu sistema apenas para aproximá-lo da realidade, pela sistematização, interpretação e integração das fontes, passou a preocupar-se – às vezes obsessivamente, às vezes exclusivamente – com o problema da verdade dos seus enunciados: não bastava atribuir sentido ao Direito ou explicar a sua natureza, era preciso que isso fosse feito com *cientificidade*.

Naquele momento, o paradigma de ciência era o empirismo; o critério de verdade, a correspondência; a filosofia, a da linguagem. A doutrina, para ser Ciência, deveria buscar a *verdade*, obtida mediante o teste de *verificabilidade*, por *correspondência factual*, entre os seus enunciados descritivos e o seu objeto normativo de investigação, o conjunto de enunciados prescritivos, devidamente demarcado e separado dos demais. A interpretação, para ser científica, deveria ser feita de maneira objetiva, o que só seria atingido mediante descrição, de modo neutro e imparcial, do Direito como ele é, e não como ele deveria ou mesmo poderia ser.

Ocorre que nem todo o fenômeno jurídico poderia ser objeto desse tratamento: como o paradigma era o da objetividade, entendida como descrição objetiva e imparcial do conteúdo das normas jurídicas, os problemas que não podiam ser objeto de descrição objetiva e imparcial não eram problemas da doutrina, mas apenas do aplicador, que deveria resolvê-los, sem o auxílio da doutrina. Finalidades, efeitos, comportamentos ou bens jurídicos, porque incapazes de uma mera descrição material antecipada e porque pertencentes ao mundo do ser ou pelo menos por ele afetados, foram colocados à margem da atividade doutrinária. O seu objeto só poderia ser aquilo que pudesse ser descrito com objetividade suficiente para predeterminar, com certeza, suas consequências. A atividade doutrinária fica reduzida à descrição objetiva e analítica de regras, portanto. A investigação de normas abertas e a criação de instrumentos metódicos para a aplicação do Direito recebem pouca importância, quando recebem alguma.

As palavras de KELSEN são elucidativas para compreender essa forma de pensar. Para ele, era preciso fixar os «limites de cada disciplina» («*die Grenzgebiete jener Disziplinen*»), para evitar o sincretismo dos métodos («*Syncretismus der Methoden*») e garantir resultados científicos sustentáveis («*wissenschaftliche haltbare Resultaten*»). Para isso, seria preciso que a construção jurídica dos conceitos se livrasse de determinados elementos («*die juristische Begriffsbildung von gewissen Elementen zu befreien*»), mediante a distinção de duas formas de pensar («*Denkformen*»), que marcariam dois mundos («*zwei getrennte Welten*»): o ser e o dever ser. Nenhum enunciado científico poderia ser emitido se não tivesse nenhuma base empírica («*empirisch keinerlei Basis*»).[9] O fundamental era afastar o doutrinador do mundo da vontade e circunscrevê-lo ao do conhecimento. Em difícil tradução, KELSEN assim se pronunciou: «Ciência nunca é veleidade» («*Wissenschaft ist nie Wollenschaft*»); «Ciência é sempre apenas intelectualidade» («*Wissenschaft ist stets nur Intellectualität*»).[10]

Logo se vê que o papel e o objeto da doutrina se alteram drasticamente: no lugar de organizar e atualizar as fontes ou de orientar a sua aplicação, ela passou a buscar a verdade dos seus enunciados. No lugar da realidade, a verdade. Em vez de todo o fenômeno jurídico, tão-só aquela parte capaz de ser conhecida com objetividade e supostamente sem intermediação da vontade. O objeto da doutrina deveria ser apenas aquilo pudesse ser apreensível e demonstrável pelo intelecto, jamais aquilo que cujo conhecimento dependesse da vontade. A doutrina não deveria dizer aquilo que é certo ou errado, nem mesmo indicar qual das alternativas interpretativas deveria ser escolhida. Ela deveria somente *descrever* o Direito posto, apresentando, quando for o caso, as alternativas, sem nunca recomendar qualquer delas, sob pena de adentrar no terreno da normatividade, em vez de permanecer no âmbito da descritividade. O ideal de orientação dos operadores e dos destinatários e de aproximação do Direito à realidade cede passo ao objetivo de busca da verdade – compreendida, como se pode facilmente perceber, de maneira bastante restrita.

Não curiosamente a Ciência do Direito começou a perder importância prática: como o Direito não é composto apenas de regras, mas também de princípios que protegem determinados bens jurídicos e que determinam a promoção de fins, parte do fenômeno jurídico teve de ser aplicada pelos Tribunais sem o auxílio orientador da doutrina, que deles deixou de se ocupar. A doutrina cessou de ser seguida porque parou em parte de ser necessária à aplicação do Direito e de orientar tanto os operadores, quanto os destinatários.

Um pouco depois, uma parcela da doutrina retomou a tarefa de definir em grandes linhas a natureza ou o funcionamento do Direito. Dois exemplos podem demonstrá-lo. HART procurou demonstrar a vinculação do Direito com a linguagem, especialmente por meio da demonstração de que o Direito, com suas normas primárias e secundárias, analisados sob os pontos de vista interno e externo, apresenta uma textura aberta, criando vinculação nos casos de

---

[9] KELSEN, Hans. «Über Grenzen zwischen juristischer und soziologischer Methode». Tübingen: Mohr Siebeck, 1911. *In:* KLECATSKY *et alii* (orgs.), *Die Wiener rechtsteheoretische Schule*. vol. 1, Wien: Fritz Steiner, 2010: 4 a 6.

[10] KELSEN, Hans. «Die Rechtswissenschaft als Norm- oder als Kulturwissenschaft. Schmöllers Jahrbuch für Gesetzgebung», 1911: 1181-1239. *In:* KLECATSKY *et alii* (orgs.), *Die Wiener rechtsteheoretische Schule*. vol. 1, Wien: Fritz Steiner, 2010: 32 e 33.

certeza positiva ou negativa, mas permitindo discricionariedade nas zonas de penumbra.[11] Mais tarde, DWORKIN sustenta que, mesmo nessas áreas, o Direito aponta para uma resposta correta, a ser encontrada mediante recurso àquilo que ele denomina de «integridade», e que poderia ser qualificado de coerência sistemática e narrativa: cada intérprete não interpreta a partir do nada, mas a partir de uma tradição de aplicação, como se fora um co-autor de uma novela já iniciada mas ainda não concluída.[12]

Com essas obras, retoma-se o papel da doutrina como explicação da natureza e do funcionamento do Direito, mediante a apresentação de grandes cânones interpretativos. Se de um lado se ganha em poder explicativo, de outro, porém, perde-se em poder orientador, dado o elevado grau de extensão, de abstração e de generalidade dos enunciados doutrinários.

Outra parte da doutrina, em sentido diverso, continuou a tarefa de atribuir sentido a dispositivos legais. Não mais, porém, mediante grandes sistematizações, como foram aquelas feitas na metade do século XVIII, mas por meio da introdução de métodos de interpretação capazes de dar conta da complexidade do fenômeno interpretativo. LARENZ é um bom exemplo. Sua obra, em vez de apenas expor os grandes métodos de aplicação – gramatical, histórico, teleológico e sistemático –, como fizera SAVIGNY, explica, através do emprego de exemplos, como eles devem ser usados, para tanto demonstrando diversos procedimentos, como a restrição e ampliação teleológicas, a analogia, a redução, os argumentos *a maiori*, *a minori*, *a fortiori*, *e contrario*, e assim por diante.[13]

Assim, procurou-se, com estudos como este, ultrapassar o problema da verdade, para criar instrumentos capazes de garantir aplicabilidade às normas, sejam elas regras, sejam elas princípios. Era preciso enfrentar não apenas os problemas da realidade ou da verdade, mas também o da efetividade do Direito.

É neste movimento que surgem, mais tarde, obras importantes de metodologia e de teoria do Direito, não apenas de autores oriundos do Direito Civil, como LARENZ ou CANARIS,[14] mas de autores oriundos do Direito Público, tais como: PECZENIK, na Suécia;[15] AARNIO, na Finlândia;[16] MACCORMICK, na

---

[11] HART, Herbert. *The Concept of Law*. Oxford: Clarendon, 1961.

[12] DWORKIN, Ronald. *Law's Empire*. London: Fontana, 1986.

[13] LARENZ, Karl. *Methodenlehre der Rechtswissenschaft*. 6. ed. Berlin: Springer, 1991.

[14] LARENZ, Karl-CANARIS, Claus-Wilhelm. *Methodenlehre der Rechtswissenschaft*. 3. ed. Berlin: Springer, 1995.

[15] PECZENIK, Aleksander. *On Law and Reason*. Dordrecht: Kluwer, 1989.

[16] AARNIO, Aulis. *The Rational as Reasonable*. Dordrecht: Reidel, 1987.

Escócia;[17] ALEXY, na Alemanha;[18] GUASTINI, na Itália;[19] entre tantos outros. Embora pertencentes à tradição analítica e vinculados à filosofia da linguagem, as suas obras procuram, sem cair no simplismo, criar instrumentos para permitir a melhor interpretação e aplicação do Direito, tratando de diversos assuntos, como: os tipos de normas; os conceitos de validade, eficácia e aceitabilidade das normas; o raciocínio jurídico e os métodos de interpretação; as fontes do Direito; o papel dos precedentes; a justificação da argumentação jurídica; as relações entre Direito e moral; os postulados da consistência e da coerência.

O avanço foi visível e o aprimoramento conceitual, manifesto. No entanto, inaugurou-se uma nova doutrina simplificadora: o neoconstitucionalismo. Buscando a valorização dos ideais constitucionais, esse movimento propõe uma alteração da interpretação e aplicação do Direito, baseada na preponderância dos princípios sobre as regras, na prevalência da ponderação sobre a subsunção, na supremacia do Poder Judiciário sobre o Legislativo e na maior relevância da justiça individual sobre a justiça geral. O fundamento inicial é a concepção de que os princípios e os direitos fundamentais devem ser utilizados sempre que puderem servir de fundamento para uma decisão.[20] Como isso pode ser feito na maioria dos casos, toda aplicação de uma norma legal transforma-se na aplicação de um princípio constitucional, a ser feita mediante ponderação com outros princípios com os quais ele entra em conflito.

Este movimento produz não apenas uma mudança na relevância das normas, mas com ela uma alteração no método e no papel dos Poderes no processo de concretização do Direito. Assim, da preferência normativa ou teórica por determinado tipo de norma (os princípios) decorreria um método diferente de aplicação (a ponderação), do qual, por sua vez, adviria tanto a preponderância de uma perspectiva distinta de avaliação (individual e concreta), quanto o predomínio de uma dimensão específica da justiça (a particular), os quais, a seu turno, conduziriam à dominância de um dos Poderes (o Judiciário) e de uma das fontes normativas (a Constituição). Em suma, a mudança da espécie normativa implicaria a modificação do método de aplicação; a transformação do método de aplicação causaria a alteração da dimensão prevalente de justiça; e a variação da dimensão de justiça produziria a alteração da atuação dos Poderes. Ou, de modo ainda mais direto: a norma traria o método; o método, a justiça; a justiça, o Poder. Logo, esse movimento teria quatro fundamentos: o normativo («da regra ao princípio»); o metodológico («da subsunção à ponderação»); o axiológico («da justiça

---

[17] MACCORMICK, Neil. *Legal Reasoning and Legal Theory*. Oxford: Clarendon, 1978.
[18] ALEXY, Robert. *Theorie der Grundrechte*. 2. ed. Frankfurt am Main: Suhrkamp, 1994.
[19] GUASTINI, Riccardo. *Interpretazione dei documenti normativi*. Milano: Giuffrè, 2005.
[20] ALEXY, Robert. *Theorie der Grundrechte*. 2. ed. Frankfurt am Main: Suhrkamp, 1994: 61 e 86.

geral à justiça particular») e o organizacional («do Poder Legislativo ao Poder Judiciário»).[21]

As consequências do neoconstitucionalismo são visíveis. Todos aqueles métodos interpretativos, desenvolvidos ao longo dos séculos pela doutrina e por ela refinados nos últimos cinquenta anos, são simplesmente substituídos pelo papel exclusivista e simplista da ponderação. A função do Poder Legislativo, de concretizar os grandes princípios constitucionais por meio de regras gerais e abstratas, e a da doutrina, de apontar critérios intersubjetivamente controláveis para a interpretação e aplicação do Direito e de aprofundar o estudo dos seus institutos centrais, perdem importância em contrapartida do aumento da importância do Poder Judiciário, cujo poder é cada vez mais intenso e extenso.

As referidas mudanças – normativa, metódica, axiológica e organizacional – provocam uma espécie de «anti-escalonamento» (*Entstufung*) da ordem jurídica, na medida em que os vários níveis de concretização normativa (Constituição, lei, regulamento, ato administrativo, decisão judicial, contrato, etc.), a rigor relacionados numa complexa rede de relações hierárquicas e cada qual exercendo uma função específica, cedem lugar a um só nível, onde estão previstas as normas que irão orientar a decisão – a Constituição. Se os princípios devem ser usados direta ou indiretamente, sempre que eles possam servir de fundamento para uma dada decisão, eles acabarão sendo sempre utilizados, dada a sua abrangência; e se sempre deverão ser empregados, todas as outras manifestações normativas assumem papel secundário em face dos princípios constitucionais. Daí se afirmar que o paradigma da ponderação, se universalmente aceito, conduz a uma constitucionalização da ordem jurídica.[22] O Direito Civil Constitucional é um exemplo eloquente desse fenômeno.

O paradigma da ponderação também aniquila com as regras e com o exercício regular do princípio democrático por meio da função legislativa. Ao se admitir o uso dos princípios constitucionais, mesmo naquelas situações em que as regras legais são compatíveis com a Constituição e em que o emprego dos princípios ultrapassa a interpretação teleológica pelo abandono da hipótese legal, está-se, ao mesmo tempo, consentindo com a desvalorização da função legislativa e, por decorrência, com a depreciação do papel democrático do Poder Legislativo na concretização igualitária dos princípios e dos direitos fundamentais.

---

[21] Ávila, Humberto. «Neoconstitucionalismo»: entre a «Ciência do Direito» e o «Direito da Ciência». *In:* Souza Neto, Cláudio Pereira de; Sarmento, Daniel; Binenbojm, Gustavo (orgs.). *Vinte anos da Constituição Federal de 1988*. vol. 1, 1. ed. Rio de Janeiro, 2009: 187-202.

[22] Jestaedt, Matthias. «Die Abwägungslehre – ihre Stärken und ihre Schwächen». *In:* Depenhauer Otto et alii (orgs.). *Staat im Wort – Festschrift für Josef Isensee*. Heidelberg: C. F. Müller, 2007: 269.

Esse movimento, aqui examinado apenas no que toca mais de perto ao assunto em pauta, promove uma grande simplificação do papel da doutrina. Em vez de criar modelos para permitir a interpretação e a aplicação do Direito, ou mesmo explicar a sua natureza, a doutrina passa a atribuir o poder de realização do Direito ao Poder Judiciário por meio da ponderação diante do caso concreto. A doutrina, apostando no ideal de ponderação, passou a explicar tudo, sem orientar nada.[23] Não há, nesse novo modelo, o estudo detalhado das relações jurídicas e dos institutos de cada ramo do Direito, nem há espaço para a utilização e o aprimoramento dos modelos hermenêuticos desenvolvidos ao longo do tempo pela doutrina. Aplicam-se diretamente os princípios constitucionais, em parte sem intermediação legislativa e em parte também sem intermediação doutrinária. O poder explicativo da doutrina aumenta na exata proporção da diminuição do seu poder orientador. E a insegurança jurídica, já grande em razão da complexidade, multiplicidade e instabilidade das fontes na sociedade líquida da informação, se vê agravada pela falta de orientação doutrinária a respeito do conteúdo e da eficácia do Direito.

Essa longa evolução, aqui apenas sumarizada, demonstra que tanto o papel quanto a importância da doutrina se alteraram muito ao longo do tempo. Assumindo as deficiências que surgem de toda generalização, pode-se afirmar que, primeiro, a doutrina se preocupa com a realidade; depois, com a verdade; ao final, com a efetividade do Direito. No início, ela procura orientar a interpretação e aplicação do Direito; mais tarde, busca organizá-lo, atualizá-lo e explicá-lo; após, pretende apenas descrevê-lo; no fim, limita-se a fazer a sua apologia.

Diante desse quadro, surge a inevitável indagação: quais são hoje e quais serão amanhã o papel e a importância da doutrina?

3. O FUTURO DA DOUTRINA

A longa evolução do papel e da importância da doutrina, se não permite antecipar qual será o seu futuro, certamente torna possível verificar quais são os fatores que contribuem para a diminuição da sua importância como instrumento de realização do Direito.

O primeiro fator é o *simplismo*. Grandes doutrinas que começam por explicar *tudo* terminam por não orientar *nada*. Tal simplismo pode ser verificado tanto no passado, quanto no presente.

No passado, ele pode ser observado em trabalhos antigos que procuravam uma grande e simples explicação para a natureza ou funcionamento do Direito, qualificando-o ora como instrumento de solução de conflitos de

---

[23] POSCHER, Ralf. *Grundrechte als Abwehrrechte*. Tübingen: Mohr Siebeck, 2003: 75 e 76.

interesses, ora como mera pirâmide de conceitos, ora ainda como utensílio de resolução do entrechoque de valores.

No presente, o mencionado simplismo pode ser constatado tanto em teorias sobre a natureza do Direito, como a de que o Direito se identifica com a linguagem, quanto em teorias indicativas de um método unitário de interpretação do Direito, como as que sustentam que toda interpretação é uma interpretação constitucional a ser realizada mediante ponderação.

O risco do simplismo é o abandono do caráter orientador da doutrina. Não se realiza o Direito nem fazendo apologia dos seus princípios fundamentais, nem afirmando que ele é simplesmente linguagem ou mesmo coerência. Ou bem a doutrina indica critérios precisos, que permitam processos discursivos transparentes e controles intersubjetivos, ou ela se transforma em mero «pedaço de retórica vazia» («*a piece of empty rhetoric*»).[24]

Daí a importância, não do retrocesso, mas do avanço no estudo dos modelos hermenêuticos. Esse avanço pode ser ilustrado com alguns exemplos.

O primeiro exemplo diz respeito aos métodos de interpretação. Savigny garantiu grande avanço quando expôs os métodos de interpretação, como o gramatical, o histórico, o teleológico e o sistemático. No entanto, como esses métodos podem conduzir a resultados díspares, e como eles fornecem apenas o sentido da premissa maior do raciocínio jurídico, era preciso evoluir. Essa evolução veio com a demonstração de que, no raciocínio jurídico, não basta a indicação do sentido ou mesmo da apresentação do raciocínio dedutivo empregado. A justificação interna, presente na demonstração do encadeamento lógico das premissas à conclusão, é insuficiente. É preciso agregar-lhe a justificação externa, mediante a demonstração de quais argumentos (históricos, genéticos, linguísticos, finalísticos, sistemáticos, consequencialistas) foram utilizados, e em que sentido e com que peso foram empregados.[25] Somente assim é possível garantir racionalidade aos argumentos, bem como transparência na fundamentação. Em outras palavras, não basta apelar à interpretação literal ou sistemática, sem justificar, com um mínimo de transparência, com base em que critérios, com que sentido e com que peso tais métodos foram usados, e quais foram os suportes normativos utilizados para sustentar esses elementos. Algum grau de complexidade é inevitável à doutrina, portanto.

O segundo exemplo faz referência à interpretação sistemática. Windscheid e Puchta proporcionaram grande evolução na utilização da interpretação sistemática, especialmente para atualizar o sentido das normas e para preencher lacunas. Do mesmo modo, Dworkin contribuiu muito ao demonstrar

---

[24] Moore, Michael S. «Interpreting Interpretation». *In:* Marmor, Andrei (org.). *Law and Interpretation.* Oxford: Oxford University Press, 1995: 1.

[25] Aarnio, Aulis. *Essays on the Doctrinal Study of Law.* Dordrecht: Springer, 2011: 131 e ss.

que o Direito é integridade, como coerência, especialmente narrativa. Como, porém, o sistema pode ser definido de várias formas e suas partes precisam ser identificadas e podem apontar para resultados díspares, o apelo ao sistema não fornecia orientação segura para a interpretação e aplicação do Direito. Era necessário progredir. Esse progresso veio com vários estudos sobre a consistência e a coerência no raciocínio jurídico. Como toda interpretação depende de argumentos, e os argumentos podem apontar para várias direções, não apenas a ideia do todo precisa ser delineada, mas critérios específicos a respeito do encadeamento dos argumentos nesse todo precisam ser definidos. Tais critérios de consistência formal e coerência material foram desenvolvidos pela doutrina para demonstrar as várias relações de suporte entre os argumentos, capazes de indicar o seu peso na argumentação jurídica.[26] Apenas desse modo é possível atingir um grau mínimo de consistência e coerência na argumentação. Dizendo de outro modo, é insuficiente recorrer ao sistema, sem mostrar como e com base em que critérios as suas partes se relacionam. Logo, alguma medida de complexidade é inescapável à doutrina.

O terceiro exemplo diz com a teoria das normas. Dworkin e Alexy contribuíram enormemente para o aprimoramento da análise das espécies normativas. Será, porém, suficiente afirmar que os princípios servem de fundamento para uma decisão, que eles possuem uma dimensão de peso que as regras supostamente não possuem ou que eles ostentam uma eficácia provisória, em vez de definitiva? A resposta é negativa e precisamente por isso os estudos têm avançado nesse campo. Primeiro, para aprimorar a definição dos princípios, incluindo nela apenas elementos necessários, e não meramente contingentes, como a eficácia *prima facie* e a carência de ponderação. Segundo, para demonstrar que os princípios, embora iguais em alguns aspectos, são diferentes em outros, como na sua função, na sua hierarquia ou na sua eficácia, como é o caso do princípio da segurança jurídica, com funções, hierarquia e eficácias distintas dos princípios de liberdade.[27] Noutras palavras, alguma porção de complexidade é imprescindível à doutrina.

O segundo fator que contribui para a redução da relevância da doutrina como instrumento de realização do Direito é o *idealismo*. Doutrinas que começam por buscar o ideal terminam se afastando do real. Tal idealismo pode ser verificado em doutrinas marcadas pelo excesso de vagueza ou generalidade dos seus enunciados, pelo exagerado uso de conceitos ou relações lógicas, ou mesmo pela construção ideal de seu objeto. A teoria pura do Direito, a jurisprudência dos conceitos e o neoconstitucionalismo são, por motivos diversos, exemplos desse idealismo.

---

[26] MacCormick, Neil. *Rhetoric and The Rule of Law*. Oxford: Oxford University Press, 2005: 189 e ss. Peczenik, Aleksander. *Scientia Juris: Legal Doctrine as Knowledge of Law and as a Source of Law*. Dordrecht: Springer, 2005: 115 e ss.

[27] Ávila, Humberto. *Segurança jurídica*. São Paulo: Malheiros, 2011.

O que se quer realçar nesse ponto, todavia, é a importância de incluir, no âmago da doutrina, questões institucionais e comportamentais. Com o avanço do empirismo e a consequente separação dos planos do ser e do dever ser, a conduta regulada pelo Direito e as instituições que o tornam realidade deixaram de ser objeto de estudo, não só porque atinentes ao mundo do ser e não do dever ser, mas também porque insuscetíveis de mera descrição baseada na objetividade semântica. Segundo esse modelo, a doutrina deveria estudar normas, nunca comportamentos, muito menos instituições.

É preciso, entretanto, chamar a atenção para o fato de que, além de uma virada linguística, é preciso uma virada institucional. Os enunciados doutrinários não podem nem ser genéricos e vagos demais, nem desconsiderar o fato de que eles serão utilizados por instituições reais e pessoas de carne e osso. Não existe o Judiciário ideal, que julga com total transparência e plena eficiência, nem o juiz Hércules, que tem todo o tempo e todo o conhecimento do mundo à sua disposição. Existe apenas o Judiciário real, que tem centenas de milhares de processos para julgar, com deficiência de estrutura e de pessoas, e o juiz real, que tem pouco tempo e, não raras vezes, pouco conhecimento e parca experiência. É precisamente por isso que a doutrina não pode limitar-se a produzir enunciados vagos e imprecisos, nem se circunscrever ao apelo a princípios ou valores fundamentais, como se eles se tornassem realidade por proclamação ou por apologia. Nenhuma ideia vaga e nenhum princípio fundamental se tornam realidade sem a intermediação de instituições e sem o fornecimento de critérios minimamente operacionais que lhes sirvam de orientação.

Por essas razões, a doutrina deve fornecer critérios claros e operacionais que possibilitem a passagem dos grandes valores às decisões individuais. Um modelo hermenêutico só serve de modelo se for minimamente operacional. Desse modo, é preciso incluir, nas proposições doutrinárias, dois elementos: elementos institucionais e efeitos sistêmicos. Não se pode, por exemplo, sustentar que a interpretação de toda regra depende dos princípios constitucionais e que estes devem ser aplicados mediante ponderação, sem atentar para quem irá fazê-lo e para quais os efeitos que isso irá provocar para a realização do Direito em geral, como insegurança jurídica, desigualdade e ativismo judicial. A doutrina não pode apenas perguntar qual é o sentido de certos textos; deve também indagar como certas instituições, com suas distintas habilidades e limitações, interpretariam certos textos.[28]

Essas considerações demonstram que alguma medida de realidade deve ser incluída na atividade doutrinária, sob pena de se construir uma doutrina ideal, mas totalmente irreal.

---

[28] VERMEULE, Adrian. *Judging under Uncertainty – an Institutional Theory of Legal Interpretation*. Cambridge: Harvard University Press, 2006: 32 e 36.

O terceiro fator que concorre para a diminuição da influência da doutrina como instrumento de realização do Direito é o *cientificismo*. Que a doutrina deva buscar rigor nos argumentos e na manipulação da linguagem e que ela deva demarcar com precisão o seu objeto, não há dúvida. O problema é como isso deve ser feito.

A demarcação do objeto da doutrina deve decorrer do fenômeno cuja aplicação ela visa a orientar, não de um paradigma científico previamente escolhido para sua investigação. Adotar os paradigmas da filosofia da linguagem, da ciência como empirismo, da verdade por correspondência e da objetividade semântica por descrição é – querendo ou não, pouco importa – eliminar da investigação doutrinária tudo aquilo que não for dado previamente e testável empiricamente. Em suma, é eliminar do objeto da doutrina os efeitos, as finalidades, os bens, os comportamentos e as instituições. O tipo de ciência, tal como uma ferramenta, não pode ser escolhido antes do conhecimento do problema a resolver. Do contrário, além de se criar uma doutrina apta a explicar o Direito, mas incapaz de torná-lo realidade, também se eliminam os problemas em nome da redução de complexidades, em vez de resolvê-los enfrentando as suas complexidades. Cabe à doutrina resolver os problemas jurídicos, não suprimi-los.[29] Com a permissão para uso de uma metáfora, para quem só tem martelo, todo o problema é prego, e o que não é prego, não é problema. O cientificismo e seu paradigma do empirismo transformaram a Ciência do Direito numa metalinguagem descritiva de regras jurídicas, sem lugar para os princípios, as finalidades públicas, os efeitos comportamentais e os bens jurídicos, que ou deixaram de ser investigados, ou o foram mediante uma insuficiente descrição de sentido. Precisamente por isso que Reale afirmou: «O positivismo quase sempre realiza o paradoxo de contentar-se com uma parte da realidade, em virtude de uma deficiente compreensão do que seja "objetivo" e "positivo", em se tratando de realidades histórico culturais, cuja "objetividade" exige categorias adequadas à sua compreensão».[30]

A esse respeito, convém recordar que, além desses paradigmas, existem outros, talvez mais adequados ao tratamento do fenômeno jurídico, como da verdade por verossimilhança e o da objetividade discursiva, centrados não na capacidade de antecipar com certeza o Direito como se ele fora um mero objeto prévia e inteiramente dado, mas no poder de revelar, com a maior consistência possível, os critérios de realização do Direito como um processo discursivo a ser continuamente constituído, inclusive com auxílio da doutrina.[31] O jurista, como demonstra Reale, não recebe a «norma feita», como se fora «algo se

---

[29] Reale, Miguel. *O direito como experiência*. São Paulo: Saraiva, 1992: 238.

[30] *Idem, ibidem*, p. 239.

[31] Marmor, Andrei. «Three concepts of objectivity». *In:* Marmor, Andrei (org.), *Law and Interpretation*, Oxford: Oxford University Press, 1995: 177 e ss.

stante», mas como algo a ser reconstruído por meio da própria colaboração.[32] Assim, a doutrina não deve apenas descrever quais são as alternativas interpretativas possíveis, mas recomendar qual delas é a mais fortemente suportada pelo ordenamento jurídico.[33] Isso porque toda interpretação é de natureza axiológica.[34]

Além disso, rigor não pode significar rigorismo. Rigor no uso da linguagem, com precisão conceitual e uso de termos diferentes para conceitos diferentes, nada tem a ver com linguagem rebuscada. O uso de palavras difíceis, em vez de permitir a comunicação, bloqueia-a. Comunica mais afirmar que o sentido de um termo depende do sentido de outros do que dizer que a significação depende de uma «sintaxe frásica». Isso sem falar no uso de fórmulas, cujo sentido é dominado somente por quem as utiliza, no lugar de palavras, cujo sentido é dominado por todos. O rigorismo no uso da linguagem nada mais é do que instrumento de distanciamento do leitor para criar falsa erudição e bloquear o debate.

De outro lado, não se pode perder de vista que a doutrina não deve lidar apenas com problemas de interpretação. Ela também deve se ocupar de problemas de relevância, de qualificação, de valoração e de prova.[35] Circunscrever a atividade doutrinária à atribuição de sentido é deixar de lado aspectos essenciais da interpretação e aplicação do Direito, como a investigação dos fatos, a atribuição de relevância a eles e a necessidade de sua comprovação.

Somente com essas precauções será possível recuperar a importância da doutrina como instrumento de orientação da interpretação e aplicação do Direito e, com isso, tanto enfrentar o problema da efetividade, para cuja solução parte da doutrina deixou de decisivamente contribuir, quanto o problema da segurança, que ela tem infelizmente ajudado a agravar.

Todas as considerações anteriores são importantíssimas também para o Direito Tributário. E isso porque, por influência de VILANOVA e de CARVALHO, a influência do empirismo tornou-se marcante.

Segundo VILANOVA, a experiência seria a base de confirmação de toda a verdade, devendo-se adotar o paradigma da verdade por correspondência.[36] CARVALHO segue essa linha, entendendo que o enunciado doutrinário, como

---

[32] REALE, Miguel. *O direito como experiência*. São Paulo: Saraiva, 1992: 238.

[33] PECZENIK, Aleksander. *Scientia Juris: Legal Doctrine as Knowledge of Law and as a Source of Law*. Dordrecht: Springer, 2005: 5.

[34] REALE, Miguel. *O direito como experiência*. São Paulo: Saraiva, 1992: 251.

[35] MACCORMICK, Neil. *Rhetoric and The Rule of Law*. Oxford: Oxford University Press, 2005: 43.

[36] VILANOVA, Lourival. «O problema do objeto da Teoria Geral do Estado». *Escritos Jurídicos e Filosófico*. São Paulo: Axis Mundi, 2003: 223.

metalinguagem, serve apenas à descrição do ordenamento jurídico, sua linguagem-objeto, sem qualquer tipo de interferência no seu objeto.[37]

Esses posicionamentos atestam a adoção de determinadas teses: a) descritivismo: à Ciência do Direito, como metalinguagem, cabe descrever o conteúdo das normas jurídicas, que constituem a sua linguagem-objeto; b) empirismo: os enunciados descritivos doutrinários devem ser testados com base no ordenamento jurídico-positivo, que constitui o dado empírico, daí se adotando o conceito de «verdade-por-correspondência», de modo que o conteúdo-de-verdade de um enunciado doutrinário depende da sua correspondência com a linguagem sobre a qual ele verte; c) universalismo: os conceitos lógicos independem da experiência e têm pretensão de universalidade, porquanto valem para todo e independente de qualquer ordenamento jurídico.

A descritividade da Ciência pressupõe que o Direito seja algo dado, pronto, antes mesmo da tarefa de descrevê-lo. Isso, porém, não sucede, pois: a interpretação não envolve uma atividade meramente descritiva de sentidos, mas construtiva ou reconstrutiva de significações; o material, sobre o qual se debruça o cientista, é um material bruto, com uma série de elementos entremostrados que precisam ser construídos ou pelo menos coerentemente aperfeiçoados pelo intérprete, como a relação entre as normas, definição dos seus âmbitos de aplicação, a relação de coerência formal e substancial entre as normas, entre outros tantos aspectos. Daí eu ter afirmado:

> «Essas considerações que apontam para a desvinculação entre o texto e seus sentidos também conduzem à conclusão de que a função da Ciência do Direito não pode ser considerada como mera descrição de significado...»[38]

> «A questão nuclear disso tudo está no fato de que o intérprete não atribui "o" significado correto aos termos legais. Ele tão-só constrói exemplos de uso da linguagem ou versões de significado – sentidos –, já que a linguagem nunca é algo pré-dado, mas algo que se concretiza no uso ou, melhor, como uso.»[39]

> «(...) é necessário ultrapassar a crendice de que a função do intérprete é meramente descrever significados, em favor da compreensão de que o intérprete reconstrói significados, quer o cientista, pela construção de conexões sintáticas e semânticas, quer o aplicador, que soma àquelas conexões as circunstâncias do caso a julgar.»[40]

Toda essa questão da descritividade da Ciência do Direito nasceu no movimento chamado empirismo factual, aprofundado pelo Círculo de Viena.[41]

---

[37] CARVALHO, Paulo de Barros. *Curso de direito tributário*. 21. ed. São Paulo: Saraiva, 2010: 35.

[38] ÁVILA, Humberto. *Teoria dos princípios*. 12. ed. São Paulo: Malheiros, 2011: 31.

[39] *Idem, ibidem*, p. 32.

[40] *Idem, ibidem*, p. 34.

[41] STADLER, Friedrich. *The Vienna Circle. Studies in the Origins, Development, and Influence of Logical Empiricism*. Vien: Springer, 2001.

Para garantir neutralidade e objetividade, seria preciso criar algumas dualidades. A primeira seria entre «conhecimento e vontade»: o ato de conhecimento precisa ser neutro e objetivo, para tanto devendo se afastar da vontade, esta irracional. Caberia ao intérprete apenas dizer «o que é o Direito», nunca averiguar «para que serve o Direito» e «por que o Direito é como é», pois isso envolveria adentrar no subjetivismo. Desse modo, vê-se que a necessidade de objetividade conduz ao empirismo: todo enunciado, para ser objetivo e racional, deveria ser verificado factualmente, mediante correspondência empírica com os dados que pretendia descrever. Jamais caberia ao intérprete interferir no seu objeto.

Pois bem. Diante disso, no entanto, surgem algumas indagações: mas como pode o intérprete não interferir no objeto, se o objeto que ele pretende supostamente descrever não está inteiramente pronto? Cabe-lhe descrever, mas o que? Quais normas – uma regra ou um princípio? Qual regra? Qual princípio? Com qual conteúdo? Com qual âmbito de aplicação? Com quais efeitos? Com quais fins? Relacionando qual norma com qual outra norma? Avaliando quais circunstâncias? Enfim, todos estes elementos não estão «dados» e, por isso, não podem ser simplesmente apreendidos pelo intérprete. Eles precisam ser reconstruídos ou coerentemente desenvolvidos pelo intérprete. Daí a necessidade de uma sistematização material do Direito, baseada na coerência, e não simplesmente uma sistematização formal, baseada na hierarquia, como já sustentado:

> «Para responder a essas questões, propõe-se, como complementação a este modelo de sistematização linear, simples e não gradual, cuja falta de implementação traz consequência que se situa preponderantemente no plano da validade, um modelo de sistematização *circular* (as normas superiores condicionam as inferiores, e as inferiores contribuem para determinar os elementos das superiores), *complexo* (não há apenas uma relação vertical de hierarquia, mas várias relações horizontais, verticais e entrelaçadas entre as normas) e *gradual* (a sistematização será tanto mais perfeita quanto maior for a intensidade da observância dos seus vários critérios), cuja consequência preponderante está alocada no *plano da eficácia*. Entra em cena o postulado da coerência.» (*Sistema constitucional tributário*, 5. ed. São Paulo: Saraiva, 2012: 84)

A compreensão de que o Direito é uma linguagem prescritiva sobre a qual verte a linguagem da Ciência pressupõe a existência de uma realidade prévia e independente do sujeito cognoscente. E pressupõe a redução da filosofia à filosofia da linguagem. Mas isso não é o que ocorre. Essa é a razão da nova compreensão de vários princípios, dentre os quais o princípio da segurança jurídica, de modo renovado:

> «A compreensão do Direito como um *objeto previamente dado*, e cuja existência é totalmente independente das atividades concernentes à sua aplicação, conduziu ao exame da segurança jurídica pelo viés quase exclusivo

da exigência da determinação das hipóteses normativas, da qual é consectária a idolatria do assim denominado princípio da tipicidade fechada no Direito Tributário. (...)

Essa percepção da segurança jurídica, centrada na *determinação normativa*, deve, assim, ceder passo a um entendimento fundado na controlabilidade semântico-argumentativa. Nesse modo de compreender, ela deixa de ser *propriedade do Direito*, para ser *algo a ser buscado no Direito*, mediante processos de legitimação, de determinação, de argumentação e de fundamentação normativas, capazes de enfrentar os problemas ontologicamente inerentes ao Direito – problemas de prova, de qualificação, de interpretação e de relevância. Mais do que um *Direito seguro*, tem-se um *direito à segurança jurídica*, não como algo presenteado pelos dispositivos normativos – como se fora unicamente um objeto a ser meramente desvelado por meio de método discursivo circunscrito à descrição da linguagem –, mas como algo a ser buscado por meio de um método metadiscursivo destinado à organização e à estruturação da *experiência* concernente ao *uso* da linguagem. A segurança jurídica, nessa perspectiva, deixa de ser *garantia de conteúdo* a ser *encontrada* por meio de fatores exclusivamente linguísticos para se transformar em *garantia de respeito* a ser *construída* por intermédio de elementos semântico-argumentativos.» (*Segurança jurídica*, São Paulo: Malheiros, 2011: 666)

O conceito de segurança jurídica, aqui usado apenas como um exemplo, é reflexo da compreensão argumentativa do Direito, como ilustra a seguinte passagem:

«Esse conceito de segurança jurídica reflete, a seu turno, uma concepção semântico-argumentativa de Direito: em vez de compreender o Direito como algo total e previamente dado, a ser, por meio de um método discursivo, meramente descrito pelo intérprete (concepção objetivista de Direito), ou como uma mera atividade argumentativa não submetida a qualquer limitação anterior ao seu processo decisional de realização (concepção argumentativa de Direito), compreende-se o Direito em uma posição intermediária entre essas duas concepções, isto é, como uma prática reconstrutiva e situativa de sentidos mínimos cuja realização depende de estruturas jurídico-racionais de legitimação, de determinação, de argumentação e de fundamentação. A definição de segurança jurídica reflete, a seu turno, essa concepção de Direito.» (p. 87)

«A indicação desses estados ideais, ao contrário dos ideais de determinação, de imutabilidade e de previsibilidade, revela que a concepção de segurança jurídica segue uma concepção de Direito que intermedeia as concepções objetivistas e argumentativas: o Direito não é nem um objeto previamente dado, cujo conteúdo dependa, exclusivamente, de atividades cognoscitivas reveladoras de sentidos predeterminados, nem uma atividade cuja realização deriva, unicamente, de estruturas argumentativas a serem reveladas apenas no posterior processo decisional, mas sim uma composição entre atividades semânticas e argumentativas – a atividade do operador do Direito parte de reconstruções de significados normativos por meio de regras de argumentação, porém tem a sua aplicação dependente de postulados hermenêuticos e aplicativos reveladores de elementos normativos e fáticos, de modo que a segurança jurídica deixa de ser uma mera exigência de predeterminação para consubstanciar um dever de controlabilidade racional e argumentativa.» (p. 675, tese 9.1)

Veja que a busca de objetividade exigia segurança e demarcação racional do objeto, daí se chegando ao monismo do objeto: para afastar complexidade e garantir objetividade, caberia à Ciência praticar mero ato de conhecimento, afastado da vontade. Foi nisso que se fixou KELSEN, como já demonstrado. Mas para apenas conhecer o Direito por meio de proposições capazes de verificação empírica, era preciso descrever o que fosse possível de descrever com segurança e sem arbítrio. O que não fosse passível desse conhecimento estrito, não poderia ser descritivo com cientificidade. Essa tese implica um reducionismo cognitivo, na medida em que descarta problemas por não se encaixarem no paradigma científico eleito. Isso explica por que KUHN afirma que um paradigma científico é um critério para escolher problemas: aquilo que não se encaixa na estrutura do paradigma deixa de ser um problema.[42]

Nesse ponto, surge outra questão: pode-se até descrever hipóteses de incidência e consequências previstas em regras (nem isso, aliás), mas não é possível meramente descrever princípios, finalidades, bens jurídicos e efeitos. Não é por outro motivo que, no âmbito do Direito Tributário, só recentemente há estudos sobre esses assuntos, pois eles não permitem uma mera «apreensão antecipada» e envolvem valoração moral, em alguma medida, sendo, assim, incapazes de mera descrição por ato de conhecimento desprovido de vontade. Essa concepção, todavia, parte de um conceito muito específico de objetividade, que está longe de ser o único nem o mais adequado, como já demonstrado:

> «Como se vê, o procedimento de interpretação e de aplicação de princípios abrange, primordialmente, o exame da correlação entre *estados de coisas, efeitos e condutas*. Os elementos a serem considerados e comprovados são, por conseguinte, diversos daqueles referentes às regras. Isso não quer dizer – eis o ponto fundamental, normalmente esquecido pela doutrina – que os princípios não careçam de um modelo que permita identificar e conhecer os seus elementos estruturais, isto é, aqueles elementos sem cuja identificação e sem cujo conhecimento eles não podem ser racionalmente compreendidos e aplicados. Assiste total razão a Carvalho, quando constata a impossibilidade de objetividade no trato com os princípios, sempre caracterizados pelo seu subjetivismo: "E não há de causar desalento em ninguém que nós não possamos dar um cunho de objetividade aos princípios. Isso nunca ocorrerá, senão eles deixariam de ser princípios". Com efeito, se o conceito de objetividade utilizado é o *conceito semântico*, segundo o qual objetivo é algo externo ao sujeito, apreensível mediante descrição, os princípios, realmente, não podem ser examinados com objetividade, já que envolvem a análise de efeitos e de finalidades, incapazes de serem antecipadamente descritos. Os elementos dos

42 KUHN, Thomas. *The Structure of Scientific Revolutions*. 2. ed. Chicago: The University of Chicago Press, 1970: 27 e 37.

princípios, em virtude da sua distinção estrutural, não encontram, pois, *paralelismo* com aqueles presentes nas regras: enquanto as regras compõem-se de uma "hipótese" (descrição de um fato) e de uma "consequência" (prescrição de uma relação jurídica), os princípios compõem-se de um "fim" (descrição de um estado ideal de coisas) e de "meios" (prescrição de comportamentos cuja adoção contribua para a promoção do estado de coisas). O conteúdo de um princípio é composto dos meios para se atingir o resultado que ele determina alcançar.

No entanto, se, no lugar da *objetividade semântica*, existente no conhecimento sem intuição ou sentimento de algo externo ao sujeito, da *objetividade metafísica*, presente quando há algo real no mundo, independente até do seu conhecimento, e da *objetividade lógica*, que surge quando há consistência formal e ausência de vagueza nas proposições, procurar-se um outro conceito de objetividade, verificável quando houver capacidade de controle relativamente aos elementos e ao funcionamento de determinada espécie normativa, poder-se-á, sim, falar em uma espécie de objetividade no trato dos princípios jurídicos: a *objetividade discursiva ou metodológica*, baseada na neutralidade e na igualdade no proceder interpretativo e aplicativo, como acentua Marmor, ou a *objetividade em sentido fraco ou modesto*, fundada em um discurso baseado em princípios públicos, intersubjetivos, de justificação das suas pretensões cognoscitivas, como sustenta Villa».[43]

A esse respeito, é preciso dizer que a Ciência – segundo o modelo do empirismo e seus consectários descritivismo e objetivismo – postulava o controle sobre o mundo, mediante afastamento do arbítrio decorrente da vontade. Em razão desse ideal, era preciso sempre reduzir complexidades. Um dos caminhos seria criar instrumentos gerais e universais de análise. Esse reducionismo poderia perceber uniformidades sempre presentes numa realidade desuniforme. Dessa constatação é que surgem os grandes conceitos, em todas as ciências, e também na Ciência do Direito.

Junto com essa conceitualização, surge um paradoxo: os conceitos deveriam ajudar a conhecer o objeto, não a impossibilitar o seu conhecimento. Mas se o conceito de norma é o de «prescrição geral com hipótese e consequência», como lidar com um princípio, cuja estrutura não se reduz a esses elementos? Dizer que não é uma norma, como sustentou parte da doutrina durante décadas? E se o conceito de obrigação é o de «vínculo de natureza patrimonial», como examinar as obrigações acessórias? Defender que não são obrigações, como fez durante décadas – e faz até hoje – a doutrina? E se o conceito de tributo pressupõe um objeto (prestação pecuniária), como investigar as normas que estabelecem finalidades, como as contribuições sociais, e efeitos, como as contribuições de intervenção no domínio econômico ou os impostos com finalidade extrafiscal e indutora? Simplesmente alegar que

---

43 Ávila, Humberto. *Segurança jurídica*. São Paulo: Malheiros, 2011: 113-114.

não são tributos, como sustentam alguns tributaristas, ou que são tributos *sui generis*, como alegam outros?

Quer-se com isso dizer que os conceitos lógicos fazem com que o cientista tenha uma solução prévia antes mesmo de buscar uma solução. O problema é definido pelo sistema, antes de ser resolvido. Como se diz, o sistema é um seletor de problemas. E por ser seletor, é também desprezador de problemas. Não é à toa que durante décadas os princípios, os bens jurídicos, os efeitos e as finalidades normativas não foram problemas, ou foram mal analisados. E tudo porque se entendia que, analisá-los, seria proceder com a vontade, e não com a razão. Ocorre que todos estes elementos envolvem argumentação, especialmente valoração e relevância. O Direito não envolve apenas problemas interpretativos, mas de relevância, de qualificação e de prova. O juízo valorativo, contudo, não é factual. O intérprete não simplesmente descreve, sem interferir no objeto. Ele aponta a melhor interpretação, a mais bem fundamentada, a mais intensamente suportada pelos princípios constitucionais, etc. Ele interfere no objeto, porque parcialmente o reconstrói. Ele orienta a decisão. E tudo isso pode, sim, ser feito com objetividade, desde que de acordo com um paradigma discursivo de objetividade.

De outro lado existe o problema da universalidade dos conceitos. Como pode um conceito jurídico independer do ordenamento jurídico? Boa parte dos problemas do Direito Tributário, nos últimos trinta anos, decorre exatamente da criação de conceitos, de Teoria Geral do Direito, à revelia do direito positivo. Mas mesmo que isso fosse possível, restaria a indagação: se o propósito é criar uma Ciência empírica, como usar instrumentos que independem da experiência? Seria um «empirismo metafísico»? Ora, não há como negar que o Direito envolve problemas complexos e uma realidade heterogênea, desuniforme, incapaz de ser apreendida mediante conceitos metafísicos, com pretensão de universalidade. Conceitos universais e fechados à experiência e ao diálogo não têm como se sustentar. Como defender que uma norma jurídica é sempre, em qualquer situação e em qualquer tempo, uma prescrição geral com hipótese e consequência, como durante tanto tempo se sustentou, como se outras formas de normatização tivessem incidido em erro? Isso não quer dizer que não se possa propor conceitos com pretensão de universalidade, mas se trata de uma mera pretensão de universalidade com funcionalidade heurística.

A circunscrição da filosofia à filosofia da linguagem conduziu, de outro lado, à circunscrição do papel da Ciência à função semântica e sintática. E a pragmática, que cuida dos efeitos, tanto dos enunciados científicos quanto das próprias normas? Princípios, fins, bens e efeitos não se deixam conhecer mediante mera descrição, pois envolvem aspectos concretos e pragmáticos que só uma objetividade discursiva, captadora do caráter argumentativo do Direito, é capaz de enfrentar. Esses elementos e as decisões podem, sim, ser analisados racionalmente, desde que com outro paradigma de racionalidade. Não sendo assim, a metodologia científica, que surgiu para resolver problemas com segurança, paradoxalmente criaria um impedimento para a resolução de problemas.

Isso explica por que a doutrina deve incessantemente prosseguir na construção de «critérios intersubjetivamente controláveis» de interpretação e aplicação do Direito. Uma objetividade discursiva pressupõe a adoção de critérios claros e seguros, sem que isso descambe para um decisionismo, com tem feito esses novos movimentos, de que é exemplo o neoconstitucionalismo. Juízos de valor podem ser, sim, conhecidos objetivamente e comunicados com clareza. Daí a necessidade de uma espécie de «estruturalismo argumentativo», mediante equilíbrio de elementos analíticos e funcionais, como já sustentado:

> «O que fica clara é a necessidade de *complementação* do modelo analítico de análise do Direito Tributário. Segundo a compreensão genérica desse modelo, a função do jurista é a de analisar as partes do sistema e sua relação formal-lógica, especialmente mediante o esclarecimento conceitual e objetivo da linguagem do Direito com a finalidade de conferir exatidão e verificabilidade aos enunciados descritivos do jurista a respeito dos enunciados prescritivos das normas jurídicas. Pressuposto desse modelo é a existência do objeto sem a participação subjetiva do intérprete. O intérprete como que se assemelha a um analista externo que se coloca diante de um objeto que se lhe é apresentado pronto e cujo significado representa uma qualidade positiva do texto. Para que isso seja verdade, porém, o objeto do Direito deve independer da realidade, de modo que os textos normativos tenham sempre o mesmo significado, independentemente da situação. Para esse modelo, interessam sobretudo a estrutura lógica da regra jurídica e a sua consistência linguística abstrata, sendo desprezados aqueles elementos que não forem verificáveis diretamente na regra jurídica ou analisáveis, com rigor, no plano abstrato e antecipado.
>
> A transposição desse modelo ao Direito Tributário conduz a desconsideração de vários elementos sob o argumento de que eles *não são jurídicos*, como é o caso do ônus econômico da tributação (e a discussão sobre a classificação dos impostos em diretos e indiretos, reais e pessoais), da tributação extrafiscal (e o debate sobre as finalidades políticas e econômicas da tributação), da capacidade econômica (e o exame do mínimo existencial), da eficiência e da praticabilidade administrativas (e a análise das escolhas dos substitutos tributários e dos preços médios e pautados das mercadorias) e do interesse econômico dos contribuintes (e a investigação da causa dos negócios jurídicos para o planejamento tributário constitucionalmente protegido), para citar alguns exemplos.
>
> Essa transposição leva, também, à desconsideração de alguns elementos sob o fundamento de que eles *não são constatáveis na estrutura hipotético-condicional da regra jurídica*, como é o caso do efeito confiscatório do tributo (e o exame do grau de restrição à liberdade econômica do contribuinte), da avaliação da proporcionalidade (e a análise dos efeitos da tributação para a promoção de finalidades públicas e para a restrição da esfera jurídica constitucionalmente protegida do contribuinte) e da preservação dos efeitos de

atos inválidos (e a decisão a respeito da convalidação dos efeitos jurídicos de determinados atos formalmente inválidos que hajam repercutido na esfera patrimonial dos contribuintes). Em todos esses casos, fica mais evidente que a investigação do objeto não pode ser feita abstratamente sem a contribuição ativa do intérprete mediante o emprego de critérios de plausibilidade. O objeto, nesses casos, não está pronto, já que precisa – mais intensamente que nos outros casos, em que isto também precisa ser feito – ser *codeterminado* pelo sujeito cognoscente, afastando aqueles pressupostos rígidos de neutralidade e independência do sujeito e de verificabilidade absoluta do objeto.

Em razão disso, é preciso também atentar para o fato de que o objeto do Direito Tributário é bem mais amplo do que o conjunto de regras jurídicas com estrutura hipotético-condicional, pois abrange *normas imediatamente finalísticas, efeitos concretos* provenientes da aplicação das normas jurídicas e *bens e interesses* protegidos por essas normas.

Além disso, o intérprete, ao analisar esses elementos, tem um compromisso com a *justiça concreta* da solução primariamente prescrita pelo ordenamento jurídico, especialmente em razão dos postulados da razoabilidade, da proporcionalidade e da proibição de excesso. O objeto do Direito Tributário se vê ampliado. E para que a ampliação do objeto não acarrete diminuição da consistência da análise, é preciso atentar para os postulados hermenêuticos e aplicativos a serem permanentemente utilizados pelo jurista.

Em função disso, fica muito clara a *função complementar* do método jurídico orientado para a prática relativamente ao método puramente analítico: embora o objeto do Direito Tributário tenha sido alargado, para envolver a análise do grau de realização e restrição de efeitos, de bens e de interesses concretos constitucionalmente protegidos, também nesse novo campo são necessários o rigor da linguagem, a controlabilidade dos argumentos e a racionalidade da argumentação, sem os quais se passaria dos incorretos logicismo e formalismo aos inadequados decisionismo e arbitrariedade, incompatíveis não só com os postulados de uma nova cientificidade crítica, que exige exibição e justificação das premissas adotadas, como, até mesmo, inconciliáveis com as diretrizes normativas do princípio do Estado de Direito. Isso significa que o instrumental analítico continua sendo fundamental para esse ampliado campo de conhecimento: sem teorias linguístico-filosóficas, especialmente a respeito da ambiguidade, da vagueza e da inconsistência dos usos da linguagem, não podem ser respondidas perguntas a respeito do modo e da medida de possibilidade da vinculação aos dispositivos legais; sem estruturas lógicas não se podem realizar o princípio do Estado de Direito nem o dever de fundamentação clara e formalmente estruturada, também necessária para a concretização do princípio da igualdade; sem modelos de explicação e de fundamentação não se pode analisar o material fático para saber quando deve ser produzida uma prova, quem arca com o ônus da falta de prova, quando deve ser obedecido um procedimento probatório determinado e quais são as proibições relativas à produção da prova. Não por acaso também no aspecto metodológico este trabalho propõe a união entre método analítico e dialético.» (*Sistema constitucional tributário*, 5. ed., São Paulo: Saraiva, 2012: 640)

Todas as considerações anteriores apenas demonstram que a Ciência do Direito, em geral, e a Ciência do Direito Tributário não mais podem se limitar a uma mera análise descritiva, supostamente empírica, deixando de considerar como problemas questões fundamentais tão-só porque não se encaixam no paradigma científico escolhido, como se ele fosse o único e o melhor.

4. CONCLUSÕES

Costuma-se afirmar que o grande cineasta Orson Welles, por ter feito uma obra-prima no seu primeiro filme, *Cidadão Kane*, nunca mais igualada pelas suas obras posteriores, tinha um «grande futuro no seu passado». O exame da evolução do papel da doutrina e da jurisprudência ao longo do tempo, embora não comprove que se deva retornar totalmente ao passado, talvez demonstre que algo se perdeu no decorrer do tempo: o papel orientador da doutrina.

A perda do seu papel orientador se deu, pelo menos nos últimos anos, em razão de processos de simplificação pelos quais passou a doutrina, notadamente em razão de teorias com baixo grau orientador, como contrapartida do seu alto grau explicativo e da sua elevada extensão. Daí a necessidade, ou até mesmo a urgência, de se recuperar os modelos hermenêuticos, desenvolvidos durantes os últimos dois séculos, e aprofundados nos últimos cinquenta anos, cuja importância está ligada à sua consistência e operacionalidade. Como afirmou Reale, «todo o processo de exegese pressupõe ou implica a análise da estrutura daquilo que se quer interpretar», bem como «a objetivação do espírito em formas representativas e a consequente vinculação do intérprete às estruturas e limites peculiares a cada tipo de objetivação».[44]

Uma doutrina que interpreta sem estrutura e que não atenta às estruturas daquilo que interpreta não tem como exercer adequadamente o seu papel de orientar a interpretação e aplicação do Direito, seja pela organização, atualização e explicação das fontes normativas, seja pela apresentação de critérios de interpretação, qualificação, relevância e prova. Uma doutrina sem vértebras, tal como um animal, não tem como andar, muito menos fazer o Direito andar. O Direito não se realiza por proclamação, nem por apologia dos seus princípios, mas por modelos operacionais ou estruturas teoréticas que lhe atribuam densidade normativa capaz de ordenar a conduta e limitar o exercício do poder.

Dizendo tudo isso de modo mais singelo, mas talvez mais ilustrativo, para que a doutrina volte a doutrinar é preciso que ela assuma, por inteiro, a sua função de orientar a realização do Direito mediante o emprego de modelos hermenêuticos operacionais realistas e não meramente idealistas ou simplistas. Uma tarefa que, se em parte está por *fazer*, certamente também

---

[44] Reale, Miguel. *O direito como experiência*. São Paulo: Saraiva, 1992: 235 e 243.

está por *retomar*. A Ciência do Direito tem um grande futuro, não apenas no futuro, mas também, e certamente, no passado.

BIBLIOGRAFIA

AARNIO, Aulis, 2011: *Essays on the Doctrinal Study of Law*. Dordrecht: Springer.

___, 1987: *The Rational as Reasonable*. Dordrecht: Reidel.

ALEXY, Robert, 1994: *Theorie der Grundrechte*. 2. ed. Frankfurt am Main: Suhrkamp.

ÁVILA, Humberto, 2009: «Neoconstitucionalismo»: entre a «Ciência do Direito» e o «Direito da Ciência». In: SOUZA NETO, Cláudio Pereira de; SARMENTO, Daniel; BINENBOJM, Gustavo (orgs.). *Vinte anos da Constituição Federal de 1988*. Rio de Janeiro, vol. 1, p. 187-202.

___, 2011: *Segurança jurídica*. São Paulo: Malheiros.

___, 2011a: *Teoria dos princípios*. 12. ed. São Paulo: Malheiros.

CARVALHO, Paulo de Barros, 2010: *Curso de direito tributário*. 21. ed. São Paulo: Saraiva.

DWORKIN, Ronald, 1986: *Law's Empire*. London: Fontana.

GUASTINI, Riccardo, 2005: *Interpretazione dei documenti normativi*. Milano: Giuffrè.

HART, Herbert, 1961: *The Concept of Law*. Oxford: Clarendon.

JESTAEDT, Matthias, 2007: «Die Abwägungslehre – ihre Stärken und ihre Schwächen». *In:* DEPENHAUER, Otto *et alii* (orgs.). *Staat im Wort – Festschrift für Josef Isensee*. Heidelberg: C. F. Müller.

KAUFMANN, Arthur, 2011: «Problemgeschichte der Rechtsphilosophie». *In:* KAUFMANN/HASSEMER/NEUMANN (orgs.). *Einführung in die Rechtsphilosophie und Rechtstheorie der Gegenwart*. 8. ed. Heidelberg: C.F. Müller.

KELSEN, Hans, 1911: «Die Rechtswissenschaft als Norm- oder als Kulturwissenschaft. Schmöllers Jahrbuch für Gesetzgebung». *In:* KLECATSKY *et alii* (orgs.). *Die Wiener rechtsteheoretische Schule*. vol. 1, Wien: Fritz Steiner, 2010. p. 1181-1239.

___, 1911: «Über Grenzen zwischen juristischer und soziologischer Methode». Tübingen: Mohr Siebeck. *In:* KLECATSKY *et alii* (orgs.). *Die Wiener rechtsteheoretische Schule*, vol. 1, Wien: Fritz Steiner, 2010.

KUHN, Thomas, 1970: *The Structure of Scientific Revolutions*. 2. ed. Chicago: The University of Chicago Press, p. 27 e 37.

LARENZ, Karl, 1991: *Methodenlehre der Rechtswissenschaft*. 6. ed. Berlin: Springer.

___; CANARIS, Claus-Wilhelm, 1995: *Methodenlehre der Rechtswissenschaft*. 3. ed. Berlin: Springer.

MACCORMICK, Neil, 2005: *Rhetoric and The Rule of Law*. Oxford: Oxford University Press.

___, 1978: *Legal Reasoning and Legal Theory*. Oxford: Clarendon.

MARMOR, Andrei, 1995: «Three concepts of objectivity». *In:* MARMOR, Andrei (org.). *Law and Interpretation.* Oxford: Oxford University Press.

MOORE, Michael S., 1995: «Interpreting Interpretation». *In:* MARMOR, Andrei (org.). *Law and Interpretation.* Oxford: Oxford University Press.

PECZENIK, Aleksander, 1989: *On Law and Reason.* Dordrecht: Kluwer.

___, 2005: *Scientia Juris: Legal Doctrine as Knowledge of Law and as a Source of Law.* Dordrecht: Springer.

POSCHER, Ralf, 2003: *Grundrechte als Abwehrrechte.* Tübingen: Mohr Siebeck.

PUCHTA, Georg Friedrich, 1856: *Cursus der Institutionem.* vol. 1, 5. ed. Leipzig.

REALE, Miguel, 1992: *O direito como experiência.* São Paulo: Saraiva.

SAVIGNY, Friedrich Carl von, 1802: *Juristische Methodenlehre.* Marburg.

___, 1814: *Vom Beruf unserer Zeit für Gesetzgebung und Rechtswissenschaft.* Heidelberg.

___, 1840: *System des heutigen Römischen Rechts*, vol. 1, Berlin.

STADLER, Friedrich, 2001: *The Vienna Circle. Studies in the Origins, Development, and Influence of Logical Empiricism.* Vien: Springer.

VERMEULE, Adrian, 2006: *Judging under Uncertainty – an Institutional Theory of Legal Interpretation.* Cambridge: Harvard University Press.

VILANOVA, Lourival, 2003: «O problema do objeto da Teoria Geral do Estado». *Escritos jurídicos e filosóficos.* São Paulo: Axis Mundi.

WIEACKER, Franz, 1996: *Privatrechtsgeschichte der Neuzeit unter besonderer Berücksichtigung der deutschen Entwicklung.* Götingen: Vandenhoeck und Ruprecht.

WINDSCHEID, Bernard, 1875: *Lehrbuch des Pandektenrechts.* vol. 1, 4. Düsseldorf.

7

A EFICÁCIA DO DEVIDO PROCESSO LEGAL E O (DES)CABIMENTO DE EMBARGOS DE DECLARAÇÃO NA MODULAÇÃO DOS EFEITOS TEMPORAIS DA INVALIDADE DO ATO INCONSTITUCIONAL

LUÍS CLÓVIS MACHADO DA ROCHA JR.

1. Considerações iniciais. 2. O estado atual da questão: doutrina e Supremo Tribunal Federal sobre a modulação dos efeitos temporais em embargos de declaração 3. O Devido Processo Legal: 3.1 O Devido Processo Legal como direito fundamental; 3.2 Eficácia, conteúdo e âmbito de aplicação do Devido Processo Legal. 4. O Devido Processo Legal como limitador à e conformador da modulação de efeitos em embargos de declaração: 4.1 Eficácia interna indireta (função interpretativa): inexistência de peculiaridades que excluam a incidência do devido processo legal no controle de constitucionalidade; 4.2 Eficácia interna indireta (função bloqueadora/interpretativa): inexistência de omissão nos julgamentos do STF para justificar a oposição dos embargos de declaração; 4.3 Eficácia interna indireta (função interpretativa, bloqueadora e rearticuladora): inconsistência e incoerência da interpretação que admite os embargos de declaração para modulação de efeitos; 4.4 Eficácia interna indireta (função interpretativa e bloqueadora): das consequências jurídicas negatórias da eficácia do direito fundamental ao Devido Processo Legal como fundamento para afastar o cabimento de embargos de declaração: 4.4.1 Primeira consequência negatória: estabelecer presunção de omissão em todas as decisões do

Supremo Tribunal Federal sobre (in)constitucionalidade 4.4.2 Segundo consequência negatória: criação de sucessivas fases procedimentais eternizando os conflitos e impedindo o encerramento definitivo do feito. 4.4.3 Terceira consequência negatória: a privação de bens e de direitos dos contribuintes sem a garantia de ouvida e participação no processo de decisão; 4.5 Eficácia interna direta (função integrativa): em sendo possível a interposição dos embargos de declaração, o que deve a Corte Suprema observar, em respeito ao devido processo legal; 4.5.1 Direito de se manifestar sobre as alegações da parte postulante; 4.5.2 Direito e dever de produzir provas. 5. Considerações finais.

1. CONSIDERAÇÕES INICIAIS

O Supremo Tribunal Federal e a doutrina admitem a modulação dos efeitos temporais da sanção à inconstitucionalidade,[1] tanto no controle difuso quanto no controle concentrado de constitucionalidade, inclusive no Direito Tributário, no qual o tema é altamente polêmico.[2] Embora sua aplicação seja

---

[1] A rigor, não se cuida de modulação ou de «manipulação de efeitos da inconstitucionalidade», mas de superação da norma-regra de invalidação *ex tunc*, condicionada à co-incidência de outras normas constitucionais. Entretanto a doutrina majoritária denomina de «modulação de efeitos» (cujo conhecimento prévio é aqui presumido). As «decisões de modulação» segundo estudo de Humberto Ávila (ÁVILA, Humberto. *Segurança jurídica no direito tributário.* São Paulo: Malheiros, 2011: 566 e ss.), derivam da distinção entre «declaração de inconstitucionalidade mitigada» (quando há um prazo ou uma regra de transição para cumprimento da decisão de inconstitucionalidade) e «declaração de incompatibilidade», sendo estas hipóteses divididas em: *1.* declaração de incompatibilidade com eficácia geral *pro futuro,* ou seja, com efeitos apenas *ex nunc,* devendo o Legislativo elaborar nova Lei; (*ex nunc simples*) *2.* declaração de incompatibilidade com regras judiciais de transição, ou seja, o Tribunal mantém os efeitos da Lei no passado, estabelecendo regras provisórias até que sobrevenha alguma Lei alterando a norma incompatível; (*ex nunc com outras regras provisórias fixada judicialmente*); *3.* declaração de incompatibilidade, com disposição provisória de prolongamento de validade, ou seja, os efeitos pretéritos são mantidos, sem prejuízo do prolongamento desses efeitos por um período até que o Poder Legislativo delibere, instituindo nova regra, *com eficácia retroativa à data da decisão;* (*ex nunc com manutenção da própria norma provisoriamente até nova norma, que terá efeito retroativo à decisão de inconstitucionalidade*); *4.* declaração de incompatibilidade, com disposição de prolongamento de validade, ou seja, os efeitos pretéritos são mantidos, sem prejuízo do prolongamento desses efeitos por um período até que o Poder Legislativo delibere, instituindo nova regra, com eficácia a partir da deliberação legislativa (*ex nunc* com manutenção da própria norma provisoriamente até nova norma, que terá a partir de então). Não é objeto deste trabalho discutir todo o fenômeno, mas, simplesmente, a repercussão dele no devido processo legal.

[2] A dificuldade na admissão da modulação de efeitos, em matéria tributária, é também enfrentada por Humberto ÁVILA (2011: 560 e ss.). Fundamentalmente, a questão envolve, em primeiro lugar, compreender que a norma da segurança jurídica deve ser entendida como direito fundamental (tanto no viés objetivo quanto no subjetivo) e tem, primariamente, função de defesa contra o Estado. Em segundo lugar, no Direito Tributário, a questão envolve proteção

realidade, isto não significa admitir a modulação sem a observância de certos limites. De fato, ela exsurge como problemática, quando a Corte Maior a admite também em sede de recurso de embargos de declaração, fundamentalmente (mas não apenas) nas relações tributárias, depois da questão dos efeitos já ter sido resolvida ou sequer questionada no processo de controle de constitucionalidade.

Há diversos argumentos sustentando a validade de tal expediente. Porém, nenhum parece considerar que a modulação de efeitos pode impor aos litigantes e aos interessados na decisão a perda de um bem ou de um direito que deriva da desconstituição *ex tunc* (sanção de invalidade) do ato inconstitucional. Não se considera, ainda, que toda modulação implica, ela própria, restrição à segurança jurídica, enquanto certeza e confiança no Direito aplicável,[3] o que exige certa previsibilidade no procedimento adotado pela Corte. Logo, é preciso analisar se uma interpretação que admite os embargos de declaração[4] como meio para modulação dos efeitos é, efetivamente, admissível, principalmente em face da eficácia que o direito fundamental ao devido processo legal apresenta nestes casos.[5]

Para defender a eficácia do devido processo legal em matéria de modulação de efeitos, cumpre compreender adequadamente o «*estado atual da técnica*» no STF e na doutrina. Depois, estuda-se de que forma incide tal direito fundamental e os deveres que impõe. Em segundo lugar, demonstra-se porque os embargos de declaração não são instrumento adequado para modulação dos efeitos, à luz do devido processo legal. E, finalmente, mesmo que admitido tal expediente, defende-se que ele deverá observar certo procedimento fundado na eficácia do devido processo legal.

à confiança do contribuinte, a restrição ao direito de propriedade (cuja incidência tem que ser considerada, quando da ponderação sofre efeitos retrospectivos ou prospectivos) e, ainda, envolve a própria certeza do direito (manifestação objetiva da segurança jurídica).

3 Ávila, Humberto, 2011: 545 e ss. Entre as eficácias objetivas da segurança jurídica estão a cognoscibilidade, a confiabilidade e a calculabilidade, as quais são restringidas em qualquer modulação de efeitos. A cognoscibilidade é atingida porque a modulação de efeitos causa dificuldade em se saber qual, afinal, a regra aplicável (a regra da invalidação *ex tunc* ou a regra da modulação). A confiabilidade é atingida uma vez que as normas jurídicas, cuja eficácia era esperada pela autoridade e pelos cidadãos em face da inconstitucionalidade, perdem credibilidade, ao deixarem de ser aplicadas. Finalmente, a calculabilidade é comprometida pela modulação de efeitos pois gera incertezas quanto a qual comportamento será adotado pelas autoridades estatais e pelos cidadãos, já que os atos contrários a Direito poderão ser mantidos e, assim, não é possível prever qual será o comportado realmente adotado.

4 Conforme o art. 535 do CPC: «Cabem embargos de declaração quando: I – houver, na sentença ou no acórdão, obscuridade ou contradição; II – for omitido ponto sobre o qual devia pronunciar-se o juiz ou tribunal;».

5 «Art. 5.º (...). LV – aos litigantes, em processo judicial ou administrativo, e aos acusados em geral são assegurados o contraditório e a ampla defesa, com os meios e recursos a ela inerentes.» (Brasil, CF/1988).

Portanto, o objeto deste trabalho não diz com a interpretação dos conceitos jurídicos «segurança jurídica» ou «excepcional interesse público ou social», ou do cabimento ou não da modulação dos efeitos nestes ou naqueles casos. Discute-se, aqui, o procedimento correto, à luz do devido processo legal, notadamente em matéria tributária, pois, neste caso, toda modulação implicará perda ou restrição de um direito (repetição do indébito).

2. O ESTADO ATUAL DA QUESTÃO: A DOUTRINA E O SUPREMO TRIBUNAL FEDERAL SOBRE A MODULAÇÃO DOS EFEITOS TEMPORAIS DA INVALIDAÇÃO EM EMBARGOS DE DECLARAÇÃO

Parcela considerável da doutrina admite a modulação dos efeitos da invalidade no recurso de embargos de declaração, em qualquer área do Direito.[6] Em suma, o principal argumento doutrinário consiste em afirmar que a modulação de efeitos temporais é imposição direta da Constituição, podendo ser feita em qualquer momento processual. Segundo Medeiros,[7] escrevendo com base na Constituição Portuguesa, mas recorrentemente invocado no Brasil:

> «O puro silêncio do Tribunal Constitucional não contém um julgamento implícito sobre a admissibilidade ou não da limitação dos efeitos da declaração. Como escreve Miguel Galvão Teles, quando os juízes constitucionais não limitam os efeitos da declaração de inconstitucionalidade, não estão de forma alguma a fixar implicitamente os efeitos da inconstitucionalidade. Tais efeitos resultam tão só e unicamente da Constituição. (...).
>
> É certo que, se a questão fosse equacionada nos estritos quadros da teoria processual civil sobre o caso julgado, o chamado efeito preclusivo da sentença e, mais concretamente, a regra de que o caso julgado cobre o deduzido e o dedutível poderiam eventualmente pôr em causa uma tal conclusão. *Mas, em face da singularidade do processo de fiscalização abstracta da constitucionalidade, o que importa é sublinhar que não se vislumbram quaisquer razões jurídico-constitucionais imperiosas que imponham a rejeição da possibilidade de, em momento ulterior à declaração de inconstitucionalidade, se reconhecer a existência de fundamento para uma limitação do alcance da declaração de inconstitucionalidade.* Pelo contrário, perante a verificação *a posteriori* de que uma declaração de inconstitucionalidade com eficácia retroativa e repristinatória envolveria um sacrifício intolerável de outros interesses constitucionalmente protegidos, manda o princípio da proporcionalidade que se admita a superveniente limitação de efeitos.» (Grifei.)

---

[6] MENDES, Gilmar. *Jurisdição constitucional.* São Paulo: Saraiva, 2007. Também em MENDES, Gilmar; COELHO, Inocêncio; BRANCO, Paulo Gustavo. *Curso de direito constitucional.* 5. ed. São Paulo: Saraiva, 2010. Há, ainda, inúmeros artigos nos meios eletrônicos, admitindo tal expediente.

[7] MEDEIROS, Rui. *A decisão de inconstitucionalidade os autores, o conteúdo e os efeitos da decisão de inconstitucionalidade da lei.* Lisboa: Universidade Católica, 1999: 738-73.

O Supremo Tribunal Federal, inicialmente, não admitia tal expediente, como, dentre muitos, no julgamento dos Embargos de Declaração na ADIn 2.791, pelo Tribunal Pleno em 22.04.2009, quando referiu: «1. A ausência, na ação direta de inconstitucionalidade, de pedido de restrição dos efeitos da declaração no tocante a determinados serventuários ou situações afasta, especificamente no caso presente, a apontada omissão sobre o ponto».

Contudo, mais recentemente, passou a admitir embargos de declaração para fins de modulação de efeitos. E, pior, em casos envolvendo repetição de taxas inconstitucionalmente exigidas. No julgamento dos Embargos de Declaração no RE 500.171,[8] o Ministro relator, inicialmente, destacou que em nenhum momento, fosse na fundamentação da petição, fosse na sustentação oral, havia pedido de modulação de efeitos no processo que postulava a repetição de indébito de taxas de matrículas, inconstitucionalmente cobradas em universidades públicas. E mais: defendeu que não se poderia apontar como omissão da Corte a ausência de pronunciamento sobre a questão de modulação de efeitos[9]. Entretanto, posteriormente, rendeu-se à (nova) interpretação. A Ministra Cármen Lúcia, admitindo os embargos, destacou que, às vezes, o advogado não pede a modulação na petição, não porque tenha esquecido, mas porque o pedido «*enfraquece a defesa dele, porque já está admitindo que pode perder*». E, prosseguiu na defesa da tese:

> «Não, o que eu afirmo é exatamente isto Ministro: reconheço que não houve nem omissão, nem obscuridade, nem contradição; apenas não há outro instrumento, e eu não posso sacrificar o direito por causa da forma que, neste caso, me parece que leva, não a uma justiça material no caso concreto, mas a uma injustiça.»[10]

Logo, o STF, neste e noutros precedentes, passou a entender que seria possível os embargos de declaração para modulação dos efeitos da invalidade: a) porque não haveria outro instrumento para tal fim; b) porque com os embargos se realizaria a «justiça material do caso concreto» e c) porque o pedido na própria petição da ADIn implicaria «*enfraquecimento do pedido de inconstitucionalidade*» (*sic*). Ainda, o Min. Dias Tófoli argumentou em favor

---

[8] «Constitucional. *Embargos de declaração em recurso extraordinário. Cabimento. Modulação dos efeitos da decisão. Concessão. Embargos acolhidos.* I – Conhecimento excepcional dos embargos de declaração em razão da ausência de outro instrumento processual para suscitar a modulação dos efeitos da decisão após o julgamento pelo Plenário. II – Modulação dos efeitos da decisão que declarou a inconstitucionalidade da cobrança da taxa de matrícula nas universidades públicas a partir da edição da Súmula Vinculante 12, ressalvado o direito daqueles que já haviam ajuizado ações com o mesmo objeto jurídico. III – Embargos de declaração acolhidos.» Brasil. EDcl em RE 500171, rel. Min. Ricardo Lewandowski, Tribunal Pleno, julgado em 16.03.2011, *DJe*-106 03.06.2011, *Ement.* 02536-02, p. 220, *RT* 912/526-536, 2011.

[9] Brasil. STF. EDcl em RE 500171, rel. Min. Ricardo Lewandowski, Tribunal Pleno, julgado em 16.03.2011, *DJe*-106 03.06.2011.

[10] *Idem, ibidem*, voto da Min. Cármem Lúcia – Debates.

desta tese dizendo que: d) se trata de «questão de ordem pública», invocável mesmo sem provocação das partes: «*Eu adianto, Senhor Presidente, que entendo que a questão da modulação dos efeitos, na forma como foi introduzida pela Lei n. 9.868/1999, no seu art. 27, é de ordem pública. (...)*».

À vista disso, seja no controle abstrato, seja no controle concreto, em qualquer matéria, o Supremo Tribunal Federal tem admitido a modulação de efeitos por meio dos embargos de declaração, sem se preocupar se isso é admissível juridicamente e, fundamentalmente, com a eficácia do devido processo legal.

3. O DEVIDO PROCESSO LEGAL

3.1 O devido processo legal como direito fundamental

O devido processo legal é direito fundamental, material e formalmente garantido, construído a partir do texto do art. 5.º, inciso LV, da Constituição da República, devendo ser observado pelos Poderes do Estado.[11] Para Tavares,[12] deve-se compreender adequadamente o termo «devido processo legal» (uma tradução infeliz do *due process of law*), pois o vocábulo «devido» significa justo ou correto e o signo «legal», na verdade, quer dizer «jurídico». Canotilho,[13] inclusive, refere que o correto seria «*processo devido em Direito*». Logo, o mais adequado é denominá-lo de «garantia da proteção juridicamente prevista e suficiente para a defesa dos interesses». Para a doutrina, em termos de importância:[14]

> «É provável que a garantia do devido processo legal configure uma das mais amplas e relevantes garantias do Direito Constitucional, se considerarmos a sua aplicação nas relações de caráter processual e nas relações de caráter material (princípio da proporcionalidade/direito substantivo). Todavia, no âmbito das garantias do processo é que o devido processo legal assume uma amplitude inigualável e um significado ímpar como postulado que traduz uma série de garantias hoje devidamente especificadas e especializadas nas várias ordens jurídicas.»

---

[11] A rigor, os direitos fundamentais são multifuncionais, isto é, não contêm apenas uma proibição de intervenção (dimensão de defesa), mas, também, um imperativo de tutela (dimensão de proteção), exigindo, assim, direitos a alguma ação ou omissão estatal, fática ou normativa, comportando espaço de liberdade e de competências (posições jusfundamentais), em uma estrutura que não se limita à concepção clássica de direitos subjetivos. Cf. ALEXY, Robert. *Teoria dos direitos fundamentais*. São Paulo: Malheiros, 2008.

[12] TAVARES, André Ramos. *Curso de direito constitucional*. São Paulo: Saraiva, 2002: 482-502.

[13] CANOTILHO, José Joaquim Gomes. *Direito constitucional*. 7. ed. Coimbra: Almedina, 2008.

[14] MENDES, Gilmar Ferreira; COELHO, Inocêncio Mártires; BRANCO, Paulo Gustavo Gonet. *Curso de direito constitucional*. 5. ed. São Paulo: Saraiva, 2010: *passim*.

O direito fundamental ao devido processo legal tem um aspecto formal e outro material ou substancial.[15]

No primeiro caso, além das formalidades asseguradas às partes para utilizarem de todos os meios existentes em Leis, ele assegura paridade de armas aos envolvidos e a plenitude na defesa de interesse, incluindo o direito à produção de provas e a um julgamento imparcial, assim como o dever de as partes alegarem tudo o que entenderem adequado, no momento certo, não usando de chicanas ou engodos para esconder suas alegações (cooperação e boa-fé). Outrossim, ainda em sua vertente formal, assegura-se que as formalidades processuais, as quais instrumentalizam a Jurisdição, não serão nem maiores, nem menores do que as previstas e que o processo terá início e fim, não se eternizando como contenda.

No segundo caso, ele é fundamento para a razoabilidade e para a proporcionalidade dos atos estatais, na restrição à liberdade e à propriedade dos cidadãos.[16] Conforme Canotilho:[17]

> «A teoria substantiva pretende justificar a ideia material de um processo justo, pois uma pessoa tem direito não apenas a um processo legal, mas sobretudo a um processo legal, justo e adequado, quando se trate de legitimar o sacrifício da vida, liberdade e propriedade dos particulares. Essa última teoria é, como salienta a doutrina norte-americana, uma *value-oriented theory*, pois o processo devido deve ser orientado pelos princípios da justiça.»

Resta, então, entender o conteúdo de dever-ser que, como norma (regra ou princípio), o devido processo legal impõe.

3.2 Eficácia, conteúdo e âmbito de aplicação do devido processo legal

Aqui, o devido processo legal será tratado sob o prisma formal-procedimental. Nessa linha, conforme sedimentou o Min. Gilmar Mendes, invocando lições tedescas, no julgamento do MS 25.787-3,[18] o devido processo legal impõe certos «direitos», na verdade condutas exigíveis para a promoção do estado ideal de coisas visado pelo princípio: a) *o direito à informação*, «que obriga o órgão julgador a informar à parte contrária dos atos praticados no processo e sobre os elementos deles constantes», b) *o direito de manifestação,* «que assegura ao defendente a possibilidade de manifestar-se oralmente ou por escrito

---

[15] Tavares, André Ramos, *op. cit.* Sobre o tema, exaustiva a Tese de Doutorado de Mariotti, Alexandre. *O princípio do devido processo legal.* UFRGS, 2008. Orientador Prof. Dr. Humberto Ávila.

[16] Mariotti, Alexandre. *O princípio do devido processo legal.* UFRGS, 2008. Tese de Doutorado, Orientador Prof. Dr. Humberto Ávila.

[17] Canotilho, José Joaquim Gomes. *Direito constitucional.* 7. ed. Coimbra: Almedina, 2008: 494-495.

[18] Brasil. STF. MS 27.787-3, rel Min. Gilmar Mendes. Brasília, 08 de novembro de 2006. p. 2009.

sobre os elementos fáticos e jurídicos constantes do processo»; c) *o direito de ver os seus argumentos considerados*, «que exige do julgador capacidade, apreensão e isenção de ânimo para contemplar as razões apresentadas».

Ainda enquanto norma-princípio,[19] na sua *eficácia interna direta*[20] o devido processo legal tem «função integrativa», segundo a qual, criam-se procedimentos necessários à promoção do estado ideal de coisas de defesa: adequada, efetiva e justa dos interesses do contribuinte. Esta «eficácia» impõe ao intérprete adaptar o procedimento às necessidades do direito material em discussão no processo judicial, garantido que, através da ouvida da parte adversa e da oportunização da prova e contra-prova, por exemplo, sejam aumentadas as chances de uma resposta mais correta juridicamente.

Já na sua *eficácia interna indireta*, na função interpretativa, ele orienta a aplicação de outras normas, na função bloqueadora, ele impede a eternização de processos, com a constante rediscussão de matérias já decididas, na medida em que «bloqueia» a construção de normas construídas a partir de interpretações das sub-normas, quando incompatíveis com a protetividade da esfera jurídica dos contribuintes. É o caso, por exemplo, de interpretações que excluam a participação do contribuinte em decisões judiciais que tenham reflexo direto ou indireto sobre seus bens e direitos,[21] que admitam, *ad aeternum*, discussões sobre a validade ou invalidade das normas, protraindo o trânsito em julgado de uma decisão, desconsiderando a sua eficácia ordinária.

Portanto, como eficácia interna, sempre que houver decisões judiciais que possam privar o contribuinte de direito, se não houver regra que assegure o procedimento de ouvida, que lhe garanta a produção de provas e a defesa do seu interesse, na legislação comum, o devido processo legal, enquanto norma-princípio, imporá assegurar tal procedimento:

> «(...) é que ele exige um procedimento capaz de garantir ampla defesa para o contribuinte, pouco importando – eis o ponto – se há ou não regra expressa: se há uma regra, mas incapaz de garantir defesa ao contribuinte, deve ser

---

[19] Também aqui é pressuposta a distinção entre regras, princípios e postulados. Sobre o tema: Ávila, Humberto. *Teoria dos princípios*. São Paulo: Malheiros, 2008.

[20] Os princípios têm as seguintes eficácias, segundo Humberto Ávila (*Teoria dos princípios*. 8. ed. São Paulo: Malheiros, 2008): 1. eficácia interna (quando atuam sobre outras normas) e 2. eficácia externa (quando atuam sobre fatos e provas). No caso da eficácia interna, ela pode ser *interna direta* (sem intermediação de outros sub-princípios ou regras – como na função integrativa, quando impõe a criação de elementos necessários ao atingimento do fim) ou *interna indireta* (com a intermediação de outras normas: como na função interpretativa, especificando fins mais restritos de outros princípios, e complementares aos fins mais gerais do devido processo; como na função bloqueadora, quando se afastam elementos expressamente previstos na regra, p. ex, porque incompatíveis com o fim visado. No caso da eficácia externa, ela poderá ser objetiva (quanto aos fatos, sua seleção e interpretação) ou subjetiva (das pessoas protegidas).

[21] Ávila, Humberto. *Sistema constitucional tributário*. 2. ed. São Paulo: Saraiva, 2006: 120.

reinterpretada ou mesmo afastada; se não há, deve ser criada diante do caso concreto.»[22]

Ainda por conta dessa eficácia interna, na função integrativa, o STF reconhece: «Visando os embargos declaratórios à modificação do provimento embargado, impõe-se, considerado o devido processo legal e a ampla defesa, a ciência da parte contrária para, querendo, apresentar contrarrazões».[23] Da mesma forma, «O STF fixou jurisprudência no sentido de que é necessária a observância do devido processo legal para a anulação de ato administrativo que tenha repercutido no campo de interesses individuais».[24] Assim, sempre que houver:[25]

> «(...) limitação de direitos é "necessária observância, para efeito de sua imposição, da garantia constitucional do devido processo legal". A imposição estatal de restrições de ordem jurídica, quer se concretize na esfera judicial, quer se realize no âmbito estritamente administrativo (...), supõe, para legitimar-se constitucionalmente, o efetivo respeito, pelo Poder Público, da garantia indisponível do *due process of law*, assegurada, pela Constituição da República (art. 5.º, LIV), à generalidade das pessoas, inclusive às próprias pessoas jurídicas de direito público, eis que o Estado, em tema de limitação ou supressão de direitos, não pode exercer a sua autoridade de maneira abusiva e arbitrária.»

Finalmente, como destaca Ávila,[26] enquanto sobreprincípio, o devido processo legal exerce a «função rearticuladora» – e harmonizadora – entre a celeridade e as garantias processuais, afinal, um processo judicial materialmente correto e justo, não pode aniquilar o direito de defesa, embora seja rápido, da mesma forma que a criação excessiva de formalidades e procedimentos, com incontáveis etapas processuais, pode conduzir ao aniquilamento da celeridade.

Por isso, «Cogita-se de devido processo legal quando se fala de: direito ao contraditório e ampla defesa, direito ao juiz natural, de direito a não ser processado e condenado com base em prova ilícita, de direito a não ser preso senão por autoridade competente e na forma estabelecida pela ordem jurídica».[27]

---

22 Ávila, Humberto, 2006: 118.

23 Brasil. STF. Recurso de HC 90.532-ED, rel. Min. Joaquim Barbosa, julgamento em 23.09.2009, Plenário, *DJE* de 06.11.2009.

24 Por exemplo: RE 501.869-AgRg, rel. Min. Eros Grau, julgamento em 23.09.2008, 2.ª Turma, *DJE* 31.10.2008; AgIn 541.949-AgRg, rel. Min. Marco Aurélio, julgamento em 13.04.2011, 1.ª Turma, *DJE* 18.05.2011; SS 3.952-AgRg, rel. Min. Presidente Cezar Peluso, julgamento em 12.08.2010, Plenário, *DJE* 27.08.2010.

25 Brasil. STF. AC 1.033-AgR-QO, rel. Min. Celso de Mello, julgamento em 25.05.2006, Plenário, *DJ* 16.06.2006.

26 Ávila, Humberto. *Sistema constitucional tributário*. 2. ed. São Paulo: Saraiva, 2006: 121.

27 Mendes, Gilmar Ferreira; Coelho, Inocêncio Mártires; Branco, Paulo Gustavo Gonet. *Curso de direito constitucional*. 6. ed. São Paulo: Saraiva, 2011. A certa altura, referem: «O Devido processo legal é também um tipo de garantia com caráter subsidiário e geral (*Auffanggrundrecht*) em relação às demais garantias. Assim, em muitos casos, tem-se limitado o Tribunal

Assim, a eficácia de outros subprincípios (contraditório, ampla defesa, juiz natural, eventualidade, correlação, cooperação etc.), realiza parcialmente os fins (maiores) do próprio devido processo legal, de modo que, ao se promover aqueles, realiza-se, também, este.

Em suma, é possível afirmar que as referidas eficácias derivadas do devido processo legal terão de ser observadas nos processos judiciais, notadamente quando o processo implicar privação de bem ou de direito, restringindo a propriedade ou a liberdade do litigante.

4. O DEVIDO PROCESSO LEGAL COMO LIMITADOR À E CONFORMADOR DA MODULAÇÃO DE EFEITOS EM EMBARGOS DE DECLARAÇÃO

4.1 Eficácia interna indireta (função interpretativa): da inexistência de peculiaridades que excluam a incidência do devido processo legal no controle de constitucionalidade

Seguramente, o âmbito material de aplicação do direito fundamental ao devido processual legal contempla o processo jurisdicional de controle de constitucionalidade, concreto ou abstrato, sendo qualquer outra interpretação que o pretenda excluir, absolutamente contrária à sua eficácia. Ocorre que o art. 5.º, LV, da CRFB adotou o critério da «lide», de interesses resistidos ou contrapostos[28] como «elementos suficientes para a incidência» deste direito fundamental. Tal «disputa» (pressuposto de incidência) existe tanto no controle concreto quanto no controle abstrato de constitucionalidade. Por isso, é difícil – senão impossível – entender e rebater os argumentos que admitem embargos de declaração para modulação de efeitos temporais, quando afirmam que há «peculiaridades» do processo de controle abstrato ou concreto, as quais afastariam as regras do direito processual em geral; que, por ser imposição direta da Constituição ou que por se tratar de «questão de ordem pública», seriam adequados os aclaratórios. No fundo, essa interpretação é inconsistente, em face da realidade. Senão vejamos.

No caso do controle concreto, há interesses subjetivos, partes, pretensões e defesa de direitos, pelo contribuinte, que tornam o processo judicial comum a todos os demais, tendo, portanto, os pressupostos fáticos necessários à incidência do princípio do devido processo legal, com suas eficácias.

Quanto ao processo de índole objetiva (controle abstrato), mesmo sem «lide» no conceito processualista-civil, há ainda, um processo judicial com

---

a referir-se ao devido processo legal em lugar de fazer referências às garantias específicas ou decorrentes».

[28] Marins, James. *Princípios fundamentais do direito processual tributários.* São Paulo: Dialética, 1999: 149.

interessados, realizando um procedimento dialético de argumentos e contra-argumentos, visando a afirmar a correção da interpretação da «norma» e da Constituição. É que o Estado Constitucional é composto por uma sociedade aberta de intérpretes, os quais «duelam», no processo, visando à afirmação de uma interpretação da Lei Maior. Conforme Haberle,[29] a interpretação da Lei Fundamental, em uma sociedade democrática, aberta e plural, não é exclusiva dos órgãos estatais. Há, portanto, contrariedade entre os interessados e, assim, impõe-se ouvir as «partes» ou os intervenientes, enfim, todos os atores do processo, antes de definir-se sobre o juízo de (in)constitucionalidade de uma norma e, também, sobre os efeitos da invalidação – notadamente quando estes efeitos implicam privação compulsória do direito de propriedade (tributo). Afinal, todos serão afetados por ela, pois a vivem na prática.

Logo, conclui-se que, no controle abstrato há exercício de Jurisdição e o devido processo terá incidência, pois, conforme leciona Marques:[30]

> «(...) o exercício da jurisdição deve operar-se através do devido processo legal, garantindo-se ao litigante julgamento imparcial, em procedimento regular onde haja plena segurança para o exercício da ação e do direito de defesa. É que de nada adiantaria garantir-se a tutela jurisdicional e o direito de ação sem um procedimento adequado em que o Judiciário possa atuar imparcialmente, dando a cada um o que é seu.»

Além disso, no estágio atual do Direito, em que as normas constitucionais reclamam o confronto com outras normas colidentes para definir o seu conteúdo normativo, principalmente os princípios, não se pode afastar as regras ordinárias do processo jurídico, do controle de constitucionalidade.[31] Elas devem ser incorporadas e aceitas, porque são parte do procedimento jurídico devido, nos processos, para garantir a racionalidade nas decisões e, então, aumentar as chances da resposta constitucionalmente adequada. Por tudo isso, tanto no processo concentrado como no processo difuso de controle de constitucionalidade incide o devido processo legal.

4.2 Eficácia interna indireta (função bloqueadora/interpretativa): inexistência de omissão nos julgamentos do STF para justificar a oposição de embargos de declaração

O devido processo legal proíbe interpretações que possam «restringir» a defesa e o contraditório, pelo contribuinte ou pelo interessado, sem que ele

---

[29] HÄBERLE, Peter. *Hermenêutica constitucional: a sociedade aberta dos intérpretes da Constituição: contribuição para a interpretação pluralista e «procedimental» da Constituição.* Porto Alegre: Fabris, 1997. Reimpressão 2002: 14.

[30] MARQUES, José Frederico. *Manual de direito processual civil.* vol. 1. São Paulo: Saraiva, 1990: 80-81.

[31] GUERRA FILHO, Willis Santiago. *Teoria processual da Constituição.* São Paulo: Celso Bastos, 2000.

possa ser ouvido. Ele exclui elementos contrários aos fins da defensabilidade dos interesses. Assim, sempre que o STF admite tal expediente, presumindo haver omissão nos seus julgados, viola o devido processo legal.

Em primeiro lugar, não se cogita de omissão, porque a tradicional jurisprudência do STF assim se fixou. No julgamento da ADIn 1.498-6, em embargos de declaração, pretendeu-se modular os efeitos da invalidade para fixá-lo *ex nunc* «tendo em vista os problemas que poderão advir da decisão para a administração da Justiça (relativamente à inconstitucionalidade da privatização de Cartórios Judiciais), bem como os custos da re-estatização os cartórios judiciais privatizados na vigência da Lei 10.544/1995».[32] O relator Min. Ilmar Galvão acabou votando pela limitação dos efeitos, mesmo nos embargos, assim como o Min. Nelson Jobim, que reforçou os argumentos do relator, pela modulação de efeitos.[33]

A divergência foi aberta pelo Min. Marco Aurélio que afastou tanto a existência de omissão no julgamento da ADIn, quanto a necessidade de modulação dos efeitos:[34]

> «A menos que sejam enquadrados quase todos os acórdãos proferidos por esta Corte como omissos, não se pode concluir pelo vício. A regra no tocante à declaração de inconstitucionalidade de ato normativo vem sendo a de emprestar-se a eficácia desde o nascedouro, ou seja, o pronunciamento do Supremo Tribunal Federal, invariavelmente (...) tem sido no sentido de fulminar a lei desde a vinda ao mundo jurídico.»

Segundo o Min. Marco Aurélio, o art. 27 da Lei 9.868/1999 é «preceito (que) encerra exceção.[35] Foi acompanhado pelo Min. Sepúlveda Pertence que considerou demasiada a possibilidade de análise do pedido de modulação em embargos de declaração: «O efeito normal continua a ser a inconstitucionalidade como nulidade *ex tunc*».[36] Ao final, por maioria, foram rejeitados os embargos de declaração como meio para admitir a modulação dos efeitos.

Logo, o Supremo Tribunal Federal considerou, naquele caso precursor, que as regras ordinárias do Processo Civil, relativas aos provimentos jurisdicionais (a eficácia da decisão, existência de omissão) são aplicáveis plenamente ao controle de constitucionalidade. Por conseguinte, não há omissão no acórdão que não fixa expressamente quais os efeitos temporais da invalidade, tendo em vista que a ausência de determinação expressa implica que a norma-sanção terá eficácia ordinária, qual seja, *ex tunc*.

---

[32] Brasil. STF. EDcl na ADIn 1.498-6, rel. Min. Ilmar Galvão. Redator para acórdão: Min. Marco Aurélio. Brasília, 10 de abril de 2003. Disponível em: www.stf.gov.br. Acesso em: 30 jan. 2008, p. 368 do acórdão.

[33] *Idem, ibidem*, voto do Min. Nelson Jobim, p. 373-374.

[34] *Idem, ibidem*, voto do Min. Marco Aurélio Mello, p. 381.

[35] *Idem, ibidem*, voto do Min. Marco Aurélio Mello, p. 383.

[36] *Idem, ibidem*, voto do Min. Sepúlveda Pertence, p. 392.

Igualmente, no julgamento dos Embargos de Declaração na ADIn 2.728-0, por maioria, o Supremo Tribunal Federal rejeitou a proposta de atribuição de efeitos *ex nunc* à decisão que reconheceu a inconstitucionalidade da Lei 2.749/2002 do Estado do Amazonas.[37] O relator, Min. Marco Aurélio, asseverou que não havia omissão, porque se visava, na verdade, a dirimir casos concretos dos Municípios do Estado. Mas o Min. Gilmar Mendes apresentou divergência, destacando que pode haver omissão no julgamento da ADIn e que a eficácia *ex tunc* da sanção traria sério problemas de recomposição desses valores pelos Municípios do interior do Estado do Amazonas, o que impunha fossem acolhidos os embargos de declaração.[38] Posteriormente, ele referiu que a admissão dos embargos seria mera provocação, realizada pela parte, para que o Tribunal cumpra o seu mister, calibrando o alcance da invalidade, até mesmo para evitar novas disputas judiciais entre os Municípios.[39]

Entretanto, a Min. Cármem Lúcia, naquela oportunidade, defendeu que seria indispensável que a parte interessada alegasse tal matéria durante a sua manifestação (petição inicial ou resposta) no processo objetivo, o que não teria ocorrido no caso, não havendo que se falar em omissão formal do julgado. Pontuou que as alegações quanto à modulação dos efeitos temporais sujeitam-se ao «princípio» da eventualidade,[40] típica regra de direito processual ordinário:

> «Entendo – fui advogada durante trinta anos – que, como advogada, quando propomos alguma ação, temos a obrigação profissional de averiguar, levantar para um juiz todas as consequências que são, neste caso, não impensáveis, incogitáveis e imponderáveis. (...) precisa pedir (...) se vier a ser declarada inconstitucional, que se admite apenas para argumentar – é até um jargão –, seja declarada com efeitos *ex nunc*. O próprio Estado confessa, nos embargos, que fez uma reunião para chegar a um consenso sobre como repassar ou refazer esses dados (...) Quer dizer, tentou-se pedir de volta e, como não se chegou a um consenso, entrou-se com embargos de declaração.»[41]

---

[37] A Lei disciplinava a forma de cálculo do valor adicionado para a apuração do montante fixado no inciso I do parágrafo único do art. 158 da Constituição Federal, invadindo campo reservado à Lei Complementar (161, inciso I da Constituição). O Governador do Estado do Amazonas aduziu – somente em embargos de declaração – a impossibilidade material de obrigar que 56 Municípios a devolverem a parcela de recursos que receberam a mais, em relação ao Município de Manaus, implicando o agravamento da situação já combalida dos Municípios.

[38] BRASIL. STF. EDcl na ADIn 2728/AM, rel. Min. Marco Aurélio. Brasília, 19 de outubro de 2006. Disponível em: www.stf.gov.br. Acesso em: 30 jan. 2008. Voto do Min. Gilmar Mendes, p. 84-85 e 92- 93.

[39] *Idem, ibidem*, voto do Min. Gilmar Mendes, p. 101.

[40] MARINONI, Luis Guilherme e ARENHART, Sérgio Cruz. *Curso de processo civil*, vol. II: Processo de conhecimento. 9. ed. São Paulo: Ed. Revista dos Tribunais, 2011: 136. «Vigora, assim, no direito processual civil brasileiro, o princípio da eventualidade, segundo o qual toda e qualquer defesa que o réu tiver a opor à pretensão do autor deverá ser deduzida na ocasião da contestação, sob pena de preclusão». Esta norma-regra é prevista no art. 300 do CPC.

[41] Voto da Min. Cármem Lúcia, p. 95.

Por último, o Min. Sepúlveda Pertence, com magistral eloquência, resumiu o entendimento dos Ministros, destacando as consequências jurídicas da admissão indiscriminada do pedido de modulação de efeitos em declaratórios:[42]

> «(...) o que temo muito para o futuro deste Tribunal é o barateamento da modulação ou manipulação da eficácia temporal da declaração de inconstitucionalidade. E, agora, criando, na pauta do Tribunal, mais um processo que serão os embargos de declaração. Não haverá declaração de inconstitucionalidade, salvo inépcia manifesta do advogado, no qual, depois do julgamento, não se venha alegar efeitos sociais e econômicos relevantes para que o Tribunal aponha a sua decisão uma modulação temporal de seus efeitos.»

Por fim, nos Embargos de Declaração à ADIn 2.840-5, assentou-se que o reconhecimento de eficácia prospectiva pressupõe a alegação nas manifestações da ADIn ou ADC, demonstrando as razões e os fatos pelos quais é imperiosa no momento adequado. Tais pedidos e alegações sujeitam-se ao princípio da eventualidade, ou seja, ou a parte alega antes da decisão ou não poderá realizar o pedido – depois que for reconhecida a inconstitucionalidade. Como no julgamento da ADIn os requisitos da limitação dos efeitos não se evidenciaram pelos argumentos das partes, não haveria omissão no acórdão.[43] Naquele caso, ainda, «a petição inicial fora expressa no pedido de declaração de inconstitucionalidade com efeitos *ex tunc*».

Por tudo isso, conclui-se que mesmo que o Tribunal nada refira a respeito dos efeitos, a eficácia *ex tunc* será a ordinária, segundo *a qual* «se a norma for inconstitucional, então deve ser invalidada, fática e juridicamente, desde a sua edição». De fato, o campo adequado para a discussão da questão é o julgamento da ação principal, por petição ou por sustentação oral, inclusive porque admitir a discussão fora destes limites é violar as regras ordinárias do devido processo constitucionalmente desenhado para o controle de constitucionalidade.

Quanto a este ponto, sabe-se que uma das eficácias do devido processo legal formal impõe assegurar a observância das formalidades fixadas a partir da legislação, apenas na medida da necessidade da defensabilidade dos direitos, nem mais, nem menos, para não prejudicar ou favorecer algum dos interessados. Nessa medida, convém destacar que o procedimento da ADIn, da ADC e da ADPF, preveem, no art. 26 da Lei 9.868/1999, assim como no art. 12 da Lei 9.882/1999, a irrecorribilidade das decisões, exceto embargos de declaração (evidentemente na forma da Lei Processual Civil, quando houver omissão, obscuridade ou contradição).

---

42 Voto do Min. Sepúlveda Pertence, p. 97.

43 Brasil. STF. EDcl na ADIn 2.840-5, rel. Ministra Ellen Gracie. Brasília, 17 de novembro de 2005. Disponível em: www.stf.gov.br. Voto da Min. Ellen Gracie, p. 197.

Essa regra legal não pode ser afastada, sem mais, pelo STF, porque integrante do devido processo formal. Ainda, esse entendimento também está calcado nos precedentes consolidados do Supremo Tribunal Federal, que tradicionalmente reconhecem a invalidade da norma inconstitucional, como *nulidade ex radice,* rejeitando qualquer omissão. A estabilidade (segurança) intelectual e social da vida coletiva apenas existe se admitirmos uma «força coercitiva», ou ao menos persuasiva para casos futuros, das deliberações anteriores e consolidadas, pelo tempo, emanadas do Supremo Tribunal Federal.[44]

Embora, é verdade, haja novos precedentes tentando desconstruir esta interpretação, é certo que a tradição do STF não pode ser afastada, inclusive porque a eficácia bloqueadora do devido processo exclui qualquer possibilidade de protrair a definição dos efeitos da invalidade apenas para depois, em embargos de declaração, conforme já referido.

Como consequência, em não havendo omissão, há intenção da parte de modificar o julgado e, neste caso, conforme reconhecidamente se sabe, será inviável admitir embargos de declaração, segundo o próprio STF,[45] já que descabe qualquer tentativa infringente no julgamento por aquela Corte.

---

[44] Robert ALEXY (em *Teoria de la argumentación jurídica,* 1989: 170-171, item 7.6) reproduz o chamado «princípio da inércia», construído por Perelman, segundo o qual uma ideia que haja sido aceita uma vez não pode ser rechaçada sem um motivo suficiente, pois não é razoável ou racional abandonar decisões anteriores, sem justificativa racional.

[45] «*Embargos de declaração. Rediscussão de fatos e provas. Matéria de mérito já apreciada. Novo julgamento. Impossibilidade. Inexistência de ambigüidade, obscuridade, contradição ou omissão. Embargos rejeitados. Tratando-se de embargos de declaração (como é o caso), e não infringentes, a jurisprudência do Supremo Tribunal Federal não admite a modificação do entendimento de mérito já exarado no acórdão embargado (AgIn 600506-AgRg-ED, rel. Min. Cezar Peluso; RE 207851-AgRg-ED-ED-ED, rel. Min. Gilmar Mendes; RE 416571-AgRg-ED-ED, rel. Min. Joaquim Barbosa; e MS 24527-ED, rel. Min. Gilmar Mendes)* (grifei). Inconformismo quanto à decisão unânime do Plenário do Supremo Tribunal Federal não enseja novo julgamento, não podendo os embargos de declaração ser usados para esse fim, mediante a rediscussão de toda a matéria de mérito já apreciada. (...) Embargos rejeitados, com a expedição de mandado de prisão.» (BRASIL. Supremo Tribunal Federal. EDcl em Ação Originária n. 1047, rel. Min. Joaquim Barbosa. Brasília, 19 de dezembro de 2008. Disponível em: www.stf.gov.br).

«*Embargos de declaração. Art. 535, II, do CPC. Ação direta de inconstitucionalidade. Transformação de cargos de assistente jurídico, com a extinção da respectiva carreira, em cargos de advogado da União. Art. 11 e parágrafos da Lei 10.549/2002.* A pretexto de sanar omissão ou de corrigir premissas equivocadas, repisa a embargante questões exaustivamente analisadas pelo acórdão recorrido. Mero inconformismo diante das conclusões do julgado, contrárias às teses da embargante, não autoriza a reapreciação da matéria nesta fase recursal. Embargos rejeitados por inexistir omissão a ser suprida além do cunho infringente de que se revestem. (BRASIL. Supremo Tribunal Federal. EDcl na ADIn 2713, rel. Min. Ellen Gracie. Brasília, 05 de fevereiro de 2004. Disponível em: www.stf.gov.br.).

4.3 Eficácia interna indireta (função interpretativa, bloqueadora e rearticuladora): inconsistência e incoerência da interpretação que admite os embargos de declaração para modulação de efeitos temporais

Para os defensores do cabimento dos embargos de declaração, parte-se de uma premissa, que constituiria uma norma jurídica (é possível interpor embargos de declaração para modulação de efeitos) a qual, porém, não se sustenta validamente como premissa normativa, isto é, não constitui uma norma válida[46] à luz do princípio do devido processo legal.

Adotando lição de Maccormick, uma decisão jurídica, que implica uma norma para casos atuais e futuros, para ser racional e aceitável, deve ser: a) universalizável; b) consistente e coerente com as normas jurídicas do sistema e c) admissível do ponto de vista de suas consequências normativas.[47]

Deve ser universalizável porque precisa valer e vincular não apenas para aquele caso pontual em que é discutida, mas para todos os outros casos semelhantes, no futuro, que possam vir a surgir e sejam iguais nas características.[48] Trata-se de antiga regra kantiana de racionalidade nas deliberações práticas que, posteriormente, ganhou força com a filosofia moral de Hare e que também é apresentada como indispensável para a correção da argumentação jurídica segundo as regras procedimentais desenvolvidas por Alexy.[49]

---

[46] Quer-se dizer, em outros termos, não há uma justificação externa da premissa normativa invocada, enquanto norma jurídica válida, como uma das premissas para a aplicação em um «silogismo jurídico» (Alexy, 1989: 214-272).

[47] Requisitos extraídos de Maccormick, Neil. *Argumentação Jurídica e teoria do direito.* São Paulo: Martins Fontes, 2006: 127-195, capítulo V. Um resumo deles encontra-se em Atienza, Manuel. *As razões do direito. Teoria da argumentação jurídica.* 3. ed. São Paulo: Landy, 2006: 126-135.

[48] A igualdade de casos, na modulação de efeitos, para fins deste trabalho é tão somente o pedido de modulação de efeitos da sanção de invalidade, após uma decisão do Supremo Tribunal Federal, baseando-se o pedido em qualquer norma constitucional supostamente violada com a eficácia retroativa da sanção.

[49] Alexy (1989: 79-82) descreve as lições da filosofia moral de Hare, acerca do que chama de princípio da universalidade, aplicável não apenas a proposições descritivas como prescritivas. Universalidade consiste, em linhas gerais, na necessidade (para a correção de uma juízo moral ou jurídico) de afirmar-se que se existe uma certa qualidade (a) em B e, se B=C, então (a) também está presente em C. Portanto, relaciona-se com a possibilidade de que uma decisão transcenda um caso específico e seja capaz de reger tantos casos semelhantes quanto surgirem. Não se tem um problema de concretude ou generalidade (grau da prescrição jurídica em relação a um grupo maior ou menor de pessoas sujeitas à decisão), mas uma diferença lógica. Além disso, a universalidade é condição necessária, mas não suficiente da racionalidade de um discurso, de uma fundamentação jurídica. Também Maccormick (2006: 99-100) adota a posição de Hare, ao destacar que universal diferencia-se de geral.

Como decorrência desse caráter universal da norma de decisão, argumentações *ad hoc* ou *ad hominem* não devem ser admitidas.[50] Assim, não se pode ou admitir ou não admitir a modulação de efeitos em embargos de declaração com base na «*cara do cliente*», ou seja, na pessoa do embargante, como, por exemplo, na seguinte hipótese: *se for um contribuinte, não cabe; se for uma pessoa jurídica de direito público, aí caberá, porque haveria riscos aos cofres públicos.*

Além disso, todo decisão que implica uma norma jurídica que regula o caso em julgamento e, também, os futuros, deve ser coerente, porque entre as duas decisões jurídicas possíveis no caso (caber ou não caber embargos de declaração), deve-se construir uma solução que não contradiga normas válidas,[51] estabelecida pela ordem jurídica, isto é, seja uma decisão jurídica consistente.[52]

Quanto ao requisito da consistência, vê-se que uma interpretação que queira admitir a interposição de embargos de declaração, contradiz uma norma jurídica (norma regra) estabelecida, qual seja, a norma-regra de que a invalidade, ordinariamente, tem eficácia retroativa.[53] Essa é a prática estabelecida e, se admitidos embargos de declaração aquela norma-regra é, simplesmente, não-aplicada ou desconsiderada.

Ademais, se o embargante não houver alegado tudo o que lhe competia alegar, na petição da ADIn, ADC ou no Recurso Extraordinário e, mesmo assim, inovando no pedido, trouxesse novas argumentações, estar-se-ia violando o princípio da eventualidade processual, aplicável aos processos de jurisdição constitucional, segundo, outrora, já fundamentou o STF,[54] além da regra do procedimento de ADIn, ADC e ADPF ou RE, que tornam irrecorríveis as decisões do STF, em controle de constitucionalidade. E, não se

---

50 MACCORMICK, Neil. *Retórica e Estado de direito.* Rio de Janeiro: Elsevier, 2008: 197.

51 MACCORMICK, 2008: p. 139-148.

52 MACCORMICK, 2006: 135 e Capítulo VIII.

53 Sobre a norma-regra da invalidação retroativa, como norma jurídica, escrevi em minha dissertação, ainda inédita: *A superação da regra da invalidade* ex tunc *do ato inconstitucional: critérios formais e materiais para a modulação dos efeitos temporais.* Porto Alegre, UFRGS, 2010.

54 «Entendo – fui advogada durante trinta anos – que, como advogada, quando propomos alguma ação, temos a obrigação profissional de averiguar, levantar para um juiz todas as conseqüências que são, neste caso, não impensáveis, incogitáveis e imponderáveis. (...) precisa pedir (...) se vier a ser declarada inconstitucional, que se admite apenas para argumentar – é até um jargão –, seja declarada com efeitos *ex nunc.* O próprio Estado confessa, nos embargos, que fez uma reunião para chegar a um consenso sobre como repassar ou refazer esses dados (...). Quer dizer, tentou-se pedir de volta e, como não se chegou a um consenso, entrou-se com embargos de declaração» (BRASIL. Supremo Tribunal Federal. EDcl na ADIn 2728/AM, rel. Min. Marco Aurélio. Brasília, 19 de outubro de 2006. Disponível em: www.stf.gov.br) Voto da Min. Cármen Lúcia, p. 95.

pode olvidar, o respeito ao princípio da eventualidade evita «surpresas» nas alegações, «chicanas» no processo constitucional.

Portanto, serão violadas além da norma-regra de invalidade *ex tunc,* também o princípio da eventualidade, e as regras ordinárias de julgamento em controle de constitucionalidade, normas estas vinculadas ao devido processo legal formal, caso se admita a interposição de embargos de declaração.

4.4 Eficácia interna indireta (função interpretativa e bloqueadora): das consequências jurídicas negatórias da eficácia do direito fundamental ao devido processo legal como fundamento para afastar o cabimento de embargos de declaração

Ainda, é preciso considerar as consequências jurídicas (negatórias) do devido processo legal, decorrentes da aceitação indiscriminada dos embargos de declaração para modulação de efeitos da sanção de invalidade.

Um juízo sobre as consequências é essencialmente avaliatório das premissas normativas de uma solução jurídica. Deve-se considerar eventuais pretensões (demandas) que poderão decorrer de uma decisão X ou Y. Analisam-se implicações normativas de uma interpretação, «com a sua transformação em uma norma capaz de governar (reger) casos futuros»[55] e, a partir disso, verificam-se as consequências para determinada norma (em geral, princípios). Entretanto, não se trata de avaliar as consequências fáticas, causais, financeiras ou administrativas decorrentes da decisão. Numa interpretação da ideia de Maccormick, leciona Atienza:[56]

> «O que importa são, antes, as consequências no sentido das implicações lógicas. Mais do que a previsão de qual conduta a norma provavelmente irá induzir ou desestimular, o que interessa é responder à pergunta de que tipo de conduta autorizaria ou proibiria a norma estabelecida na decisão; em outras palavras, os argumentos consequencialistas são, em geral, hipotéticos, não probabilísticos.»

4.4.1 Primeira consequência negatória: estabelecer presunção de omissão em todas as decisões do Supremo Tribunal Federal sobre (in)constitucionalidade

Inicialmente, o parâmetro de avaliação destas consequências – se são admissíveis ou inadmissíveis – deve ser a promoção e a realização das normas constitucionais e infraconstitucionais, porque o Judiciário não pode deixar de aplicar uma norma válida por razões morais ou econômicas.

---

[55] MACCORMICK, 2008: 150.

[56] ATIENZA, 2006: 134.

Assim, para analisar as consequências jurídicas da admissão de embargos de declaração, parte-se do que seja o recurso de embargos de declaração: são recursos cabíveis quando houver omissão sob ponto que o juiz deveria se pronunciar, contradição, obscuridade no acórdão ou na sentença (art. 535 do Código de Processo Civil).

Sendo assim, em termos consequencialistas-jurídicos, se for aceitável interpor embargos de declaração das decisões do Supremo Tribunal Federal que deliberem sobre a inconstitucionalidade de lei ou ato normativo, para se discutir a modulação de efeitos, então estar-se-á autorizando a conclusão de que *todas as decisões do Supremo Tribunal Federal serão omissas,*[57] quer se manifestem pela inconstitucionalidade da Lei ou ato normativo, quer a respeito de outro tema, e, pior, serão *não-definitivas*, sob o ponto de vista processual (porque nunca se saberão os efeitos da decisão e porque sempre serão cabíveis embargos de declaração para discuti-los).

4.4.2 Segundo consequência negatória: criação de sucessivas fases procedimentais eternizando os conflitos e impedindo o encerramento definitivo do feito

Essa segunda consequência, vincula-se à primeira. Sabidamente, no controle de constitucionalidade, seja em ADIn, seja em recursos extraordinários, apenas seriam cabíveis, em tese, embargos de declaração para suprimir omissão, obscuridade ou contradição. Nada mais, nada menos.

As normas legais e constitucionais, que estabelecem o processo de controle de constitucionalidade, não podem ser interpretadas de modo que eternizem as demandas. Como consequência jurídica da admissão dos embargos de declaração em qualquer decisão, haveria mais uma fase processual no controle de constitucionalidade: um novo recurso ordinário na jurisdição constitucional, qual fosse, os embargos de declaração para fins de modulação de efeitos, conforme destacou o então Min. Sepúlveda Pertence.[58]

---

[57] «A menos que sejam enquadrados quase todos os acórdãos proferidos por esta Corte como omissos, não se pode concluir pelo vício. A regra no tocante à declaração de inconstitucionalidade de ato normativo vem sendo a de emprestar-se a eficácia desde o nascedouro, ou seja, o pronunciamento do Supremo Tribunal Federal, invariavelmente (...) tem sido no sentido de fulminar a lei desde a vinda ao mundo jurídico.» BRASIL. STF. EDcl na ADIn 1.498-6, rel. Min. Ilmar Galvão. Redator para acórdão: Min. Marco Aurélio. Brasília, 10 de abril de 2003. Disponível em: www.stf.gov.br). Voto do Min. Marco Aurélio Mello, p. 381.

[58] «O que temo muito para o futuro deste Tribunal é o barateamento da modulação ou manipulação da eficácia temporal das declarações de inconstitucionalidade. E, agora, criando, na pauta do Tribunal, mais um processo que serão os embargos de declaração. Não haverá declaração de inconstitucionalidade, salvo inépcia manifesta do advogado, no qual, depois do julgamento, não se venha alegar efeitos sociais e econômicos relevantes para que o Tribunal aponha a sua decisão uma modulação temporal de seus efeitos» (BRASIL. STF. EDcl na ADIn

Nesse caso, além da institucionalização da litigiosidade – pois será possível embargar todas as decisões do STF em controle de constitucionalidade, os reflexos na efetividade do processo e na sua razoável duração, que são direitos fundamentais (art. 5.º, inciso LXXVIII, da CF/1988) serão incalculáveis. Sem dúvidas a jurisdição constitucional estará consagrando procedimento processual tendente a ampliar a duração dos litígios – e não a resolvê-los – o que não promove a norma da razoável duração do processo.

Finalmente, enfraquece-se a própria previsibilidade das decisões judiciais porque, afinal, a eficácia *ex tunc* não seria «norma-regra», impossibilitando o conhecimento do resultado das decisões judiciais e os seus efeitos, até que houvesse decisão uma decisão, aí sim definitiva, em embargos de declaração.

4.4.3 Terceira consequência negatória: a privação de bens e de direitos dos contribuintes sem a garantia de ouvida e participação no processo de decisão

Poderá haver decisões que privem titulares de direitos fundamentais de bens ou direitos, diante de uma restrição da eficácia da norma-regra-sanção de invalidade, sem que as partes prejudicadas tenham sido ouvidas ou tenham se manifestado a respeito, num processo justo e prévio, visto que os embargos de declaração, legalmente, não admitem o contraditório.

A rigor – e afirmar isto é um truísmo – é direito do contribuinte à restituição dos tributos indevidamente exigidos (art. 165 do CTN), ainda que haja, aqui e acolá, restrições relacionadas com a legitimidade do exercício de tal direito.[59] Ora, toda tributação é restritiva do direito de propriedade (art. 5.º, *caput,* CF), é verdadeira expropriação legitimada, mas expropriação, assim mesmo. Portanto, quando há decisão que reconhece a invalidade normativa de tal restrição à propriedade, ela (tributação) passa a não ser mais legítima. Não há mais justificativa para a restrição à propriedade. Nasce, ao contribuinte, o direito subjetivo à restituição do indevido, tanto aos que já litigam quanto aos que não litigam.

Logo, no momento em que são admitidos os embargos de declaração, sem maiores discussões, situação na qual apenas o embargante se manifesta, avizinha-se ao interessado ou à parte envolvida a privação do direito, nascido da natural eficácia *ex tunc* da invalidação, no controle de constitucionalidade. Por isso, da forma como «*legalmente desenhado o recurso dos embargos de*

2728/AM, rel. Min. Marco Aurélio. Brasília, 19 de outubro de 2006. Disponível em: www.stf.gov.br).

[59] A restituição depende, apenas, de prova do pagamento (ilegal, inconstitucional) do tributo, sendo dispensável a prova do erro. Entretanto, por exemplo, há limitações a tal direito: quanto à prova da repercussão econômica, no caso do pedido realizado por contribuinte de fato ou estar devidamente autorizado; quanto ao prazo – art. 168 do CTN.

declaração», não se pode negar que uma norma que autorize a sua interposição em todas as decisões no controle de constitucionalidade poderá implicar, como consequência jurídica, a violação ao devido processo legal formal: não há defesa, não há contraditório, não há manifestação, não há direito à prova e contra-prova. Uma solução para esta questão seria admitir a eficácia integrativa do princípio do devido processo, como se verá, a seguir.

4.5 Eficácia interna direta (função integrativa): em sendo possível a interposição dos embargos de declaração, o que deve a Corte Suprema observar, em respeito ao devido processo legal

4.5.1 Direito de se manifestar sobre as alegações da parte postulante

A Constituição, para além de normas jurídicas (regras e princípios) compreende procedimentos de aplicação destas normas.[60] As normas (decisões) jurídicas não estão pré-dados na realidade, isto é, não são simplesmente «desvendadas» pela interpretação dos conceitos normativos. Elas são construídas a partir de regras e princípios, que são alegadas com pretensão de validade[61] para solucionar o problema prático, valendo-se do esforço argumentativa e racional para o convencimento do outro.

Nesse processo para a solução de casos, há certos critérios (regras) que devem ser observados como condições de possibilidade da própria realização desse processo.[62] Embora não possam garantir absolutamente, ao final, a correção do conteúdo do resultado, elas aumentam as chances de acerto para o problema jurídico. Entre os requisitos de qualquer discurso prático estão a igualdade de direitos dos participantes, universalidade da decisão e a não

---

[60] QUEIROZ, Cristina M. M. *Direitos fundamentais. Teoria geral.* Coimbra: Coimbra Ed., 2002: 140-143.

[61] ATIENZA, 2006: 159-163. As ideias são exposição acerca do pensamento de Habermas. Esse autor, em primeiro lugar, reconstrói o conceito de verdade, de validade, a partir da ideia de consenso racional, intersubjetiváveis. Além disso, a concepção de «pretensão de validade» é típica da ação comunicativa que visa à regulação do comportamento alheio e que, ao ser problematizada pelo outro, sempre incluído no processo de comunicação, torna-se então discurso. Atos comunicativos informativos, por exemplo, têm pretensão de veracidade. O que importa do seu pensamento, afinal, é que nenhuma decisão correta – ainda que escudada nos melhores argumentos possíveis – poderá ser aceitável racionalmente se não houve a inclusão de um procedimento na sua construção e que, afinal, os participantes deste procedimento (discurso) possam se manifestar no seu desenvolvimento.

[62] Sobre a fundamentação pragmática universal das regras do discurso (da argumentação), ver Alexy (1989: 305-306). Em suma, elas são necessárias e cogentes porque, em primeiro lugar, aquele que fundamenta e faz afirmações insere-se numa atividade argumentativa (discurso) e, em segundo lugar, a atividade de comunicação e de discurso são tipicamente humanas, de tal forma que aceitar as suas regras é reconhecer a própria condição humana e a sua racionalidade. Ao final do livro de Alexy as regras estão enumeradas nas páginas 283-287.

coerção dos falantes (partícipes),[63] os quais, se não podem ser realizados completamente, pelo menos devem ser promovidas maximamente.

Importante é que todos os partícipes do processo de decisão possam contribuir e se manifestar para a decisão *antes que ela seja deliberada,* independentemente de saber se há uma única resposta adequada ao caso. Esta é, pois a eficácia esperada do devido processo legal, que deve ser observada na hipótese de admissão dos embargos de declaração, impedindo que o contribuinte seja privado de eventual direito à repetição de indébito, sem ser ouvido. Deve o STF ouvir, sempre, a outra parte, os *amicus curae,* enfim, os interessados envolvidos na questão. Aliás, embora na matéria penal, o próprio STF já se manifestou a respeito:[64]

> «*Contraditório – Embargos de declaração – Efeito modificativo.* Visando os embargos declaratórios à modificação do provimento embargado, impõe-se, considerado o devido processo legal, a ciência da parte contrária para, querendo, apresentar contra-razões. A inobservância dessa formalidade, porque essencial à valia do julgamento, implica transgressão à garantia constitucional do contraditório (...).»

Simplesmente, nenhuma decisão jurídica racional que implique alteração ou restrição a direitos (como o direito à repetição do indébito), afetando a esfera jurídica de milhões de pessoas, poderá ser deliberada sem que os afetados ou interessados tenham direito a se manifestar a respeito, diretamente ou por suas associações. E, por isso, os interessados ou as partes do processo objetivo ou subjetivo de controle de constitucionalidade deveriam, a rigor, ser ouvidos antes dos embargos de declaração serem julgados. Aliás, como já se manifestou o Min. Gilmar Mendes, quanto maior a ouvida das partes, mais clara a discussão: «Talvez a modulação de efeitos só aparecesse, eventualmente, se houvesse participação, na qualidade de *amicus curae*, dos interessados atingidos».[65]

Então, a norma do devido processo legal aliada à norma do contraditório, na sua dimensão de normas-princípios, terão eficácia interna direta[66] sobre a norma do procedimento de embargos de declaração, constituindo uma nova regra que imporá a ouvida da parte contrária, antes de se proferir a decisão

---

63 Alexy apud Atienza, 2006: 166-167.

64 Brasil. STF. HC 74735-3-PR, rel. Min. Marco Aurélio Melo. Brasília, 11 de março de 1997.

65 Brasil. STF, ADIn 2791 ED, rel. Min. Gilmar Mendes, redator para o Acórdão: Min. Menezes Direito, Tribunal Pleno, julgado em 22.04.2009, *DJe*-167 04.09.2009, *Ement.* 2372-01, p. 95). Voto do Min. Gilmar Mendes, p. 130 do acórdão.

66 Segundo Ávila (2008: 97), já referido: «A eficácia direta traduz-se na atuação sem intermediação ou interposição de ouro (sub-) princípio ou regra. (...) No plano da eficácia direta, os princípios exercem uma função integrativa, na medida em que justificam agregar elementos não previstos em subprincípios ou regras. Mesmo que um elemento inerente ao fim que deve ser buscado não esteja previsto, ainda assim o princípio irá garanti-lo.»

pela superação ou não da norma-regra de invalidação. Afinal, segundo Ávila, o princípio do devido processo jurídico:[67]

> «(...) estabelece o dever de buscar um ideal de protetividade dos direitos em todos os procedimentos ou processos instituídos pelo Poder Público, mediante a criação de a criação de regras necessárias para garantir um processo ou procedimento adequado à defesa dos direitos do contribuinte, mesmo que não previstas expressamente pelo ordenamento jurídico.»

Então, conquanto se venha a admitir a interposição do recurso de embargos de declaração para fins de modulação dos efeitos temporais da norma-sanção, este recurso estará condicionado à oportunização – antes da decisão – de manifestação das partes a respeito da questão da modulação de efeitos. Partes, aqui, entendidas como interessados, no caso do controle abstrato, conforme já referido acima.

4.5.2 Direito e dever de produzir provas

Como corolário do devido processo legal, deve-se assegurar às partes o direito à prova do alegado. Ora, é cediço que somente a «norma da segurança jurídica» e, para alguns, outra norma de «excepcional interesse social» justificam a modulação de efeitos. Independentemente da interpretação de tais conceitos e da sua aplicabilidade (que não é objeto deste trabalho) a sua incidência, como norma, depende de prova (pressuposto fático): prova das condições fáticas que indicam suficiência para a incidência da norma (da segurança jurídica ou do excepcional interesse social), por exemplo, prova de que «os cofres vão quebrar», com a repetição do indébito; de que a «*universidade ficará completamente combalida, com a restituição das taxas*»; de que «*a previdência social será fadada à destruição*» *com a repetição da contribuição* ou de que «*não há como fazer retroceder a água do moinho orçamentário*».

No controle concreto, não há maiores dificuldades, afinal, há, sempre, um direito subjetivo na base na discussão sobre a (in)constitucionalidade da norma, o que leva à necessidade de discussão dos fatos (ainda que limitados àqueles afirmados no recurso extraordinário e nas decisões recorridas, *v.g.*). Por outro lado, no controle abstrato, com esta discussão, é certo que se abre espaço para análise dos efeitos concretos da decisão abstrata, tema altamente polêmico, mas que, seguramente, demonstra a proximidade entre os controles concreto e abstrato de constitucionalidade. Ainda assim, torna-se indispensável admitir a produção probatória, porque, embora abstrato o controle de constitucionalidade, as normas que justificam a modulação de efeitos tempo-

---

[67] Ávila, 2006: 113.

rais devem ter, concretamente, alguma eficácia a ser protegida,[68] e não apenas baseadas em suposições futurologísticas ou ilações probabilísticas.

Por tudo isso, a eficácia interna direta do devido processo legal impõe e assegura ao alegante provar o que defende, seja para tornar aplicável a razão de segurança jurídica e/ou de excepcional interesse social que invoca, seja para permitir à outra parte exercer o contraditório sobre o fato. Em questão relativa à restrição à liberdade, tão fundamental quanto a propriedade, o STF já destacou a relevância do direito à prova e ao contraditório, quando, em embargos de declaração, pretendeu-se atribuir efeitos infringentes a uma decisão e à defesa foi negado o direito a se pronunciar:[69]

> «Do contraditório – Nesta parte, realmente cumpra dar à defesa ciência da apresentação dos aclaratórios, observando-se, com isso, o princípio do contraditório, que, na Carta de 1988, veio previsto de forma ampla. O silêncio da legislação instrumental comum não é de molde a afastar-se a providência, no que decorre do próprio sistema jurídico-constitucional, voltado à ampla defesa. Era inegável o interesse da defesa, vez que requerido o efeito modificativo da decisão embargada, em saber o alcance dos citados declaratórios e poder, de alguma maneira, esclarecer o Colegiado a respeito, juntando peças aos autos e distribuindo, até mesmo, memoriais.»

Conclusão inafastável, portanto, é a de que admissão dos embargos de declaração como instrumento de modulação dos efeitos da decisão de inconstitucionalidade deverá permitir à outra parte e aos demais envolvidos na relação processual, o direito à produção de prova em sentido contrário ao alegado e defendido.

5. CONSIDERAÇÕES FINAIS

Atualmente, parte da doutrina e do Supremo Tribunal Federal admite a interposição de embargos de declaração para modulação de efeitos da sanção de invalidade ao ato inconstitucional. O tema é perigoso quando se trata de matéria tributária, pois, afinal, modulação de efeitos impõe «vitórias de Pirro», quando o contribuinte obtém o reconhecimento da inconstitucionalidade, mas não a restituição do indevidamente cobrado, embora este seja um direito subjetivo seu, derivado do direito de propriedade. Então, é certo que a interpretação que vem admitindo os embargos viola o devido processo legal formal, como direito fundamental, em diversas de suas eficácias.

Concluímos que, ao tentar apartar do controle de constitucionalidade, tanto concreto quanto abstrato, as regras ordinárias do processo, viola-se o

---

[68] A respeito, escrevi na minha dissertação de Mestrado, ainda inédita: *A superação da regra de invalidade* ex tunc *do ato inconstitucional...*, cit.

[69] Brasil. STF. HC 74735-3-PR, rel. Min. Marco Aurélio Melo. Brasília, 11 de março de 1997.

devido processo. O controle de constitucionalidade perante o STF, em qualquer caso, é exercício de Jurisdição, tem conflito de pretensões e, como tal, sujeita-se às normas processuais exigidas pelo processo jurídico devido, para uma solução racional e aceitável do problema posto.

Logo, não se pode presumir que as decisões em controle de constitucionalidade sejam omissas, a fim de autorizar a interposição de embargos de declaração para discutir seus efeitos. Reconhecida a inconstitucionalidade, aplica-se-lhe a sanção de invalidade *ex tunc* de forma ordinária.

Além disso, a defesa do cabimento de embargos de declaração é incoerente e inconsistente com a eficácia do devido processo de controle de constitucionalidade. Não se cuida de interpretação universalizável para todos os julgados envolvendo reconhecimento de (in)constitucionalidade. Contraria a própria tradição histórica do STF, sem justificar o erro que autoriza mudar a interpretação. A rigor, admitir o expediente significará eternizar conflitos, criando novas e sucessivas etapas do processo de controle de constitucionalidade (o que é bloqueado também pela eficácia do referido direito fundamental).

Significará, além da presunção de omissão das decisões do STF, a privação dos contribuintes e cidadãos de direitos derivados do reconhecimento da inconstitucionalidade (repetição do indébito, *v.g.*), sem a garantia do art. 5.º, LV, da CF. Tudo isso, seguramente, é proibido pelo direito fundamental ao devido processo legal.

Portanto, os embargos de declaração não devem ser admitidos para tal fim.

Se, porém, vierem a ser admitidos como realidade prática («política judicial», «questão pragmática» ou qualquer outro «argumento» que se possa querer invocar para legitimar o que, no fundo, é decisionismo ao melhor estilo Carl Schmitt) – pugna-se, então, que seja observada a eficácia interna direta (função integrativa) do devido processo jurídico.

Em outras palavras, pela função integrativa do princípio será garantido ao menos, o direito dos contribuintes (ou de seus representantes, em controle abstrato) de se manifestarem sobre a questão da modulação de efeitos, discutindo seu alcance, sua abrangência. Ainda, pela mesma eficácia, que seja garantido o direito a produzir provas a respeito do alegado por quem «modular efeitos», antes da decisão ser prolatada – contribuindo, assim, para a construção da resposta mais constitucionalidade correta e adequada ao problema prático colocado.

BIBLIOGRAFIA

ALEXY, Robert, 2008: *Teoria dos direitos fundamentais.* São Paulo: Malheiros.

ATIENZA, Manuel, 2006: *As razões do direito. Teoria da argumentação jurídica.* 3. ed. São Paulo: Landy.

ÁVILA, Humberto, 2006: *Sistema constitucional tributário.* 2. ed. São Paulo: Saraiva.

___, 2008: *Teoria dos princípios.* São Paulo: Malheiros.

___, 2011: *Segurança jurídica.* São Paulo: Malheiros.

CANOTILHO, José Joaquim Gomes, 2008: *Direito constitucional.* 7. ed. Coimbra: Almedina.

GUERRA FILHO, Willis Santiago, 2000: *Teoria processual da Constituição.* São Paulo: Celso Bastos Ed.

HÄBERLE, Peter, 1997: *Hermenêutica constitucional: a sociedade aberta dos intérpretes da Constituição: contribuição para a interpretação pluralista e «procedimental» da Constituição.* Porto Alegre: Fabris.

MACCORMICK, Neil, 2006: *Argumentação jurídica e teoria do direito.* São Paulo: Martins Fontes.

___, 2008: *Retórica e Estado de direito.* Rio de Janeiro: Elsevier.

MARINS, James, 1999: *Princípios fundamentais do direito processual tributários.* São Paulo: Dialética.

MARIOTTI, Alexandre, 2008: *O princípio do devido processo legal.* Tese de Doutorado: UFRGS.

MARQUES, José Frederico, 1990: *Manual de direito processual civil.* vol. 1. São Paulo: Saraiva.

MEDEIROS, Rui, 1999: *A decisão de inconstitucionalidade os autores, o conteúdo e os efeitos da decisão de inconstitucionalidade da lei.* Lisboa: Universidade Católica.

MENDES, Gilmar; COELHO, Inocêncio e BRANCO, Paulo Gustavo, 2010: *Curso de direito constitucional.* 5. ed. São Paulo: Saraiva.

MENDES, Gilmar, 2007: *Jurisdição constitucional.* São Paulo: Saraiva.

QUEIROZ, Cristina M.M., 2002: *Direitos fundamentais. Teoria geral.* Coimbra: Coimbra Ed.

TAVARES, André Ramos, 2002: *Curso de direito constitucional.* São Paulo: Saraiva.

TRIBE, Laurence; DORF, Michael, 2007: *Hermenêutica constitucional.* Belo Horizonte: Del Rey.

8

UM PASSO ADIANTE: CONTRIBUTO PARA A COMPREENSÃO DO CONTROLE DAS MEDIDAS TRIBUTÁRIAS EXTRAFISCAIS E DO PAPEL DESEMPENHADO PELA CAPACIDADE CONTRIBUTIVA NESTE CONTEXTO

Marcel Papadopol

1. Introdução. 2. Breves considerações sobre as formas de controle das medidas tributárias extrafiscais: 2.1 O controle de proporcionalidade das medidas tributárias extrafiscais: 2.1.1 O controle de adequação; 2.1.2 O controle de necessidade; 2.1.3 O controle de proporcionalidade em sentido estrito; 2.2 O controle de igualdade das medidas tributárias extrafiscais: 2.2.1 A estrutura da igualdade postulado. 3. O papel atribuído à capacidade contributiva pela doutrina: 3.1 A distinção entre texto e norma e as múltiplas funções desempenhadas pela capacidade contributiva: a aplicação da capacidade contributiva no contexto de controle das medidas tributárias extrafiscais. 4. Conclusões.

1. INTRODUÇÃO

Por meio de dissertação de mestrado ainda inédita,[1] tive a oportunidade de externar preocupação com a crescente exaltação do uso de instrumentos

[1] Papadopol, Marcel Davidman. *A extrafiscalidade e os controles de proporcionalidade e igualdade*. 2009: 130f. Dissertação (Mestrado em Direito Tributário), Faculdade de Direito,

tributários para causar impactos econômicos e/ou sociais, ressuscitando o debate sobre a extrafiscalidade ou o emprego de medidas tributárias para propiciar efeitos externos ao Direito Tributário (não-arrecadatórios).

O fato é que o discurso sobre a extrafiscalidade ultrapassou o mero debate acadêmico e também começou a se fazer presente, com maior frequência, no direcionamento de políticas públicas. Apenas para fins de ilustração, vale mencionar que, nos últimos três anos, pelo menos quatro medidas tributárias de grande expressão foram projetadas para regulação de aspectos de nossa economia, tornando ainda mais necessário o debate acerca dos limites e formas de controle da extrafiscalidade.

Em 11 de dezembro de 2008, por exemplo, através do Decreto 6.687/2008, foram reduzidas as alíquotas do Imposto sobre Produtos Industrializados – IPI incidentes sobre automóveis com o intuito de, em período de crise mundial, manter aquecido o comércio do produto e, consequentemente, os postos de trabalho propiciados pelas montadoras em geral.

Logo após, em 17 de abril de 2009, estendeu-se o mesmo raciocínio ao segmento conhecido como «linha branca». Por intermédio do Decreto 6.825/2009, também foram reduzidas as alíquotas de Imposto sobre Produtos Industrializados – IPI incidentes sobre os produtos classificados neste grupamento, para que se fizesse surtir o efeito de aquecimento econômico e preservação da indústria nacional e dos respectivos postos de trabalho.

As duas medidas acima ilustradas foram louvadas por economistas, empresários e tributaristas e, não há como negar, contribuíram para a mitigação dos efeitos da crise econômica mundial em nosso cenário interno.

Em 25 de março do corrente ano de 2011, ao seu turno, constatou-se um terceiro emprego de medida tributária para indução de resultado pretendido pelo Poder Público: por meio do Decreto 7.454/2011, foram, substancialmente, majoradas as alíquotas do imposto sobre operações de crédito, câmbio e seguro, ou relativas a títulos ou valores mobiliários – IOF incidente sobre as operações de câmbio realizadas pelas administradoras de cartão de crédito para saldar as obrigações assumidas pelos seus clientes no exterior. O objetivo da medida seria frear o consumo no exterior e preservar a balança comercial diante da desvalorização do dólar americano em comparação com a moeda brasileira.[2]

Finalmente, em 15 de setembro também do corrente ano de 2011, o Governo, por mais uma oportunidade, valeu-se de decreto (Decreto 7.567/2011) para majorar as alíquotas de Imposto sobre Produtos Industrializados – IPI

UFRGS, Porto Alegre, 2009.

2 Governo aumenta IOF para cartões de crédito no exterior. *Folha de S. Paulo*, São Paulo, 28 mar. 2011. Disponível em: http://www.folha.uol.com.br. Acesso em: 02 nov. 2011.

aplicáveis a determinados veículos importados, com o propósito protetivo da indústria nacional.

Nestas duas últimas situações, silenciaram, em grande parte, as honrarias atribuídas ao emprego de medidas tributárias extrafiscais, revelando a existência de verdadeiro movimento pendular da opinião pública em comparação com as manifestações constatadas durante o período de crise econômica mundial (2008/2009).

É inegável que este movimento pendular tem como causa a natureza das medidas empregadas pelo Poder Público: de regra, a sociedade civil tenderá a louvar medidas de desoneração e a execrar medidas de oneração. E, certamente, a discussão sobre os diferentes regimes jurídicos que deveriam ser aplicados ora para controle das medidas tributárias extrafiscais de oneração e ora para as medidas tributárias de exoneração já serviria como um bom tema para um artigo jurídico.

Este, entretanto, não é o principal ponto que se pretende enfrentar.

Este trabalho parte do [coerente] pressuposto de que a exaltação ao uso de instrumento extrafiscais serve a *diferentes senhores*. A partir do momento em que se incentiva o emprego de medidas tributárias para fins regulatórios – e ainda que este não seja o campo prioritário ou o mote de autuação do Direito Tributário –, há de se reconhecer que haverá casos sujeitos à censura e outros, não.

O fundamental, portanto, será definir como deve se dar, em caráter geral, o controle das medidas tributárias extrafiscais, de tal sorte que se torne viável separar as situações juridicamente legítimas daquelas que não se afiguram regulares. Para que este projeto seja bem executado, será preciso identificar as formas de controle das medidas tributárias extrafiscais, com especial espaço dedicado a contribuir para a compreensão do papel desempenhado pela capacidade contributiva (art. 145, § 1.º, da Constituição Federal) neste controle.

Na realidade, as considerações que seguem têm como alvo dar um passo adiante em relação a aspectos que já foram abordados na – ainda inédita – dissertação de mestrado mencionada no parágrafo de abertura.[3] Nas páginas que seguem, pretende-se elaborar diretrizes para melhor compreensão do papel desempenhado pela capacidade contributiva em face do controle da extrafiscalidade. Para tanto, serão revisitados, brevemente, alguns conceitos relacionados aos instrumentos próprios à sindicância das medidas tributárias extrafiscais para, após, tentar-se contribuir com a evolução da doutrina sobre o papel desempenhado pela capacidade contributiva neste contexto.

---

[3] PAPADOPOL, Marcel Davidman. *A extrafiscalidade e os controles de proporcionalidade e igualdade*. 2009: 130f. Dissertação (Mestrado em Direito Tributário), Faculdade de Direito, UFRGS, Porto Alegre, 2009.

2. BREVES CONSIDERAÇÕES SOBRE OS INSTRUMENTOS DE CONTROLE DAS MEDIDAS TRIBUTÁRIAS EXTRAFISCAIS

Por intermédio do Decreto-lei 2.434, de 19 de maio de 1988, a União Federal – objetivando incentivar o ingresso em território nacional de determinados produtos aqui escassos – concedeu isenção de «Imposto sobre Operações de Crédito, Câmbio e Seguro e sobre Operações relativas a Títulos e Valores Mobiliários às operações de câmbio realizadas para o pagamento de bens importados, ao amparo de Guia de Importação ou documento as semelhado, emitida a partir de 1.º de julho de 1988».

Diante desta medida, diversos contribuintes propuseram ações judiciais, sustentando que o protelar do início da vigência do benefício fiscal para 1.º de julho representaria arbitrariedade, isto é, faltaria relação de pertinência lógica entre o diferimento da vigência da medida tributária e a finalidade estatal indicada para sua instituição (emergência do ingresso de produtos escassos no mercado nacional).

No entanto, à unanimidade, os Ministros da Primeira Turma do Supremo Tribunal Federal, fiéis aos argumentos alinhavados pela União,[4] entenderam que o ato de que decorre a isenção com propósito extrafiscal, porque discricionário, escapa ao controle do Poder Judiciário, conferindo um certo grau de imunidade às medidas situadas neste campo.

Em anterior estudo,[5] destaquei que a jurisprudência resumida pelo precedente acima se distanciava das exigências do Estado de Direito e, no mais das vezes, chancelava a restrição a direitos fundamentais. A intenção foi indicar a existência de uma verdadeira anemia do raciocínio jurídico pertinente ao controle das medidas tributárias extrafiscais para, após, apontar sugestões sobre os instrumentos que deveriam ter sido empregados pelo e. Supremo Tribunal Federal, por exemplo, em face do precedente em análise.

Na realidade, o ponto central colocado em pauta era demonstrar que diferentes finalidades / efeitos – em especial a distinção entre medidas tributárias fiscais, de um lado, e extrafiscais, de outro – implicariam diferentes tipos de controle, mas jamais em dever de abstenção por parte do Poder Judiciário. Ou seja, tanto as medidas tributárias fiscais, quanto às extrafiscais seriam sindicáveis, evidentemente por meio de instrumentos compatíveis com suas particularidades.

---

4 Ver voto-condutor em BRASIL. STF. RE 159.026, rel. Ilmar Galvão. Acórdão em 30.08.1994, *DJ* 12.05.1995, p. 12.997. Disponível em www.stf.jus.br. Acesso em: 01 nov. 2011.

5 PAPADOPOL, Marcel Davidman. *A extrafiscalidade e os controles de proporcionalidade e igualdade*. 2009: 130f. Dissertação (Mestrado em Direito Tributário), Faculdade de Direito, UFRGS, Porto Alegre, 2009.

E, sob esta ótica, a sugestão se deu no sentido de que as medidas tributárias extrafiscais se sujeitariam, em especial, a um controle de proporcionalidade e de igualdade, na forma que se resumirá na sequência.

2.1 O controle de proporcionalidade das medidas tributárias extrafiscais

Como registrado anteriormente, o fenômeno da extrafiscalidade representa o reconhecimento de que, não raro, medidas tributárias são empregadas para atingir finalidades não-arrecadatórias e, portanto, externas ao Direito Tributário.[6] Da mesma forma, também se fala em extrafiscalidade nas situações em que, mesmo não sendo destinadas especificamente para a realização de um determinado fim, as medidas tributárias acabam gerando efeitos não-arrecadatórios ou externo ao Direito Tributário.[7]

A partir do momento em que se reconhece a possibilidade de emprego de instrumentos tributários para a realização de propósitos externos ao Direito Tributário, isto é, não-arrecadatórios, também é necessário ultrapassar barreiras exteriores, relacionadas a estes mesmos fins que se pretende atingir. Ou seja, é preciso reconhecer que as medidas tributárias extrafiscais possuem a aptidão de fomentar finalidades prestigiadas pelo ordenamento jurídico, mas, em contrapartida, também causam efeitos colaterais danosos a outros valores também caros ao mesmo ordenamento jurídico.

Como consequência, a validade da medida tributária extrafiscal – já em um primeiro momento – depende de uma avaliação séria decorrente da aplicação do postulado da proporcionalidade, que, conforme destaca Ávila,[8] serve como instrumento «estruturador da aplicação de princípios que concretamente se imbricam em torno de uma relação de causalidade entre um meio e um fim».

A aplicação do postulado da proporcionalidade, portanto, depende de três elementos: uma finalidade perseguida (F_1), um meio para a consecução desta finalidade (M_1) e outra(s) finalidade(s) afetada(s) por este meio (F_2, F_3, F_4, etc.),[9] elementos estes que deverão estar presentes em uma situação que envolva o emprego de medidas tributárias extrafiscais.

---

6 Nabais, José Casalta. *O dever fundamental de pagar impostos*. Coimbra: Almedina, 2004: 629; Ataliba, Geraldo. *Sistema constitucional tributário brasileiro*. São Paulo: Ed. Revista dos Tribunais, 1966: 150-151; Yamashita, Douglas. *Justiça fiscal e princípio da capacidade contributiva*. São Paulo: Malheiros, 2002: 61-64.

7 Schoueri, Luis Eduardo. *Normas tributárias indutoras e intervenção no domínio Econômico*. Rio de Janeiro: Forense, 2005: 17-29.

8 Ávila, Humberto. *Teoria dos princípios: da definição à aplicação dos princípios jurídicos*. 8. ed. São Paulo: Malheiros, 2008: 162.

9 Ávila, Humberto. *Teoria dos princípios: da definição à aplicação dos princípios jurídicos*. 8. ed. São Paulo: Malheiros, 2008: 161 e ss. No mesmo sentido, Alexy, Robert. *Teoría de*

Tecidas essas considerações introdutórias a respeito do primeiro instrumento destinado ao controle ora proposto, cumpre especificar a forma de aplicação do postulado da proporcionalidade para o controle das medias tributárias extrafiscais.

2.1.1 O controle de adequação

A primeira etapa de aplicação do postulado da proporcionalidade envolve um controle de adequação, que, segundo a jurisprudência do Tribunal Constitucional alemão,[10] implicaria avaliar se a medida possui potencial relação de causalidade em face de uma ou mais finalidades resguardadas pelo ordenamento jurídicos.[11]

Transpondo esta lição ao campo da extrafiscalidade, seria imprescindível avaliar a relação entre a medida tributária prescrita pelo legislador e a finalidade que se pretende atingir. Somente se reputariam válidas as medidas tributárias extrafiscais capazes de conduzir ao resultado almejado.

A partir de dois exemplos que povoaram a introdução, é possível, ainda que de uma forma bastante superficial, ilustrar como se daria, em termos práticos, o controle de adequação de uma medida extrafiscal.

A um, se a redução das alíquotas do IPI para a linha de automóveis tiver a aptidão de atingir a finalidade ostensiva apresentada pela política pública (manter aquecido segmento do mercado durante período de crise, de modo a preservar postos de trabalho), será possível qualificá-la como *adequada*. A dois, se a majoração das alíquotas do mesmo tributo tiver a aptidão de promover a proteção da indústria nacional diante do ingresso crescente de produtos concorrentes de baixo valor, também será possível rotulá-la como *adequada*.

O debate acerca do controle de adequação, todavia, não se esgota com o conceito exposto nos parágrafos antecedentes. É preciso definir como o controle de adequação deve ser realizado.[12]

---

los derechos fundamentales. Madrid: Centro de estudios políticos y constitucionales, 2002: 113-115.

10 Barros, Suzana de Toledo. *O princípio da proporcionalidade e o controle de constitucionalidade das leis restritivas de direitos fundamentais. Brasília*: Brasília Jurídica, 2003: 48-50.

11 Ver, entre outros, Buechele, Paulo Arminio Tavares. *O princípio da proporcionalidade e a interpretação da Constituição*. Rio de Janeiro: Renovar, 1999: 125-126; Pontes, Helenilson Cunha. *O princípio da proporcionalidade e o direito tributário*. São Paulo: Dialética, 2000: 66-67; Ávila, Humberto. *Teoria dos princípios: da definição à aplicação dos princípios jurídicos*. 8. ed. São Paulo: Malheiros, 2008: 165-170; Barros, Suzana de Toledo. *O princípio da proporcionalidade e o controle de constitucionalidade das leis restritivas de direitos fundamentais*. Brasília: Brasília Jurídica, 2003: 78-79; Afonso da Silva, Virgílio. «O proporcional e o razoável». *Revista dos Tribunais* 798/36-37, ano 91, abr. 2002; Velloso, Andrei Pitten. «A teoria da igualdade tributária e o controle de proporcionalidade da desigualdade de tratamento». *Revista Tributária e de Finanças Públicas*, 76/60-61, ano 15, set.-out. 2007.

12 Steinmetz, Wilson Antonio. *Colisão de direitos fundamentais e princípio da proporcionalidade*. Porto Alegre: Livraria do Advogado, 2001: 150 e seguintes.

Em primeiro lugar, deve-se estabelecer quando um meio conduz à realização de um fim. Isso porque, conforme respalda Ávila,[13] a relação de pertinência entre um meio e um fim pode ser examinada em diferentes aspectos: um meio pode ser adequado à realização de um fim em termos quantitativos (intensidade), qualitativos (qualidade) ou probabilísticos (certeza). Com efeito, é necessário definir se o legislador deve escolher o meio tributário «mais intenso, o melhor e o mais seguro para atingir o fim, ou tem o dever de escolher um meio que "simplesmente" promova o fim»[14] almejado.

A resposta não é fácil. Mas, neste ponto, as exigências do sobreprincípio da separação de poderes[15] apontam para a adoção da segunda alternativa, isto é, aquela que impõe a realização de um controle fraco de adequação, tal como propõe o Tribunal Constitucional alemão.[16] Permitir o irrestrito e aprofundado controle das decisões legislativas extrafiscais importaria em estabelecer um império do Poder Judiciário, o que, certamente, não se compatibilizaria com as exigências da liberdade conformadora conferida ao legislador.

Outros motivos parecem se somar àquele anteriormente indicado.

O controle de adequação é unidirecional. Não há espaço, ainda, para comparação entre diferentes medidas extrafiscais que poderiam ser adotadas pelo Poder Público para a consecução de suas finalidades, o que faz com que o controle de adequação não possa ser promovido de modo forte.

Além disso, os princípios são normas que estabelecem finalidades, isto é, um estado ideal que deve ser perseguido pelo Poder Público. Os princípios, entretanto, não estabelecem, de antemão, o caminho para sua consecução. Cabe ao legislador, por meio de um juízo de prognose, estabelecer medidas viáveis para atingir as finalidades resguardadas pelo ordenamento jurídico. Daí resultar inviável, desde logo, um controle forte em relação aos caminhos eleitos pelo legislador, que representam nada mais do que opção decorrente de juízo de probabilidade.

Pelo controle de adequação, portanto, exige-se que o Poder Público escolha uma medida que se mostre capaz de fomentar condutas capazes de conduzir à concretização de finalidades caras ao ordenamento jurídico.

Sob outro aspecto, é preciso reconhecer que uma determinada medida tributária extrafiscal pode ser considerada (i) adequada no plano abstrato, mas não no concreto; (ii) na maior parte dos casos ou somente para um deles ou

---

13 Ávila, Humberto. *Teoria dos princípios: da definição à aplicação dos princípios jurídicos*. 8. ed. São Paulo: Malheiros, 2008: 165.

14 *Idem, ibidem.*

15 Ávila, 2007: 166.

16 Afonso da Silva, Virgílio. «O proporcional e o razoável». *Revista dos Tribunais* 798/36-37, abr. 2002.

(iii) na data de sua adoção, através de um juízo de prognose, mas não no futuro.[17]

Com arrimo em Ávila, é possível afirmar que se mostra adequada e, assim, ultrapassa a primeira barreira imposta pelo postulado da proporcionalidade, a imposição ou exoneração tributária extrafiscal que abstratamente, na maior parte dos casos e na data de sua adoção contribua para a consecução de um estado ideal resguardado pelo texto constitucional.[18]

Com a definição destas diretrizes, já é possível definir um terceiro aspecto controverso relacionado ao controle de adequação, que também merece atenção: ao menos no Direito brasileiro, o Poder Público não é obrigado a expor, desde logo, o propósito das medidas tributárias que adota. A título de ilustração, o legislador não necessita registrar em lei as razões pelas quais concede um determinado benefício fiscal aos prestadores de serviço de transporte escolar,[19] nem tampouco justificar o aumento das alíquotas do imposto de importação.[20]

Como consequência, na maior parte das vezes, há dificuldade de se apontar a finalidade perseguida pela medida estatal interventiva[21] e, consequentemente, de se avaliar o nexo de adequação entre meio e fim.

Nestas hipóteses, a doutrina,[22] adequadamente, sugere a atribuição de ônus argumentativo ao Poder Público, a quem incumbe apresentar, assim que instado,[23] as justificativas para os atos que pratica.

A finalidade perseguida por meio das medidas tributárias extrafiscais deve ser indicada pelo próprio ente público e o controle de adequação deve ser

---

[17] Ávila, Humberto. *Teoria dos princípios: da definição à aplicação dos princípios jurídicos.* 8. ed. São Paulo: Malheiros, 2008: 167-168.

[18] *Idem, ibidem.*

[19] Brasil. STF. ADIn 1.655, rel. Maurício Correa. Acórdão em 03.03.2004, *DJ* 02.04.2004, p. 8, disponível em <www.stf.jus.br>.

[20] Brasil. STF. RE 225.602, rel. Carlos Velloso. Acórdão em 25.11.1998, *DJ* 06.04.2001, p. 101, disponível em <www.stf.jus.br>.

[21] Pontes, Helenilson Cunha. *O princípio da proporcionalidade e o direito tributário.* São Paulo: Dialética, 2000: 98. No mesmo sentido, ver Schauer, Frederick. *Playing by the rules: a philosophical examination of rule-based decision-making in law and in life.* Oxford: Clarendon, 2002: 31 e ss. e Tipke, Klaus. *Justiça fiscal e princípio da capacidade contributiva.* São Paulo: Malheiros, 2002: 40.

[22] V. Ávila, Humberto. *Teoria da igualdade tributária.* São Paulo: Malheiros, 2008: 68-71; e Szaniawski, Elimar. «Apontamentos sobre o princípio da proporcionalidade-igualdade». *RTDC – Revista Trimestral de Direito Civil,* vol. 2, n. 5/30, jan.-mar. 2001.

[23] Alexy, Robert. *Teoria da argumentação jurídica: a teoria do discurso racional como teoria da fundamentação jurídica.* São Paulo: Landy, 2005: 194; Ávila, Humberto. *Teoria da igualdade tributária.* São Paulo: Malheiros, 2008: 69 e 71. No mesmo sentido, Larenz indica, como requisito de validade da discriminação, a necessidade de exposição objetiva da finalidade perseguida pelo legislador. (Larenz, Karl. *Derecho justo: fundamentos de etica juridica.* Madrid: Civitas, 1999: 142).

exercido pelo Poder Judiciário nos estritos limites da finalidade em questão, dispensando-se a necessidade de exercício de imaginação em sede de controle jurisdicional. Até porque – diante da diversidade de finalidades indicadas pela nossa Constituição Federal – não seria difícil o conserto de eventuais equívocos cometidos pelo Poder Público, mediante o reconhecimento aleatório de justificativas para a adoção de medidas extrafiscais.[24]

2.1.2 O controle de necessidade

A segunda etapa exigida pelo postulado da proporcionalidade é o controle de necessidade. O controle de necessidade impõe ao intérprete o dever de verificar a existência de meios alternativos à consecução da finalidade extrafiscal, mas que, em contrapartida, não inibiam a realização de outros princípios jurídicos ou direitos fundamentais dos contribuintes. Vale dizer: diversos meios são examinados nos seus distintos planos de consecução e restrição das finalidades constitucionais.

Este controle comparativo, por sua vez, demanda o reconhecimento de dois pressupostos.

Por primeiro, é importante reconhecer que a realização dos princípios jurídicos – assim como sua restrição – pode se dar em diversos graus, pois, afinal de contas, os princípios jurídicos são conceituados justamente como mandados de otimização, realizáveis em diversos graus, conforme as possibilidades jurídicas e fáticas.[25]

Os princípios jurídicos se estruturam em diferentes camadas, cada qual composta de determinados elementos importantes à realização da finalidade que resguardam.

Com efeito, a comparação entre os diversos meios colocados à disposição do Poder Público para a realização das finalidades prestigiadas pelos princípios jurídicos demanda a comparação entre o grau de eficácia de cada uma delas e o grau de restrição que propiciam aos demais valores reconhecidos por outros princípios jurídicos.[26] Raríssimas serão as hipóteses em que duas distintas medidas possuirão idêntico grau de realização dos princípios jurídicos ou, ainda, propiciarão idêntica restrição aos princípios contrapostos.

---

[24] TIPKE, Klaus. *Justiça fiscal e princípio da capacidade contributiva*. São Paulo: Malheiros, 2002: 40.

[25] ALEXY, Robert. *Teoría de los derechos fundamentales*. Madrid: Centro de Estudios Políticos y Constitucionales, 2002: 99.

[26] Segundo STEINMETZ, o Tribunal Constitucional Alemão a substituição de um meio por outro demanda, ao menos, equivalência de eficácias (STEINMETZ, Wilson Antonio. *Colisão de direitos fundamentais e princípio da proporcionalidade*. Porto Alegre: Livraria do Advogado, 2001: 151).

Por segundo, existem alguns princípios jurídicos que se reputam mais relevantes ao ordenamento jurídico do que outros.[27] Diz-se, assim, que alguns princípios são fundamentais, outros, meramente setoriais.[28] Da mesma forma, alguns princípios sequer podem ser objeto de emenda constitucional, enquanto que a modificação de outros é mais tolerável.

A prevalência abstrata de um princípio jurídico sobre outros – denominada, ordinariamente, de precedência axiológica e estabelecida pelo postulado da ponderação[29] – causa relevante impacto sobre o controle de necessidade. Como consequência desta precedência axiológica, algumas medidas tributárias extrafiscais, mesmo quando fomentem – em bom grau – finalidades resguardadas por princípios constitucionais, não ultrapassam o crivo do controle de necessidade, porque infringem, ainda que em pequeno grau, outros princípios mais valiosos ao ordenamento jurídico.[30] Não se justificaria, por exemplo, a realização da proteção ao sistema financeiro em grau médio ao custo de médio sacrifício da igualdade, porque, cediçamente, a igualdade é mais relevante ao ordenamento jurídico do que a proteção ao sistema financeiro.[31]

Em suma, a comparação entre os diversos meios colocados à disposição do Poder Público também deve levar em consideração as diferentes posições ocupadas pelas finalidades resguardadas pelo ordenamento jurídico. A restrição, em pequeno grau, a um princípio setorial não pode ser enfrentada da mesma forma que a dirigida a um princípio fundamental ou à uma cláusula pétrea. Igualmente, o custo ou os efeitos colaterais do fomento a um princípio fundamental ou a uma cláusula pétrea são mais aceitáveis do que o custo ou os efeitos colaterais do fomento a um princípio meramente setorial.

O processo de avaliação a ser realizado em face do controle de necessidade envolve duas etapas: a atribuição de peso relativo aos diferentes princípios (finalidades) em confronto, a partir de sua relevância ou *status* perante o orde-

---

[27] Larenz, Karl. *Metodologia da ciência do direito.* Lisboa: Fundação Calouste Gulbenkian, 1997: 575; Novais, Jorge Reis. *Direitos fundamentais: trunfos contra a maioria.* Coimbra: Coimbra Ed., 2006: 95; e Maior Borges, José Souto. «Pro-dogmática: por uma hierarquização dos princípios constitucionais». *Revista Trimestral de Direito Público*, 1/141-146.

[28] Maior Borges, José Souto. «Pro-dogmática: por uma hierarquização dos princípios constitucionais». *Revista Trimestral de Direito Público*, 1/146.

[29] Barcellos, Ana Paula de. *Ponderação, racionalidade e atividade jurisdicional.* Rio de Janeiro: Renovar, 2005: 23 e ss.

[30] Sob certa medida, o controle de proporcionalidade dependerá da aplicação de critério de coerência, que exige a manutenção da medida suportada pelo maior número de princípios ou pelos princípios axiologicamente mais relevantes ao ordenamento jurídico. Para aprofundamento, sugere-se a leitura de Peczenik, Aleksander. *Derecho e Razón.* México: Fontamara, 2003: 60 e ss.

[31] Maior Borges, José Souto. «O princípio da segurança jurídica na criação e aplicação do tributo». *Revista Diálogo Jurídico*, Salvador, CAJ – Centro de Atualização Jurídica, n. 13, abril-maio, 2002. Disponível na Internet: <http://www.direitopublico.com.br>. Acesso em: 12 out. 2008.

namento jurídico e a definição do grau de fomento e restrição que cada medida em comparação poderia gerar aos princípios em rota de imbricamento.

Vencidas estas etapas, será possível definir se a imposição ou exoneração extrafiscal atendem às exigências da necessidade e, consequentemente, ultrapassam o segundo elemento do controle de proporcionalidade.

Ávila,[32] invocando os princípios da legalidade e da separação de poderes, sustenta que somente nos casos ditos evidentes seria possível a declaração da nulidade do meio eleito pelo Poder Público através do exercício do controle de necessidade.[33]

Entretanto, cumpre assinalar que o controle de necessidade, apesar de também se caracterizar como um controle de inequivocidade ou evidência,[34] permite uma maior extensão e intensidade da avaliação que será promovida pelo Poder Judiciário do que aquela permitida no campo da adequação.

Em primeiro lugar, porque o controle de adequação – diferentemente do controle de necessidade ora estudado – envolve apenas uma relação direta entre um meio e um fim, sem, ainda, demandar qualquer espécie de comparação em face das demais alternativas de que dispunha o legislador. Nesse caso, basta que a medida possa conduzir à realização do fim para que se afirme sua adequação, ao passo que no controle de necessidade já se realiza um juízo de comparação mais aprofundado.

Em segundo, lugar, porque a moderna teoria dos direitos fundamentais não se compatibiliza com o exercício amplo e irrestrito da liberdade conformadora do legislador.[35]

Nesse contexto, alguns critérios podem ser propostos para o exercício do controle de necessidade. A amplitude deste controle será maior: a) quanto maior a restrição aos princípios contrapostos; b) quanto mais relevante(s) for(em) a(s) finalidade(s) afetada(s) pela medida tributária extrafiscal; c) quanto mais particularizada for a medida tributária extrafiscal.[36] Por outro lado, o controle de necessidade será menos amplo e aprofundado quanto mais

---

[32] Ávila, Humberto. *Teoria dos princípios: da definição à aplicação dos princípios jurídicos*. 8. ed. São Paulo: Malheiros, 2008: 169-170.

[33] No mesmo sentido, Barros, Suzana de Toledo. *O princípio da proporcionalidade e o controle de constitucionalidade das leis restritivas de direitos fundamentais*. Brasília: Brasília Jurídica, 2003: 80 81.

[34] Recorda-se que, por controle de evidência, quer-se afirmar que somente deve haver a anulação do meio equiparando manifestamente pior do que seu paradigma.

[35] Canotilho, José Joaquim Gomes. *Constituição dirigente e vinculação da legislação: contributo para a compreensão das normas constitucionais programáticas*. Coimbra: Coimbra Ed., 2001: 487.

[36] Barcellos, Ana Paula de. *Ponderação, racionalidade e atividade jurisdicional*. Rio de Janeiro: Renovar, 2005: 85 e ss.; e Ávila, Humberto. *Teoria dos princípios: da definição à aplicação dos princípios jurídicos*. 8. ed. São Paulo: Malheiros, 2008: 174-175.

técnica for a decisão de adoção da medida tributária extrafiscal e quanto mais duvidoso o resultado futuro.[37]

2.1.3 O controle de proporcionalidade em sentido estrito

No campo da aplicação da proporcionalidade em sentido estrito, cabe ao intérprete cotejar as vantagens e desvantagens derivadas da imposição ou exoneração tributária extrafiscal.

Por demandar avaliação de oportunidade e conveniência, este exame é o que se mostra mais complexo entre os ora elencados, a tal ponto que alguns teóricos do Direito não o incluem como exigência do postulado da proporcionalidade.[38] Em alguns casos, entretanto, fica claro que a medida adotada pelo Poder Público mais restringe a realização de finalidades constitucionais do que as fomenta. É o que se verifica no campo da ADIn 855,[39] por meio da qual o Supremo Tribunal Federal constatou que a instalação de balanças em caminhões para fornecimento de botijões de gás propiciava mais desvantagens ao livre exercício de atividade econômica do que vantagens em matéria de proteção ao consumidor.[40]

2.2 O controle de igualdade das medidas tributárias extrafiscais

O segundo instrumento de controle das medidas tributárias extrafiscais proposto neste estudo é o postulado da igualdade. Em sua dimensão de postulado, a igualdade exige uma combinação entre diferentes elementos,[41] a fim de que se definam quais as situações que merecem tratamento igualitário e quais as que demandam tratamento diferenciado.[42] Conforme destaca Ávila, a

---

37 Ávila, Humberto. *Teoria dos princípios: da definição à aplicação dos princípios jurídicos.* 8. ed. São Paulo: Malheiros, 2008: 174-175.

38 Afonso da Silva, Virgílio. «O proporcional e o razoável». *Revista dos Tribunais* 798/35, ano 91, abr. 2002.

39 Brasil. STF. Medida Cautelar em ADIn 855, rel. Sepúlveda Pertence. Acórdão em 01.07.1993, *DJ* 01.10.1993, p. 20.212, disponível em www.stf.jus.br.

40 Ávila, Humberto. *Teoria dos princípios: da definição à aplicação dos princípios jurídicos.* 8. ed. São Paulo: Malheiros, 2008: 175. V., no mesmo sentido: Brasil. STF. Medida Cautelar em ADIn 855, rel. Sepúlveda Pertence. Acórdão em 01.07.1993, *DJ* 01.10.1993, p. 20.212, disponível em <www.stf.jus.br>.

41 Ávila, Humberto. *Sistema constitucional tributário.* 3. ed. São Paulo: Saraiva, 2008: 349.

42 A igualdade-postulado servirá como instrumento para responder à iterativa indagação doutrinária sobre quem são aqueles que devem ser tratados de forma igual e quem são aqueles que merecem a dispensa de tratamento diferenciado (entre outros, Bandeira de Mello, Celso Antonio. *O conteúdo jurídico do princípio da igualdade.* São Paulo: Malheiros, 1999: 10-11; Ávila. Humberto. *Teoria da igualdade tributária.* São Paulo: Malheiros, 2008: 28; Ricardo Lobo. *Tratado de direito constitucional, financeiro e tributário*, vol. III: Os direitos humanos e a tributação: imunidades e isonomia. Rio de Janeiro: Renovar, 1999: 326-327).

igualdade só se completa quando estão presentes estes elementos estruturais, porque a «igualdade é a relação entre estes elementos».[43]

Neste momento, já se faz possível antecipar que a igualdade-postulado possui uma estrutura eminentemente formal. Em razão deste papel articulador, diversos autores identificaram sua fórmula como vazia ou de caráter formal.[44] É importante, contudo, destacar que tal afirmação não significa reduzir sua relevância, nem, tampouco, conferir-lhe um estigma pejorativo.[45] O papel articulador da igualdade é absolutamente relevante ao Direito. Sem a sua adequada compreensão, não há como definir quando dois sujeitos devem ou não ser tratados de forma diferenciada[46] e, portanto, quando o tratamento diferenciado por razões extrafiscais legitima-se perante o ordenamento jurídico.

Doravante, portanto, procurar-se-á definir como se estrutura a aplicação do postulado da igualdade no campo da sindicância das medidas tributárias extrafiscais.

2.2.1 A estrutura da igualdade postulado

A doutrina[47] e a jurisprudência[48] costumam qualificar o dever de igualdade como um dever relativo. Esta afirmação, por sua vez, vem imbuída de diferentes significados.

Em primeiro lugar, diz-se que a igualdade estabelece um dever relativo, porque não se procura estabelecer uma igualdade absoluta entre pessoas. É antiga a afirmação de que todos somos iguais em alguns aspectos e diferentes em tantos outros e também integra o dever de igualdade preservar as diferenças que se mostrarem juridicamente relevantes.

Em segundo lugar, a afirmação de que a igualdade estabelece um dever relativo também diz respeito à sua própria forma de estruturação. Afinal de contas, não é possível afirmar a consumação de ofensa à igualdade sem que se estabeleça um juízo relacional entre os regimes jurídicos atribuídos a dois distintos sujeitos.

---

43 ÁVILA. Humberto. *Teoria da igualdade tributária*. São Paulo: Malheiros, 2008: 42.

44 HART, Herbert L. A. *O conceito de direito*. Lisboa: Calouste Gulbenkian, 2005: 173-174; WESTEN, Peter. «The empty idea of equality». *Harvard Law Review* 95/556-557, 1981/1982; ÁVILA. Humberto. *Teoria da igualdade tributária*. São Paulo: Malheiros, 2008: 139 e ss.

45 ÁVILA, Humberto. *Teoria da igualdade tributária*. São Paulo: Malheiros, 2008: 139-145.

46 GREENAWALT, Kent. «Prescriptive equality: two steps forward». *Harvard Law Review* 110/1.274, 1997.

47 «Não há, no universo, duas coisas iguais» (BARBOSA, Ruy. *Oração aos moços*. São Paulo, Martin Claret, 2003: 39).

48 Recurso em MS 21.046, rel. Sepúlveda Pertence. Acórdão em 14.12.1990, *DJ* 14.11.1991, p. 16.356, disponível em www.stf.jus.br.

Apenas a título de ilustração, vale retomar antiga situação que envolveu a proibição de importação de veículos usados.[49] Naquela oportunidade, diversas ações judiciais foram propostas com fundamento na ofensa à igualdade. É imperioso, no entanto, reconhecer, que a simples afirmação de que os importadores de veículos importados receberam tratamento jurídico anti-isonômico não teria qualquer sentido, se não pressupuséssemos que a discriminação se deu em comparação com o tratamento jurídico dos importadores de veículos novos ou dos importadores de produtos usados de outras naturezas.

Percebe-se, portanto, que, pela sua própria natureza, o juízo de igualdade sempre envolve uma comparação entre o tratamento jurídico atribuído a dois distintos sujeitos. Aliás, de regra, a parte mais visível deste confronto será percebida pela presença de dois sujeitos, recebendo tratamento diverso em razão de algum critério (como, por exemplo, a espécie do produto importado).

Entretanto, o juízo de comparação, ínsito ao controle proposto pela aplicação da igualdade-postulado, estrutura-se sobre quatro e – não apenas dois – elementos,[50] a saber: (i) sujeitos, (ii) critério de discriminação; (iii) fator de discriminação e (iv) finalidade. Graficamente, a igualdade-postulado poderia ser representada, de forma genérica, da seguinte forma:

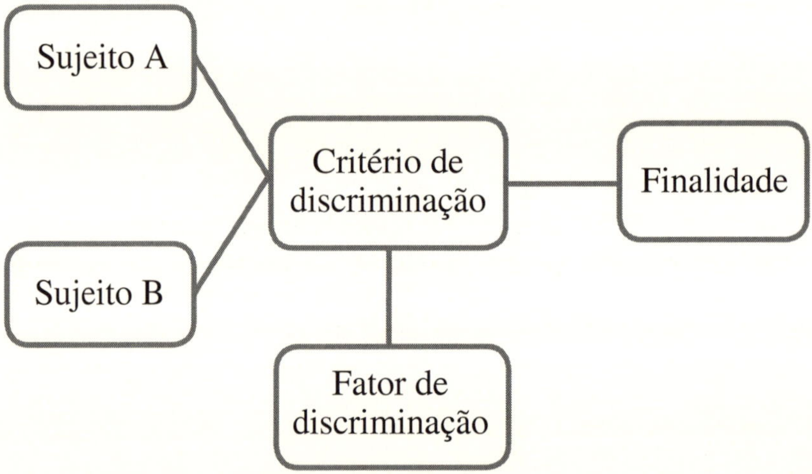

[49] V., por exemplo: Brasil. STF. RE 199.090, rel. Carlos Velloso. Acórdão em 26.11.1996, *DJ* 07.03.1997, disponível em www.stf.jus.br.

[50] Ausentes estes elementos, ou se estará diante de um caso de não-aplicação do postulado da igualdade, por falta de pressuposto metodológico, ou se estará diante de ofensa ao postulado da igualdade, conforme restará melhor demonstrado na seqüência.

Por sua vez, tal como ocorre com o controle de proporcionalidade, a aplicação do postulado da igualdade estabelece a forma como deve se dar a interação entre estes diferentes elementos.

Através de quatro regras básicas, será possível verificar se a medida tributária extrafiscal se colima com as exigências da igualdade ou não, conforme ora se passa a expor.

Em primeiro lugar, é fundamental registrar que a doutrina[51] afirma o primado de um estado de igualdade. Para Gavara de Cara, «*el tratamiento diverso de personas, cosas o situaciones debe ser razonablemente justificado, mientras que el tratamiento uniforme no requiere ningún tipo de argumentación específica para ser sostenido en términos de constitucionalidad*».[52] No mesmo sentido, Borowski afirma que «*está ordenado otorgar un trato igual, cuando no existe una razón suficiente para permitir un trato desigual. El mandato de trato igual estatuye de este modo una carga de argumentación a favor del trato jurídico igual*».[53]

Em função disto, somente será tolerado o trato diferenciado quando destinado a assegurar a realização (ou catalisar a realização) de um fim prestigiado pelo ordenamento jurídico. A ausência de finalidade válida que respalde o tratamento diferenciado implicará o obrigatório reconhecimento de ofensa à igualdade.

Parta fins de ilustração, a isenção de custas judiciais para a propositura de ações pessoais por parte de Membros do Ministério Público viola a igualdade, porque desprovida de qualquer fundamento válido.[54] Ou seja, não há qualquer finalidade prestigiada pelo ordenamento jurídico capaz de justificar o trato diferenciado que se pretendia implantar.

Em segundo lugar, a finalidade que justifica o trato diferenciado também mediará a validade do critério de discriminação, de modo que somente será dado ao legislador erigir critério de discriminação que mantenha relação de pertinência lógica com a finalidade a que se destina a medida.[55] Dito de outra

---

[51] Entre outros, ver Torres, Ricardo Lobo. *Tratado de direito constitucional, financeiro e tributário*, vol. III: Os direitos humanos e a tributação: imunidades e isonomia. Rio de Janeiro: Renovar, 1999: 340; Ávila. Humberto. *Teoria da igualdade tributária*. São Paulo: Malheiros, 2008: 146 e ss.; Alexy, Robert. *Teoría de los derechos fundamentales*. Madrid: Centro de Estudios Políticos y Constitucionales, 2002: 395-396. Em sentido contrário, Westen, Peter. «The empty idea of equality». *Harvard Law Review* 95/537 e ss., 1981/1982.

[52] Gavara de Cara, Juan Carlos. *Contenido y función del término de comparación en la aplicación del principio de igualdad*. Navarra: Aranzadi, 2005: 35.

[53] Borowsky, Martin. *La estructura de los derechos fundamentales*. Bogotá: Universidad Externado de Colômbia, 2003: 191.

[54] Brasil. STF. ADIn 3.260, rel. Eros Grau. Acórdão em 29.03.2007, *DJ* 29.06.2007, p. 21, disponível em www.stf.jus.br.

[55] Bandeira de Mello, Celso Antonio. *O conteúdo jurídico do princípio da igualdade*. São Paulo: Malheiros, 1999: 37-40; Ávila, Humberto. *Teoria da igualdade tributária*. São Paulo:

forma, o critério de discriminação deve conduzir à realização da finalidade perseguida pelo legislador.

Se o objetivo de determinada medida é incentivar o acesso à educação, não há qualquer sentido em se conferir benefício fiscal apenas em favor de prestadores de serviço de transporte escolar vinculados a uma determinada cooperativa.[56]

Em terceiro lugar, não é qualquer diferença que legitimará a atribuição de trato diferenciado entre dois sujeitos. Há necessidade de se constatar a existência de diferença real entre os dois sujeitos ou grupos de sujeitos que serão alvo da desequiparação. Esta diferença, conforme reforça a doutrina,[57] não pode ser artificial ou irrazoável.

Mais do que isso, somente quando a diferença entre os sujeitos for relevante[58] é que será tolerado o tratamento diferenciado. A relevância da diferença, ao seu turno, demanda a investigação dos fins (princípios) prescritos pelo próprio texto constitucional.[59] Neste sentido, a diferença factual existente entre dois sujeitos será relevante desde que pertinente para realizar ou auxiliar a realização de finalidade protegida pelo ordenamento jurídico.[60]

Apenas a título de ilustração, à luz do princípio do livre exercício de atividade econômica, a diferença entre comércio tradicional de rua e o comércio em *shopping centers* não parece ser constitucionalmente relevante para fins de discriminação, ao contrário do que decidiu o Supremo Tribunal Federal em face do RE 119.258.[61]

Em quarto lugar, a preservação da igualdade demanda especial atenção ao fator de discriminação ou elemento indicativo do critério de discriminação. Neste passo, é oportuno esclarecer o que é este elemento indicativo do critério

---

Malheiros, 2008: 44-45; Torres, Ricardo Lobo. *Tratado de direito constitucional, financeiro e tributário*, vol. III: Os direitos humanos e a tributação: imunidades e isonomia. Rio de Janeiro: Renovar, 1999: 327.

56 Brasil. STF. ADIn 1.655, rel. Maurício Correa. Acórdão em 03.03.2004, *DJ* 02.04.2004, p. 8, disponível em <www.stf.jus.br>.

57 Miranda, Jorge. *Manual de direito constitucional*, tomo IV. Coimbra: Coimbra Ed., 2000: 239. No mesmo sentido, v.: Ávila. Humberto. *Teoria da igualdade tributária*. São Paulo: Malheiros, 2008: 44; e Derzi, Misabel Abreu Machado. «O princípio da igualdade e o direito tributário». *Revista da Faculdade de Direito Milton Campos*, vol. 1, n. 1/190-192, Belo Horizonte, 1994.

58 Alexy, Robert. *Teoría de los derechos fundamentales*. Madrid: Centro de Estudios Políticos y Constitucionales, 2002: 393; e Ávila, Humberto. *Sistema constitucional tributário*. 3. ed. São Paulo: Saraiva, 2008: 358.

59 Silva, Fernanda Duarte Lopes Lucas da. *Princípio constitucional da igualdade*. Rio de Janeiro: Lumem Júris, 2003: 80.

60 Gavara de Cara, Juan Carlos. *Contenido y función del término de comparación en la aplicación del principio de igualdad*. Navarra: Aranzadi, 2005: 89.

61 Brasil. STF. RE 119.258, rel. Ellen Gracie. Acórdão em 30.06.1992, *DJ* 21.08.1992, p. 12.786, disponível em <www.stf.jus.br>.

de discriminação (fator de discriminação) e um exemplo talvez auxilie a compreensão por parte do leitor.

Ao promover processo seletivo para preenchimento de cargo vago, as empresas buscam comparar diferentes candidatos para eleger aquele que será mais apto a ocupar o posto de trabalho em disputa. Neste exemplo, afigura-se viável aquilatar os três elementos estruturantes da igualdade (sujeito, critério e finalidade), sendo bastante claro o critério para definição do concorrente que vencerá a disputa pelo cargo: maior aptidão para o exercício da função vaga. Mesmo assim, ninguém saberia informar qual a característica dos candidatos que será determinante para a escolha. Isso porque a aptidão para o desempenho de uma função pode ser mensurada através de diferentes fatores, tais como: velocidade no desempenho das tarefas exigidas, qualidade final do resultado do trabalho apresentado, capacidade de aglutinação de pessoas ou qualificação para o relacionamento interpessoal, atenção ao cliente, domínio de idiomas estrangeiros etc.

Situação similar se verifica em relação ao controle de igualdade. Quando a Constituição Federal, por exemplo, prescreve a implantação de tratamento favorecido para micro e pequenas empresas, o critério de discriminação é ostensivo: porte da empresa. O porte de uma empresa, por sua vez, poderá ser avaliado através de diferentes fatores, tais como faturamento, receita bruta, número de empregados, número de estabelecimentos, quantidade de operações realizadas ao longo do ano-calendário, liquidez, rentabilidade sobre o patrimônio líquido etc.

Neste segundo exemplo, o critério de discriminação ou a medida de comparação é o porte da empresa, mas o elemento indicativo da medida de comparação (o fator de discriminação) representa uma sintonia mais fina: é exatamente aquilo que será empregado para definir quais empresários serão considerados de pequeno, médio ou grande porte.

Conforme Ávila, a preservação da igualdade impõe a existência de relação fundada e conjugada entre a medida de comparação e seu elemento indicativo.[62]

A relação será fundada quando houver uma correspondência probabilística ou estatisticamente comprovável entre a medida de comparação e seu elemento indicativo,[63] tal como ocorre entre faturamento e porte da empresa, idade e capacidade física, peso e mobilidade etc.[64] O elemento indicativo da

---

62 Ávila. Humberto. *Teoria da igualdade tributária*. São Paulo: Malheiros, 2008: 48.

63 *Idem, ibidem.*

64 De regra, quanto maior o faturamento de uma empresa, maior será seu porte; quanto mais idoso for o sujeito, menor será sua capacidade física; quanto maior o peso do sujeito, menor será sua mobilidade; etc.

medida de comparação não pode transparecer uma escolha aleatória ou espúria por parte do legislador.[65]

Por outro lado, e sem dúvida um dos aspectos mais polêmicos da obra de Ávila, considerar-se-á a relação conjugada quando o elemento indicativo eleito pelo legislador for o mais representativo da medida de comparação.[66] Se diversos elementos (fatores) mantiverem relação de pertinência com a medida de comparação, o legislador deve escolher aquele que mais se aproximar da finalidade que se pretende concretizar através do tratamento diferenciado: «o Poder legislativo não pode escolher um critério, ainda que ele mantenha uma relação fundada com a finalidade, se houver outras medidas de comparação que contrariam uma relação ainda mais próxima com a finalidade a ser buscada».[67-68]

Portanto, o controle de igualdade das medidas tributárias extrafiscais exigirá (i) a identificação de finalidade válida para justificar o trato diferenciado; (ii) a existência de uma relação de pertinência lógica entre a finalidade e o critério de discriminação eleito pelo legislador; (iii) a existência de uma diferença factual e relevante entre os sujeitos desequiparados e (iv) a adoção de um elemento indicativo da medida de comparação (fator de discriminação) que mantenha uma relação fundada e conjugada com o critério de discriminação.

Desenvolvidas essas premissas, é possível afirmar que será reputada legítima a medida tributária extrafiscal que ultrapassar os testes decorrentes da aplicação dos postulados da proporcionalidade e da igualdade, ao passo que será reputada irregular a medida tributária extrafiscal que não atender os requisitos indicados pelos postulados em referência.

Doravante, é possível adentrar a última etapa deste artigo, etapa esta destinada a indicar diretrizes para a compreensão do papel da capacidade contributiva no contexto de controle ora proposto.

3. O PAPEL ATRIBUÍDO À CAPACIDADE CONTRIBUTIVA PELA DOUTRINA

Fato notório, o legislador optou por positivar texto específico para consagração da capacidade contributiva junto à Constituição Federal de 1988, mais especificamente no art. 145, § 1.º, segundo o qual «sempre que possível, os impostos terão caráter pessoal e serão graduados segundo a capacidade econô-

---

[65] Schauer, Frederick. *Profiles, Probabilities, and Stereotypes*. Cambridge and London: Harvard University Press, 2003: 108-118.

[66] Ávila, Humberto. *Teoria da igualdade tributária*. São Paulo: Malheiros, 2008: 51.

[67] *Idem, ibidem*: 55.

[68] Brasil. STF. ADIn 1.643, rel. Mauricio Correa. Acórdão em 05.12.2002, *DJ* 14.03.2003, p. 27, disponível em <www.stf.jus.br>.

mica do contribuinte, facultado à administração tributária, especialmente para conferir efetividade a esses objetivos, identificar, respeitados os direitos individuais e nos termos da lei, o patrimônio, os rendimentos e as atividades econômicas do contribuinte».

A partir do texto anteriormente reproduzido, a doutrina,[69] tradicionalmente, costuma qualificar a capacidade contributiva como um princípio e direcionar a discussão sobre o tema para (i) as espécies tributárias que se submeteriam à capacidade contributiva; (ii) a distinção entre tributos reais e pessoas e os efeitos desta distinção no campo da progressividade fiscal; (iii) o dever de proteção ao mínimo existencial.

Por sua vez, em interessante artigo, Pessoa[70] registra que, até 2008, o exame da jurisprudência do Supremo Tribunal Federal indicava a existência de 67 precedentes que envolviam discussão sobre a capacidade contributiva. A quase-totalidade deste universo envolvia litígio sobre a possibilidade de implantação de alíquotas progressivas para três impostos (ITCM, ITBI e IPTU), debate este que apenas reproduzida um dos grandes tópicos já abordados pela doutrina.

Mais recentemente, por sua vez, a doutrina passou a indicar que a capacidade contributiva desempenharia um papel mais específico no campo do Direito Tributário, qualificando-a como um critério primordial de discriminação. Ou seja, firmou-se o entendimento de que a justiça fiscal perseguida através do postulado da igualdade somente seria respeitada caso o critério utilizado para estabelecer trato diferenciado entre sujeitos passivos fosse a sua capacidade contributiva.[71]

Neste campo, por exemplo, Zilveti[72] afirmou que «na tributação, a igualdade se revela na capacidade contributiva». Da mesma forma, Greco[73] e Amaro[74] apontaram que a capacidade contributiva representaria o corolário central da igualdade no campo do Direito Tributário. Para Amaro,[75] haveria de ser tratados com «igualdade aqueles que tiverem igual capacidade contri-

---

[69] Apenas para fins de ilustração, interessante fazer referência às seguintes obras: YAMASHITA, Douglas. *Justiça fiscal e princípio da capacidade contributiva*. São Paulo: Malheiros, 2002; COSTA, Regina Helena. *Princípio da capacidade contributiva*. São Paulo: Malheiros, 2003; etc.

[70] PESSÔA, Leonel C. «O princípio da capacidade contributiva na jurisprudência do Supremo Tribunal Federal». *Revista Direito GV*, 5/95-106, 2009.

[71] TIPKE, Klaus; LANG, Joachim. *Direito tributário*. Porto Alegre: Fabris, 2008: 203.

[72] ZILVETI, Fernando Aurélio. *Princípios de direito tributário e a capacidade contributiva*. São Paulo: Quartier Latin, 2004: 121.

[73] GRECO, Marco Aurélio. *Contribuições: uma figura sui generis*. São Paulo: Dialética, 2000: 190 e ss.

[74] AMARO, Luciano. *Direito tributário brasileiro*. 13. ed. São Paulo: Saraiva, 2007: 135-136.

[75] *Idem, ibidem:* 136.

butiva, e com desigualdade os que revelam riquezas diferentes e, portanto, diferentes capacidades de contribuir».

Em função deste aspecto, a doutrina incluiu mais um ponto no debate acerca da capacidade contributiva, qual seja definir se – enquanto elemento ínsito ao controle de igualdade – a norma seria aplicável apenas aos tributos fiscais (arrecadatórios) ou, também, aos tributos extrafiscais (regulatórios). Costa[76] reproduz esta distinção ao longo de cinco páginas de sua obra, apontando para diferentes autores estrangeiros que ora sustentaram a incompatibilidade entre a capacidade contributiva e o controle das medidas tributárias extrafiscais, ora apontaram para resultado diametralmente oposto. Da mesma forma, Nabais[77] aponta três diferentes fases do raciocínio jurídico sobre o tema, variando desde a plena aplicação da capacidade contributiva na seara extrafiscal até a sua irrestrita superação.

A doutrina nacional também expôs entendimento a respeito do tema. Costa,[78] por exemplo, posicionou-se no sentido de admitir a observância do «postulado» da capacidade contributiva no campo extrafiscal. Yamashita,[79] por sua vez, proclamou a absoluta incompatibilidade entre a capacidade contributiva e as medidas tributárias extrafiscais, afirmando que «um tributo ou norma de finalidade extrafiscal é aquele que de nenhuma forma se deixa justificar com ponderações de capacidade contributiva».

O objetivo final deste artigo, portanto, é tentar contribuir para evolução deste embate, através de considerações que partem não propriamente do Direito Tributário, mas da Teoria Geral do Direito, conforme se prosseguirá no subtópico abaixo.

3.1 A distinção entre texto e norma e as múltiplas funções desempenhadas pela capacidade contributiva: a aplicação da capacidade contributiva no contexto de controle das medidas tributárias extrafiscais

Atualmente, a teoria geral do direito aponta para um consenso ao redor da afirmação de que texto e norma não se confundem. Segundo Guastini,[80] todo texto (dispositivo) é vago e ambíguo, o que torna imprescindível a atividade do intérprete para definição de seu conteúdo.

---

[76] Costa, Regina Helena. *Princípio da capacidade contributiva*. São Paulo: Malheiros, 2003: 71-76.

[77] Nabais, José Casalta. *O dever fundamental de pagar impostos*. Coimbra: Almedina, 2004: 645-648.

[78] Costa, Regina Helena. *Princípio da capacidade contributiva*. São Paulo: Malheiros, 2003: 72.

[79] Yamashita, Douglas. *Justiça fiscal e princípio da capacidade contributiva*. São Paulo: Malheiros, 2002: 64.

[80] Guastini, Ricardo. *Das fontes às normas*. São Paulo: Quartier Latin, 2005: 34 e ss.

Por sua vez, a atividade de interpretação, que consiste em um exercício de reconstrução de significados,[81] permite ao operador do Direito atingir distintos resultados: (a) por primeiro, poderia extrair de um texto norma alguma;[82] (b) por segundo, poderia retirar de um texto uma única norma ou diversas normas; (c) por terceiro, da combinação de diferentes textos, poderia visualizar uma ou mais normas.[83]

Com apoio nestes pressupostos, Ávila[84] sustenta que, de um texto (dispositivo), também podem ser reconstruídas normas de diferentes espécies. Afinal de contas, se a tarefa de interpretação de um único texto pode ensejar a (re)construção de diversas normas, nada obriga que todas as normas construídas pela atividade do intérprete sejam da mesma espécie:

> «A proposta aqui defendida diferencia-se das demais porque admite a coexistência das espécies normativas em razão de um mesmo dispositivo. Um ou mais dispositivos podem funcionar como ponto de referência para a construção de regras, princípios ou postulados. Ao invés de alternativas exclusivas entre as espécies normativas, de modo que a existência de uma espécie excluiria a existência das demais, propõe-se uma classificação que alberga alternativas inclusive as, no sentido de que os dispositivos podem gerar, simultaneamente, mais de uma espécie normativa.»

Ou seja, o primeiro aspecto indicado pela Teoria Geral do Direito é que de um único texto pode-se derivar diferentes normas ou espécies normativas.

Em acréscimo, também é importante registrar que as normas – ainda que de diferentes naturezas ou espécies – desempenham múltiplas funções. Em dos marcos doutrinários sobre o tema, Ávila[85] identificou duas diferentes eficácias das normas jurídicas. Para Ávila,[86] as normas poderiam desempenhar eficácia interna, quando destinadas a atuar sobre outras normas do sistema jurídico, e uma eficácia externa, quando destinadas a atuar diretamente sobre fatos brutos ou sobre provas.

Dentro desta subdivisão, as normas ainda poderiam desempenhar inúmeras funções. Apenas para fins de ilustração, os princípios[87] desempenhariam (i)

---

[81] Ávila, Humberto. *Teoria dos princípios: da definição à aplicação dos princípios jurídicos.* 8. ed. São Paulo: Malheiros, 2008: 31-35.

[82] Guastini, Ricardo. *Das fontes às normas.* São Paulo: Quartier Latin, 2005: 36-37.

[83] *Idem, ibidem,* 2005: 38-39.

[84] Ávila, Humberto. *Teoria dos princípios: da definição à aplicação dos princípios jurídicos.* 8. ed. São Paulo: Malheiros, 2008: 68-71.

[85] Ávila, Humberto, 2007: 97 e ss.

[86] *Idem, ibidem,* 2007: 97 e 99.

[87] Registra-se que a opção de especificar as eficácias e funções da espécie normativa princípios se deu em função da qualificação mais comum atribuída pela doutrina e pela jurisprudência ao próprio texto do art. 145, § 1.º, da Constituição Federal. Recorda-se, a este respeito, que, de regra, a doutrina e a jurisprudência atribuem à capacidade contributiva a condição de princípio jurídico.

função integrativa, «na medida em que justificam agregar elementos não previstos em subprincípios ou regras»;[88] (ii) função definitória, delimitando, «com maior especificação, comando mais amplo estabelecido pelo subprincípio axiologicamente superior»;[89] (iii) função interpretativa, na medida em que serviram para interpretar outras normas, restringindo ou ampliando seu conteúdo;[90] (iv) função bloqueadora, na medida em que afastariam «elementos expressamente previstos que sejam incompatíveis com o estado ideal de coisas a ser promovido;[91] (v) função valorativa, porque indicam ao intérprete quais fatos devem ser privilegiados na atividade hermenêutica;[92] etc.

Estes breves alinhavos servem como indicativo de que, muito provavelmente, o texto contido no art. 145, § 1.º, da Constituição Federal não permite a derivação de espécie normativa singular, nem, tampouco, desempenha função única. E o fato é que o aludido texto, realmente, é mais complexo do que aparenta.

Na realidade, tanto a doutrina mais remota, que qualifica a capacidade contributiva genericamente como um princípio, como a doutrina mais recente, que percebeu que a capacidade contributiva representaria critério chave da igualdade, parecem estar corretas. Isto porque, repete-se, um único texto pode permitir a derivação de diferentes normas, que, por sua vez, ainda poderão desempenhar múltiplas funções.

Se, de um lado, a capacidade contributiva desempenha função definitória, na medida em que auxilia a especificar o conteúdo da igualdade tributária em relação às medidas fiscais, de outro lado, a sua qualificação como princípio requer o reconhecimento de que se trata de norma de valor, isto é, que prescreve um estado ideal a ser buscado pelo legislador.

Com isso, é possível afirmar que a capacidade contributiva, enquanto elemento componente da igualdade, realmente tem sua eficácia limitada ao controle das medidas tributárias fiscais. Entretanto, enquanto princípio jurídico,[93] isto é, na medida em que indica um dever de se priorizar a busca pela justiça fiscal e a adequada distribuição de encargos na sociedade, a capacidade contributiva deve integrar o controle de proporcionalidade das medidas tributárias extrafiscais, uma vez que possui aptidão de se imbricar com outros valores consagrados pelo ordenamento jurídico. Esta conclusão, aliás, parece

---

[88] ÁVILA, Humberto, 2007: 97.
[89] *Idem, ibidem:* 98.
[90] *Idem, ibidem:* 98.
[91] *Idem, ibidem:* 98.
[92] *Idem, ibidem:* 101.
[93] *Idem, ibidem:* 78-79.

ter sido antevista por Birk[94] e, ainda que de uma forma um pouco menos clara, por Tipke.[95]

Aliás, ainda que o controle de proporcionalidade deva ser aplicado em concreto, é possível se sugerir, *prima facie*, alguns papéis desempenhados pelo princípio da capacidade contributiva.

Em primeiro lugar, quanto mais o legislador se afastar do ideal prescrito pelo princípio da capacidade contributiva (justiça fiscal e distribuição dos ônus sociais em razão da capacidade econômica de cada grupamento de pessoas), maior haverá de ser o ônus argumentativo que lhe será imposto para a convalidação da medida extrafiscal.[96]

Registra-se que, em anterior passagem deste artigo, já se sustentou que o ônus de indicar a finalidade prestigiada por uma determinada medida que se qualifique como extrafiscal é do próprio Poder Público. Neste passo, a regra ora proposta implica reconhecer um ônus adicional à Administração Pública: não basta apresentar a justificativa ou finalidade perseguida pela medida tributária extrafiscal, mas a finalidade deve ser suficientemente relevante, sob a perspectiva constitucional, para legitimar a pretensão pública. A superação deste ônus argumentativo, ao seu turno, ora demandará a demonstração ora de que a restrição causada à capacidade contributiva é mínima diante do fomento de outro relevante valor constitucional, ora demandará a demonstração de que o valor prestigiado pela medida extrafiscal é mais relevante[97] ao ordenamento jurídico do que a capacidade contributiva, o que soa de extrema dificuldade, na medida em que a capacidade contributiva é um dos elementos-chave do Direito Tributário brasileiro.[98]

Em segundo lugar, há de se reconhecer que a capacidade contributiva – em sua dimensão de princípio – estratifica-se em diferentes camadas, incluindo um núcleo essencial e inviolável.[99] Este núcleo essencial, como

---

94 *Apud* Nabais, José Casalta. *O dever fundamental de pagar impostos*. Coimbra: Almedina, 2004: 647; e *apud* Yamashita, Douglas. *Justiça fiscal e princípio da capacidade contributiva*. São Paulo: Malheiros, 2002: 40.

95 Tipke, Klaus. *Moral tributaria del Estado y de los contribuyentes*. Barcelona-Madrid: Marcial Pons, 2002: 77.

96 Ávila. Humberto. *Teoria da igualdade tributária*. São Paulo: Malheiros, 2008: 155.

97 Maior Borges, José Souto. «O princípio da segurança jurídica na criação e aplicação do tributo». *Revista Diálogo Jurídico*, Salvador, CAJ – Centro de Atualização Jurídica, n. 13, abril-maio, 2002. Disponível na Internet: http://www.direitopublico.com.br. Acesso em: 12 de outubro de 2008.

98 Paulsen, Leandro. *Curso de direito tributário*. 3. ed. Porto Alegre: Livraria do Advogado, 2010: 77; e Ávila, Humberto. *Sistema constitucional tributário*. 3. ed. São Paulo: Saraiva, 2008: 358.

99 Isso porque se mandados de otimização, realizáveis em diversos graus, conforme as possibilidades jurídicas e fáticas (Alexy, Robert. *Teoría de los derechos fundamentales*. Madrid: Centro de Estudios Políticos y Constitucionales, 2002: 99).

antecipado, jamais poderá ser restringido pelo legislador, ainda que sob justificativa extrafiscal.[100]

Não seria dado ao legislador, por exemplo, (i) eleger fato gerador não demonstrativo de riqueza (ii) ou valer-se de medida tributária extrafiscal confiscatória, ainda que o seja sob a justificativa da extrafiscalidade. Da mesma forma, (iii) não seria dado ao legislador inverter, dentro de um mesmo grupamento de pessoas. a ordem lógica ou o estado ideal traçado pela capacidade contributiva, de modo a tributar de forma mais gravosa aqueles que detém menor capacidade de contribuição.

Esta consequência parece realçar um elemento que integrou o debate travado no Supremo Tribunal Federal a respeito da validade do art. 8.º, *caput* e § 1.º, da Lei 9.718/1998.[101] Recorda-se que a aludida lei permitia apenas que as empresas lucrativas compensassem a contribuição social sobre a receita com a contribuição social sobre o lucro líquido.

Ocorre que o legislador promoveu verdadeira inversão de valor em comparação com o estado ideal prescrito pela capacidade contributiva. Sob esta ótica, ainda que houvesse a identificação de finalidade extrafiscal sobrejacente, a medida haveria de ser declarada inconstitucional, por violar o núcleo fundamental do princípio da capacidade contributiva.

4. CONCLUSÕES

Os esforços deduzidos ao longo deste artigo apontam, mais uma vez, para a importância de se aperfeiçoar o controle das medidas tributárias extrafiscais. Nesse sentido, ao invés de se manter a crença de que a simples extrafiscalidade representaria um *cheque em branco* para a livre manipulação dos institutos de Direito Tributário, é preciso se definir mecanismos de sindicância para evitar novas restrições a direitos fundamentais nesta área; ao invés de se compreender a separação de poderes como um limite absoluto ao controle exercido pelo Poder Judiciário, é preciso compatibilizá-lo com as particularidades dos instrumentos extrafiscais e, ao invés de se afastar o relevante papel desempenhado pelo princípio da capacidade contributiva – elemento-chave do

---

[100] Interessa registrar que esta afirmação decorre de opção do autor pela aplicação da teoria absoluta do núcleo essencial dos direitos fundamentais. Essa opção, por sua vez, não representa uma escolha aleatória, mas aquela que mais se compatibiliza com o nosso ordenamento jurídico, em especial a preservação da segurança jurídica e da separação de poderes. Para aprofundamento na distinção, sugere-se: MARTINEZ-PUJALTE, Antonio Luis. *La garantía del contenido esencial de los derechos fundamentales*. Madrid: Centro de Estudios Constitucionales, 1997: 20-21; e ALEXY, Robert. *Teoría de los derechos fundamentales*. Madrid: Centro de Estudios Políticos y Constitucionales, 2002: 288.

[101] BRASIL. STF. RE 336.334, rel. Ilmar Galvão. Acórdão em 20.11.2002, *DJ* 16.05.2003, p. 93, disponível em www.stf.jus.br (ver, em especial, o voto do Min. Marco Aurélio de Mello).

Direito Tributário – é importante identificar sua exata função no campo das medidas extrafiscais.

As diretrizes definidas ao longo deste trabalho, de certa, forma procuram contribuir para a tradição jurídica tributária, de tal sorte que as próximas medidas extrafiscais (cada vez mais corriqueiras) sofram a sindicância prescrita pelo ordenamento jurídico. Ao fim e ao cabo, pretende-se que os instrumentos tributários respeitem os limites inerentes ao próprio papel que desempenham seja no campo fiscal, seja no campo extrafiscal.

BIBLIOGRAFIA

Afonso da Silva, Virgílio, 2002: «O proporcional e o razoável». *Revista dos Tribunais* 798/23-50, abr. 2002.

Alexy, Robert, 2005: *Teoria da argumentação jurídica: a teoria do discurso racional como teoria da fundamentação jurídica.* São Paulo: Landy.

___, 2002: *Teoría de los derechos fundamentales.* Madrid: Centro de Estudios Políticos y Constitucionales.

Amaro, Luciano, 2007: *Direito tributário brasileiro.* São Paulo: Saraiva.

Ataliba, Geraldo, 1966: *Sistema constitucional tributário brasileiro.* São Paulo: Ed. Revista dos Tribunais.

Ávila, Humberto, 2007: *Teoria dos princípios: da definição à aplicação dos princípios jurídicos.* São Paulo: Malheiros.

___, 2008: *Sistema constitucional tributário.* 3. ed. São Paulo: Saraiva.

___, 2008a: *Teoria da igualdade tributária.* São Paulo: Malheiros.

Bandeira de Mello, Celso Antônio, 2004: *O conteúdo jurídico do princípio da igualdade.* São Paulo: Malheiros.

___, 1993: «Princípio da isonomia: desequiparações proibidas e desequiparações permitidas». *Revista Trimestral de Direito Público*, 1/79-83.

Barbosa, Ruy, 2003: *Oração aos moços.* São Paulo: Martin Claret.

Barcellos, Ana Paula de, 2005: *Ponderação, racionalidade e atividade jurisdicional.* Rio de Janeiro: Renovar.

Barros, Suzana de Toledo, 2003: O *princípio da proporcionalidade e o controle de constitucionalidade das leis restritivas de direitos fundamentais.* Brasília: Brasília Jurídica.

Borowsky, Martin, 2003: *La estructura de los derechos fundamentales.* Bogotá: Universidad Externado de Colômbia.

Buechele, Paulo Arminio Tavares, 1999: *O princípio da proporcionalidade e a interpretação da constituição.* Rio de Janeiro: Renovar.

CANOTILHO, José Joaquim Gomes, 2001: *Constituição dirigente e vinculação da legislação*: contributo para a compreensão das normas constitucionais programáticas. Coimbra: Coimbra Ed.

COSTA, Regina Helena, 2003: *Princípio da capacidade contributiva*. São Paulo: Malheiros.

DERZI, Misabel Abreu Machado, 1994: O princípio da igualdade e o direito tributário. *Revista da Faculdade de Direito Milton Campos*, 1/185-222, Belo Horizonte.

GAVARA DE CARA, Juan Carlos, 2005: *Contenido y función del término de comparación en la aplicación del principio de igualdad*. Navarra: Aranzadi.

GOUVÊA, Marcus de Freitas, 2006: *A extrafiscalidade no direito tributário*. Belo Horizonte: Del Rey.

GREENAWALT, Kent, 1997: «Prescriptive equality: two steps forward». *Harvard Law Review* 110/1.265 e ss.

GUASTINI, Ricardo, 2005: *Das fontes às normas*. São Paulo: Quartier Latin.

LARENZ, Karl, 1997: *Metodologia da ciência do direito*. Lisboa: Fundação Calouste Gulbenkian.

___, 1999: *Derecho justo: fundamentos de etica juridica*. Madrid: Civitas.

MAIOR BORGES, José Souto, 2002: «O princípio da segurança jurídica na criação e aplicação do tributo». *Revista Diálogo Jurídico*, Salvador, CAJ – Centro de Atualização Jurídica, n. 13, abril-maio, 2002. Disponível em: <http://www.direitopublico.com.br>. Acesso em: 12 out. 2008.

___, 1993: «Pro-dogmática por uma hierarquização dos princípios constitucionais». *Revista Trimestral de Direito Público*, n. 1, São Paulo, Malheiros.

MARTINEZ-PUJALTE, Antonio Luis, 1997: *La garantía del contenido esencial de los derechos fundamentales*. Madrid: Centro de Estudios Constitucionales.

MIRANDA, Jorge, 2000: *Manual de direito constitucional*, tomo IV. Coimbra: Coimbra Ed.

NABAIS, José Casalta, 2004: *O dever fundamental de pagar impostos*. Coimbra: Almedina.

NOVAIS, Jorge Reis, 2006: *Direitos fundamentais*: trunfos contra a maioria. Coimbra: Coimbra Ed.

PAPADOPOL, Marcel Davidman, 2009: *A extrafiscalidade e os controles de proporcionalidade e igualdade*. 2009. 130 f. Dissertação (Mestrado em Direito Tributário), Faculdade de Direito, Universidade Federal do Rio Grande do Sul, Porto Alegre.

PAULSEN, Leandro, 2010: *Curso de direito tributário*. 3. ed. Porto Alegre: Livraria do Advogado.

PECZENIK, Aleksander, 2003: *Derecho e razón*. México: Fontamara.

PONTES, Helenilson Cunha, 2000: *O princípio da proporcionalidade e o direito tributário*. São Paulo: Dialética.

SCHAUER, Frederick, 2002: *Playing by the rules: a philosophical examination of rule-based decision-making in law and in life.* Oxford: Clarendon.

___, 2003: *Profiles, Probabilities, and Stereotypes*. Cambridge and London: Harvard University Press.

SCHOUERI, Luis Eduardo, 2005: *Normas tributárias indutoras e intervenção no domínio econômico*. Rio de Janeiro: Forense.

STEINMETZ, Wilson Antonio, 2001: *Colisão de direitos fundamentais e princípio da proporcionalidade.* Porto Alegre: Livraria do Advogado.

SZANIAWSKI, Elimar, 2001: «Apontamentos sobre o princípio da proporcionalidade-igualdade». *RTDC – Revista Trimestral de Direito Civil*, vol. 2, n. 5/51-72, jan.-mar. 2001.

TIPKE, Klaus; LANG, Joachim, 2008: *Direito tributário*. Porto Alegre: Fabris.

___, 2002: *Moral tributaria del estado y de los contribuyentes*. Barcelona-Madrid: Marcial Pons.

TORRES, Ricardo Lobo, 1999: *Tratado de direito constitucional, financeiro e tributário,* vol. III: Os direitos humanos e a tributação: imunidades e isonomia. Rio de Janeiro: Renovar.

VELLOSO, Andrei Pitten, 2007: «A teoria da igualdade tributária e o controle de proporcionalidade da desigualdade de tratamento». *Revista Tributária e de Finanças Públicas*, 76/36-72, set.-out. 2007.

WESTEN, Peter, 1981: «The empty idea of equality». *Harvard Law Review*, n. 95.

YAMASHITA, Douglas, 2002: *Justiça fiscal e princípio da capacidade contributiva*. São Paulo: Malheiros.

9

INSTRUMENTALIZAÇÃO DO DIREITO TRIBUTÁRIO

PEDRO ADAMY

«Law is a means, a specific social means, not an end.» – HANS KELSEN[1]

«Das Recht [ist] *nicht Selbstzweck, sonder nur Mittel zum Zweck.»* – RUDOLF VON JHERING[2]

1. Introdução. 2. O Direito como instrumento. 3. O Direito Tributário como instrumento. 4. A utilização instrumental do direito tributário na Constituição. 5. Riscos da instrumentalização do direito tributário: 5.1 O direito tributário como panaceia para os males sociais; 5.2 Erosão das garantias fundamentais do contribuinte e dos princípios constitucionais tributários; 5.3 Incerteza e imprevisibilidade; 5.4 Grupos de interesse e pressão. 6. Análise: a ecologização do direito tributário. 7. Conclusões.

---

[1] «O Direito é um meio, um meio social específico, não um fim». Cf. KELSEN, Hans. *General Theory of Law and State*. Trad. Anders Wedberg. Cambridge: Harvard University Press, 1949: 20. Tal afirmação aparece também na primeira edição da *Teoria pura do direito*, da seguinte forma: «o direito é caracterizado não como um fim, mas como um meio específico (*Nicht als Zweck, sondern als ein spezifisches Mittel ist das Recht charakterisiert*)». Veja-se KELSEN, Hans. *Reine Rechtslehre*. Studienausgabe der 1. Auflage. Org. Matthias Jedstaedt. Tübingen: Mohr Siebeck, 2008: 43.

[2] «O Direito não é um fim em si mesmo, mas apenas um meio para um fim». Cf. JHERING, Rudolph von. *Der Zeck im Recht*, 3. ed. tomo I, Leipzig: Breitkopf & Härtel, 1893: 424.

1. INTRODUÇÃO

O direito não é um fim em si mesmo; o direito tributário tampouco.

O direito regula condutas. Além de as regular, pode as influenciar, modificando a intenção dos indivíduos através de incentivos ou desincentivos. Ao influenciar, modifica o comportamento dos destinatários das normas, buscando um determinado fim, um objetivo, uma finalidade. A esse fenômeno pode-se dar o nome de instrumentalização do direito, isto é, o direito sendo usado como instrumento, como meio, como ferramenta, para a indução do comportamento, com vistas a uma finalidade estatal.

Já há muito escreveu Jhering que «não há desejo (ou ação, o que é o mesmo) sem uma finalidade».[3] Apesar das críticas recebidas, permanece a ideia central de que as finalidades, ou os efeitos desejados, têm um papel central na definição da conduta dos indivíduos e grupos de indivíduos,[4] podendo-se, inclusive, falar de uma racionalidade teleológica.[5] As finalidades contêm sempre um elemento subjetivo, já que elas descodificam a motivação das pessoas, ou seja, são interpretadas do ponto de vista do indivíduo e de seus próprios interesses e objetivos.[6] Os fins, portanto, nada mais são do que a expressão dos efeitos pretendidos com determinada conduta. Dessa forma, não se pode renunciar às finalidades – e a consequente utilização de finalidades na legislação, uma vez que essas são a base, a fundação da ação humana, assim como base dos dispositivos legais.

O direito, portanto, atua em ambas as etapas da ação, seja concedendo incentivos ou desincentivos para determinada conduta, seja, em outros casos, definindo quais as finalidades estatais são legítimas e devem ser buscadas. O direito busca conduta dos destinatários das normas, gerando efeitos em função destas mudanças comportamentais, para que, de forma direta ou indireta, se atinjam os objetivos buscados pelo ordenamento jurídico. As formas tradicionais de regulação de condutas pelo direito – o proibido, o permitido e o obrigatório – podem ser utilizadas na consecução de fins de forma indireta, isto é, com a indução do comportamento individual ou coletivo em função de objetivos constitucionalmente desejáveis.[7] Com efeito, a modificação do

---

[3] Jhering, Rudolph von. *Der Zeck im Recht*, p. 5.

[4] «A ação em si não é nunca um fim, somente um meio para o fim» Jhering, Rudolf von. *Der Zweck im Recht*, p. 13.

[5] Como afirma Alexy «toda a conduta humana tem uma estrutura teleológica. Por essa razão a lógica da conduta teleológica é validade para todas as concepções sobre a racionalidade». Cf. Alexy, Robert. «Eine diskurstheoretische Konzeption der praktischen Vernunft», in ——; Dreier, Ralf. *Rechtssystem und praktische Vernunft*. ARSP, Beiheft 51, 1993: 13-14.

[6] Luhmann, Niklas. *Zweckbefriff und Systemrationalität*. Frankfurt: Suhrkamp, 1999: 7-8.

[7] Sobre a atuação indireta e sua influência nas decisões Thaler, Richard; Sunstein, Cass, *Nudge*. Nova York: Penguin, 2009, *passim*; é o que Joseph Raz define como a função indireta do direito. Cf. *The Authority of Law*. 2. ed. Oxford: Oxford University Press, 2009: 167-168.

comportamento individual pela criação de motivações é um atributo e característica de uma ordem jurídica atuante e funcional.[8]

O direito tributário tem a mesma natureza, com a especificidade de induzir os comportamentos por meio da criação de situações em que o contribuinte será premiado ou penalizado economicamente diante da possibilidade de adoção do comportamento julgado socialmente desejável. Dessa forma, o direito tributário atua de maneira instrumental, induzindo comportamentos de modo a alcançar determinadas finalidades constitucionais ou legais. Não se trata de novidade no ordenamento constitucional brasileiro a possibilidade de instrumentalizar os tributos com vistas aos fins estatais. A própria Constituição traz previsões expressas de tais hipóteses, que serão adiante analisadas.

Apesar de ter forte apelo – tanto teórico quanto prático –, a instrumentalização apresenta riscos na sua utilização. Boa parte desses riscos se dá com a hipertrofia na busca de objetivos estatais por meio do direito tributário, sendo necessário, portanto, a definição de meios de controle específicos para que não haja um verdadeiro fetiche na consecução de fins constitucionais pela via fiscal instrumentalizadora. Uma dessas situações, que apresenta enorme simpatia junto à sociedade e aos próprios contribuintes, consiste na utilização do instrumental tributário com vistas à proteção e conservação do meio ambiente. Como se trata de objetivo inquestionável, tanto do Estado como da sociedade, a utilização de tributos com fins ambientais parece ser claramente justificável. Novamente, está-se diante de um caso onde a definição de limites claros se torna imperiosa.

No presente artigo a análise será focada na tributação dirigida a finalidades distintas da arrecadatória. Assim, a análise recairá sobre os elementos de um direito tributário instrumentalizado, isto é, que busca atingir finalidades estatais diversas da arrecadação de recursos financeiros para o Estado, por meio da indução dos comportamentos dos contribuintes.[9] Ao final se procederá a uma análise do caso específico do direito tributário como instrumento de proteção do meio ambiente, em fenômeno que se denominou a *ecologização* do direito tributário.

2. O DIREITO COMO INSTRUMENTO

Certo é que outras instituições sociais podem – e de fato o fazem – buscar a consecução e o atingimento de objetivos e fins que também são finalidades almejadas pelo ordenamento jurídico. Tal fato, por si, não retira a legitimidade do direito como importante instrumento para a obtenção de fins. O impor-

---

[8] KIRCHHOF, Paul. *Verwalten durch «mittelbares» Einwirken.* Colônia: Carl Heymans, 1977: 9.

[9] Por todos, no direito brasileiro, veja-se SCHOUERI, Luís Eduardo. *Normas tributárias indutoras e intervenção econômica.* Rio de Janeiro: Forense, 2005: 41 e ss.

tante é que o direito seja distinto dos fins aos quais ele se propõe alcançar, mas que os meios (*i.e.* normas jurídicas), se colocados em funcionamento de forma adequada e intencional, sejam de alguma forma capazes de atingir os fins desejados.[10] Todos os sistemas legais atingem algum grau de finalidades legítimas, de fins constitucionais, mesmo que seja ao definir regras claras para o trânsito de automóveis. Podem-se enumerar outros casos onde o regramento dos comportamentos mais comezinhos atinge finalidades constitucionais legítimas.[11] O que é realmente relevante é que o direito, independentemente do desejo do legislador em atuar de forma instrumental, possui capacidade instrumental, ou seja, é passível de ser utilizado como forma a produzir resultados, a induzir comportamentos, a atingir finalidades. Isso pode levar a afirmação de que a «a natureza essencial do Direito é a natureza *instrumental*».[12] Dessa forma o direito é colocado como instrumento a serviço de uma teleologia estatal, como meio de indução comportamental no auxílio aos objetivos da ordem jurídica.

Em uma concepção instrumental, o comportamento desejado não é diretamente comandado pela norma jurídica, mas, sim, induzido por medidas previstas na legislação, permanecendo com o cidadão-contribuinte a decisão final de realizar ou não o comportamento previsto, recebendo os prêmios e benefícios ou submetendo-se aos prejuízos e desvantagens. O que se busca é aceitação dos cidadãos em optar pelo comportamento desejado, não sua submissão direta a uma norma imperativa.[13] Cria-se, através da ordem jurídica, uma rede de incentivos e desincentivos com vistas à realização dos objetivos estatais, sem que seja necessária a estipulação definitiva da conduta a ser tomada pelo cidadão. Em uma ordem jurídica que respeita as liberdades fundamentais, tal realidade pode ser salutar caso seja utilizada nos moldes e limites impostos pela própria ordem jurídica e de acordo com os direitos e garantias fundamentais. Um desvirtuamento do direito como instrumento é possível e, em muitos casos, possui efeitos funestos, tanto para os indivíduos como para os fins objetivados pelo Estado.

Não há dúvidas de que o direito deve ser um instrumento para se atingir o bem comum, o interesse público, o bem dos indivíduos e as finalidades

---

[10] GREEN, Leslie. *Law as a Means to an End*, p. 176; Nas palavras de Joseph RAZ: «*[Law] is a tool in the hands of men differing from many others in being versatile and capable of being used for a large variety of proper purposes. As with other tools, machines, and instruments a thing is not of the kind unless it has some ability to perform ist function. A knife is not a knife unless it has some ability to cut. The law must be able of guiding behaviour, however inefficiently*». RAZ, Joseph. *The Authority of Law*, p. 226.

[11] GREEN, Leslie. «Law as a means». In: CANE, Peter. *The Hart-Fuller debate in the twenty-first century*, Oxford: Hart, 2010: 175.

[12] BECKER, Alfredo Augusto. *Teoria geral do direito tributário*. 3. ed. São Paulo: Lejus, 2002: 63.

[13] BOBBIO, Norberto. *Dalla struttura alla funzione, Nuovi studi di teoria del diritto*. Roma: Laterza, 2007: 16; KIRCHHOF, Paul. *Verwalten durch «mittelbares» Einwirken*, p. 40.

constitucionais. O problema reside, especialmente, na concretização destes e na eleição dos meios. A Constituição estabelece diversos fins que podem, a seu tempo, ser atingidos de diferentes formas. Discussões intermináveis existiram e continuam a existir sobre quais os meios mais adequados para o atingimento das finalidades legais e constitucionais. A utilização do direito como instrumento, isto é, como meio para induzir comportamentos e atingir tais finalidades, é uma das opções colocadas à disposição do legislador. Em suma: atingir os objetivos constitucionais passa também pela criação de regras que instrumentalizam os comportamentos individuais e coletivos para o atingimento destes fins.

Não se discutirá a natureza do direito no presente artigo, ou mesmo quais as funções primordiais de um ordenamento jurídico, qual o conceito de direito mais adequado a uma visão instrumentalizadora das regras jurídicas, ou ainda se o instrumentalismo é uma característica necessária para o conceito de direito. Tais questionamentos, que guardam relação com questões centrais da teoria do direito, devem permear o trabalho em suas escolhas teóricas, mas não se abordará diretamente o tema nesta ocasião. Importante se manter em mente que o direito não é apenas um fato da vida cotidiana. Trata-se, antes, «de uma forma de organização social que deve ser utilizada de forma apropriada para fins também apropriados».[14]

Que o direito pode ser um instrumento, pois, não restam dúvidas; estas surgem em diferentes esferas – jurídica, moral e filosófica – e se concentram na concretização dos fins e, principalmente, na real capacidade (em outras palavras, na sua *adequação*) de o direito servir como instrumento para o seu atingimento. Com o direito tributário não seria diferente. Não podendo ser considerado como um fim em si mesmo, ou tendo um fim único – a arrecadação – deve-se entender a tributação como uma singular e privilegiada forma de regulação de condutas particulares e coletivas, atuando de forma indireta, induzindo comportamentos que auxiliam na obtenção das finalidades estatais.

3. O DIREITO TRIBUTÁRIO COMO INSTRUMENTO

Não há como desvincular a ideia de direito tributário da ideia de instrumento. Independentemente da natureza da norma tributária que se analise, sempre se terá como resultado que se trata de um instrumento para alguma finalidade: ou amealhar recursos para o Estado, ou induzir comportamentos considerados desejáveis para a consecução de finalidades estatais diversas da arrecadação. Em suma: «o direito tributário não tem objetivo próprio»,[15] ele atua como instrumento para a consecução de outros objetivos.

---

[14] Raz, Joseph. *The Authority of Law*. 2. ed. Oxford: Oxford University Press, 2009: 177.
[15] Becker, Alfredo Augusto. *Teoria geral do direito tributário*, p. 593.

O direito tributário é, pois, um instrumento. Como já afirmado, o objeto do presente artigo é a instrumentalização do direito tributário como forma de atingimento de finalidades extrafiscais, isto é, a utilização do direito tributário como meio para a consecução de objetivos distintos da arrecadação de recursos financeiros ao erário. Mantenha-se em mente, contudo, que o direito tributário atua como instrumento, como meio, em ambas as situações: seja participando no sucesso econômico dos particulares objetivando recursos para o Estado, seja induzindo o comportamento dos indivíduos, com vistas a uma finalidade. No entanto, a ideia de atingir fins distintos da arrecadação por meio dos tributos não é, em absoluto, nova.

A história da tributação mostra que, desde há muito, os tributos vêm sendo utilizados como instrumentos para a obtenção de finalidades estatais diversas da arrecadação. Pode-se citar, um entre muitos, o exemplo do *imposto sobre a barba* criado pelo Czar Pedro, o Grande, na Rússia do século XVIII. O Czar desejava que a feição dos russos, conhecidos por usarem barbas, fosse mais ocidental, conhecidos por não terem barbas. Instituído o imposto, o cidadão russo que desejasse permanecer com a barba deveria pagar o referido tributo, mantendo o comprovante de pagamento consigo, sob pena de ser barbeado à força pelos controladores do império.[16] Claramente o objetivo não era arrecadar fundos para o Estado, mas induzir um comportamento individual que fosse condizente com a figura do homem ocidental imaginada pelo Czar. O tributo foi, pois, *utilizado como instrumento para atingir uma finalidade diferente da arrecadação* para o Estado.[17]

É inegável que todo e qualquer tributo, por mais insignificante que seja, ou por mais absurdo que seja o seu objeto, induz o comportamento ou conforma o comportamento do contribuinte. Os efeitos indutivos dos tributos são independentes da vontade do legislador e, por vezes, independentes até mesmo de sua vigência, bastando o anúncio de sua modificação para a confor-

---

[16] Veja-se a descrição do referido tributo, inclusive em seu aspecto cômico, em HOMBURG, Stefan, *Allgemeine Steuerlehre*, 5. ed. Munique: Vahlen, 2007: 37-38; WERNSMANN, Rainer. *Verhaltenslenkung in einem rationalen Steuersystem*, Tübingen: Mohr, 2005: 26; Da mesma forma, Michael Stolleis descreve o início da tributação sobre a bebida, os jogos e o desperdício. Cf. STOLLEIS, Michael. *Pecunia Nervus Rerum – Zur Staatsfinanzierung der frühen Neuzeit*, Frankfurt: Klostermann, 1983: 22-34; VASQUES, Sérgio. *Os impostos do pecado*. Coimbra: Almedina, 1999: 123-163; ADAMS, Charles. *For good and evil – the impact of taxes in the course of civilization*. Nova York: Madison, 1993: 172.

[17] A história é recheada de experiências onde os tributos foram utilizados como forma de atingir finalidades estatais diversas daquelas de financiamento das despesas estatais. Vide: SCHOUERI, Luís Eduardo. *Normas tributárias indutoras e intervenção econômica*, p. 109-126; HOMBURG, Stefan, *Allgemeine Steuerlehre*, p. 23-49; ARDANT, Gabriel. *Histoire de l'impôt*, vol. I, Paris: Fayard, 1971; para uma descrição não acadêmica da importância histórica da tributação, veja-se ADAMS, Charles. *For good and evil – the impact of taxes in the course of civilization*. Nova York: Madison, 1993.

mação e indução do comportamento futuro dos contribuintes.[18] Com efeito, «a tributação se vincula a comportamentos humanos e a incidência tributária passa a ser um fator a ser considerado na própria decisão do agente econômico».[19] É uma forma de atuação indireta do legislador, que, mesmo sem desejar influenciar, acaba por modificar comportamentos dos destinatários da norma.[20] Em outras palavras: normas com finalidade meramente arrecadatória não deixam de ter um efeito conformador sobre os comportamento dos contribuintes. Mesmo que o legislador não tenha em mente a indução a determinado comportamento – positivo ou negativo –, o contribuinte, diante do aumento ou redução da carga fiscal, será afetado em sua atividade. Dessa forma, há que se ter em mente que as normas com caráter primordialmente fiscal também são capazes de influenciar o comportamento dos contribuintes.

Nas normas tributárias, no entanto, que visam à indução do comportamento dos contribuintes, há uma espécie de «ameaça de prejuízo tributário»[21] para o contribuinte que não adotar o comportamento desejado pela legislação ou, ainda, uma *ameaça* tributária ao contribuinte que não auxiliar no atingimento da finalidade estatal desejada. Ou de um *prêmio*, um *reconhecimento*, de um comportamento que serve ao interesse público.[22] O direito tributário atua no «plano incitativo»[23] ao comportamento dos indivíduos, de modo a induzi-los às condutas consideradas socialmente benéficas e desejáveis. Tal realidade é aceita amplamente pela Constituição brasileira, com previsões expressas de utilização do direito tributário como instrumento, configurando o sistema fiscal brasileiro como um dos instrumentos colocados a serviço do parlamento e do executivo para a obtenção das finalidades estatais.

O tributo, dessa forma, não é um fim em si mesmo – tal qual o direito tributário – passando a ser mais um dos elementos ou instrumentos da atuação estatal para a concretização das finalidades constitucionais. A definição, no entanto, de se uma determinada lei ou disposição tributária busca atingir outros

---

[18] TRZASKALIK, Christoph. *Gutachten E.* Munique: C. H. Beck, 2000: 10-11, 92. É o que Casalta Nabais denomina de «extrafiscalidade inerente»: NABAIS, José Casalta. *O dever fundamental de pagar impostos.* Coimbra: Almedina, 2004: 630, nota 1259;

[19] SCHOUERI, Luís Eduardo. *Direito tributário.* São Paulo: Saraiva, 2011: 33.

[20] WALDHOFF, Christian. «Die Zwecksteuer». *Steuer und Wirtschaft,* Caderno 2, 2002: 286; SELMER, Peter. *Steuerinterventionismus und Verfassungsrecht,* p. 217, KIRCHHOF, Paul. *Verwalten durch «mittelbares» Einwirken,* p. 38 e ss.

[21] KIRCHHOF, Paul. *Besteuerungsgewalt und Grundgesetz.* Frankfurt: Athenäum, 1973: 57; «O Direito, para controlar o comportamento humano, utiliza ameaças de sanção e aceno a prêmios. Com isso, cria para os que lhe estão submetidos, expectativas de acontecimentos futuros julgados benéficos ou não». Cf. GRECO, Marco Aurélio. *Dinâmica da tributação – uma visão funcional.* 2. ed. Rio de Janeiro: Forense, 2007: 130.

[22] TIPKE, Klaus. *Die Steuerrechtsordnung.* 2. ed. vol. I. Colônia: Otto Schmidt, 2000: 340.

[23] ÁVILA, Humberto. *Segurança jurídica no direito tributário – entre permanência, mudança e realização.* Tese apresentada junto à Universidade de São Paulo. São Paulo, 2009: 422.

fins que não apenas a arrecada o não é simples ou livre de problemas.[24] Apenas em poucos casos a escolha do objeto, do fato econômico, da base de cálculo, da alíquota, ou mesmo a própria legislação, deixam claros os objetivos perseguidos com determinadas medidas fiscais. Na maior parte dos casos, não fica expressamente definido se a norma tributária pertence à classe das disposições que buscam, como motivo central, a arrecadação de recursos ao erário (i.e. caráter fiscal) ou se, por outro lado, buscam induzir comportamentos, gerando efeito, conformando realidades, ou seja, buscando finalidades distintas da arrecadação (i.e. caráter extrafiscal).[25] Ressalte-se que essa influência, ou seja, a indução indireta pela via fiscal, somente pode ser usada quando não está à disposição do legislador a via da regulação direta, da proibição, da autorização ou pela fixação de critérios administrativos. Somente nesses casos poderá, então, o legislador tributário fazer uso da fiscalidade como elemento de conformação do comportamento dos contribuintes.[26]

Não apenas o Estado faz uso do direito (tributário) como instrumento. Também os indivíduos assim agem.[27] Ao procurar uma determinada forma societária, ao estabelecer limites à atuação de pessoas jurídicas, ao definir se será tributada pelo lucro real ou pelo presumido, ao estabelecer sua sede em determinado município, entre outras, o contribuinte está utilizando o direito – ou as normas jurídicas colocados à sua disposição – como instrumento para atingir os fins pretendidos. Dessa forma, pode-se falar de uma instrumentalização do direito tributário em ambos os lados da obrigação: por parte do ente tributante e do contribuinte. Ambos buscando usar o tributo como instrumento para atingir seus fins, geralmente em lados opostos.[28]

Mais do que buscar um objetivo diretamente, a utilização do direito tributário como instrumento busca induzir comportamentos desejados. Como a norma busca instrumentalizar o contribuinte, que ao fim e ao cabo, modifica

---

[24] VOGEL, Klaus. «Die Abschichtung von Rechtsfolgen im Steuerrecht. Lastenausteilungs-, Lenkungs- und Vereinfachungsnormen und die ihnen zuzurechnenden Steuerfolgen: ein Beitrag zur Methodenlehre des Steuerrechts». *Steuer und Wirtschaft*, Caderno 2, 1977: 99 e ss.; SELMER, Peter. *Steuerinterventionismus und Verfassungsrecht*, p. 66.

[25] A Lei Geral Tributária portuguesa (LGT) estipula em seu art. 5.º que «a tributação visa a satisfação das necessidades financeiras do Estado e de outras entidades públicas». O referido artigo prossegue dispondo que a tributação «promove a justiça social, a igualdade de oportunidades e as necessárias correcções das desigualdades na distribuição da riqueza e do rendimento». Vê-se que o legislador português elegeu a tributação como instrumento privilegiado para a redução das desigualdades sociais.

[26] KIRCHHOF, Paul. *Verwalten durch «mittelbares» Einwirken*, p. 44.

[27] GREEN, Leslie. *Law as a Means*, p. 169.

[28] Este ponto levanta questões relevantes sobre os limites da utilização do direito como instrumento para reduzir a carga tributária por meio do planejamento tributário. Obviamente que se trata de fenômeno legítimo, dentro de limites, mas cuja discussão foge ao objeto do presente artigo. Por todos, veja-se GRECO, Marco Aurélio. *Planejamento tributário*. 3. ed. São Paulo: Malheiros, 2011.

seus comportamentos em função da incidência – ou não – da norma tributária, poder-se-ia falar que o fim direto da norma fiscal instrumentalizadora é a indução do comportamento; atuando ao facilitar ou dificultar comportamentos desejados ou indesejados, essa instrumentalização alcançaria seus objetivos indiretamente. Retomando o que se disse, o direito tributário atuará sempre como instrumento, quer angariando recursos ao Estado, quer induzindo comportamentos para a consecução de finalidades constitucionais estatais.

4. A UTILIZAÇÃO INSTRUMENTAL DO DIREITO TRIBUTÁRIO NA CONSTITUIÇÃO

A Constituição brasileira não se limita – como outros textos constitucionais do direito comparado – a formular princípios básicos do direito tributário, enumerando garantias fundamentais e limites amplos ao legislador em suas regras de competência. Contém, com efeito, preceitos que determinam a estrutura do poder impositivo de forma detalhada, em cada ente político. Além disso, o texto constitucional é rico em hipóteses em que o direito tributário é entendido como instrumento para a consecução de outras finalidades.

Para confirmar a afirmação feita acima, basta que se analisem, mesmo que rapidamente, as imunidades tributárias previstas no texto constitucional. Não restam dúvidas de que se trata de importantes objetivos e finalidades constitucionais colocadas sob o manto da imunidade para que o direito tributário não seja uma forma de limitação, que os encargos fiscais não tolham as atividades que, no entendimento do constituinte, auxiliam o Estado na consecução de suas finalidades constitucionais.[29] As imunidades tributárias são um exemplo privilegiado da instrumentalização do direito tributário.[30] Com efeito, o constituinte elege determinados fins a serem realizados e, com o intuito de auxiliar nessa realização, institui imunidades, como forma de benefício àqueles que se envolvem nas atividades consideradas socialmente desejáveis. A vedação constitucional para a instituição de tributos sobre determinadas hipóteses nada mais é o do que um instrumento político eleito pelo constituinte que auxilia o Estado na consecução dos fins constitucionais, mesmo quando realizado por entes privados.

Da mesma forma, registre-se a disposição do art. 151, inc. I, que autoriza a concessão de benefícios fiscais não-uniformes no território nacional,

---

[29] Borges, Souto Maior. *Isenções tributárias*. São Paulo: Sugestões Literárias, 1980: 184-185; *Idem*. *Teoria geral da isenção tributária*, 3. ed. São Paulo: Malheiros, 2007: 221; Ávila, Humberto. «Argumentação jurídica e a imunidade dos livros eletrônicos». *In:* Torres, Ricardo Lobo. *Temas de interpretação do direito tributário*. Rio de Janeiro: Renovar, 2003: 124.

[30] «Teleologicamente a imunidade liga-se a valores caros que se pretende sejam duradouros, enquanto a isenção veicula interesses mais comuns, por si só mutáveis». Cf. Coêlho, Sacha Calmon Navarro. *Curso de direito tributário*. 11. ed. Rio de Janeiro: Forense, 2010: 140; Adamy, Pedro Augustin. «As imunidades tributárias e o direito fundamental à educação». *Revista Tributária e de Finanças Públicas* 19-96/102 e ss. São Paulo, jan.-fev 2011.

como forma de «promover o equilíbrio do desenvolvimento socioeconômico entre as diferentes regiões do País».[31] A realidade atual mostra, contudo, que a previsão constitucional, aliada a diferenças e desigualdade regionais relevantes, abriu a possibilidade para a existência de uma verdadeira guerra fiscal entre os estados. Com efeito, a guerra fiscal é um exemplo pronto e acabado da forma como o direito tributário pode ser instrumentalizado para o atingimento de finalidades distintas da arrecadação. A criação de empregos, a atração de investimentos, o desenvolvimento de determinadas regiões dos estados, entre outras, são razões amplamente conhecidas nas disputas que envolvem os benefícios fiscais concedidos pelos estados para atrair os investidores e empresários. Tais benefícios, muitas vezes concedidos sem a observância dos requisitos constitucionais e legais,[32] mostram como o direito tributário serve como importante instrumento de indução de comportamento, modificando substancialmente planos individuais e empresariais.

As atuais discussões sobre a Zona Franca de Manaus, para que se perdurem as disposições constitucionais sobre o espaço geográfico de tributação favorecida como meio de promoção do desenvolvimento da região de Manaus, diretamente, e do norte do país, indiretamente, mostram que também a Constituição entende que o direito tributário atua como instrumento para atingir determinadas finalidades estatais.[33] Poder-se-ia argumentar que o desenvolvimento da região norte, antes da criação e manutenção de uma zona franca, passa pela criação de infraestrutura adequada às necessidades regionais de produção de bens de consumo e seu escoamento para outras regiões do país. No entanto, o constituinte entendeu que, inexistentes tais melhorias na infraestrutura em quantidade satisfatória, deve o direito tributário permanecer como instrumento para o atingimento de fins estatais e constitucionais, qual seja, o desenvolvimento a região norte e a diminuição das desigualdades regionais (art. 3.º, III).

Poder-se-ia lembrar de outras hipóteses previstas constitucionalmente como o «tratamento diferenciado e favorecido a microempresas e empresas de pequeno porte» (art. 146, III, *d*), a possibilidade de alteração de alíquotas dos impostos sobre o comércio exterior, dentro dos limites legais (art. 153, § 1.º), a

---

[31] DERZI, Misabel. «Notas». *In*: BALEEIRO, Aliomar. *Direito tributário brasileiro*, 11. ed. Rio de Janeiro: Forense, 2008: 157-163; «A isenção tributária que a União Federal concedeu, em matéria de IPI, sobre o açúcar de cana (Lei 8.393/1991, art. 2.º) objetiva conferir efetividade ao art. 3.º, incisos II e III, da Constituição da República. Essa pessoa política, ao assim proceder, pôs em relevo a função extrafiscal desse tributo, *utilizando-o como instrumento de promoção do desenvolvimento nacional e de superação das desigualdades sociais e regionais*». STF, 2.ª Turma, AgIn 360461-AgRg, rel. Min. Celso de Mello, *DJe* 27.03.2008 (grifou-se).

[32] Sobre o assunto, veja-se por todos ÁVILA, Humberto. «Benefícios fiscais inválidos e a legítima expectativa dos contribuintes», *Revista Tributária e de Finanças Públicas* 10-42/100-114. São Paulo, jan.-fev. 2002.

[33] Art. 40.º do ADCT.

progressividade do imposto sobre a propriedade territorial rural com o intuito de «desestimular a manutenção de propriedades improdutivas» (art. 153, § 4.º, I), a fixação de alíquotas diferenciadas no IPVA em «função do tipo e da utilização» do veículo automotor (art. 155, § 6.º, II).[34] A lista não é exaustiva e poder-se-iam enumerar outros dispositivos que, expressa ou implicitamente, autorizam a utilização instrumental do direito tributário. Tem-se, portanto, que existe a adoção expressa pelo texto constitucional do direito tributário como um instrumento legítimo para a obtenção de finalidades julgadas relevantes.

5. RISCOS DA INSTRUMENTALIZAÇÃO DO DIREITO TRIBUTÁRIO

5.1 O Direito Tributário como panaceia para os males sociais[35]

O primeiro risco de se utilizar o direito tributário como meio para o atingimento de finalidades compreende a superestimação da tributação na realização das finalidades estatais, pela indução dos comportamentos dos contribuintes.

A situação levaria ao extremo de haver um verdadeiro abandono de outras formas de regulação de condutas sociais – a via administrativa, as proibições legais, a regulamentação, entre outras – deixando a cargo do direito tributário a função de induzir o indivíduo, ou grupo de indivíduos, aos comportamentos considerados benéficos pelo legislador. Da mesma forma, uma utilização por demais ampla do direito tributário como instrumento de indução comportamental faria com que se criasse a possibilidade de utilização falaciosa de fins extrafiscais em tributos já existentes para induzir a comportamentos desejados, mas com o real intuito de aumentar a arrecadação.

Essa concepção também acaba por superestimar os efeitos do direito tributário sobre o comportamento das pessoas. Não raro, tem-se que, mesmo com a introdução de normas indutoras de direito tributário, os comportamentos permanecem inalterados, seja em função da «compra» que os contribuintes fazem, pagando mais, mas continuando com seus comportamentos anteriores, ou pela inelasticidade no consumo do objeto tributado. Assim, não se pode ter em mente que medidas fiscais instrumentais têm o condão de modificar a realidade em todos os casos e de forma eficaz em todas as situações.

Outro corolário dessa situação é que haveria um sentimento de liberação por parte do legislador e do poder executivo, uma vez que medidas fiscais

---

[34] Como afirma SCHOUERI «não há como deixar de ver que o constituinte encontrou em alguns tributos federais veículos propícios para a introdução de normas indutoras, dispensando-os da rigidez do princípio da anterioridade e flexibilizando a legalidade, de tal modo que o governo federal pode, nos limites da lei, a qualquer momento modificar sua alíquota, com efeito imediato». Cf. SCHOUERI, Luís Eduardo. *Direito tributário*, p. 148.

[35] A expressão é utilizada por Souto Maior BORGES: *Teoria geral da isenção tributária*, p. 72.

representariam uma atuação em direção à concretização e obtenção de fins socialmente relevantes. Pode-se exemplificar com uma isenção sobre o transporte de cargas no lugar de planejamento e investimentos nas estradas; ou de incentivos fiscais de ICMS sem o consequente investimento em infraestrutura para escoar a produção; ainda, a oneração fiscal de determinada atividade poluente, sem a sua regulação administrativa, onde a empresa poluidora poderia, com a repercussão dos valores ao consumidor final, comprar a sua parcela de poluição, sem investir em tecnologia menos poluente.

Poder-se-ia listar mais dezenas de exemplos. O importante é que se fixe: o direito tributário representa um importante elemento na tomada de decisão dos particulares e de empresas, mas não é o único e, em parcela significativa dos casos, não é o mais relevante na tomada de decisão do contribuinte. Sua superestimação leva a consequências práticas indesejáveis, tanto do ponto de vista do particular, como do ponto de vista estatal. Não há dúvidas de que a criação, oneração ou desoneração de determinado objeto, sujeito ou atividade econômica representa importante estímulo estatal para a consecução de seus fins; não pode ser o único, no entanto. O Estado, juntamente com as medidas fiscais, deve continuar atuando de forma a garantir que os fins sejam alcançados também por outras formas, que não pela simples via da instrumentalização dos tributos.

A conclusão é, com Trzaskalik, que «mesmo havendo necessidade legítima de indução de comportamento, não decorre necessariamente que o direito tributário deve ser utilizado como instrumento para tal indução».[36] Não se pode perder de vista que, mesmo que esteja amparado pelo desejo de realização dos melhores objetivos, das mais altas e legítimas finalidades, um tributo permanece um tributo, ou seja, continua a limitar direitos fundamentais de liberdade e propriedade dos contribuintes.[37]

5.2 Erosão das garantias fundamentais do contribuinte e dos princípios constitucionais tributários

A utilização do direito tributário como meio para o atingimento de finalidades pode, por vezes, entrar em colisão direta com os direitos fundamentais. Assim como nas demais esferas do direito, os direitos fundamentais atuam de forma transversal no direito tributário, isto é, atravessam-no por completo, influenciando a criação, conformação e interpretação dos institutos jurídico-tributários. Na tributação dirigida a finalidades não é diferente, permanece ela sendo «regida pela generalidade dos princípios constitucionais do sistema».[38]

---

[36] TRZASKALIK, Christoph. «Der instrumentelle Einsatz von Abgaben». *Steuer und Wirtschaft*, 1992: 140.

[37] TRZASKALIK, Christoph. *Gutachten E*, p. 28.

[38] DERZI, Misabel, «Notas», p. 157.

Aqui, no entanto, há um enfraquecimento – não sua extinção ou sua negação – de alguns dos princípios informadores da tributação, uma vez que entram em cena outros objetivos da ordem constitucional, que não a finalidade arrecadatória de meios financeiros para o Estado.

Se nos tributos que objetivam a arrecadação de recursos para o Estado deve-se analisar a igualdade na distribuição total da carga fiscal bem como a capacidade contributiva de cada contribuinte, nos tributos com finalidades extrafiscais a análise deve recair nos direitos fundamentais restringidos pela norma indutora e sua relação com as finalidades estatais pretendidas. O tributo, portanto, entendido como *divisão social* dos custos estatais e de financiamento dos serviços e bens públicos perde em intensidade, sendo instrumentalizado para o atingimento de finalidades estatais diversas.

Pode-se dizer que há um relativo abandono dos critérios da igualdade e capacidade contributiva em favor de outras finalidades julgadas relevantes.[39] Em tributos que têm natureza instrumental, isto é, buscam atingir finalidades político-econômicas diversas da arrecadação, a igualdade e a capacidade contributiva tem eficácia normativa relativa.[40] Nas palavras de Jachmann, «quando o Estado instrumentaliza os tributos em função de objetivos concretos, buscando um fim indutivo, ocorre um enfraquecimento na qualidade da distribuição da carga tributária, quando não a sua suspensão».[41]

A capacidade contributiva, prevista expressamente no art. 145 § 1.º, e aplicável diretamente aos impostos pessoais e, indiretamente e como corolário da igualdade tributária, não tem o mesmo papel quando se trata da tributação dirigida a finalidades, já que «quando os tributos se destinarem a atingir uma finalidade extrafiscal, porque instituídos com o fim prevalente de atingir fins econômicos ou sociais, a medida de comparação não será a capacidade contributiva».[42] Haverá o abandono do critério da igualdade tributária em função da tentativa de obtenção de finalidades distintas da arrecadação pela via fiscal.

---

[39] Jachmann, Monika. *Nachhaltige Entwicklung und Steuern*. Stuttgart: Boorberg, 2003: 253; Sacha Calmon bem afirma que o «princípio do tratamento isonômico é abrangente, mas convive ... com a progressividade extrafiscal...» Cf. *Curso de direito tributário*. 11. ed. Rio de Janeiro: Forense, 2010: 235; em sentido contrário: «*juzgo que las exenciones extrafiscales, desde la perspectiva del Derecho tributário y del principio de capacidade contributiva que lo informa, han de restringirse paulatinamente. En la medida que se estimen indispensables, han de coordinarse con otras disposiciones de la política fiscal que tiendan a restablecer la equitativa distribución de la carga que essas exenciones tanto perturban*». Cf. Sainz de Bujanda, «Teoria jurídica de la exencion tributaria», *In: idem. Hacienda y Derecho*. vol. III. Madrid: Centro de Estudios Políticos, 1963: 421.

[40] Huster, Stefan. *Rechte und Ziele*. Berlin: Duncker & Humblot, 1993: 360.

[41] Jachmann, Monika. *Nachhaltige Entwicklung und Steuern*, p. 254; no mesmo sentido: Selmer, Peter. *Steuerinterventionismus und Verfassungsrecht*, p. 71.

[42] Ávila, Humberto. *Teoria da igualdade tributária*. São Paulo: Malheiros, 2008: 161; no mesmo sentido Soares, Claudia Alexandra. *O imposto ecológico*. Coimbra: Coimbra Ed., 2001: 312-320.

Assim, a constitucionalidade de tributos utilizados de forma instrumental para a obtenção de objetivos estatais deve ser aferida pelo controle de sua proporcionalidade, ou seja, se o tributo é adequado ao atingimento do fim, se é necessário para o objetivo almejado e, ainda, se não há outras formas menos gravosas para se atingir o mesmo desiderato.[43]

Mesmo em tributos pessoais como o imposto de renda, exemplo privilegiado de imposto no qual a capacidade contributiva pode ser acuradamente aferida, a jurisprudência aceita que sua importância seja diminuída na consideração de finalidades diferentes da arrecadação. Assim, o STJ decidiu que «ainda que o Imposto de Renda se caracterize como um tributo direto, com objetivo preponderantemente fiscal, pode o legislador dele se utilizar para a obtenção de uma finalidade extrafiscal».[44] Torna-se claro, portanto, que a medida para a averiguação da constitucionalidade de medidas instrumentais passa ao largo da capacidade contributiva, devendo ser buscada nos fins almejados pelo legislador com o aumento ou diminuição da tributação. Em outras palavras: «a maioria das vantagens e desvantagens fiscais são destinadas a atingir algum propósito diferente da igualdade».[45] Em certos casos, a própria escolha do objeto ou fato econômico a ser tributado implica, por vezes, a escolha pela realização de determinado fim, com a restrição a direitos de liberdade do contribuinte.[46] A tributação de cigarros, por exemplo, indica o intuito de atingir outros fins que aqueles estipulados no texto constitucional em relação aos tributos: nesse caso reduz-se a importância da capacidade contributiva para que se busque a realização de fins sociais relevantes, tais como a redução do número de fumantes, o financiamento dos custos sociais com doenças advindas do ato de fumar, entre outros objetivos.[47] Considerações sobre a igualdade na distribuição da carga tributária global, sobre a capacidade contributiva, sobre a elasticidade no consumo do produto, passam ao largo da justificação do tributo, uma vez que há outras finalidades almejadas com o instrumento tributário eleito.

---

43 Vogel, Klaus. *Die Abschichtung von Rechtsfolgen im Steuerrecht*, p. 116-117; Tipke, Klaus. *Die Steuerrechtsordnung*. 2. ed. vol. I, Colônia: Otto Schmidt, 2000: 332; Nabais, José Casalta. *O dever fundamental de pagar impostos*, p. 647-648; Ávila, Humberto. *Teoria da igualdade tributária*, p. 162-163; Vogel, Klaus. *Begrenzung von Subventionen durch ihren Zweck*, p. 549 e ss.

44 STJ, 2.ª Turma, REsp 961.034/SC, rel. Min. Castro Meira, *DJ* 31.08.2009.

45 Murphy, Liam; Nagel, Thomas. *The myth of ownership* – taxes and justice. Oxford: OUP, 2002: 165; Osterloh, Lerke. «Lenkungsnormen im Einkommenssteuerrecht». *In*: Ebling, Iris. *Besteuerung von Einkommen*. Colônia: Otto Schmidt, 2001: 388.

46 Selmer, Peter. *Steuerinterventionismus und Verfassungsrecht*, p. 67.

47 «Aliás, é esta a função extrafiscal da altíssima alíquota incidente sobre cigarros e cigarrilhas: onerar pesadamente o consumo de modo a desestimulá-lo ou, ao menos, suprir o Estado com recursos financeiros para mitigar as elevadas despesas médico-hospitalares decorrentes, sem prejuízo de medidas ressarcitórias de caráter não-tributário». STJ, 2.ª Turma, Ag 1083030/MT, rel. Min. Herman Benjamin, *DJe* 17.06.2009.

O mesmo fenômeno ocorre com a garantia fundamental da propriedade. Com efeito, já decidiu o Supremo Tribunal Federal que o imposto sobre propriedade urbana pode ter alíquota progressiva, apesar de se tratar de imposto de natureza real, para que se dê concretização ao princípio da função social da propriedade.[48] Já decidiu o Supremo Tribunal Federal que a «progressividade admitida pela Carta Política, em tema de IPTU, é aquela de caráter extrafiscal, vocacionada a garantir o cumprimento da função social da propriedade urbana».[49] Situação semelhante se verifica com o imposto territorial rural, nos casos em que haja demarcação de reserva permanente.[50] Aqui buscam-se dois objetivos: a uma, a proteção do meio ambiente, garantindo a isenção a quem mantém área de preservação permanente – o que, da mesma forma, incentiva a criação e manutenção dessas áreas; a duas, uma garantia de que áreas que não produzem ficarão a salvo da incidência do imposto, já que destinadas a manutenção de área de preservação. O problema, contudo, não se resolve de forma tão simples. Para a justificação da tributação progressiva e extrafiscal, não basta que se clame pela realização de fins sociais como justificação última. Como afirma Vogel, «a admissão de que um comportamento pode ser exigido em função de um fim, não justifica de forma alguma que se possa exigir uma prestação patrimonial do indivíduo».[51]

O mesmo se poderia ressaltar com relação aos direitos fundamentais de liberdade de atividades econômicas (art. 170) e de exercício profissional (art. 5.º, XIII). Com efeito, uma teleologia tributária poderia limitar a atuação individual e empresarial com vistas a consecução de alguma finalidade, com a modificação ou criação de figuras tributárias.[52] Haverá, portanto, uma interferência inconstitucional nas liberdades profissional e de atividade econômica quando, por meio de tributos com finalidades extrafiscais, restringe-se tais

---

[48] Schoueri, Luís Eduardo. *Normas tributárias indutoras e intervenção econômica*, p. 91-94.

[49] STF, 2.ª Turma, RE 590360-AgRg, rel. Min. Celso de Mello, *DJe* 01.07.2011; afirma Kirchhof ao tratar da constitucionalidade de tributos extrafiscais que «para o controle de sua admissibilidade constitucional não se analisa somente a garantia da propriedade; comumente deve-se incluir também outros direitos fundamentais». Cf. Kirchhof, Paul. *Besteuerungsgewalt und Grundgesetz*, p. 50.

[50] STJ, 2.ª Turma, REsp 1158999/SC, rel. Min. Eliana Calmon, *DJe* 17.08.2010; STJ, 2.ª Turma, REsp 1027051/SC, rel. Min. Humberto Martins, rel. para o acórdão Min. Mauro Campbell Marques, *DJe* 17.05.2011.

[51] Vogel, Klaus. «Die Abschichtung von Rechtsfolgen im Steuerrecht». *Steuer und Wirtschaft*, Caderno 2, 1977: 100.

[52] «O princípio da liberdade de exercício de atividades econômicas não pode ser deixado de lado quando se consideram as normas tributárias indutoras, já que a se a intervenção tributária dor efetuada no sentido de criar óbices a uma atividade empresarial, então a norma tributária indutora que assim atuar deverá ter sua constitucionalidade questionada». Schoueri, Luís Eduardo. *Normas tributárias indutoras e intervenção econômica*, p. 102.

liberdades por meio da tributação. Tributar-se determinada atividade profissional pesadamente corresponde, por via transversa, proibir esta atividade.[53]

Como visto, a utilização instrumental do direito tributário pode acarretar uma verdadeira relativização, erosão ou até mesmo restrição demasiada dos direitos fundamentais. Ao instrumentalizar os elementos da esfera jurídico-tributária para o alcance de objetivos estatais, tal fenômeno cria problemas relevantes uma vez que ela possibilita que estes mesmos direitos e garantias direitos possam ser restringidos apenas pelas expectativas de seus efeitos, já que «não se orientaria mais por critério específico, mas sim pelas próprias expectativas de consequências».[54] Como adverte Sainz de Bujanda, «*la equitativa distribuición de la carga fiscal no puede sacrificarse para el logro de otros fines, por muy elevados y atrayentes que éstos sean*».[55] Assim, mesmo na tributação dirigida a finalidades distintas da arrecadação, deve-se atuar sempre visando fins constitucionalmente legítimos, justificáveis e, acima de tudo, que sobrevivam a uma detida análise de sua proporcionalidade e coerência.

5.3 Incerteza e imprevisibilidade

Mesmo com a utilização do direito tributário como meio para o atingimento de finalidades estatais, a norma tributária não muda sua configuração. A hipótese de incidência continua sendo descrita nos mesmos moldes, com a descrição do fato imponível e atribuição de consequências jurídico-tributárias na hipótese de sua ocorrência no mundo fático. Dessa forma, permanece sob a esfera de decisão do contribuinte se ele deseja ou não se comportar para obter um benefício – ou reduzir o prejuízo – instituído pela norma tributária.[56] Cumpre, portanto, ao indivíduo a decisão de se submeter aos mandamentos legais e gerar os efeitos pretendidos, auxiliando na consecução da finalidade estatal.[57] Não há dúvidas de que os tributos implicam mudanças no comportamento dos contribuintes, de fato e de direito. Tais mudanças podem, em determinados casos, ser previstas, mensuradas e definidas com razoável grau de certeza. Noutros, no entanto, o contribuinte não se comporta como um

---

[53] Kirchhof, Paul. *Verwalten durch «mittelbares» Einwirken*, p. 43.

[54] A crítica é feita em âmbito geral também por Luhmann. Cf. Luhmann, Niklas. *Rechtssystem und Rechtsdogmatik*, p. 48.

[55] Sainz de Bujanda, *Teoria jurídica de la exencion tributaria*, p. 420.

[56] A discussão sobre os bens cujo consumo não é elástico, apesar de bastante relevante, foge ao objeto do presente artigo. Importante se ter em mente que, nesses bens e serviços, onde não há a possibilidade de alternativas e o seu consumo é uma necessidade a qual o indivíduo não pode renunciar, a instituição de normas indutoras mostra-se possível, porém com limites mais rígidos.

[57] «Aceitar essa recomendação depende da diferença de peso entre as razões que são a favor ou contra a própria recomendação. Sem tal diferença de peso, a vontade permanece imóvel, assim como uma balança, na qual os pesos são semelhantes em ambos os lados». Cf. Jhering, Rudolf von. *Der Zweck im Recht*, p. 12.

ser que escolhe racionalmente, deixando de se comportar por caprichos, ou motivações subjetivas contraintuitivas, ou adota o comportamento desejado, mesmo sem a existência da regra indutora.

Sendo assim, uma das principais dificuldades é que, com a adoção de medidas extrafiscais, há uma gama de efeitos fiscais possíveis, uma rede quase infinita de modificação e conformação de comportamentos dos contribuintes, que não podem ser claramente previstas.[58] Mesmo após a criação da regra, o seu desenvolvimento na sociedade dá causa a efeitos não previstos e, até mesmo, não desejados pelo legislador.[59] São efeitos que ocorrem acidentalmente, ou de forma imprevista.[60] Da mesma forma, quais os efeitos na tributação – ou no campo específico afetado pela medida – que surgirão com o benefício ou aumento na carga tributária; onde e em que medida os efeitos concretos da indução comportamental surtirão efeitos, a diferença entre áreas econômicas com consumo elástico e inelástico; a racionalidade econômica dos atores sociais, entre outros fatores. Tudo isso leva a um risco de que o direito tributário seja utilizado na base da *tentativa-e-erro*, transformando os contribuintes em verdadeiros ratos de laboratório, que ficam sob a égide, não mais das regras e princípios constitucionais que regem a tributação, mas sim sob os efeitos – calculados ou não, previsíveis ou não – de normas indutoras.[61]

Essa ausência de acuidade na possibilidade de previsão dos efeitos,[62] e, antes ainda, das restrições impostas pelas medidas com finalidades indutivas levanta questões importantes sobre os riscos atrelados à uma tal tributação extrafiscal. Os problemas tornam-se ainda maiores quando se tem em conta que a própria ocorrência dos fins desejados não é certa e a ocorrência de fins não previstos é possível. A questão permanece sendo se é «possível controlar normativamente o futuro em sua conexão com o passado e com o presente»[63] em uma sociedade altamente complexa, com grupos e interesses tão distintos,

---

[58] OSTERLOH, Lerke. *Lenkungsnormen im Einkommenssteuerrecht*, p. 393.

[59] KIRCHHOF, Paul. *Verwalten durch «mittelbares» Einwirken*, p. 26.

[60] SCHMIDT, Dora. *Nichtfiskalische Zwecke der Besteuerung*. Tübingen: Mohr, 1926: 10.

[61] FRIAUF, Karl Heinrich. *Verfassungsrechtliche Grenzen der Wirtschaftslenkung und Sozialgestaltung durch Steuergesetze*. Tübingen: Mohr Siebeck, 1966: 33; SELMER, Peter. *Steuerinterventionismus und Verfassungsrecht*, p. 212.

[62] Veja-se a crítica de Luhmann em relação à impossibilidade de previsão de efeitos futuros, ou dos estabelecimentos das consequências das ações como critérios: LUHMANN, Niklas. *Rechtssystem und Rechtsdogmatik*. Stuttgart: Kohlhamer, 1974: 35 e ss. O autor chega a afirmar que as construções jurídicas (artificiais) baseadas nessas previsões dependem de que não se exija muito delas (*idem*: 37); em sentido contrário, afirma Greco que «com a observância do procedimento, limitação da discricionariedade e definição legal dos fins, sem a escolhas dos meios, acredita Greco que «passa a ser possível prever com certa dose de certeza o que estará por vir». GRECO, Marco Aurélio. *Dinâmica da tributação – uma visão funcional*. 2. ed. Rio de Janeiro: Forense, 2007: 131.

[63] LUHMANN, Niklas. «Die Funktion des Rechts». *Ausdifferenzierung des Rechts*. Frankfurt: Suhrkamp, 1999: 90.

e onde o aspecto tributário assume relevo nas decisões individuais e empresariais. Essa incerteza coloca em risco a própria racionalidade da tributação dirigida a finalidades, uma vez que a ocorrência dos efeitos desejados pelo legislador e pelo administrador não pode ser, em grau de certeza relevante, prevista de forma satisfatória.[64]

Como o legislador e o administrador trabalham com as informações e dados existentes, fazem prognósticos e previsões, mas não são capazes de prever acuradamente todos os efeitos que uma medida instrumental fiscal terá na realidade. Afirma Luhmann que «a administração não consegue em nenhum caso alcançar uma completude de informações; ela precisa decidir sempre sob a condição de um desconhecimento parcial, seja porque não há mais informações disponíveis, seja porque o esforço para o seu descobrimento seria por demais dispendioso».[65] Todas as expectativas com relação aos efeitos das medidas está amparada na experiência pretérita e em prognósticos, sendo, no entanto, diante da complexidade das relações jurídico-sociais, insuficientes.[66] Os efeitos materiais da tributação instrumental dependem de um sem número de fatores que não estão integralmente à disposição do legislador.[67] Os efeitos da extrafiscalidade têm eficácia no futuro, após a indução do comportamento dos contribuintes. Dessa forma, são altamente complexas a sua previsão e o prognóstico dos efeitos na realidade tributária, sendo apenas passíveis de uma estimação aproximada, de uma definição parcial.[68]

No entanto, a ocorrência de *efeitos colaterais* (na falta de expressão melhor) não coloca em risco a constitucionalidade das medidas extrafiscais. Com efeito, em muitos casos esses efeitos não previstos são *aceitos* ou *tolerados* em função do fim almejado.[69] Tais efeitos colaterais apresentarão problemas quando se tornarem tão ou mais relevantes do que os próprios efeitos anteriormente previstos e desejados pelo legislador.

Tal realidade, contudo, não resulta de que toda a tributação extrafiscal, por não serem detalhadamente previsíveis os efeitos globais da incidência tributária, é *a priori* inconstitucional ou viola princípios e regras da tributação.[70] A tributação dirigida a finalidades deve continuar sendo admitida dentro de parâmetros específicos e determinados, com a função de tentar reduzir tais

---

64 Ipsen adverte que a apreensão jurídica dos efeitos é pouco acessível diante da alta complexidade e pluralidade de sua ocorrência. Cf. Ipsen, Hans Peter. «Verwaltung durch Subventionen». *Veröffentlichung der Vereinigung der deutschen Staatsrechtslehrer*. Berlin: de Gruyter, 1967: 269.

65 Luhmann, *Legitimation durch Verfahren*, p. 213.

66 Kirchhof, Paul. *Verwalten durch «mittelbares» Einwirken*, p. 26.

67 Wendt, Rudolf. *Die Gebühr als Lenkungsmittel*. Hamburgo: Hansischer, 1975: 83.

68 Tipke, Klaus. *Die Steuerrechtsordnung*, p. 343.

69 Knies, Wolfgang. *Steuerzweck und Steuerbegriff*. Munique: C.H. Beck, 1976: 98-99.

70 Kirchhof, Paul. *Verwalten durch «mittelbares» Einwirken*, p. 44-46; Selmer, Peter. *Steuerinterventionismus und Verfassungsrecht*, p. 214.

complexidades, criando regras tributárias claras que auxiliem na consecução dos objetivos estatais, respeitando os limites impostos pelos direitos e garantias fundamentais do contribuinte, pelas regras de competência e dentro de padrões sempre objetivamente controláveis e submetidos ao exame de sua proporcionalidade.

5.4 Grupos de interesse e pressão

Não se chega ao extremo de afirmar que, caso se mantenha a utilização do direito tributário como meio de alcançar outras finalidades estatais ter-se-á um colapso do estado de direito e da legalidade, onde «onde grupos fanáticos se digladiam em busca de seus próprios interesses» e onde não se lembra mais que o «direito costumava ter uma autonomia, uma integridade ou princípios próprios que transcendiam o auto-interesse e as ideologias».[71]

No entanto, ao instrumentalizar o direito tributário com vistas a finalidades constitucionais, abre-se espaço para a atuação de grupos de interesse e pressão, o que pode levar – ao fim e ao cabo – que a legislação tributária se torne, em grande medida, um emaranhado de benefícios àqueles que têm maior poder de convencimento ou barganha perante o legislador ou perante o executivo. Trata-se de um problema institucional, nos três poderes que pode, em casos extremos, representar um risco para o Estado de direito.[72] Por isso, é preciso que se estabeleçam limites claros à instituição instrumental de tributos com vistas a beneficiar grupos determinados, por mais nobre que seja o fim realizado por tais grupos, para que não se tenha um verdadeiro privilégio odioso, uma vez que «grupos pequenos que têm muito a ganhar tendem a se organizar de forma efetiva e vigilante, de forma a alcançar seus objetivos comuns, conseguindo assim extrair de maneira bem-sucedida benefícios do legislativo e da administração».[73] De fora de tais privilégios ficariam, por consequência, grupos sem poder de convencimento e/ou econômico[74] e membros da sociedade não organizada em grupos.[75]

---

[71] VERMEULE, Adrian. «Instrumentalisms». *Harvard Law Review* 120/2131, 2007. Trata-se de uma descrição extrema das consequências apontadas por Brian TAMANAHA sobre os riscos da instrumentalização no direito e na teoria do direito. VERMEULE continua ao apontar que o fenômeno é apenas um «exagero febril dos defeitos do próprio sistema jurídico».

[72] TAMANAHA, Brian. *Law as a means to an end.* Nova York, Cambridge University Press, 2006: 215 e ss.

[73] TAMANAHA, Brian. *Law as a means to an end,* p. 194; VON ARNIM advertiu que, na Alemanha, apesar de todos os custos envolvidos, «que vale muito a pena esforçar-se para conseguir uma subvenção» Cf. VON ARNIM, Hans Herbert, «Subventionen – von der Schwierigkeiten der Subventionskontrolle», *Finanzarchiv*, 1986: 84.

[74] TAMANAHA, Brian. *Law as a means to an end,* p. 193.

[75] É importante deixar claro que a representação de interesses setoriais perante os órgãos do Estado é absolutamente legítima. Sendo os fins buscados pelos interessados constitucionalmente legítimos e os meios utilizados legais, tal forma de pressão não representa uma ameaça ao

Na definição dos fins pode-se dar uma espécie de «hipocrisia»,[76] no sentido de que as reais razões não aparecem, dando espaço a princípios amplos ou vagos, para que se mantenha a reputação social daqueles beneficiados pelo instrumento. Tal fato violaria os mandamentos constitucionais de publicidade, moralidade que informam a administração pública.[77] O favorecimento, por meio do direito tributário, a determinada classe de indivíduos, a uma determinada atividade econômica, sem a necessária justificação constitucional macula a própria utilização do direito como instrumento para o atingimento de fins diversos da arrecadação. Assim, a instrumentalização do direito tributário somente será constitucionalmente «inobjetável se exercida não em favor das classes sociais dirigentes, mas a serviço do bem comum».[78]

6. ANÁLISE: A *ECOLOGIZAÇÃO* DO DIREITO TRIBUTÁRIO

O movimento ecológico vem ganhando corpo, força e reconhecimento desde o final da década de 60 do século passado. Mudanças climáticas bruscas apontam que mudanças no comportamento são necessárias para a manutenção do equilíbrio ecológico. Ondas de sustentabilidade, nas mais diversas esferas sociais, atrelam à modificação do comportamento humano consequências benéficas – ou maléficas – para o meio ambiente. Pesquisas empíricas são financiadas ao redor do globo para a averiguação das reais condições do meio ambiente como um todo e das possibilidades de modificação comportamental dos indivíduos e de atuação estatal no nível internacional.

No direito ocorre fenômeno semelhante, com a questão ambiental ganhando em importância nas mais variadas áreas jurídicas, com um rápido desenvolvimento do direito ambiental, de seus princípios e de uma bem embasada teoria do direito ambiental. Nesse sentido, pode-se verdadeiramente falar de um «esverdeamento» do direito,[79] de uma *ecologização* (com o perdão do neologismo) das mais variadas áreas do direito.

A Constituição brasileira, acompanhando um movimento que *florescia* em outros países dispõe que «todos têm direito ao meio ambiente ecologicamente equilibrado, bem de uso comum do povo e essencial à sadia qualidade de vida, impondo-se ao Poder Público e à coletividade o dever de defendê-lo e preservá-lo para as presentes e futuras gerações». Além de ser mandamento

---

Estado de direito. Ressalte-se, também, que todos os grupos de interesses creem que suas requisições são legítimas e prementes, cabendo ao Estado fazer as escolhas e diferenciar quais medidas podem se caracterizar um privilégio odioso, daqueles que de forma justificada ajudam na consecução das finalidades constitucionais.

[76] VERMEULE, Adrian. «Instrumentalisms», p. 2128-2129.

[77] *Idem, ibidem*: 2129.

[78] BORGES, Souto Maior. *Teoria geral da isenção tributária*, p. 72.

[79] Cf. SARLET, Ingo; FERNSTERSEIFER, Tiago. *Direito constitucional ambiental*. São Paulo: Ed. Revista dos Tribunais, 2011.

constitucional, e também por conta disso, o meio ambiente ganhou lugar de destaque nas discussões políticas dos últimos anos. O direito tributário não ficou alheio a tudo isso e iniciou-se, primeiro nos Estados Unidos e depois na Europa, uma discussão sobre as possíveis alternativas fiscais para a proteção do meio ambiente.

Com efeito, a proteção do meio ambiente «pode dar-se mediante incentivos e desincentivos de toda ordem, inclusive a tributária».[80] O crescimento da importância do meio ambiente e a crescente utilização de instrumentos fiscais com finalidades ambientais são pontos centrais do que aqui se denomina de *ecologização do direito tributário*. A via fiscal pode ser utilizada de forma a criar incentivos para atividades que protejam ou visem proteger e conservar o meio ambiente, ou criando desincentivos, ou seja, onerando as atividades consideradas poluidoras. Pode-se dizer que, nos últimos anos, ocorreu uma verdadeira *mudança de paradigma* na tributação, enquanto antes as subvenções – diretas e indiretas – imperavam como forma de premiar comportamentos individuais e empresariais que conservavam e protegiam o meio ambiente, ou seja, atualmente busca-se, além de incentivar comportamentos positivos do contribuinte que promova e preserve o meio ambiente, a penalização econômica de comportamentos considerados danosos e poluidores.[81] Após tal mudança, portanto, a política ambiental clama por oneração das atividades que poluem ou causam danos ao meio ambiente.[82] Trata-se, apenas, do reconhecimento que a utilização do meio ambiente tem um custo e que esse custo deve ser pago por aqueles que fazem uso e tem, mesmo que indiretamente, um benefício com a utilização do meio ambiente.[83] Através da poluição há, como consequência, a criação de custos sociais, que não são custeados diretamente por quem se comporta de maneira a produzir o resultado poluidor, mas pela generalidade, pela sociedade. É o que se denomina de externalidades ou «fatura ambiental».[84] Os bens e recursos ambientais, que assim como outros bens, são finitos, são utilizados sem que haja a cobrança direta de um preço por essa utilização. Aqui entram em cena os tributos ecológicos, ou tributos verdes, com a função de internalizar tais externalidades, ou

---

[80] SCHOUERI, Luís Eduardo. *Normas tributárias indutoras e intervenção econômica*, p. 98; SOARES, Claudia Alexandra, *O imposto ecológico*, p. 120-139.

[81] JACHMANN, Monika. *Nachhaltige Entwicklung und Steuern*. Stuttgart: Boorberg, 2003: 247-248.

[82] KIRCHHOF, Ferdinand. «Die Tauglichkeit von Abgaben zur Lenkung des Verhaltens», *DVBL*, 2000: 1166 e ss; WEBER-GRELLET, Heinrich. *Steuern im modernen Verfassungsstaat*. Colônia: Otto Schmidt, 2001: 108; MOHR, Arthur. *Die Lenkunssteuer*. Zurique: Schulthess, 1976: 175 e ss.

[83] TRZASKALIK, Christoph. «Der instrumentelle Einsatz von Abgaben». *Steuer und Wirtschaft*, 1992: 135; GAWEL, Erik. «Steuerinterventionismus und Fiskalzweck der Besteuerung». *Steuer und Wirtschaft*, Caderno I, 2001: 27 e ss.; GARCIA, Maria da Glória. *O lugar do direito na protecção do ambiente*. Coimbra: Almedina, 2007: 145 e ss.

[84] GARCIA, Maria da Glória. *O lugar do direito na proteção do ambiente*, p. 157.

seja, colocar um preço na utilização dos bens e recursos ambientais, definindo o poluidor e estipulando uma forma de indenização – no sentido não jurídico – pela utilização do meio ambiente.[85]

Não seria errôneo afirmar que os tributos ecológicos possuem um certo «charme»,[86] já que medidas que se propõem à defesa, preservação e conservação do meio ambiente encontram enorme acolhida junto à opinião pública. Mesmo os contribuintes afetados diretamente por medidas fiscais onerosas dificilmente poderiam se dizer contrários – por princípio – à proteção do meio ambiente.

A proteção do meio ambiente pela via da instrumentalização do direito tributário, no entanto, não é livre de problemas bastante complexos e de riscos jurídico-políticos. O primeiro desses riscos que se apresenta na utilização frequente de medidas fiscais para a consecução de fins ambientais é a sensação – política e social – de que dessa formas as tarefas estatais necessárias para a proteção do meio ambiente – e a consequente concretização do art. 225 – estejam sendo realizadas a contento.

Reitere-se ainda uma vez: a utilização do direito tributário como instrumento de política ambiental deve se pautar pelos critérios da complementariedade, subsidiariedade e economicidade. A *complementariedade* reflete a necessidade de que medidas tributárias com finalidades ambientais devem ser complementares a outras formas de atuação estatal para conservação e proteção do meio ambiente. A *subsidiariedade* do direito tributário como instrumento de preservação do meio ambiente mantém que medidas administrativas, como a regulação direta do comportamento desejado – redução de poluentes, preservação de áreas naturais etc. – devem ser preferidas à medidas tributárias que podem, ao fim e ao cabo, ser compradas pelos respectivos contribuintes, numa verdadeira corrupção ao princípio do poluidor-pagador: já que posso pagar, poluo.[87] Assim como a proporcionalidade, a *economicidade* exige que haja uma relação entre o meio escolhido – a tributação com finalidades ambientais – e o objetivo desejado – proteção do meio ambiente –, ou seja, que o encarecimento das atividades individuais poluidoras ou que apresentem risco poluidor, e todos os demais efeitos dela advindos, sejam justificáveis, tanto

---

85 Jachmann, Monika. *Nachhaltige Entwicklung und Steuern*, p. 249-250.

86 Trzaskalik, Christoph. *Der instrumentelle Einsatz von Abgaben*, p. 135.

87 Diante das limitações do presente artigo, eventuais indagações sobre o conteúdo e alcance do *princípio do poluidor-pagador* não serão objetos de análise. Contudo, as discussões sobre a natureza do princípio do poluidor-pagador ainda precisam de uma análise profunda no campo do direito tributário, com a configuração de sua natureza jurídica, sua derivação constitucional ou mesmo sua recepção pela sistemática tributária brasileira. A simples menção, com vistas a conferir caráter normativo e, com isso, a justificação da imposição de tributos com base no «princípio do poluidor-pagador» exprime um concepção em que admite-se que um fim, por mais legítimo e benéfico, justifica *a priori* o meio escolhido.

jurídica como economicamente.[88] Havendo outros meios econômicos que atinjam o mesmo fim, a economicidade da tributação ambiental deve acarretar que a via fiscal seja preterida.

O segundo risco, presente na quase totalidade dos tributos dirigidos a finalidades extrafiscais, é a situação onde a intenção de induzir um comportamento que proteja e conserve o meio ambiente *camufle* a verdadeira razão do tributo ecológico: aumentar a arrecadação. Tributos com fins ambientais não buscam *necessariamente* aumentar a arrecadação. De outro lado, também não se espera que não haja receita em relação a esses mesmos tributos. As atividades consideradas danosas ao meio ambiente deverão ser *encarecidas* por meio da tributação, mas não *proibidas*. Assim, os tributos ambientais, apesar de pensados para induzir determinados comportamentos, não buscam a extinção destes comportamentos, mas apenas o encarecimento na sua realização – ou o barateamento, caso o comportamento seja bem vindo. Uma total proibição por meios fiscais esbarraria, como parece óbvio, na desproporcionalidade da medida e, na maioria dos casos, violaria a proibição de efeitos de confisco (art. 150, IV).

Um tributo sem qualquer arrecadação, isso é, em que a finalidade de indução de comportamento foi integralmente alcançada, perde sua natureza tributária, funcionando como verdadeira proibição administrativa.[89] Um tributo com finalidade ambiental perfeito, isto é, que reduza a atividade a tal ponto que não há mais arrecadação é mais danoso ao contribuinte do que a simples e imediata proibição administrativa. Com efeito, caso o tributo torne a realização da atividade proibitiva (trazendo considerações sobre a violação de liberdades fundamentais e utilização do tributo com efeito de confisco) deve ser preferida a via do direito administrativo, com a proibição da atividade, sem que o contribuinte seja obrigado, além de tudo, a pagar tributos por uma atividade que, ao fim e ao cabo, entendo o Estado deva ser proibida. Uma atividade danosa ao meio ambiente que for permitida e severamente tributada ainda tem seu valor social e sua utilidade reconhecida, caso contrário poderia ser, pela via legal ou administrativa, proibida ou paulatinamente abandonada.

A tributação mostra, dessa forma, que mesmo sendo poluente, o que se busca é (i) internalizar as externalidades causadas pela atividade poluente e (ii) incentivar a pesquisa e a busca de alternativas menos poluentes por meio do encarecimento da produção via tributação e (iii) angariar recursos para o

---

[88] Vogel, Klaus. *Begrenzung von Subventionen, durch ihren Zweck*, p. 548.

[89] Gawel, Erik. «Steuerinterventionismus und Fiskalzweck der Besteuerung». *Steuer und Wirtschaft*, Caderno I, 2001: 27-29; Kirchhof, Paul. *Besteuerungsgewalt und Grundgesetz*, S. 48; «Pois, se é verdade que quanto mais eficaz for o tributo ecológico que visa incentivar a adopção de comportamentos menos danosos para a sociedade menor será a receita obtida através dele, esta nunca chegará a ser nula». Cf. Soares, Claudia Alexandra. *O imposto ecológico*. Coimbra: Coimbra Ed., 2001: 302.

Estado para que possa, em caso de necessidade, combater os efeitos ambientais danosos advindos da atividade tributada.

Não raro, os tributos ambientais podem atingir mais pesadamente aqueles que têm menos capacidade contributiva, em verdadeiro efeito regressivo. Pode-se pensar, por exemplo, na tributação dos combustíveis fósseis: automóveis mais modernos possuem consumo menor do que automóveis mais antigos. Contribuintes que não possuem condição financeira de trocar seu carro por versões menos poluidoras serão penalizados, mesmo que os proprietários de automóveis modernos possuam mais capacidade contributiva.[90] Pode-se dizer o mesmo de um tributo verde sobre a energia elétrica, que atingiria as classes menos favorecidas que utilizam eletrodomésticos mais antigos e, portanto, com consumo energético mais elevado.[91]

Não se pode esquecer, no entanto, que os fins ambientais, por mais nobres e constitucionalmente legítimos, não justificam a eleição e adoção de meios que violem a própria Constituição.[92] Em suma: os fins ambientais não justificam a adoção de quaisquer meios, mesmo que tais fins sejam em si plenamente justificáveis e desejáveis.

7. CONCLUSÕES

O direito não é um fim em si mesmo; o direito tributário tampouco. Propositalmente se encerra com as mesmas palavras que iniciaram o texto, já que bem resumem as ideias principais que foram o fio condutor do presente artigo.

Assumindo a natureza instrumental do direito, como um todo, e do direito tributário, especificamente, tem-se que a regulação de condutas realizada diariamente pelo ordenamento jurídico pode – e deve – ser colocada em prática para a indução de comportamentos que levem à consecução de finalidades constitucionais. Esta visão, tomando o tributo como instrumento, corresponde à ideia de que o próprio direito deve ser um meio, uma medida,

---

90 Veja-se a interessante solução encontrada por Portugal para combater o efeito regressivo criando benefícios pecuniários para a retirada de circulação de automóveis antigos e mais poluentes, facilitando a renovação da frota de automóveis. Cf. Vasques, Sérgio; Martins, Guilherme W. «A evolução da tributação ambiental em Portugal». *Revista Fórum de Direito Tributário*, 28/258-259, ano 5, Belo Horizonte, jul.-ago. 2007.

91 Jachmann, Monika. *Nachhaltige Entwicklung und Steuern*, p. 253.

92 Uma advertência é cabível: deve-se renegar as finalidades simpáticas, que agradam ao senso comum, atrelando-se a tributação orientada a fins nos objetivos constitucionalmente legítimos. Mesmo que determinada medida fiscal conte com o apoio da maioria dos contribuintes, sua imposição ainda deve passar pelo crivo da proporcionalidade e da coerência, exames indispensáveis para a verificação da constitucionalidade da medida. Advertência semelhante foi feita por F. Kirchhof, «Die Tauglichkeit von Abgaben zur Lenkung des Verhaltens», *DVBL*, 2000: 1167.

enfim, um instrumento de atuação na sociedade, a regular as condutas individuais e coletivas, na busca de um fim maior, definido pela Constituição. Apesar de uma visão instrumental do direito (tributário) apresentar problemas teóricos relevantes, sua admissão é feita de maneira expressa pelo texto constitucional que, em várias hipóteses, instrumentaliza o próprio direito tributário com vistas a atingir uma finalidade julgada relevante pelo constituinte.

Com efeito, mesmo que a diferenciação entre tributos fiscais e extrafiscais perca em relevância, ela não deixa de existir. Pelo contrário, ela exige que se pense uma nova forma de classificação, com vistas a enquadrar o fenômeno da instrumentalização do direito tributário. Como já afirmava Alfredo Augusto Becker, «a principal finalidade de muitos tributos (...) não será a de um instrumento de arrecadação de recursos para o custeio das despesas públicas, mas a de um instrumento de intervenção estatal no meio social e na economia privada».[93] A crescente utilização dos tributos com vistas a induzir comportamentos, para que surjam efeitos e que tais efeitos auxiliem na obtenção das finalidades estatais, demanda da teoria do direito tributário uma análise detida sobre essa realidade.

A velha dicotomia entre tributos com finalidade fiscal (*i.e.* arrecadatória) e tributos com finalidade extrafiscal (*i.e.* indutora) perde em importância no momento em que se verifica que todos os tributos, mesmo aqueles que não tencionam induzir comportamentos, possuem uma eficácia conformadora do comportamento dos contribuintes, antes mesmo da sua entrada em vigor. Dessa forma, há que se dar razão a Klaus Tipke ao afirmar que o direito tributário moderno se qualifica para a obtenção de recursos par ao Estado e para influenciar a economia, redistribuindo a renda e o patrimônio.[94] Essa dupla função pode ser averiguada, em maior ou menor grau em todas as áreas da tributação.

A ideia de que o direito tributário pode – e deve – visar outras finalidades de que a simples arrecadação de recursos para o Estado não é recente. Aparece em figuras tributárias de séculos passados, buscando os mais diversos fins. As Constituições brasileiras, da mesma forma, sempre entenderam o tributo como instrumento de atuação estatal na economia, retirando seu caráter eminentemente fiscal. Na Constituição de 1988 tal realidade se repete, com especial frequência, em várias espécies tributárias.

A utilização instrumental do direito tributário, contudo, não é livre de riscos. Como demonstrado linhas acima, corre-se o risco de haver um verdadeiro fetichismo em relação às medidas fiscais de natureza instrumental, sendo elas consideradas a solução para os problemas sociais e, realidade ainda

---

93 BECKER, Alfredo Augusto. *Teoria geral do direito tributário*, p. 587.

94 TIPKE, Klaus. «La Ordenanza Tributaria Alemana de 1977», *Revista Española de Derecho Financiero* 14/360.

pior, criando um sentimento de liberação por parte das autoridades – tanto do Legislativo quanto do Executivo – em relação realização de atividades estatais para a real concretização dos fins além da simples promulgação e aplicação da legislação tributária indutora. Outro risco que se corre, também de natureza institucional, é a possibilidade de prevalência dos interesses de grupos específicos com alto poder de pressão e convencimento dentro das esferas estatais. Com efeito, a utilização instrumental das figuras jurídico-tributárias implica a obtenção de fins estatais que beneficiem os contribuintes como um todo, sendo vedada a criação de privilégios entre contribuintes com maior poder político.

Por outro lado, a instrumentalização do direito tributário opera em termos incertos, no sentido de que os efeitos buscados podem ser, de forma mais ou menos exata, previstos e calculados, mas nunca haverá exatidão sobre os resultados e efeitos fáticos nas medidas fiscais instrumentais. Tal risco coloca em cheque a instrumentalidade do direito tributário caso não forem respeitadas os limites estipulados pela própria ordem jurídica.

Da mesma forma, um dos principais riscos que a instrumentalização do direito tributário traz consigo é a possibilidade de relativização ou erosão das garantias constitucionais. Com efeito, se o Estado, por meio da via fiscal, busca a realização de fins constitucionais, pode haver a sensação de que os direitos e garantias constitucionais do contribuinte podem ser, de alguma forma, derrotados por razoes teleológicas mais relevantes. Toda a análise e, muito especialmente, o controle das medidas instrumentais passará, portanto, pelo exame de sua proporcionalidade. Não se pode admitir, portanto, um extravasamento da função instrumental do direito tributário, que acarretaria um prejuízo aos contribuintes, com a simples justificativa de que os fins objetivados são nobres, justos ou desejáveis. As limitações constitucionais impostas ao legislador tributário não desaparecem na hipótese da tributação dirigida a finalidades, elas apenas têm seu alcance diminuído, sua eficácia normativa restringida, mas permanecem absolutamente aplicáveis em caso de restrição indevida por meio da fiscalidade instrumental.

Por fim, ressalte-se que todos esses riscos estão presentes num fenômeno bastante atual na realidade jurídica brasileira: a ecologização do direito. Bem assim, a proteção do meio ambiente torna-se finalidade estatal relevante e, com isso, passa a se incorporar nas discussões sobre o direito tributário e as possíveis formas de sua utilização com vistas a garantir a proteção e conservação do meio ambiente. Também esses tributos devem respeitar os estreitos limites das garantias fundamentais ao cidadão-contribuinte e de um exame de sua proporcionalidade, averiguando se são adequados aos fins que se propõem, se são necessários à consecução da finalidade e, por fim, se não há medidas de outra natureza (de direito administrativo, por exemplo) que alcançariam o mesmo fim, restringindo de forma mais branda os direitos fundamentais.

BIBLIOGRAFIA

AARNIO, Aulis, 1979: *Denkweisen der Rechtswissenschaft*. Viena: Springer.

ADAMS, Charles, 1993: *For good and evil – the impact of taxes in the course of civilization*. Nova York: Madison.

ADAMY, Pedro Augustin, 2011: As imunidades tributárias e o direito fundamental á educação. *Revista Tributária e de Finanças Públicas* 19-96/101-133. São Paulo: Ed. Revista dos Tribunais, jan.-fev 2011.

ALEXY, Robert, 1993: «Eine diskurstheoretische Konzeption der praktischen Vernunft». In: ——; DREIER, Ralf. *Rechtssystem und praktische Vernunft*. ARSP, Beiheft 51.

ARDANT, Gabriel, 1971: *Histoire de l'impôt*, vol. I, Paris: Fayard.

ARNIM, Hans Herbert von, 1986: «Subventionen – von der Schwierigkeiten der Subventionskontrolle», *Finanzarchiv*.

ÁVILA, Humberto, 2002: «Benefícios fiscais inválidos e a legítima expectativa dos contribuintes». *Revista Tributária e de Finanças Públicas* 10-42. São Paulo, jan.-fev. 2002.

___, 2003: «Argumentação jurídica e a imunidade dos livros eletrônicos». In: TORRES, Ricardo Lobo. *Temas de interpretação do direito tributário*. Rio de Janeiro: Renovar.

___, 2008: *Teoria da igualdade tributária*. São Paulo: Malheiros.

___, 2009: *Segurança jurídica no direito tributário – entre permanência, mudança e realização*. Tese apresentada junto à Universidade de São Paulo. São Paulo, USP.

BECKER, Alfredo Augusto, 2002: *Teoria geral do direito tributário*. 3. ed. São Paulo: Lejus.

BOBBIO, Norberto, 2007: *Dalla struttura alla funzione, Nuovi studi di teoria del diritto*. Roma: Laterza.

COÊLHO, Sacha Calmon Navarro, 2010: *Curso de direito tributário*. 11. ed. Rio De Janeiro: Forense.

DERZI, Misabel, 2008: «Notas». In: BALEEIRO, Aliomar. *Direito tributário brasileiro*. 11. ed. Rio de Janeiro: Forense.

FRIAUF, Karl Heinrich, 1966: *Verfassungsrechtliche Grenzen der Wirtschaftslenkung und Sozialgestaltung durch Steuergesetze*. Tübingen: Mohr Siebeck.

GARCIA, Maria da Glória, 2007: *O lugar do direito na proteção do ambiente*. Coimbra: Almedina.

GAWEL, Erik, 2001: «Steuerinterventionismus und Fiskalzweck der Besteuerung». *Steuer und Wirtschaft*, Caderno I.

GRECO, Marco Aurélio, 2007: *Dinâmica da tributação – uma visão funcional*. 2. ed. Rio de Janeiro: Forense.

___, 2011: *Planejamento tributário*. 3. ed. São Paulo: Malheiros.

Green, Leslie, 2010: «Law as a means». In: Cane, Peter. *The Hart-Fuller debate in the twenty-first century*. Oxford: Hart.

Homburg, Stefan, 2007: *Allgemeine Steuerlehre*. 5. ed. Munique: Vahlen.

Huster, Stefan, 1993: *Rechte und Ziele*. Berlin: Duncker & Humblot.

Ipsen, Hans Peter, 1967: «Verwaltung durch Subventionen». *Veröffentlichung der Vereinigung der deutschen Staatsrechtslehrer*. Berlin: De Gruyter.

Jachmann, Monika, 2003: *Nachhaltige Entwicklung und Steuern*. Stuttgart: Boorberg.

Jhering, Rudolph von, 1893: *Der Zeck im Recht*, 3. ed. tomo I, Leipzig: Breitkopf & Härtel.

Kelsen, Hans, 1949: *General Theory of Law and State*. Trad. Anders Wedberg. Cambridge: Harvard University Press.

___, 2008: *Reine Rechtslehre*. Studienausgabe der 1. Auflage. Org. Matthias Jedstaedt. Tübingen: Mohr Siebeck.

Kirchhof, Ferdinand, 2000: «Die Tauglichkeit von Abgaben zur Lenkung des Verhaltens». In: *DVBL*.

Kirchhof, Paul, 1973: *Besteuerungsgewalt und Grundgesetz*. Frankfurt: Athenäum.

___, 1977: *Verwalten durch «mittelbares» Einwirken*. Colônia: Carl Heymans.

Knies, Wolfgang, 1976: *Steuerzweck und Steuerbegriff*. Munique: C.H. Beck.

Luhmann, Niklas, 1974: *Rechtssystem und Rechtsdogmatik*. Stuttgart: Kohlhamer.

___, 1999: «Die Funktion des Rechts». In: *Ausdifferenzierung des Rechts*. Frankfurt: Suhrkamp.

___, 1999: *Zweckbefriff und Systemrationalität*. Frankfurt: Suhrkamp.

Maior Borges, José Souto, 1980: *Isenções tributárias*. São Paulo: Sugestões Literárias.

___, 2007: *Teoria geral da isenção tributária*. 3. ed. São Paulo: Malheiros.

Mohr, Arthur, 1976: *Die Lenkunssteuer*. Zurique: Schulthess.

Murphy, Liam; Nagel, Thomas, 2002: *The myth of ownership – taxes and justice*. Oxford: OUP.

Nabais, José Casalta, 2004: *O dever fundamental de pagar impostos*. Coimbra: Almedina.

Osterloh, Lerke, 2001: «Lenkungsnormen im Einkommenssteuerrecht». In: Ebling, Iris. *Besteuerung von Einkommen*. Colônia: Otto Schmidt.

Raz, Joseph, 2009: *The Authority of Law*. 2. ed. Oxford: Oxford University Press.

Sainz de Bujanda, 1963: «Teoria jurídica de la exencion tributaria». In: ——, *Hacienda y Derecho*. vol. III. Madrid: Centro de Estudios Políticos.

SARLET, Ingo; FERNSTERSEIFER, Tiago, 2011: *Direito constitucional ambiental*. São Paulo: Ed. Revista dos Tribunais.

SCHMIDT, Dora, 1926: *Nichtfiskalische Zwecke der Besteuerung*. Tübingen: Mohr.

SCHOUERI, Luís Eduardo, 2005: *Normas tributárias indutoras e intervenção econômica*. Rio de Janeiro: Forense.

___, 2011: *Direito tributário*. São Paulo: Saraiva.

SOARES, Claudia Alexandra, 2001: *O imposto ecológico*. Coimbra: Coimbra Ed.

STOLLEIS, Michael, 1983: *Pecunia Nervus Rerum – Zur Staatsfinanzierung der frühen Neuzeit*, Frankfurt: Klostermann.

TAMANAHA, Brian, 2006: *Law as a means to an end*. Nova York, Cambridge University Press.

THALER, Richard; SUNSTEIN, Cass, 2009: *Nudge*. Nova York: Penguin.

TIPKE, Klaus, 2000: *Die Steuerrechtsordnung*. 2. ed. vol. I. Colônia: Otto Schmidt.

TRZASKALIK, Christoph, 1992: «Der instrumentelle Einsatz von Abgaben». *Steuer und Wirtschaft*.

___, 2000: *Inwieweit ist die Verfolgung ökonomischer, ökologischer und anderer öffentlicher Zwecke durch Instrumente des Abgabenrechts zu empfehlen?* Gutachten E. Munique: C. H. Beck.

WALDHOFF, Christian, 2002: «Die Zwecksteuer». *Steuer und Wirtschaft*, Caderno 2.

VASQUES, Sérgio, 1999: *Os impostos do pecado*. Coimbra: Almedina.

VASQUES, Sérgio; MARTINS, Guilherme W. 2007: «A evolução da tributação ambiental em Portugal». *Revista Fórum de Direito Tributário* 28, ano 5, Belo Horizonte, jul.-ago. 2007.

WEBER-GRELLET, Heinrich, 2001: *Steuern im modernen Verfassungsstaat*. Colônia: Otto Schmidt.

WENDT, Rudolf, 1975: *Die Gebühr als Lenkungsmittel*. Hamburgo: Hansischer.

VERMEULE, Adrian, 2007: «Instrumentalisms». *Harvard Law Review* 120.

WERNSMANN, Rainer, 2005: *Verhaltenslenkung in einem rationalen Steuersystem*. Tübingen: Mohr.

VOGEL, Klaus, 1977: «Die Abschichtung von Rechtsfolgen im Steuerrecht. Lastenausteilungs-, Lenkungs- und Vereinfachungsnormen und die ihnen zuzurechnenden Steuerfolgen: ein Beitrag zur Methodenlehre des Steuerrechts». *Steuer und Wirtschaft*, Caderno 2.

___, 1977: «Die Begrenzung der Subventionen durch ihren Zweck». *Hamburg, Deutschland, Europa. Festschrift Hans Peter Ipsen*. Tübingen: Mohr Siebeck.

10

A INTERPRETAÇÃO LITERAL NO DIREITO TRIBUTÁRIO BRASILEIRO: UMA PROPOSTA DE INTERPRETAÇÃO PARA O ART. 111 DO CTN

THOMAS DA ROSA DE BUSTAMANTE

HENRIQUE NAPOLEAO ALVES

«O sentido normal das palavras não faz bem ao poema.
Há que se dar um gosto incasto aos termos.
Haver com eles um relacionamento voluptuoso.
Talvez corrompê-los até a quimera.
Escurecer as relações entre os termos em vez de aclará-los.
Não existir mais rei nem regências.
Uma certa liberdade com a luxúria convém.»

– MANOEL DE BARROS. «Retrato apagado em que se pode ver perfeitamente nada», VII.

1. Introdução. 2. O art. 111 do CTN e o embate entre as teorias formalistas e não-formalistas. 3. Acerca do Significado literal: uma controvérsia entre juristas e linguistas. 4. O conceito de «interpretação» e os problemas decorrentes da locução «interpretação literal». 5. Uma breve revisão da literatura nacional sobre o objeto específico do presente ensaio. 6. Uma proposta de interpretação do art. 111 do CTN: 6.1 O reconhecimento da normatividade do art. 111 do CTN; 6.2 A definição normativa de «interpretação literal» e a pluralidade de técnicas interpretativas

no Direito Tributário; 6.3 O art. 111 do CTN e o argumento a contrario; 6.4 O art. 111 do CTN e o princípio da segurança jurídica. 7. Epílogo.

1. INTRODUÇÃO

Embora os avanços da hermenêutica hoje já não deixem dúvida de que é impossível a aplicação do Direito dissociada da interpretação,[1] entendida esta como processo de construção do significado dos enunciados normativos com a participação do sujeito cognoscente, a existência de normas jurídicas limitando ou proibindo a interpretação não é um dado estranho à história das instituições jurídicas. Associadas à pretensão de que o sistema jurídico seria perfeito ou livre de lacunas e contradições, muitas dessas normas estabelecem inclusive punições para os juízes que desviem da estrita interpretação do direito estabelecido pelo legislador. Apenas como exemplo, o imperador Justiniano, acreditando na perfeição do *Corpus Juris Civilis*, proibiu a sua interpretação, «determinando que os juízes, em caso de dúvida, ouvissem o Imperador»; a *Ordonnance civil pour la reformation de la justice* emitida pelo rei francês Luís XIV, em 1667, da mesma forma, «proibia, no Título I, art. 7.º, a interpretação, facultando a consulta ao próprio Rei»; de modo semelhante, na França Revolucionária, até 1837, vigorou o *référé legislatif*, que obrigava «os tribunais a ouvir o Legislativo sempre que julgassem necessário interpretar a lei»; e a Lei da Boa Razão de 1769 cominava, aos advogados portugueses, multa e suspensão caso ousassem levar adiante «interpretações frívolas», punindo a reincidência com penas de cassação dos graus universitários ou mesmo com o exílio.[2] Esses e vários outros exemplos históricos semelhantes levaram o autor de uma obra de referência sobre interpretação tributária a afirmar que estamos imersos numa «longa tradição de normas proibitivas ou restritivas da interpretação».[3]

O fenômeno das normas interpretativas, i.e., das proposições prescritivas que estabelecem diretrizes cogentes aos intérpretes da legislação, de fato não é novo, e nem estranho ao nosso direito atual, sendo notória a sua manifestação na seara tributária.

Instituído pela Lei 5.172/1966, alterado por atos normativos posteriores e recebido pela nova ordem constitucional com *status* de lei complementar, o Código Tributário Nacional (CTN) prevê normas interpretativas desde a sua redação original, que permaneceu, até o momento, rigorosamente inalterada.

---

[1] Gadamer, Hans-Georg. *Verdade e método.* Trad. Flávio Paulo Meurer. Petrópolis: Vozes, 1999: 461.

[2] Todos esses exemplos podem ser encontrados em: Torres, Ricardo Lobo. *Normas de interpretação e integração do direito tributário.* 3. ed. Rio de Janeiro: Renovar, 2000: 3-7.

[3] *Idem, ibidem*, p. 5.

Entre as normas interpretativas do CTN, encontra-se o notório art. 111, que determina ao jurista que interprete «literalmente» a legislação tributária que disponha sobre «suspensão ou exclusão do crédito tributário», «outorga de isenção» ou «dispensa do cumprimento de obrigações tributárias acessórias».

Como veremos, os estudiosos do direito tributário brasileiro, de uma maneira geral, posicionam-se, senão de forma contrária à existência dessas normas interpretativas tributárias, pelo menos com grande renitência e algum desconforto em lidar com elas, e mesmo uma tendência de relegá-las à impossibilidade de produção de quaisquer efeitos jurídicos.

Na obra de referência sobre o tema, Ricardo Lobo Torres, no veredicto antecipado das primeiras linhas do Capítulo I, conclui que «as normas sobre a interpretação e a integração do Direito Tributário são ambíguas, insuficientes ou redundantes: necessitam elas próprias de interpretação».[4]

Compreender a norma inscrita no art. 111 do CTN é o objetivo precípuo do presente ensaio, e, para tanto, admitir que normas interpretativas não prescindam, elas próprias, de interpretação, não é o bastante. Ao contrário: mais desafiadora, a tarefa impõe que possamos oferecer respostas minimamente consistentes para perguntas como: o que se deve entender por «interpretação literal?» (E, antes disso, o que se deve entender por «significado literal» e por «interpretação», por serem estas noções subjacentes à locução «interpretação literal?»[5]) Qual o sentido da norma inscrita no art. 111 do CTN? E, finalmente, qual o tipo de eficácia jurídica dessa norma?

2. O ART. 111 DO CTN E O EMBATE ENTRE AS TEORIAS FORMALISTAS E NÃO-FORMALISTAS

A doutrina jurídica tradicional pode ser cindida em dois grandes grupos de teorias sobre o significado das normas: o grupo das teorias formalistas e o das antiformalistas.

É certo que cada um desses grupos contém concepções diferentes entre si, mas, em meio à sua diversidade interna, há um elemento que as une. No caso do primeiro grupo, esse elemento reside na ideia de que o processo interpretativo pode ser tido como um processo de conhecimento ou *descoberta* do significado; e que, portanto, a interpretação seria uma atividade marcadamente cognitiva ou descritiva. No caso do segundo grupo, ao contrário, o processo interpretativo não seria apenas uma descoberta ou descrição do significado do texto, mas uma atividade valorativa de construção e atribuição de sentido, de criação de significados a partir do texto, e, mais ainda, um ato de decisão

---

[4] Torres, Ricardo Lobo, 2000: 21.

[5] Mazzarese, Tecla. «Interpretación literal: juristas y lingüistas frente a frente». *Doxa – Cuadernos de Filosofia del Derecho*, 23/597-631, 2000: 598.

ou de vontade na escolha de um dos vários significados que o texto possa apresentar.

Entre as teorias formalistas, encontram-se, *v.g.*, a Escola da exegese,[6] a jurisprudência dos conceitos,[7] ou, hodiernamente, o neoformalismo de Alchourrón e Bulygin[8] e o positivismo de Joseph Raz.[9] Entre as teorias antiformalistas, encontram-se, *e.g.*, o realismo escandinavo (sobretudo de Alf Ross),[10] o positivismo kelseniano[11] e, mais recentemente, inspirado por esse

---

6 Para um panorama das teses e do contexto histórico da denominada Escola da Exegese ver, entre outros, Frydman, Benoit. *Le sens des lois*, 2. ed. Bruxelas: Bruylant, 2007: 343 ss.; Frydman, Benoît. «Exégèse et Philologie: Un cas d'hermenéutique comparée», *Revue Interdisciplinaire d'Études Juridiques*, 33/59-83, 1994; Perelman, Chaïm. *Lógica jurídica: Nova retórica*. Trad. Vergínia K. Pupi. São Paulo: Martins Fontes, 2000: 31 ss.; Bobbio, Norberto. *O positivismo jurídico: lições de Filosofia do Direito*. Trad. Marcio Pugliesi, Edson Bini, Carlos E. Rodrigues. São Paulo: Ícone, 1995: 78 ss.

7 Sobre a jurisprudência dos conceitos, compare Larenz, Karl. *Metodologia da ciência do direito*. Trad. José Lamego. Lisboa: Calouste Gulbenkian, 3. ed., 1997: 21 ss., onde há outras referências; e Wieacker, Franz. *História do direito privado moderno*. Trad. A. M. Botelho Hespanha. Lisboa: Calouste Gulbenkian, 3. ed., 1967: 491 ss.

8 Por exemplo em Bulygin, Eugenio. «Sentencia judicial y creación de derecho», *In:* Bulygin, Eugenio; Alchourrón, Carlos. *Analisis lógico y derecho*. Madri: Centro de Estudios Constitucionales, (355-369), 1991: 356, onde se define uma «uma decisão fundamentada» como sendo apenas aquela que «se *deduz logicamente* de uma norma geral».

9 Ainda que, comparado à Escola da Exegese e à Jurisprudência dos Conceitos, Raz admita um espaço maior para a subjetividade do intérprete, a sua asserção de que a razão prática pode ser dividida em um «estágio deliberativo» e outro «executivo», sendo que a aplicação do Direito estaria inteiramente compreendida na última etapa (Raz, Joseph. *Ethics in the public domain – essays in the morality of Law and politics*. Oxford: Clarendon, 1994: 206-208) nos autoriza claramente classificá-lo dentro do âmbito do formalismo jurídico. Ademais, quando Raz afirma que «o Direito consiste *apenas* em considerações autoritativas positivas», as quais se definem por poderem ser discernidas sem qualquer valoração moral (*idem*, p. 189), situa inequivocamente a sua teoria na esfera do formalismo.

10 Ross, Alf. *Direito e Justiça*. Trad. Edson Bini. São Paulo: Edipro, 2003. Nas palavras de Aarnio, «como o próprio Ross menciona, o empirismo lógico, ainda muito dominante à época do [livro] *On Law and Justice*, fixou como seu discurso programático a [seguinte] tese: a tarefa da filosofia é a análise lógica da linguagem da ciência. Portanto, *On Law and Justice* busca uma análise da natureza científica (*status*) das proposições jurídicas presentes no estudo doutrinário do direito» (Aarnio, Aulis. *Essays on the doctrinal study of law*. Dordrecht: Springer, 2011: 83).

11 «Se queremos caracterizar não apenas a interpretação da lei pelos tribunais ou pelas autoridades administrativas, mas, de modo inteiramente geral, a interpretação jurídica realizada pelos órgãos aplicadores do Direito, devemos dizer: na aplicação do Direito por um órgão jurídico, a interpretação cognoscitiva (obtida por uma operação de conhecimento) do Direito a aplicar *combina-se com um ato de vontade em que o órgão aplicador do Direito efetua uma escolha entre as possibilidades reveladas através daquela mesma interpretação cognoscitiva*. Com este ato, ou é produzida uma norma de escalão inferior, ou é executado um ato de coerção estatuído na norma jurídica aplicanda» (destaques nossos). Kelsen, Hanz. *Teoria pura do direito* [*Reine Rechtslehre*]. Trad. João Baptista Machado. 6. ed. São Paulo: Martins Fontes, 1998 [1960]: 394.

último autor, o pensamento neocético de Giovanni Tarello e da escola de Gênova.[12]

Tabela I: Síntese sobre as teorias formalistas e antiformalistas da interpretação jurídica

Formalismo	Pressupõe que o sistema jurídico goza de completude ou ausência de lacunas; coerência; e caráter dedutivo, *i.e.*, pode-se inferir, por um mecanismo lógico, as consequências da norma jurídica. Caracteriza-se por entender o processo interpretativo como a descoberta do significado, ou, em outras palavras, como uma atividade meramente cognitiva ou descritiva.
Antiformalismo	Entende o processo interpretativo não apenas como descoberta e descrição do significado do texto, mas de constituição ou criação de significados a partir do texto. Como os textos são inelutavelmente abertos a diferentes significados possíveis, o ato final da interpretação é uma escolha de um dentre os vários significados, ou seja, é um ato de decisão ou de vontade.

Sob a determinação que normas tributárias de certas matérias devem ser interpretadas literalmente, contida no art. 111 do CTN, subjaz a noção de significado literal, e a certeza da possibilidade de se *conhecer* o significado literal da norma. Não há dúvidas de que, por isso, a norma interpretativa contida nesse dispositivo pretende inserir-se na tradição formalista,[13] ainda mais por considerarmos o seu sentido de redução da moldura de significações possíveis, para usar a terminologia de um célebre antiformalista.[14]

---

[12] TARELLO, Giovanni. *L'interpretazione della legge*. Milão: Giuffrè, 1980; GUASTINI, Riccardo. *Interpretazione dei documenti normativi*. Milão: Giuffrè, 2004; GUASTINI, Riccardo. «Introduzione alle tecniche interpretative», *Distinguendo: studi di teoria e metateoria del diritto*. Turim: Giappichelli, 1996: 173-191; GUASTINI, Riccardo. «Due esercizi di non-cognitivismo», *Analisi e diritto*, 1999: 277-80.

[13] Sem embargo, como argumenta de forma convincente Villa (VILLA, Vittorio. «Condizioni per una teoria della interpretazione giuridica». *In*: VELLUZZI, V. (org.), *Significato letterale e interpretazione del diritto*. Turim: Giappichelli, 2000: 175), ambos os grupos de teorias supramencionados equivocam-se precipuamente por partir de uma *concepção estática do significado*, como algo que ou se «descobre» (formalismo), ou se «produz» (antiformalismo) «totalmente e de uma só vez». Na verdade, uma teoria adequada do significado, que não prescinda da sua dimensão hermenêutica, não pode assumir que o processo interpretativo se desdobre de maneira tão simplista; ao revés, o significado é algo que só pode decorrer do êxito de um «processo complexo», marcado pela «aparição progressiva de vários níveis de significação». Sem embargo, é desnecessário avançar nessa crítica no presente trabalho, pois o objetivo aqui é apenas encontrar uma interpretação inteligível e razoável para o art. 111 do CTN.

[14] Cfr. KELSEN, *op. cit.*, p. 388, 390-391.

A compreensão do significado, sentido, função e eficácia jurídica da norma contida no art. 111 do CTN, neste contexto, não prescinde de um esforço teórico implexo, que abarque todas as controvérsias decorrentes das locuções «significado literal» e «interpretação», dos demais elementos linguísticos do dispositivo, do seu lugar no direito brasileiro vigente e sua aplicabilidade.

3. ACERCA DO SIGNIFICADO LITERAL: UMA CONTROVÉRSIA ENTRE JURISTAS E LINGUISTAS

O primeiro desafio a ser enfrentado para a interpretação do art. 111 do CTN está em entender o próprio sentido da noção de «significado literal», na medida em que há grandes disputas entre juristas e linguistas acerca dessa noção. Partindo da terminologia adotada por Marcelo Dascal, que chamou seu posicionamento quanto à noção de significado literal de «literalismo moderado»,[15] Mazzarese distingue quatro posições assumidas nos trabalhos da moderna filosofia da linguagem ou da linguística geral decorrentes do ponto de partida convencional da obra de Frege: (a) literalismo radical; (b) antiliteralismo moderado; (c) antiliteralismo radical; (d) literalismo moderado.[16]

A tabela abaixo, elaborada a partir do trabalho sistematizador de Mazzarese, resume cada uma das posições:

Tabela II: Síntese sobre as principais posições dos linguistas sobre o significado literal[17]

POSIÇÃO	DESCRIÇÃO
Literalismo Radical	O significado literal é aquele apreendido apenas em razão do conhecimento de regras prévias de linguagem, sem qualquer informação contextual adicional. Para buscá-lo, adota-se o teste da «carta anônima», proposto originalmente por Katz (Cfr., Mazzarese), que consiste em supor uma situação ideal na qual o intérprete recebe uma carta anônima que contém apenas uma sentença, sem qualquer outra evidência ou indício sobre a motivação da carta, suas circunstâncias de transmissão ou qualquer outro fator relevante para o entendimento daquela sentença.

[15] Dascal, Marcelo. «Defending Literal Meaning». *Cognitive Science*, vol. 11, 1987: 259-281.

[16] Mazzarese, *op. cit.*, p. 600 ss., n. 5.

[17] Cfr. Mazzarese, *op. cit.*, p. 600, n. 5.

Antiliteralismo Moderado	Essa posição abarca diferentes correntes que, no entanto, têm em comum a eleição, como objeto de análise, de dados ou fenômenos linguísticos que, em nível sintático, semântico ou pragmático, interagem e interferem com a mera formulação linguística de um enunciado, condicionando fortemente a individualização do significado. No nível sintático, examina tipos de enunciado deícticos (*i.e.*, cujo significado é contingente e muda com expressões autorreferenciais, como «eu», «aqui», «hoje», «este»). No nível semântico, enfatizam a ambiguidade, a vagueza e demais formas de textura aberta ou de fenômenos como a anáfora ou a metáfora. No nível pragmático, centram-se na teoria dos atos de fala e na concepção Wittgensteineana do significado como uso.
Antiliteralismo Radical	Caracteriza-se por uma crítica contundente à possibilidade da noção de significado literal, e exibe duas versões principais, uma mais fraca, e uma mais forte. A primeira decorre do ataque filosófico de Searle ao literalismo, quando afirma que em um grande número de casos (como, *e.g.*, na sentença «O gato está sobre o tapete»), a noção de significado literal só tem aplicação em relação a um conjunto de pressuposições de fundo que não podem ser totalmente apreendidas na estrutura semântica da sentença, e, sendo assim, o literalismo não pode ser defensável (pois assume que é possível construir um sentido literal para toda sentença, que independe de qualquer contexto). O que é defensável é um significado literal relativo, decorrente do sistema coordenado das nossas pressuposições de fundo. A versão forte, por sua vez, menos filosófica e mais psicológica, defendida por Gibbs e Rumelhart, afirma que não há fundamentos para sustentar uma distinção entre significado literal e significado figurado em termos de sua dependência de conhecimentos de fundo.
Literalismo Moderado	Ao contrário de outras versões do literalismo que sustentam a existência de condições necessárias para a apreensão do significado literal, Dascal defende que este advém de um número impreciso de condições que não são «estritamente» necessárias, mas podem ser consideradas, com um grau de confiabilidade razoável, «semanticamente relevantes». Não fica claro, contudo, o quão diferente o literalismo moderado dascaliano consegue ser do antiliteralismo moderado. De todo modo, para o literalismo moderado, o que se entende como significado literal é tido como ponto de partida, e não como o marco no qual se circunscreve a interpretação.

Numa tentativa de balanço sobre essas diferentes posições, Mazzarese observa que o literalismo forte ou radical pode ser entendido como a concepção que sustenta que o significado literal, ainda que não possa ser definido de maneira precisa e rigorosa, seria suficiente para definir o significado; nesse sentido, a expressão «significado literal» seria, portanto, pleonástica. A concepção oposta defende que, longe de ser uma expressão pleonástica, «significado literal» seria um oxímoro, já que o significado resulta de uma pluralidade de variáveis distintas, sendo o que se convenciona chamar de significado literal, quando muito, apenas uma variável subsidiária dessa complexa equação.[18] Restou ao literalismo moderado uma posição mais sóbria, que, sem ignorar as críticas do antiliteralismo, entende o significado literal como expressão amplamente indeterminada, mero ponto de partida, mas não de chegada, da interpretação.[19]

Os juristas, por sua vez, «[e]m manifesto e surpreendente contraste com essa tendência amplamente compartilhada pelos linguistas», continuariam a considerar a «interpretação literal», «e, portanto, a noção subjacente de "significado literal", como o ponto central da interpretação jurídica», como se depreende, segundo Mazzarese, (i) da importância que o legislador (nacional e internacional) continua dando à literalidade nas diretrizes para interpretação e aplicação do direito; (ii) da convicção, dos juízes e demais operadores jurídicos, de que fundam suas próprias atividades em uma interpretação literal do direito, em cumprimento às diretrizes do legislador; (iii) da importância que os jusfilósofos dão às noções de significado e de interpretação literal, como, *e.g.*, quando definem a noção de «proposição normativa» como sendo aquela que tem por objeto a descrição da norma, quando defendem a função descritiva da dogmática jurídica ou quando ignoram os problemas advindos da tradução da linguagem jurídica.[20]

O minucioso estudo de Mazzarese aponta a existência de três problemas no saber produzido entre os juristas, *de uma maneira geral*, sobre o tema da interpretação literal: além do problema de não repercutir o «caráter problemático» da noção de «significado literal» subjacente à locução «interpretação literal», não há univocidade, entre os juristas, nem sobre o que se deve entender por «literal», tampouco o que se deve entender por «interpretação».[21]

Ao exemplificar a falta de univocidade entre os juristas sobre o conceito de «literal», Mazzarese menciona a pluralidade de conceitos que são utilizados pelos teóricos do Direito como sinônimos ou expressões do literalismo, apesar de referirem a concepções distintas sobre a noção de significado literal

---

[18] MAZZARESE, *op. cit.*, p. 609-610.
[19] *Idem, ibidem*, p. 610.
[20] *Idem, ibidem*, p. 598.
[21] *Idem, ibidem*, p. 611 ss.

ou do critério literal de interpretação, como «abstrato», «formal», «gramatical», «imediato», «linguístico», «óbvio», «ordinário», «patente», «próprio», semântico», «semiótico», «textual», dentre muitos outros.[22]

É interessante notar que Luzzati igualmente empreendeu uma compilação dos diferentes usos do literalismo pela doutrina, tendo também encontrado diferentes sentidos, como, *e.g.*, (i) «expressões linguísticas à margem do seu contexto (verbal, cultural e/ou situacional)»; (ii) «conforme ao uso ordinário das palavras»; (iii) «*prima facie* claro e unívoco, ou seja, óbvio, de sentido comum, não absurdo»; (iv) «identificado mediante um argumento *a contrario*»; (v) «atribuído com base em usos linguísticos consolidados pelos juristas».[23]

Certamente não se trata de algo que ocorra apenas além das nossas fronteiras. Na jurisprudência do STF, de modo análogo, encontramos menções alusivas ao literalismo tão diferentes quanto «conteúdo semântico da expressão»[24] ou «valor semântico dos vocábulos»,[25] «método gramatical»[26] ou «interpretação gramatical»,[27] e «interpretação literal»;[28] e na doutrina nacional, a mesma pluralidade se manifesta, havendo quem trate do literalismo por meio de locuções semelhantes às citadas e iguais em diversidade, como «literalidade do texto»,[29] «significado gramatical» ou «etimológico»,[30] «método literal, gramatical ou lógico gramatical»,[31] interpretação «estrita»,[32] «interpretação restritiva»,[33] interpretação «linguística»[34] etc.

---

22 MAZZARESE, *op. cit.*, p. 614-615.
23 LUZATTI, Claudio. *La vaghezza delle norme*. Milano: Giuffrè, 1990.
24 STF, Tribunal Pleno, RE 349703/RS, rel. Min. Carlos Britto, j. 03.12.2008, publ. vol. 2363-04, p. 675.
25 STF, 2.ª T., RE 24753, rel. Min. Afranio Costa, j. 28.01.1954, publ. vol. 179-03, p. 922.
26 STF, 1.ª T., HC 81360/RJ, rel. Min. Ellen Gracie, j. 19.12.2001, *DJ* 19.12.2002, p. 71.
27 STF, Tribunal Pleno, ADIn 2650/DF, rel. Min. Dias Toffoli, j. 24.08.2011, publ. *DJe*-218 17.11.2011.
28 STF, 1.ª T., rel. Min. Eros Grau, j. 14.03.2006, publ. *DJ* 05.05.2006, p. 18.
29 MELO, José Eduardo Soares de. *Curso de direito tributário*. 3. ed. São Paulo: Dialética, 2002: 172-173.
30 MACHADO, Hugo de Brito. *Curso de direito tributário*. 24. ed. São Paulo: Malheiros, 2004: 117; RIBEIRO, Maria de Fátima. «Legislação tributária». *In*: NASCIMENTO, Carlos Valder do; PORTELLA, André. *Comentários ao Código Tributário Nacional*. 7. ed. Rio de Janeiro: Forense, 2008: 247-248.
31 Cfr. MELO, *op. cit.*, p. 172-173.
32 COÊLHO, Sacha Calmon Navarro. *Curso de direito tributário brasileiro*. 10. ed. Rio de Janeiro: Forense, 2009: 610, onde se lê: «Interpretação literal não é interpretação mesquinha ou meramente gramatical. Interpretar estritamente é não utilizar interpretação extensiva. Compreenda-se. Todas devem, na medida do possível, contribuir para manter o Estado. As exceções devem ser compreendidas com extrema rigidez».
33 Expressão equivocada, conforme a crítica relevante de Hugo de Brito Machado (*op. cit.*, p. 118): «Há quem afirme que a interpretação literal deve ser entendida como interpretação restritiva. Isto é um equívoco. Quem interpreta literalmente por certo não amplia o alcance do

É verdade, contudo, que a maioria da jurisprudência e da doutrina adota a terminologia interpretação ou critério ou método «literal» ou «gramatical». Porém, a questão é que, mesmo sob uma eventual terminologia comum, ou subjacente a ela, existem concepções distintas sobre o que seja «significado literal» ou «interpretação literal».

Essa diversidade já antecipa, por conseguinte, o quão problemática é a locução «interpretação literal», como veremos a seguir.

4. O CONCEITO DE «INTERPRETAÇÃO» E OS PROBLEMAS DECORRENTES DA LOCUÇÃO «INTERPRETAÇÃO LITERAL»

Determinar o conceito de «interpretação», por si, não deixa de ser uma tarefa problemática, que se torna especificamente problemática dentro do contexto do presente texto, *i.e.*, como subsídio para a compreensão da locução «interpretação literal» com vistas à correta compreensão da norma contida no art. 111 do CTN.

A exemplo do conceito de «significado literal», também o conceito de «interpretação» não é unívoco entre os juristas. Sem embargo, pode-se concordar com Wróblewski quando este distingue três sentidos principais do termo «interpretação» segundo seu grau de abstração: um sentido muito amplo, eminentemente hermenêutico, segundo o qual interpretar equivale a «compreender qualquer objeto cultural»; um sentido amplo, de caráter semântico, para o qual a interpretação direciona-se ao «entendimento da linguagem», e, no caso específico de discursos normativos, à «atribuição de significados a documentos normativos»; e, finalmente, um sentido especificamente jurídico, para o qual a interpretação ocorre quanto há dúvida sobre o «correto entendimento de um texto em seu significado direto [*direct meaning*]», sendo desnecessária, portanto, em «situações de isomorfia».[35]

Se descartarmos a concepção mais ampla (que Wróblewski denominou «hermenêutica»), já que ela é irrelevante para os propósitos desse trabalho, na medida em que ele se ocupa exclusivamente da interpretação de documentos normativos, podemos chegar a duas concepções fundamentais compartilhadas pelos os juristas, entre as quais Mazzarese identificou uma «contraposição paradigmática»:[36] (i) a concepção «segundo a qual não há interpretação quando

texto, mas com certeza também não o restringe. Fica no exato alcance que a expressão literal da norma permite. Nem mais, nem menos. Tanto é incorreta a ampliação do alcance, como sua restrição».

[34] Cfr. Ávila, Humberto. «Argumentação jurídica e a imunidade do livro eletrônico». *Revista Diálogo Jurídico*, vol. I, 5/1-33, ago. 2001, disponível em: http://www.direitopublico.com.br.

[35] Wroblewski, Jerzy. *Judicial application of law*. Dordrecht: Kluwer, 1992: 87-88.

[36] Mazzarese, 2000: 618-619.

a formulação linguística de um texto normativo é suficientemente clara»; e (ii) a concepção segundo a qual «sempre há interpretação, independentemente da suposta clareza da formulação linguística de um texto normativo».[37] Mazzarese alega que essas concepções refletem concepções rivais, do ponto de vista epistemológico, sobre a natureza do processo interpretativo: segundo a primeira, o processo interpretativo adquire uma conotação de caráter *cognoscitivo-declarativo*; de acordo com a segunda, esse processo seria, ao contrário, *decisório-constitutivo*.[38]

O exposto não deixa de se relacionar fortemente com o embate entre formalismo e anti-formalismo no âmbito da interpretação do Direito. Subjacente à suposição de que é possível existir um texto claro a ser meramente descoberto ou evidenciado pelo sujeito sem maiores esforços interpretativos jaz a nota caracterizadora de todas as teorias formalistas, que é justamente a ideia de que a interpretação de textos normativos pode ser tida como uma atividade cognitiva ou descritiva, de descoberta de significados. E subjacente à suposição de que sempre há interpretação encontra-se a ideia de que a interpretação é, sobretudo, uma atividade de criação ou constituição de significados, uma atividade, portanto, eminentemente valorativa.

O tipo cognoscitivo-declarativo, ademais, fundamenta-se «na tese linguística de que as palavras têm um significado próprio», e que, portanto, «dado que o significado literal é manifesto, sua individualização não requer interpretação alguma (exceto em casos excepcionais)».[39] Sendo assim, relaciona-se, se não com o literalismo radical, sem dúvida com o literalismo linguístico geral.

Já o tipo decisório-constitutivo, ao contrário, «nega que as palavras tenham um significado próprio», relacionando-se fortemente, assim, com a tese linguística do literalismo moderado, para a qual o significado de qualquer expressão, «independentemente da sua aparente clareza», «é sempre o resultado de um processo interpretativo no qual intervém uma pluralidade de variáveis heterogêneas, linguísticas e não linguísticas».[40]

A combinação entre as duas concepções paradigmáticas de «interpretação» e as duas principais concepções do literalismo jurídico permite evidenciar, de forma clara, o quão ambígua e mesmo autocontraditória pode ser a locução «interpretação literal».[41] Antes de proceder a essa combinação, vale a pena recapitular, resumidamente, o que cada uma dessas concepções apregoa, conforme a tabela a seguir.

---

[37] Mazzarese, 2000: 619.
[38] *Idem, ibidem*: 620.
[39] *Idem, ibidem*.
[40] *Idem, ibidem*.
[41] *Idem, ibidem*: 621.

Tabela III: Recapitulação dos tipos paradigmáticos de interpretação e literalismo jurídicos segundo Mazzarese

TIPO	DESCRIÇÃO
Interpretação cognitiva-declarativa	Não há interpretação quando a formulação linguística de um texto normativo é suficientemente clara
Interpretação decisória-constitutiva	Sempre há interpretação, independentemente da suposta clareza da formulação linguística de um texto normativo
Literalismo jurídico radical	«Significado literal» como elemento central da compreensão dos enunciados normativos a partir das palavras que o compõem
Literalismo jurídico moderado	«Significado literal» abarca diferentes critérios interpretativos heterogêneos

A combinação entre a interpretação cognitiva-declarativa e o literalismo jurídico moderado revela-se sem sentido, assim como a combinação entre a interpretação decisória-constitutiva e o literalismo jurídico radical, pois há uma incompatibilidade dos pressupostos linguísticos de cada uma delas.[42]

De modo semelhante, a combinação entre o critério da interpretação cognitiva-declarativa e o literalismo jurídico radical, por sua vez, revela-se autocontraditória, já que não seria necessário «interpretar» para aceder ao «significado literal».[43]

---

[42] MAZZARESE, 2000: 621.
[43] *Idem, ibidem*: 621-622.

Tabela IV: Combinação entre os tipos paradigmáticos de interpretação e literalismo jurídicos[44]

	Literalismo jurídico radical	**Literalismo jurídico moderado**
Interpretação cognitiva-declarativa	«Interpretação literal» como locução autocontraditória, pois não seria necessário «interpretar» para aceder ao «significado literal».	Sem sentido, pois a interpretação cognitiva é incompatível com o literalismo jurídico moderado.
Interpretação decisória-constitutiva	Sem sentido, pois a interpretação decisória é incompatível com o literalismo jurídico radical.	«Interpretação literal» como processo que toma o significado literal como ponto de partida, mas não necessariamente fica circunscrito a ele.

Como se vê, Mazzarese demonstra com muita habilidade que a única alternativa minimamente viável seria a combinação do critério da interpretação decisória-constitutiva com o literalismo jurídico moderado, o que só seria sensato se o «significado literal» fosse tomado como uma noção de difícil conceituação, que poderá ser apenas o *ponto de partida* e a *referência de limite* das possibilidades de construção de sentido do processo interpretativo.[45]

Essa alternativa parece coincidir com a concepção defendida por Hernández Marín, para quem é possível distinguir dois momentos do sentido dos enunciados jurídicos: num primeiro momento, tem-se o enunciado em si mesmo, à margem de qualquer contexto – é o chamado *sentido literal*; e, num segundo momento, tem-se o enunciado em si mesmo, mas também em face do conjunto de circunstâncias que o rodeiam – é o *sentido total*. A interpretação jurídica seria, com isso, o processo de determinação do «sentido total», reputando-se ao «sentido literal» o papel de simples «ponto de partida» da interpretação, e não como interpretação em si.[46]

Parece adequada, no mesmo sentido, a assertiva de Paulo de Barros Carvalho, para quem na análise literal «prepondera a investigação sintática»,

---

[44] Cf. MAZZARESE, 2000.

[45] *Idem, ibidem,* p. 621-622.

[46] Cfr. HERNÁNDEZ MARÍN, Rafael. *Interpretación, subsunción y aplicación del derecho.* Madrid: Marcial Pons, 1999: 35 ss.

a qual é apenas «um *prius* em relação à validade semântica»,[47] na medida em que o significado das prescrições normativas do legislador deve ser construído pelo intérprete com referência ao seu contexto fático e normativo e segundo as regras que definem os jogos de linguagem em que operam tanto o emissor quanto o receptor da norma jurídica.

5. UMA BREVE REVISÃO DA LITERATURA NACIONAL SOBRE O OBJETO ESPECÍFICO DO PRESENTE ENSAIO

A conclusão a que se chega no final da seção anterior permite críticas fundadas à própria noção de «interpretação literal», na medida em que ela ou se revela auto-contraditória ou, quando muito, pode se referir ao início do processo de interpretação jurídica, constituindo por conseguinte uma etapa anterior à atividade interpretativa, onde cabe ao intérprete decidir, fundamentadamente, sobre o significado a ser atribuído aos enunciados normativos. Essa inconsistência pode explicar, portanto, a profunda resistência que o art. 111 do CTN tem encontrado entre os estudiosos brasileiros do Direito Tributário, à qual se fará referência nessa seção.

A doutrina nacional, apesar de em sua grande maioria adotar posição de hostilidade em relação à disposição do art. 111 do CTN, adota diferentes atitudes interpretativas em relação ao mesmo.

A) No que concerne ao sentido da locução «interpretação literal», podemos encontrar ao menos três diferentes posturas interpretativas:

A.1) A primeira postura interpretativa que se pode adotar em relação ao art. 111 do CTN é a de compreendê-lo como uma norma que obriga o intérprete a interpretar *restritivamente* a legislação tributária que discorra sobre as matérias elencadas nos incisos I a III do dispositivo legal, como, *v.g.*, quando Amaro apregoa que ao intérprete está vedada a aplicação da «interpretação extensiva»[48] ou quando Maria de Fátima Ribeiro afirma restar vedada a «interpretação ampliativa»[49] ou extensiva.

Essa primeira postura, no entanto, parece inconsistente com o argumento desenvolvido neste trabalho, em particular na seção 4, na medida em que só faz sentido falar em interpretações «restritivas» ou «ampliativas» se se admitir, *a priori*, a correção do *literalismo jurídico radical* (isto é, a concepção segundo a qual há um significado literal que é apreendido em razão do conhecimento das regras da linguagem, sem qualquer informação contextual adicional), e

---

[47] Carvalho, Paulo de Barros. *Curso de direito tributário*. 11. ed. São Paulo: Saraiva, 1999: 76.

[48] Amaro, Luciano. *Direito tributário brasileiro*. 17. ed. São Paulo: Saraiva, 2011: 247.

[49] Ribeiro, Maria de Fátima. «Legislação tributária». In: Nascimento, Carlos Valder do; Portella, André. *Comentários ao Código Tributário Nacional*. 7. ed. Rio de Janeiro: Forense, 2008: 195-249, p. 247-248.

esta concepção de significado se revela inconsistente com a noção amplamente aceita de que a interpretação é uma atividade decisória que *constitui* o significado dos enunciados normativos.[50] A rejeição do literalismo jurídico radical leva necessariamente, como demonstramos acima, à asserção de que o «significado literal» constitui apenas o *ponto de partida* e os *limites semânticos* da interpretação, de modo que a unidade semântica dos enunciados normativos só se constitui *por meio* da interpretação, que não pode nem «restringir» nem «ampliar» o que ainda não tiver sido constituído como o resultado de uma atividade interpretativa anterior.

Nesse sentido, entre nós, cumpre relembrar as lições de Carlos Maximiliano, que no início do Século passado já denunciava como anacrônica a classificação das interpretações em «extensiva» e «restritiva», frisando com precisão que essas expressões «deixam na penumbra, indistintas, imprecisas, mais ideias do que a linguagem faz presumir», e quase sempre «conduzem a frequentes erros».[51]

A.2) Uma segunda postura interpretativa, que muito se aproxima da primeira, admite expressamente a existência de um sentido unívoco e independente da interpretação, o que seria também típico do literalismo radical. Nesse sentido, Fabretti e Amaro defendem que a interpretação literal do art. 111 do CTN implica apego à «letra da lei»,[52] a uma interpretação que tome «a norma *apenas* literalmente»,[53] e Ribeiro refere-se à interpretação literal tributária como interpretação segundo o «*significado exato* das palavras»,[54] isto é, o «significado gramatical da palavra, ou sua etimologia».[55]

---

[50] Ademais, ainda que, *ad absurdum*, se preferisse uma concepção formalista (cognitivista-declarativa) da interpretação, a ideia de uma «interpretação literal» seria uma locução contraditória com o literalismo forte, pois para esse a interpretação é desnecessária, e portanto o art. 111 do CTN seria incompreensível .

[51] Maximiliano, Carlos. *Hermenêutica e aplicação do direito*. 12. ed. Rio de Janeiro: Forense, 1992: 200-201, onde se lê: «Nenhuma norma oferece fronteiras tão nítidas que eliminem a dificuldade em verificar se se deve passar além, ou ficar aquém do que as palavras parecem indicar. Demais não se trata de acrescentar coisa alguma, e, sim, de atribuir à letra o significado *que lhe compete*: mais amplo aqui, estrito acolá. A interpretação *extensiva* não faz avançar as raias do preceito; ao contrário, como a aparência verbal leva ao recuo, a exegese impele os limites de regra até ao seu verdadeiro posto (Coviello). Semelhante advertência, *mutatis mutandis*, tem cabimento a respeito da interpretação *restritiva*: não reduz o campo da norma; determina-lhe as fronteiras *exatas*; não conclui *de mais* nem *de menos* do que o texto exprime, interpretado à luz das ideias modernas sobre Hermenêutica» (*idem, ibidem*).

[52] «Nessas matérias, quer o Código que o intérprete se guie preponderantemente pela letra da lei, sem ampliar seus comandos nem aplicar a integração analógica ou a interpretação extensiva». Amaro, Luciano. *Direito tributário brasileiro*. 17. ed. São Paulo: Saraiva, 2011: 247.

[53] Fabretti, Láudio Camargo. *Código Tributário Nacional comentado*. 7. ed. São Paulo: Atlas, 2007: 147.

[54] Ribeiro, *op. cit.*, p. 247-248.

[55] *Idem, ibidem*. No mesmo sentido, Hugo de Brito Machado (*op. cit., loc. cit.*): «Interpretação literal significa *interpretação segundo o significado gramatical, ou, melhor, etimológico, das*

Não é difícil de se ver, novamente, que essa postura interpretativa é igualmente problemática, na medida em que pressupõe a existência de um sentido imanente, acontextual e independente da interpretação, que coincide com as mais ingênuas teses da Escola da Exegese e faz com que a própria ideia de interpretação literal se torne autocontraditória.

A.3) Finalmente, uma terceira postura interpretativa, que parece mais plausível e é dotada de grande aceitação na doutrina, é a de se afirmar que a norma contida no art. 111 do CTN deve ser entendida como preceito que veda o recurso à analogia[56] ou «integração analógica»,[57] à equidade[58] ou «integração por equidade»,[59] e aos «princípios gerais de direito tributário ou público».[60]

Essa postura interpretativa coincide, na realidade, com a afirmação da obrigatoriedade do uso do argumento *a contrario* na interpretação das disposições normativas que versem sobre as matérias contidas nos incisos I a III do art. 111 do CTN, e precisa ser tanto *fundamentada* quanto mais bem *esclarecida*, como se tentará fazer na última seção deste trabalho.

B) Entre os pontos de divergência encontráveis na doutrina, há um de particular relevância, que se refere ao caráter autônomo ou independente do método de interpretação literal

Há quem defenda, de um lado, que o preceito do art. 111 do CTN não significa que o intérprete deve abrir mão das demais «técnicas», «métodos», «elementos» ou «tipos» de interpretação («lógico», «teleológico», «histórico», «sistemático» etc.).[61]

Outros, no entanto, defendem, ao contrário, que o intérprete deve deixar de usar outras «técnicas» para além da interpretação literal nas matérias disciplinadas pelo art. 111.[62]

C) Não obstante, mesmo entre os que se situam em pólos opostos quanto a este debate costuma haver uma ojeriza, uma clara insatisfação com o CTN e,

---

palavras que integram o texto. Quer o Código que se atribua prevalência ao elemento gramatical das leis pertinentes à matéria tratada no art. 111, que é matéria excepcional» (destaques nossos).

[56] Fabretti, *op. cit,*.p. 178.

[57] Amaro, *op. cit.*, p. 247; Paulsen, Leandro. *Curso de direito tributário*. 3. ed. Porto Alegre: 2010: 122.

[58] Fabretti, *op. cit.*, p. 147.

[59] Ribeiro, *op. cit.*, p. 247-248.

[60] Fabretti, *op. cit.*, p. 147.

[61] Cfr., *e.g.*, Amaro, *op. cit.*, p. 247-248; Machado, *op. cit.*, p. 118; Melo, *op. cit.*, p. 172-173; Paulsen, *op. cit.*, p. 122.

[62] Cfr. Fabretti, *op. cit.*, p. 147. Maria de Fátima Ribeiro sinaliza entendimento semelhante ao sustentar que, no caso de haver «mais de uma interpretação, razoáveis, deve prevalecer aquela que mais se aproxima do elemento literal». Ribeiro, *op. cit.*, p. 247-248.

em certos casos, até mesmo a ausência de reconhecimento de qualquer eficácia jurídica ao dispositivo comentado.

Nesse sentido, é interessante o ponto de vista de Renato Lopes Becho, que, apesar de inicialmente entender que a norma do art. 111 do CTN vedaria, em tese, o uso de outras técnicas de interpretação,[63] a rechaça por duas razões, que passamos a aduzir.

Primeiramente, porque a interpretação seria matéria a ser «tratada pela teoria geral do direito na seara científica», pelo «cientista do direito», que reconhece a existência de uma pluralidade de formas de interpretação da norma jurídica, e não «matéria própria para o legislador».[64]

Em segundo lugar, porque sua rejeição às formas de interpretação leva «à negativa de aplicação dos princípios constitucionais tributários explícitos, como da capacidade contributiva, e dos implícitos, como da razoabilidade», bem como a «recursos à indução, à dedução, à analogia ou à lógica formal», terminando, assim, «por negar que o Direito Tributário (...) faça parte de uma complexa estrutura decisória, empobrecendo-o e reduzindo-o a uma mera legislação».[65]

A partir dessas razões, Becho assim conclui que não pode ser visto como razoável qualquer «dispositivo legal que determine a interpretação literal» de um texto normativo, na medida em que tal espécie de norma «desorganiza a harmonia sistêmica do Direito Tributário» e «compromete a importância da codificação tributária».[66] Nas palavras do autor, «a melhor solução, diante do art. 111 do CTN, é compatibilizá-lo com os princípios constitucionais tributários» e, caso o CTN venha a ser modificado, eliminar por completo a disposição em questão.[67]

---

[63] «(...) o cumprimento do art. 111 do CTN determina que não sejam utilizados, para as relevantes matérias arroladas, a interpretação histórica, a teleológica ou a sistemática». BECHO, Renato Lopes. «Considerações sobre a interpretação literal e o art. 111 do CTN». *Revista Dialética de Direito Tributário,* 175/161-178, abr. 2010: 178. Cfr., também, o seguinte trecho, do mesmo texto: «Ao instituir alguns temas que deverão ser interpretados literalmente, o legislador lançou o Direito Tributário positivo (é dizer, a lei tributária) no campo amplo e complexo das interpretações jurídicas, campo esse que não é exclusivamente tributário. Se alguns tópicos da tributação devem ter interpretação literal, no mínimo significa dizer que, em vários outros assuntos, o legislador está autorizando o intérprete a lançar mão de outras ferramentas cognitivas», Cfr. BECHO, *op. cit.*, p. 161.

[64] BECHO, *op. cit.*, p. 161-162. Cumpre salientar, ainda, que Roque Antonio CARRAZZA, em obra sobre o direito constitucional tributário, é acometido pela mesma resistência, e, ao comentar o inciso II do art. 111 do CTN, fala do «despautério de uma lei complementar, pretensamente veiculadora de *normas gerais em matérias de legislação tributária* [o CTN], querer "ensinar" os Poderes Executivo e Judiciário a cumprirem suas funções constitucionais de interpretar as leis, para aplicá-las aos casos concretos» (CARRAZZA, *op. cit.*, p. 762).

[65] BECHO, *op. cit.*, p. 178.

[66] BECHO, *op. cit.*, p. 178.

[67] *Idem, ibidem.*

Do mesmo modo, entre os que entendem que a norma do art. 111 do CTN não impede o recurso a outras formas de interpretação, Leandro Paulsen apregoa que a norma é compatível com o recurso às «interpretações histórica, teleológica, sistemática, a consideração dos princípios etc.», vedando apenas o recurso à integração analógica.[68]

À parte disso, Paulsen vai além ao afirmar que «[h]á de se considerar, por certo, as circunstâncias do caso concreto, pois há princípios constitucionais inafastáveis na aplicação do direito, como a razoabilidade e a proporcionalidade», para, posteriormente, concluir que «[i]nterpreta-se a legislação tributária como se interpreta o ordenamento jurídico em geral».[69]

Sem embargo, desde o ponto de vista de Paulsen não há como compatibilizar a existência de uma norma interpretativa tributária específica, como a decorrente do art. 111 do CTN, com a afirmativa de que a legislação tributária deve ser interpretada como «o ordenamento jurídico em geral», sem, ao fim e ao cabo, *negar qualquer tipo de validade* ou *eficácia* jurídica a essa norma.

O que esperamos, com essa breve revisão de literatura, é evidenciar, talvez parcialmente, os principais pontos do estado da arte do debate sobre qual é o significado e o sentido da norma contida no art. 111 do CTN, para, finalmente, à luz de todas as problematizações descritas ou realizadas, apresentarmos a nossa proposta de interpretação.

6. UMA PROPOSTA DE INTERPRETAÇÃO DO ART. 111 DO CTN

Nos tópicos anteriores, fornecemos subsídios para a compreensão e fundamentação, em resumo, dos seguintes pontos: (i) «significado literal» é uma expressão particularmente ambígua (marcada pela plurissignificação) e problemática; (ii) «interpretação» é igualmente um conceito em disputa, sendo menos defensável, contudo, que no campo jurídico possa ser tido como o ato de meramente conhecer e descrever textos normativos; (iii) a depender dos conceitos de «significado literal» e de «interpretação» adotados, a locução «interpretação literal» é potencialmente sem sentido ou autocontraditória; (iv) a saída para evitar a autodestruição da locução «interpretação literal» é adotar (iv.a) uma concepção segundo a qual a interpretação é um processo (ao menos parcialmente) criativo de constituição do significado dos enunciados normativos (ou melhor, de construção de normas a partir desses enunciados[70]), bem como (iv.b) uma concepção de «significado» que, aproximando-se do

[68] Paulsen, *op. cit.*, p. 122.

[69] *Idem, ibidem.*

[70] Nesse sentido, entre outros, Grau, Eros Roberto. *Ensaio e discurso sobre a interpretação/aplicação do Direito*. São Paulo: Malheiros, 2002; Ávila, Humberto. *Teoria dos princípios – Da definição à aplicação dos princípios jurídicos*. São Paulo: Malheiros, 2003; Tarello, *op. cit.*; Guastini, *La interpretazione*, cit.

literalismo moderado, entende o significado literal como determinando apenas o ponto de partida e os limites semânticos da interpretação; (v) a norma de interpretação literal decorrente do art. 111 do CTN, de um lado integra o ordenamento jurídico, e, de outro, parece levar alguns juristas a compreendê-la de modo a torná-la, *de pronto*, inócua, ou incapaz de produzir efeitos jurídicos.

A combinação desses pontos gera, para a compreensão da norma contida no art. 111 do CTN, um problema central complexo: como conciliar o caráter problemático e plurissemântico dos conceitos de «significado literal» e de «interpretação» e compreender o art. 111 do CTN sem desatender sua legalidade presumida e os princípios que o fundamentam?

A resposta passa, como veremos, pela consideração dos seguintes fatores.

6.1 O reconhecimento da normatividade do art. 111 do CTN

O primeiro ponto a ser frisado é que, por mais inapropriada que tenha sido a linguagem utilizada pelo legislador, e por menos demonstradas que sejam as premissas teórico-filosóficas dos redatores do código, há uma mensagem, um comando validamente estatuído que deve ser interpretado pelo seu destinatário como juridicamente vinculante. Diante da obscuridade do texto e da dificuldade para se determinar o seu sentido, não cabe ao intérprete desprezar o caráter normativo das fontes do direito, mas reconstruir o pensamento nelas expresso de modo a torná-lo normativamente relevante. Como já ensinava Savigny no início do Século XIX, «toda lei deve expressar um pensamento de maneira tal que seja válido como norma»,[71] de sorte que cabe ao intérprete reconstruir esse pensamento ainda que a norma não lhe pareça de todo conveniente ou adequada.

Discordamos, portanto, das teses que aconselham ao jurista ignorar o comando estabelecido no art. 111 do CTN ao fundamento de que o tema da interpretação somente poderia ser tratado pela «teoria geral do direito» ou pela «ciência», pressupondo-se aqui a existência de um saber privilegiado, dominado por uma casta de juristas e teóricos «profissionais» que estariam em melhor posição para refletir criticamente sobre o direito.[72] Esta concepção se aproxima perigosamente do que Kelsen denominava «absolutismo filosófico», ou seja, da «concepção metafísica da existência de uma realidade absoluta»[73] a ser dominada exclusivamente pelos «sábios» e completamente desprendida da política. Uma tal postura filosófica, argumentaria Kelsen, subordina por

[71] Savigny, Friedrich Karl von. *Metodologia jurídica*. Trad. Hebe A. M. Calctti Marenco. Campinas: Edicamp, 2002: 9.

[72] V. *supra*, item 5, «C», deste trabalho.

[73] Kelsen, Hans. «Essência e valor da democracia», in: Kelsen, H., *A democracia*. Trad. Ivone Castilho Benedeti *et alii*. São Paulo: Martins Fontes, 2000: 164.

completo a interpretação do direito a uma razão de tintura jusnaturalista que sobrepõe um leque de princípios metafísicos não demonstrados à esfera de decisão política dos poderes e autoridades públicas legitimamente constituídos. Ainda que seja desarrazoado supor, como fez Kelsen em sua *Teoria pura do direito*, que a interpretação autêntica do juiz, no momento de escolher um entre os significados possíveis, seja um ato puramente político e irracional,[74] é inadmissível, sem vislumbrar uma via intermediária, chegar-se à conclusão diametralmente oposta, que despe o legislador do poder de determinar como as normas tributárias devem ser compreendidas pelos juristas práticos.

De fato, não há razões apriorísticas ou ontológicas que impeçam o legislador de tratar da interpretação jurídica. Ademais, como o art. 111 do CTN não pode ser simplesmente ignorado, e como, por outro lado, sua aplicação pode envolver outros preceitos normativos, inclusive «princípios constitucionais tributários», a solução sugerida por Becho,[75] por exemplo, que advoga a «compatibilização» do art. 111 do CTN com esses «princípios», precisa ser melhor desenvolvida, pois a solução que ele propõe parece implicar um tipo de argumentação *contra legem* que precisaria, antes de tudo, ser justificada e deveria, caso aceita, ser capaz de atender às complexidades dos casos em que houver colisões dessa natureza, num percurso que exibisse o maior grau de racionalidade e possibilidade de controle intersubjetivo.

Esse tipo de estratégia, no entanto, deve ser reservado, segundo nosso entendimento, apenas para a hipótese de impossibilidade de se chegar a uma interpretação do comando normativo inscrito no art. 111 do CTN que seja compatível com os princípios fundamentais da Constituição. Veremos, na próxima seção, que este não é o caso.

6.2 A definição normativa de «interpretação literal» e a pluralidade de técnicas interpretativas no Direito Tributário

O segundo ponto a ser esclarecido para se determinar a relevância normativa do art. 111 do CTN refere-se à definição do sentido de «interpretação literal» a ser aceito *para fins normativos*, isto é, para o objetivo específico de orientar a aplicação do dispositivo normativo aos casos concretos. Como já adiantamos na seção 4 deste trabalho, a partir das lições de Mazzarese, a melhor alternativa para se determinar o sentido da locução «interpretação literal» – entendida a interpretação como uma atividade de construção da norma jurídica – parece ser vincular uma teoria não-formalista da interpretação a um «literalismo moderado» segundo o qual o significado literal corresponde ao ponto de partida e aos limites da interpretação jurídica.

---

[74] Kelsen, Hans. *Teoria pura do direito*. Trad. João Baptista Machado. São Paulo: Martins Fontes, 1998, esp. cap. 8.

[75] V. *supra*, item 5, «C».

Talvez o exemplo mais interessante de jurista que optou por essa via seja o jusfilósofo inglês Herbert L. A. Hart, que adota uma concepção de linguagem jurídica que pode, segundo pensamos, qualificar-se nitidamente como um literalismo moderado no sentido de Mazzareze.

Uma das formas de se familiarizar com o pensamento desse jurista é observar a diferenciação entre duas formas de aproximação da prática judiciária que, segundo ele, estariam presentes no Direito norte-americano. Em uma famosa conferência realizada nos Estados Unidos, Hart distinguiu duas maneiras diferentes de se descrever a atividade jurisdicional: o *Pesadelo* e o *Nobre Sonho*.

O Pesadelo ocorre quando, em vista da expectativa ou certeza da existência de direitos claramente assegurados a cada uma das partes e da imparcialidade da jurisdição, parte-se ingenuamente da premissa de que em todos os litígios haveria um direito «pré-estabelecido», e a atividade jurisdicional seria apenas a «aplicação» de um direito anterior que não é elaborado pelos juízes. Nas palavras do juiz inglês *Lord Radcliffe*, citado por Hart, a ideia de um juiz «objetivo, imparcial, erudito, e um experiente expositor do direito», cujas funções são claramente diferenciadas das do legislador, é, apesar de inicialmente assumida como dada, frustrada pela realidade: «O Pesadelo é que esta imagem do juiz, que o distingue do legislador, é uma ilusão, e as expectativas que ela gera estão fadadas a serem desapontadas».[76] A segurança inicial é substituída, portanto, por um ceticismo em relação à vinculatividade do Direito.

O Nobre Sonho, por seu turno, é a antítese do Pesadelo. Ele «representa a crença, talvez a fé, que, apesar das aparências superficiais do contrário e até mesmo apesar de longos períodos de aberrações judiciais e erros evidentes, ainda assim é possível prover uma explicação e uma justificação para a expectativa comum dos litigantes de que os juízes devem aplicar aos casos concretos o direito existente e abster-se de criar novo Direito mesmo quando o texto das disposições constitucionais particulares, das leis e dos precedentes disponíveis pareça não oferecer qualquer diretiva».[77] A despeito da evidência empírica de que o Direito é, ao menos em parte, criação dos juízes, sustenta-se a possibilidade de um sistema preexistente de princípios capaz de revelá-lo.

Em ambos os casos, o autor está se referindo ao formalismo e à sua inadequação à prática jurídica. Com efeito, ao criticar os que padecem do «Pesadelo», Hart está se referindo à denúncia, apresentada pelos adeptos do Realismo Jurídico, de que o Direito não pode ser compreendido apenas

---

[76] HART, H. L. A. «American Jurisprudence Through English Eyes: The Nightmare and the Noble Dream», in: HART, H. L. A., *Essays in Jurisprudence and Philosophy*. Oxford: Clarendon, 1983 (123-144): 126.
[77] *Idem, ibidem*, p. 132.

como um conjunto de teoremas e fórmulas abstratas, as quais podem ser simplesmente aplicadas de forma mecânica, como se o conteúdo dos direitos subjetivos estivesse preestabelecido em uma espécie de forma. Segundo Hart, a realidade é dinâmica e os fatos sociais têm forte influxo sobre as expectativas normativas, que muitas vezes são frustradas, pois o Direito fica reduzido ao que os juízes afirmam que ele é. Da mesma forma, ao se deparar com uma multiplicidade de normas vagas, indeterminadas, de conteúdo lacônico e imbricadas em políticas públicas e dilemas morais aparentemente insolúveis, parece um *Nobre Sonho* adotar, por exemplo, a postura de Dworkin, que afirma a existência de uma única resposta correta e de um sistema de direitos individuais que preexiste à atividade interpretativa do juiz.

O formalismo, portanto, por ser desmentido e falseado pela prática, só pode levar ou ao *Nobre Sonho* ou ao *Pesadelo*.

A alternativa mais atrativa para Hart seria, então, reconhecer a *textura aberta* do Direito, a qual guarda relação com a textura aberta da própria linguagem por meio da qual ele se expressa. «A textura aberta do Direito significa que há, de fato, áreas de conduta que devem ser deixadas para ser desenvolvidas pelos tribunais e oficiais a fim de estabelecer um balanceamento, à luz das circunstâncias concretas, entre os interesses em jogo que precisam ser sopesados caso a caso».[78] Em toda norma jurídica, não importa se ela é estabelecida pelo legislador ou através de um precedente judicial, há um «núcleo de certeza», é dizer, uma «área incontroversa», e uma «zona de penumbra ou dúvida», que deve ser preenchida pelo intérprete à luz de todas as condições individuais de aplicação da regra jurídica.[79]

Podemos então, inspirados nos escritos de Hart sobre a textura aberta do Direito, propor uma interpretação para a norma de interpretação contida no art. 111 do CTN. Esse parece ser, no nosso entender, o sentido da locução «interpretação literal» no contexto da mencionada disposição normativa: *interpretação literal é toda aquela que, tendo como base o núcleo incontroverso dos enunciados normativos estabelecidos pelo legislador e como limite intransponível o conjunto de todos os sentidos compreendidos na zona de penumbra ou incerteza desses enunciados, estabelece uma norma jurídica obrigatória à luz de um caso concreto ou de um conjunto de casos semelhantes.*

---

[78] HART. H. L. A. *The Concept of Law*, 2. ed. Oxford: Clarendon, 1994: 135.

[79] *Idem, ibidem*, p. 123. Nesse sentido, como Misabel Derzi explica com seu habitual rigor, inclusive nas técnicas legislativas de redução de imprecisões ou ambiguidades como a quantificação numérica (como a maioridade penal), que indica o grau máximo de satisfação pelo legislador do princípio da segurança jurídica, o que se pode ter, quando muito, é «a redução, mas jamais a eliminação da flexibilidade ou abertura (ou textura aberta) própria das normas jurídicas» (DERZI, Misabel Abreu Machado. *Direito tributário, direito penal e tipo*. 2. ed. São Paulo: Ed. Revista dos Tribunais, 2008: 110-112).

Veja-se que, nesta definição, toda interpretação que respeite os significados mínimos do texto interpretando e que se mantenha dentro do quadro normativo estabelecido por esse texto é, para fins de aplicação do dispositivo, «literal». Trata-se de uma definição ampla, que faz coincidir os conceitos de «interpretação semanticamente possível» e «interpretação literal», e que reconhece, portanto, uma ampla gama de «interpretações literais» igualmente viáveis em um caso concreto.

A interpretação do direito, mesmo a que se convencionou chamar de «literal», deve ser entendida portanto como um processo em que atribuímos aos signos que admitimos em nossa linguagem um sentido que se infere das regras definidoras dos jogos linguísticos em que participamos.[80] Como descreve com precisão Roberto Vernengo, fazendo referência implícita à filosofia da linguagem de Wittgenstein, «os enunciados normativos são fichas em variados jogos de linguagem, sem que possamos postular de antemão qualquer parentesco essencial entre as diversas jogadas admissíveis».[81]

Se essa definição normativa está correta, como acreditamos, então têm razão os juristas que defendem a possibilidade de se compatibilizar o cânone da interpretação linguística ou gramatical com todos os demais cânones admissíveis para a interpretação em geral, embora o resultado da interpretação fique necessariamente limitado ao conjunto de sentidos textualmente admissíveis pelas expressões verbais utilizadas pelo legislador.[82] Devem ser rejeitadas, porém, as propostas interpretativas que identificam a «interpretação literal» do art. 111 com a interpretação meramente «etimológica», gramatical ou adstrita à «letra da lei», na medida em que se rejeita o literalismo radical e a teoria segundo o qual as palavras contêm um significado «imanente» ou independente do seu contexto.[83]

Essa parece ser, com efeito, a melhor interpretação da expressão «interpretação literal» para efeitos do art. 111 do CTN.

6.3 O art. 111 do CTN e o argumento *a contrario*

Uma das implicações da interpretação proposta na seção anterior é a proibição de desenvolvimento do direito por analogia nas matérias especificadas nos incisos I a III do art. 111 do CTN. Com efeito, ao excluir a possibilidade de criação de uma norma individual cujo sentido esteja *fora* do quadro de possibilidades semânticas traçado pelo texto a ser interpretado, proscreve-se o

---

[80] VERNENGO, Roberto J. *La interpretación literal de la ley*. 2. ed. Buenos Aires: Abeledo-Perrot, 1994: 21.

[81] *Idem, ibidem*, p. 13-14.

[82] V. *supra*, item 5, «B».

[83] V. *supra*, item 5, «A».

desenvolvimento judicial do direito *para além* do texto, por meio das técnicas de «integração» do direito.

Essa proibição decorre do próprio art. 111 do CTN, pois esse dispositivo exige que o intérprete elabore a norma individual de modo a consagrar *pelo menos um* dos significados literais possíveis para o enunciado normativo estabelecido pelo legislador, de sorte que já se pode saber, de antemão, que nenhum caso que esteja inequivocamente fora seja do núcleo incontroverso ou da zona de incerteza poderá ser regulado com as consequências previstas pelo legislador para o enunciado normativo em questão. Observa-se, portanto, que a exigência de conformidade com o texto, estabelecida pelo art. 111, implica a aplicação obrigatória do *argumentum a contrario* em todas as situações previstas no comando normativo em questão.[84]

Cabe, portanto, uma breve explicação do conteúdo do argumento *a contrario* e de sua diferenciação da analogia, a fim de esclarecer os deveres concretos que se seguem do art. 111. Ainda resta, entre os teóricos do direito em geral, muita confusão e incerteza quanto à estrutura e as possibilidades de aplicação da analogia e do argumento *a contrario*. Há tanto os que tratam ambas as formas de argumentação como métodos de integração do direito,[85] destinados a colmatar lacunas, quanto os que as misturam, indistintamente, com os «métodos tradicionais de interpretação do direito».[86] Há também os céticos que, como Hans Kelsen, negam qualquer valor a ambos os tipos de raciocínio jurídico.[87]

Ambas as formas de argumentação têm lugar em contextos semelhantes, ou seja, em situações em que existe dúvida sobre a possibilidade ou não de se

---

[84] Sobre o argumento *a contrario* ver, entre outros: García Amado, Juan Antonio. «Sobre el argumento a contrario en la aplicación del derecho». *Doxa – Cuadernos de Filosofía del Derecho*, vol. 24, 2001: 85-114; Klug, Ulrich. *Lógica Jurídica*. Trad. J. C. Gardella. Bogotá: Temis, 2004; Bustamante, Thomas. «Analogia jurídica e argumento *a contrario*: Um caso típico de argumentação por princípios». In: Bustamante, T. *Teoria do direito e decisão racional: Temas de teoria da argumentação jurídica*. Rio de Janeiro: Renovar, 2008: 367-404; Henket, Maarten. «On the Logical Analysis of Judicial Decisions». *International Journal for the Semiotics of Law*, vol. V, n. 4, 1992: 153-164; Kaptein, Hendrik. «E Contrario Arguments in Law: From Interpretation to Implicit Premises (a Reply to Henket, with some Addenda)». *International Journal for the Semiotics of Law*, vol. VI, n. 18, 1993: 315-324; e Jansen, Henrike. «E Contrario Reasoning: The Dilemma of the Silent Legislator». *Argumentation*, vol. 19, 2005: 485-496.

[85] Nesse sentido, entre vários outros, Torres, *op. cit.*, p. 35. Para esse autor «a grande diferença entre interpretação e integração, portanto, está em que, na primeira, o intérprete visa a estabelecer as premissas para o processo de aplicação através do recurso à argumentação retórica, aos dados históricos e às valorações éticas e políticas, tudo dentro do sentido possível do texto; já na integração o aplicador se vale dos argumentos de ordem lógica, como a analogia e o argumento *a contrario*, operando fora da possibilidade expressiva do texto da norma».

[86] Nesse sentido, Tarello, *op. cit.*, p. 341. Criticando tal solução, ver García Amado, *op. cit.*, p. 99.

[87] Kelsen, Hans. *Teoria pura do direito*, p. 392.

aplicarem as consequências imputadas à hipótese de incidência de uma norma «N» a uma outra hipótese supostamente semelhante. Não obstante, essa semelhança entre os dois tipos de raciocínio jurídico não pode ser superestimada, haja vista que, se é certo que nos dois casos o aplicador do direito normalmente tem de realizar juízos de valor sobre a relevância da semelhança entre o caso regulado pelo direito e o caso concreto a ser resolvido, é igualmente correto que ambos os métodos de aplicação do direito constituem processos mentais diferentes e são justificados também de forma distinta.

O argumento *a contrario*, diferentemente da analogia, somente tem lugar quando o operador do direito, após interpretar os enunciados normativos em tese aplicáveis a um caso concreto, conclui que esse caso *não configura uma lacuna jurídica*, haja vista que a sua falta de regulação expressa, pelo legislador, tem o significado de uma previsão de consequências normativas antagônicas àquelas estipuladas pela norma jurídica derivada da interpretação do dispositivo legal em questão.[88] Trata-se, portanto, de uma situação em que «não há lugar para que funcione justificadamente a analogia».[89]

Mas o argumento *a contrario* não é, também, um argumento interpretativo, pois somente após a definição do sentido do enunciado normativo a se aplicar é que se pode utilizá-lo para inferir qualquer tipo de conclusão jurídica. Nesse terreno, importa esclarecer que a interpretação de um dado enunciado normativo N compreende não apenas a determinação do significado das expressões linguísticas utilizadas pelo legislador, mas também a atividade, igualmente importante, de se determinar o significado dos *conectores* que a norma estabelece entre as hipóteses (H) e as consequências (C) que ela prevê.[90] Deve-se, portanto, «examinar que tipo de relação «se-então» está em jogo»,[91] ou seja, que tipo de implicação existe entre H e C, pois nesse terrenos a lógica moderna ensina que há três diferentes possibilidades alternativas, que devem igualmente ser consideradas, sendo a opção por uma delas uma escolha interpretativa. Essas três diferentes alternativas são:[92]

1.a relação entre H e C é uma *implicação extensiva*, ou seja, as hipóteses são apenas *suficientes* para as consequências jurídicas;

2.a relação entre H e C é uma *implicação intensiva*, ou seja, a hipótese H é uma condição *necessária* para a consequência C;

3.a relação entre H e C é uma relação de *implicação recíproca* ou equivalência, pois a H é condição *necessária* e *suficiente* para C;

---

88 García Amado, *op. cit.*, p. 100.

89 *Idem, ibidem.*

90 García Amado, *op. cit.*, p. 102, n. 18.

91 Klug, *op. cit.*, p. 183.

92 *Idem, ibidem*, p. 180-184.

Percebe-se, portanto, que o argumento *a contrario* somente é um argumento válido no caso das alternativas «2»[93] e «3»,[94] logo acima, já que a sua utilização na hipótese «1» constitui um verdadeiro sofisma, pois é perfeitamente possível que a consequência C tenha uma causa diferente de H.

Podemos perceber, portanto, que o art. 111, ao exigir a aplicação do argumento *a contrario*, funciona como uma *regra geral exclusiva* segundo a qual as *condições* ou *supostos de fatos* previstos no antecedente da norma que autorize suspensão ou exclusão do crédito tributário, outorga de isenção ou dispensa de obrigações acessória devem ser tidas não apenas como «suficientes» para produzir as consequências enunciadas no consequente da norma, mas também «necessárias» para este efeito, de sorte que na ausência das condições instituídas na hipótese de incidência as consequências estarão afastadas.

O art. 111 estabelece, portanto, uma obrigação de se interpretar os *conectores* da norma como estabelecendo implicações intensivas ou recíprocas, mas esta obrigação nada diz acerca de como as expressões ou conceitos utilizados pelo legislador devem ser interpretados.

6.4 O art. 111 do CTN e o princípio da segurança jurídica

Por derradeiro, há que se perquirir, para extrair o máximo de normatividade do art. 111 do CTN, não apenas o seu conteúdo linguístico, mas também os princípios jurídicos que o informam, como recomenda a melhor doutrina. Nesse sentido, argumenta Dworkin, deve-se desenvolver uma concepção interpretativa do Direito que preserve a sua integridade, de sorte que o jurista se encontre vinculado não apenas às fontes formais do Direito, mas também aos princípios de moralidade política que as explicam e justificam.[95] A coerência com os «princípios constitucionais axiologicamente sobrejacentes à norma interpretada» é, por conseguinte, um dos principais critérios ou regras de argumentação no Estado democrático de direito.[96]

Cumpre indagar, portanto, acerca do princípio fundamental que provê a justificação político-moral do art. 111 do CTN, já que este servirá como

---

93 Uma fórmula adequada para descrever o argumento *a contrario* nas implicações intensivas é a seguinte: «no caso em que as conseqüências jurídicas C *somente* tenham lugar quando se deem as hipóteses H, as conseqüências C *nunca* terão lugar quando as hipóteses H não estejam presentes» (Klug, *op. cit.*, p. 182).

94 Para os casos de «implicação recíproca», valem também as mesmas inferências das implicações intensivas, pois «se as hipóteses são ao mesmo tempo necessárias e suficientes para as conseqüências C, então se dará também sempre o caso da implicação intensiva» (*idem, ibidem*).

95 Dworkin, Ronald. *Law's Empire*. 11. ed. Cambridge, MA: Belknap, 2000.

96 Ávila, Humberto. «A argumentação jurídica e o livro eletrônico», cit., p. 28-29.

um dos nortes para se determinar as exigências concretas que a disposição normativa impõe sobre o intérprete do Direito Tributário.

É possível, *à primeira vista*, identificar três princípios constitucionais que fundamentariam o art. 111 do CTN.

Primeiramente, pode-se sustentar que esse enunciado normativo visa preservar o princípio da igualdade na tributação, ou da capacidade contributiva, contido em diferentes dispositivos constitucionais, mas essencialmente no art. 145, § 1.º, da Constituição, que estabelece o dever de todos de contribuir para o fundo público segundo a sua capacidade econômica.[97]

Em segundo lugar, em relação ao inciso III do art. 111 do CTN, que trata das obrigações acessórias, poder-se-ia falar também no denominado princípio da legalidade, que também requer a interpretação «estrita» das disposições excepcionais.[98]

Quanto ao terceiro princípio, como esse dispositivo visa, senão eliminar, ao menos reduzir a moldura de significações possíveis de depreensão pela interpretação do texto legal, aumentando, em tese, o grau de previsibilidade das normas que regulem as matérias discriminadas nos seus incisos, ele relaciona-se, fundamentalmente, com os anseios de segurança jurídica.[99]

Não obstante, parece-nos que apenas este último (segurança jurídica) opera como o verdadeiro fundamento axiológico do art. 111. Nesse sentido, o princípio da igualdade na tributação, ou o princípio da capacidade contributiva, opera apenas de forma mediata ou indireta na fundamentação do art. 111 do CTN. Com efeito, a capacidade contributiva é nada mais do que um

---

[97] A conexão entre a igualdade (ou a capacidade contributiva) e a norma que exige a interpretação literal normalmente é estabelecida quando se leva em consideração as isenções. Com efeito, as isenções, que no mais das vezes são justificadas por considerações extrafiscais, constituem uma potencial violação à universalidade do fenômeno tributário e à ideia consolidada de que cada um deve ser tributado segundo a sua capacidade. Nesse sentido, Aliomar Baleeiro, por exemplo, ressalta que «a regra é que todos devem contribuir para os serviços públicos segundo sua capacidade econômica», enquanto «as isenções são [ou, poderíamos dizer, deveriam ser interpretadas como] restritas, [e] por isso se afastam da regra geral» (BALEEIRO, Aliomar; DERZI, Misabel de Abreu Machado (atualizadora). *Direito tributário brasileiro*. 11. ed. Rio de Janeiro: Forense, 2007: 694.). No mesmo sentido caminha, também, José Souto Maior Borges, aos sustentar: «Se a isenção constitui um privilégio, é natural que deva ser interpretada em sentido estrito» (BORGES, José Souto Maior. *Isenções tributárias*. São Paulo: Sugestões Literárias, 1969: 132), e Sacha Calmon Navarro Coêlho, que argumenta que as matérias disciplinadas pelo art. 111 do CTN, por configurarem exceções à regra geral de que «todos devem, na medida do possível, contribuir para manter o Estado», «devem ser compreendidas com extrema rigidez» (COÊLHO, Sacha Calmon Navarro. *op. cit.*, p. 610).

[98] Num sentido análogo, embora sem explicitamente defender essa ideia: MACHADO, *op. cit.*, p. 117.

[99] Cfr., *e.g.*, CARRAZZA, Roque Antonio. *Curso de direito constitucional tributário*. 22. ed. São Paulo: Malheiros, 2006: 418-419.

critério – o critério fundamental – de aplicação da igualdade no âmbito do Direito Tributário.[100] Este princípio, todavia, não é unidirecional, já que apresenta tanto uma tendência universalizante, que exige que todos os indivíduos pertencentes à mesma classe sejam tratados de maneira semelhante, quanto uma tendência individualizadora, que exige que todos sejam tratados segundo as suas características pessoais e particulares. A tese de que o princípio da igualdade seria o fundamento da exigência de interpretação literal no Direito Tributário fica, portanto, limitada a um dos aspectos da igualdade, que corresponde à exigência de generalidade e universalidade da lei. Sua utilidade está no fato de que o comando inscrito no art. 111 do CTN contribui para a garantia da generalidade e da universalidade não apenas do texto da lei, mas das *normas* que são construídas por meio de sua interpretação, na medida em que é restringida a possibilidade de se inserir exceções a essas normas jurídicas.

Ocorre, sem embargo, que esse aspecto da igualdade é inteiramente *dependente* do princípio da segurança jurídica. Observadas as coisas mais de perto, podemos perceber que estamos diante de uma das situações em que o princípio da igualdade é protegido apenas indiretamente, já que é justamente a proteção da segurança jurídica que garante a universalidade e a generalidade exigidas pela igualdade no tipo de casos em exame. Ganha-se muito pouco, portanto, em pretender que o princípio da igualdade seja o «fundamento» ou a «base» do art. 111 do CTN, pois o princípio opera no caso concreto apenas de maneira reflexa, *por via* do princípio da segurança.

Por outro lado, quando se sustenta que o dispositivo em tela teria como fundamento também o «princípio da legalidade» ganha-se também quase nada. Primeiramente, a reserva legal estabelecida no art. 150, I, da Constituição, sequer pode ser classificada como princípio no sentido adotado pela teoria contemporânea das normas jurídicas, na medida em que contém determinações concretas que podem seguramente ser aplicadas independentemente da ponderação ou otimização de princípios constitucionais: ou se aplica a regra da legalidade ou não se aplica. *Tertium non datur*. Como ensina Ávila, apenas indiretamente essa regra possui, «no seu aspecto conteudístico», um «sentido normativo indireto de princípio», pois estabelece um dever de buscar um ideal de «previsibilidade e de determinabilidade».[101] Esse dever, no entanto, já está inequivocadamente compreendido nas exigências do princípio da segurança jurídica, que pode ser considerado, inclusive, um dos princípios gerais que oferecem a justificativa político-moral da regra da legalidade.

Nosso argumento caminha, portanto, no sentido de que a exigência de interpretação literal, seja em nosso ordenamento jurídico ou em qualquer sistema jurídico onde ela venha prescrita pelo legislador, justifica-se por uma

[100] ÁVILA, Humberto. *Sistema constitucional tributário*. São Paulo: Saraiva, 4. ed., 2010: 372.
[101] *Idem, ibidem,* p. 124.

preocupação específica com o princípio da *segurança jurídica*, que é o valor fundamental protegido pelo art. 111 do CTN. Quando os juristas e as leis propugnam pela interpretação literal, o fazem invariavelmente como uma estratégia para assegurar o valor «segurança jurídica».[102]

A segurança jurídica, portanto, constitui o fundamento primordial do art. 111 do CTN, e deve funcionar como o principal vetor para compreender a norma derivada dessa disposição. Como explica de modo perspicaz Humberto Ávila, um dos sentidos em que a expressão «segurança jurídica» pode ser compreendida é como uma norma do tipo princípio, dirigida aos Poderes Legislativo, Executivo de Judiciário, «que determina a busca de um estado de confiabilidade e de calculabilidade do ordenamento jurídico com base na sua cognoscibilidade».[103] Trata-se de uma norma que se relaciona necessariamente com uma «*realidade jurídica*», pois «a sua aplicação pressupõe o cotejo de uma norma (princípio da segurança jurídica) com outra norma (norma legal, administrativa ou judicial».[104] Ela conforma a realidade, portanto, «*por meio de instituições jurídicas*».[105]

Em particular, o art. 111 do CTN é uma instanciação da «função eficacial interpretativa»[106] deste princípio, é dizer, de sua densificação no seio da interpretação da legislação tributária.

A exigência de «interpretação literal», portanto, deve, com base na razão de ser da norma e na sua interpretação teleológica, ser entendida como a interpretação que melhor atenda aos deveres de cognoscibilidade, confiabilidade e calculabilidade do Direito, com vistas à proteção das legítimas expectativas geradas no contribuinte a partir das conexões sistêmicas do enunciado normativo interpretado.

A norma exige, dessa forma, entre outras condutas e posturas interpretativas, o respeito aos sentidos compreendidos nas «convenções interpretativas»[107] existentes no contexto situacional em que o dispositivo se aplica (convenções essas que se manifestam no conteúdo das disposições empregadas pelo legislador, na jurisprudência constitucional acerca do sentido dos princípios fundamentais do Direito, nos enunciados da dogmática jurídica e

---

[102] MAZZARESE, *op. cit.*, p. 622-626, onde há inclusive algumas considerações críticas quanto ao apego excessivo dos juristas ao princípio da segurança jurídica.

[103] ÁVILA, Humberto. *Segurança jurídica: entre permanência, mudança e realização no direito tributário*. São Paulo: Malheiros, 2011: 112.

[104] *Idem, ibidem*, p. 120.

[105] *Idem, ibidem*.

[106] *Idem, ibidem*, p. 633-4.

[107] BAYÓN, Juan Carlos. «Derecho, convencionalismo y controversia», in: NAVARRO, Pablo E.; REDONDO, María Cristina (orgs.). *La relevancia del derecho: Ensayos de filosofía jurídica, moral y política*. Barcelona: Gedisa, 2002 (57-92): 77.

da doutrina consolidada etc.), de sorte a se evitar surpresas e incoerências na construção do Direito pela Administração e pelo Poder Judiciário.

Exige ainda, por derradeiro, um respeito ao ponto de vista do administrado, por meio da proteção de sua confiança, que se manifesta concretamente na proteção da «continuidade da ordem jurídica», da «proteção da continuidade, do ponto de vista material», das situações jurídicas consolidadas, da «fidelidade do sistema à justiça» e da «proteção da disposição concreta ou do investimento» realizado pelos contribuintes.[108]

7. EPÍLOGO

Podemos perceber claramente, ante às considerações acima, que o art. 111 do CTN, embora renegado, mal compreendido ou criticado pela grande maioria dos juristas pátrios, conserva uma relevância normativa não desprezível no sistema jurídico brasileiro contemporâneo. Sem eliminar a importância dos cânones e métodos de interpretação ordinários, a norma que se extrai dessa disposição legal exige (i) a fidelidade aos significados contidos no núcleo semântico da norma a interpretar e o respeito aos limites decorrentes do quadro normativo por ela estabelecido; (ii) a interpretação dos conectores da norma a interpretar como estabelecendo condições necessárias, e não meramente suficientes, para o surgimento da consequência jurídica contida na apóstase da norma, de sorte que o argumento *a contrario* se torna obrigatoriamente aplicável a todas as hipóteses previstas nos incisos I a III do art. 111; e (iii) que se adote, dentre as interpretações semanticamente possíveis da legislação tributária, a que melhor atenda aos deveres de cognoscibilidade, confiabilidade e calculabilidade do Direito, em nome do princípio da *segurança jurídica*. Essa tríade de deveres argumentativos define, portanto, o significado e a relevância normativa do art. 111 do Código Tributário Nacional.

BIBLIOGRAFIA

Aarnio, Aulis, 2011: *Essays on the doctrinal study of law*. Dordrecht: Springer.

Amaro, Luciano, 2011: *Direito tributário brasileiro*. 17. ed. São Paulo: Saraiva.

Ávila, Humberto, 2011: *Segurança jurídica: entre permanência, mudança e realização no direito tributário*. São Paulo: Malheiros.

___, 2010: *Sistema constitucional tributário*. 4. ed. São Paulo: Saraiva.

___, 2003: *Teoria dos princípios* – Da definição à aplicação dos princípios jurídicos. São Paulo: Malheiros.

[108] Derzi, Misabel Abreu Machado. *Modificações da jurisprudência no direito tributário*. São Paulo: Noeses, 2009: 592-593.

___, 2001: «Argumentação jurídica e a imunidade do livro eletrônico». *Revista Diálogo Jurídico* I-5/1-33, ago. 2001. Disponível em: http://www.direitopublico.com.br.

Baleeiro, Aliomar; Derzi, Misabel de Abreu Machado (atualizadora), 2007: *Direito tributário brasileiro*. 11. ed. Rio de Janeiro: Forense.

Bayón, Juan Carlos, 2002: «Derecho, convencionalismo y controversia». In: Navarro, Pablo E.; Redondo, María Cristina (orgs.). *La relevancia del derecho: Ensayos de filosofía jurídica, moral y política*. Barcelona: Gedisa, p. 57-92.

Becho, Renato Lopes, 2011: «Considerações sobre a interpretação literal e o art. 111 do CTN», *Revista Dialética de Direito Tributário* 175/161-178, abr. 2011.

Bobbio, Norberto, 1995: *O positivismo jurídico: lições de Filosofia do Direito*. Trad. Marcio Pugliesi, Edson Bini, Carlos E. Rodrigues. São Paulo: Ícone.

Borges, José Souto Maior, 1969: *Isenções tributárias*. São Paulo: Sugestões Literárias.

Bulygun, Eugenio, 1991: «Sentencia judicial y creación de derecho». In: Bulygin, Eugenio; Alchourrón, Carlos. *Analisis lógico y derecho*. Madri: Centro de Estudios Constitucionales, p. 355-369.

Bustamante, Thomas, 2008: «Analogia jurídica e argumento *a contrario*: Um caso típico de argumentação por princípios». In: Bustamante, T. *Teoria do direito e decisão racional: Temas de teoria da argumentação jurídica*. Rio de Janeiro: Renovar, p. 367-404.

Carrazza, Roque Antonio, 2006: *Curso de direito constitucional tributário*. 22. ed. São Paulo: Malheiros.

Carvalho, Paulo de Barros, 1999: *Curso de direito tributário*. 11. ed. São Paulo: Saraiva.

Coêlho, Sacha Calmon Navarro, 2009: *Curso de direito tributário brasileiro*. 10. ed. Rio de Janeiro: Forense.

Dascal, Marcelo, 1987: «Defending Literal Meaning», *Cognitive Science* 11/259-281.

Derzi, Misabel Abreu Machado, 2009: *Modificações da jurisprudência no direito tributário*. São Paulo: Noeses.

___, 2008: *Direito tributário, direito penal e tipo*. 2. ed. São Paulo: Ed. Revista dos Tribunais.

Dworkin, Ronald, 2000: *Law's Empire*. 11. ed. Cambridge, MA: Belknap.

Fabretti, Láudio Camargo, 2007: *Código Tributário Nacional comentado*. 7. ed. São Paulo: Atlas.

Frydman, Benoit, 2007: *Le sens des lois*. 2. ed. Bruxelas: Bruylant.

___, 1994: «Exégèse et Philologie: Un cas d'herméneutique comparée», *Revue Interdisciplinaire d'Études Juridiques* 33/59-83.

GADAMER, Hans-Georg, 1999: *Verdade e método*. Trad. Flávio Paulo Meurer. Petrópolis: Vozes.

GARCÍA AMADO, Juan Antonio, 2001: «Sobre el argumento a contrario en la aplicación del derecho». *Doxa – Cuadernos de Filosofia del Derecho* 24/85-114.

GRAU, Eros Roberto, 2002: *Ensaio e discurso sobre a interpretação/aplicação do Direito*. São Paulo: Malheiros.

GUASTINI, Riccardo, 2004: *Interpretazione dei documenti normativi*. Milão: Giuffrè.

___, 1999: «Due esercizi di non-cognitivismo». *Analisi e diritto,* 1999: 277-80.

___, 1996: «Introduzione alle tecniche interpretative». *Distinguendo: studi di teoria e metateoria del diritto*. Turim: Giappichelli, p. 173-191.

HART, H. L. A., 1994: *The Concept of Law*. 2. ed. Oxford: Clarendon.

___, 1983: «American Jurisprudence Through English Eyes: The Nightmare and the Noble Dream». In: HART, H. L. A., *Essays in Jurisprudence and Philosophy*. Oxford: Clarendon, p. 123-144.

HENKET, Maarten, 1992: «On the Logical Analysis of Judicial Decisions», *International Journal for the Semiotics of Law*, vol. V, 4/153-164.

HERNÁNDEZ MARÍN, Rafael, 1999: *Interpretación, subsunción y aplicación del derecho*. Madrid: Marcial Pons.

JANSEN, Henrike, 2005: «E Contrario Reasoning: The Dilemma of the Silent Legislator», *Argumentation* 19/485-496.

KAPTEIN, Hendrik, 1993: «E Contrario Arguments in Law: From Interpretation to Implicit Premises (a Reply to Henket, with some Addenda)», *International Journal for the Semiotics of Law*, vol. VI, 18/315-324.

KELSEN, Hans, 2000: «Essência e valor da democracia». In: KELSEN, H., *A democracia*. Trad. Ivone Castilho Benedeti *et alii*. São Paulo: Martins Fontes.

___, 1998: *Teoria pura do direito* [*Reine Rechtslehre*]. Trad. João Baptista Machado. 6. ed. São Paulo: Martins Fontes, 1998 [1960].

KLUG, Ulrich, 2004: *Lógica jurídica*. Trad. J. C. Gardella. Bogotá: Temis.

LARENZ, Karl, 1997: *Metodologia da ciência do direito*. 3. ed. Trad. José Lamego. Lisboa: Calouste Gulbenkian.

LUZATTI, Claudio, 1990: *La vaghezza delle norme*. Milano: Giuffrè.

MACHADO, Hugo de Brito, 2004: *Curso de direito tributário*. 24. ed. São Paulo: Malheiros.

MAXIMILIANO, Carlos, 1992: *Hermenêutica e aplicação do Direito*. 12. ed. Rio de Janeiro: Forense.

MAZZARESE, Tecla, 2000: «Interpretación literal: juristas y linguistas frente a frente». *Doxa – Cuadernos de Filosofia del Derecho* 23/597-631.

MELO, José Eduardo Soares de, 2002: *Curso de direito tributário*. 3. ed. São Paulo: Dialética.

PAULSEN, Leandro, 2010: *Curso de direito tributário*. 3. ed. Porto Alegre: Livraria do Advogado.

PERELMAN, Chaïm, 2000: *Lógica jurídica: nova retórica*. Trad. Vergínia K. Pupi. São Paulo: Matins Fontes.

RAZ, Joseph, 1994: *Ethics in the public domain: essays in the morality of Law and politics*. Oxford: Clarendon.

RIBEIRO, Maria de Fátima, 2008: «Legislação tributária». In: NASCIMENTO, Carlos Valder do; PORTELLA, André. *Comentários ao Código Tributário Nacional*. 7. ed. Rio de Janeiro: Forense.

ROSS, Alf, 2003: *Direito e Justiça*. Trad. Edson Bini. São Paulo: Edipro.

SAVIGNY, Friedrich Karl von, 2002: *Metodologia jurídica*. Trad. Hebe A. M. Caletti Marenco. Campinas: Edicamp.

TARELLO, Giovanni, 1980: *L'interpretazione della legge*. Milão: Giuffrè.

TORRES, Ricardo Lobo, 2000: *Normas de interpretação e integração do direito tributário*. 3. ed. Rio de Janeiro: Renovar.

VERNENGO, Roberto J., 1994: *La interpretación literal de la ley*. 2. ed. Buenos Aires: Abeledo-Perrot.

VILLA, Vittorio, 2000: «Condizioni per una teoria della interpretazione giuridica». In: VELLUZZI, V. (org.), *Significato letterale e interpretazione del diritto*. Turim: Giappichelli.

WIEACKER, Franz, 1967: *História do direito privado moderno*. 3. ed. Trad. A. M. Botelho Hespanha. Lisboa: Calouste Gulbenkian.

WRÓBLEWSKI, Jerzy, 1992: *Judicial application of law*. Dordrecht: Kluwer.